新装版

大本営陸軍部戦争指導班

機密戦争日誌 上

防衛研究所図書館所蔵

軍事史学会編

錦正社

『機密戦争日誌 上下』の刊行にあたって

今回防衛庁防衛研究所所蔵の大本営陸軍部第二十班（戦争指導班）の昭和十五年六月一日から二十年八月一日に至る業務日誌「機密戦争日誌」を刊行することが出来た事は、本会にとっても、多くの研究者にとっても大きな喜びとする所である。元来大本営内の各部課でも業務日誌を作成していたと思われるが、現存するものはこの第二十班（戦争指導班）のもののみである。敗戦にあたり、書類焼却の指令が出されていた中で、これが残存しえたのは一人の庶務将校が焼却に忍びなく、これを含む一連の文書を密かに隠匿したことによるのであって、今日となって我々はその恩恵に預かることが出来るのである。それが今日まで保存されて来た経緯については「解題」に譲るが、歴史史料の運命として深く考えさせられるものがある。

それらの文書の内、『杉山メモ』『敗戦の記録』として出版されたものが、どれだけ太平洋戦争期の研究に大きく貢献したかは言うまでもない。そして最後に残ったこの「機密戦争日誌」は、関係者の努力で、昨年十二月に全面公開されるに至り、早速本会として、その史料としての重要性に鑑み、編集委員会を組織して、刊行に向けての準備を始めた。波多野澄雄・赤木完爾・高橋久志・戸部良一・黒沢文貴・原剛・中尾裕次・庄司潤一郎・相澤淳・立川京一・進藤裕之の諸氏がその任に当たった。この人々の献身的な努力によって今日の刊行に至ったのである。また刊行に当たって出版社の錦正社の人々の協力を得た。公開から出版にまで漕ぎ着けるのに役割を果たして下さった多くの人々に厚くお礼を申し上げる。

大本営陸軍部第二十班（戦争指導班）の位置付け、実際にこの「日誌」を作成した人々については、「解題」に詳しいので、ここでは触れないが、多くの記録が失われた現在、この史料の持つ意味は極めて大きいと言わなければならない。かつこの「日誌」は、服部卓四郎『大東亜戦争全史』や防衛研修所戦史部の『大東亜戦争戦史叢書』の編纂に利用され、あるいは一部引用され、また「日誌」の執筆者の一人である種村佐孝が『大本営機密日誌』として、本「日誌」を一部利用しながら出版し、更に非公開であったにも拘わらず『歴史と人物』がその抜粋を連載したという事があった。従って、本『日誌』は多くの人々にその存在、ある程度までの内容を知られていた。しかしそれが全文きちんとした校訂を経て出版されることによって誰しもが信頼出来る史料として利用できるのである。

前に述べたように多くの史料が焼却された中で幸いに残存したこの「日誌」は、言うまでもなく大本営全体の記録ではなく、戦時の陸軍の戦争指導についての全貌を明らかにするものではないが、そうした限界にもかかわらず、第二十班が大本営政府連絡会議の事務をも担当していたという位置から考えて、太平洋戦争をめぐる軍事と政治を分析するための第一級の史料としての価値を持つものである事は疑いない。研究者を中心に本史料による研究の進展を期待するものである。

平成十（一九九八）年九月

軍事史学会会長　伊　藤　　隆

機密戦争日誌　上　目次

目次

機密戦争日誌　下　目次

解　題

はじめに

「機密戦争日誌」は、大本営陸軍部の戦争指導班（第二十班）の班員（参謀）が、日常の業務をリレー式に交替で記述したものであり、戦争指導班としてのいわゆる業務日誌である（清書は庶務将校が行った）。昭和十五（一九四〇）年六月一日、当時の班員・種村佐孝少佐は、この日誌を書き始めるにあたり、「本日ヨリ第一班業務日誌ヲ記載スルコトニ定メ主トシテ種村之ヲ担任ス」と記している。第一班とは後述する作戦課戦争指導班のことである。日誌の記述を交替で担当したのは、期間の長短はあるが、種村佐孝・原四郎・野尻徳雄・田中敬二・甲谷悦雄・橋本正勝の六氏であり、記述の期間は、昭和十五年六月一日から昭和二十年八月一日までである。日誌は、曲折を経て現在、防衛庁防衛研究所図書館に所蔵され一般にも公開されているが、今回、全文の刊行にあたって、戦争指導班および日誌の来歴や性格を記して読者の参考に資することとしたい。

一　「総力戦」時代の戦争指導班

戦争指導班は、昭和十一年六月五日、参謀本部第二（作戦）課長であった石原莞爾大佐が、戦争指導を担当する新第二課（通称、戦争指導課、作戦課は第三課となる）を創設し、自ら課長となって国防国策の立案と総合情勢判断を担任したのがその始まりである。長期的な観点から国防国策を企画する組織が独立の課として設置されたのは、陸軍創設以来のことであった。この頃、石原は『御進講録』のなかで、「戦争指導」という概念について、「戦争における国力の運営を指すものにして、戦争に方り、武力の行使即ち統帥と武力行使以外の事、即ち戦争における政治との両者を調和統一して、戦勝を獲得するを言う」と定義している。日露戦争の頃から強調された「政戦両略の一致」という概念の延長に、総力戦時代の戦争観を反映させたもの、といえよう。

しかし、まもなく支那事変が勃発し、第一（作戦）部長となっていた石原少将は、その対応をめぐって対中国強硬派と激しく対立し、参謀本部を去ることになるが、同時に第二課も廃止（昭和十二年十一月一日）となり、戦争指導〝班〟に格下げとなって作戦課（新第二課）に吸収され第一班となった。その後、戦争指導班が、作戦課を離れ、参謀次長直轄の第二十班として独立したのは昭和十五年十月であった。北部仏印進駐の指導をめぐる陸軍部内の混乱がその契機といわれる。やがて大東亜戦争勃発後の昭和十七年一月、次長直轄を離れ第一（作戦）部の第十五課に改編され、十八年十月、再び次長直轄の第二十班となった。そして終戦間際の昭和二十年四月、陸軍省と参謀本部の二位一体制の採用に伴い、第二十班は陸軍省軍務課と合併し、参謀本部の立場における名称は第十二課となり、終戦にいたった。

このように「戦争指導班」は、支那事変・大東亜戦争期を通じて、陸軍部内においてその上位組織を頻繁に変え、名称も度々変更され、部内における地位も一様ではなく、しかも、陸軍部内において決して大きな影響力を持つ存在でもなかった。班員（参謀）も多くて五名程度の小組織であり、作戦課や陸軍省の軍事課、軍務課とは比較にならぬ規模であった。しかし、変転する戦況に応じて作戦を立案する作戦課とは異なり、長期的、総合的な観点から戦争指導や国防国策の企画・立案を行うという任務は一貫していた。作戦課に長く勤務した瀬島龍三氏が、『回想録　幾山河』のなかで、戦争指導班は政戦両略を主導し得る機関ではなかったが、大本営政府連絡会議の連絡事務局的な役割を果たしていたと述べているように、とくに、日誌の記述が始まる昭和十五年半ばからは、大本営政府連絡会議（一時、大本営政府連絡懇談会）や最高戦争指導会議に提出する議案の作成・審議に参画し、陸海軍省、軍令部、外務省などの担当部局との折衝を通じて、頻繁に政治・外交や経済問題にかかわったのである。

日誌から読み取れる戦争指導班のかかわり方の一般的なパターンを記せば、まず、戦争指導班が作戦課、陸軍省軍務課などと折衝して出来上がった陸軍案は、海軍の戦争指導班に相当する軍令部の「第一部長直属部員」との協議に付される。次に、陸海軍事務当局間で合議した議案は、陸海軍局部長会議（両軍務局長、両作戦部長）にかけられ、この間、外務省や企画院などとも調整がなされる。以上の手順を経た上で参謀総長、軍令部総長、陸海軍大臣の合意案、すなわち陸海軍部案が決定される。この決定案が大本営政府連絡会議に上程されるのである。大本営ならびに政府の戦争指導の基本的方針に関して、以上のような決定経緯を知り得る記録は、政府側にも海軍側にも残されていない。その意味でも極めて貴重な史料といえる。

しかし、前述のように、戦争指導班はその与えられた任務に比して弱体な組織であったため、執筆を担当した班員が組織としての力の限界を感じつつ、陸軍部内の他の強力な組織の圧力や陸海軍の対立などに焦燥し、切歯扼腕しながら、時には個人的感情を濃厚に交えつつ記録している部分がある。また、一私人としての記録としか判断され得ない内容が、時には記録されている場合がある。このような一面があることを割り引いても、なお第一級の史料であることに些かも変わりはなく、『戦史叢書』（全一〇二巻、朝雲新聞社）等の編纂に際して中核的史料として活用されてきたのである。

二　来歴について

対米開戦の一年ほど前から、大本営陸軍部の諸組織が作成・記述し、最高機密に属す戦争指導関係の重要書類は、次の五種類に分類・保存されていたといわれる。

（一）機密戦争日誌（秘匿名、「昭和日記　甲」）
（二）大本営政府連絡会議審議録（秘匿名、「昭和日記　乙」）
（三）重要国策決定綴（秘匿名、「昭和日記　丙」）
（四）御前会議議事録（秘匿名、「昭和日記　特」）
（五）その他（御下問奉答綴その他）

これら五種類の書類は、陸軍省、参謀本部の他の機密書類とともに終戦直前に市ケ谷台上で焼却されたものとされ、東京国際軍事裁判でもそのように証言されていた。しかし、終戦に際して、陸軍省軍務課庶務担当将校であった中根吾一少尉は、これらの書類を高級課員山田成利大佐の許諾を得て密かに搬出し、青梅線沿線の自宅近くの地下にドラム缶に詰めて隠匿した。昭和二十年末、山田元大佐の申し出によって、元戦争指導班員の原四郎元中佐がこれら書類の保管を受け継ぎ、原中佐は占領軍の追求を免れるため、原本の表紙を焼却し、右のように「昭和日記　甲」などの秘匿名を表題として改装して保管した。

その後、昭和二十一年十二月、復員省史実調査部（資料整理部）が創設され、服部卓四郎元大佐が部長となると、大東亜戦争史の「正史」の編纂を意図し、戦争指導に関する叙述の担当を予定されていた堀場一雄元大佐、橋本正勝元中佐および原元中佐が、これらの記録類を分割して保管したという。軍の残務処理を担当した復員局や復員省も全く知ることはなかった。昭和二十八年四月、服部元大佐が主宰する史実研究所が創設されると、これらの書類は同研究所が一括して保管することとなった。「服部戦史」の名で知られる『大東亜戦争全史』（全八巻、鱒書房、昭和二十八年／昭和四十六年、原書房より再刊）には、これらの書類が活用されている。その後、服部の急逝（昭和三十五年四月）に伴い、書類のすべてが防衛庁戦史室に移され、『戦史叢書』の編纂や戦史室の調査研究に利用されてきた。

ところで、五種類の書類のうち、「昭和日記　甲」（「機密戦争日誌」）を除いて大部分は参謀本部編『杉山メモ――大本営政府連絡会議等筆記』（上下、原書房、昭和四十二年）、参謀本部所蔵『敗戦の記録』（原書房、昭和四十三年）と題して刊行され、開戦前から大東亜戦争期の政府・大本営による戦争指導の実態を示す第一級の史料として、多くの研究者に利用され、軍事史・戦史のみならず、この時期の政治外交史の研究の発展に貢献してきたことは周知の通りである。もっとも、刊行以前からこれらの記録類は研究に利用され、例えば、日本国際政治学会編『太平洋戦争への道』（全七巻、朝日新聞社、昭和三十七―三十八年）は、それまでの開戦史研究を塗り替える画期的な実証研究として、今日でも高い評価を保っている。しかし、「機密戦争日誌」のみは刊行が遅れていた。

三　公開と刊行をめぐって

刊行が遅れた理由は、日誌の性格によるところが大きい。前述の如く、日誌は当初から戦争指導班の業務日誌として専用の用紙に記載され、同班の日々の活動を継続的に綴った公的性格を有している。しかし反面、執筆担当者の個人的な見解や感情がむきだしに記述されている個所が少なくない。したがって、陸軍関係者、なかんずく執筆担当者の間においては、本日誌は、参謀本部はもとより、戦争指導班の見解さえ代表する公式記録ではなく、あくまで私的な記録であると理解する人も少なくなかった。しかも、日誌は同一人物ではなく、数名の班員によって書き継がれたものであり、執筆者間でも公開の可否とその扱いをめぐって意見の相違があった。前記「昭和日記」の乙・丙・特などが次々に公開・刊行されていくなかで、研究者の間で公開を求める声は日増しに強くなっていったが、つい昨年まで防衛研究所図書館では原則として非公開の扱いであったのは、以上の理由からであった。

この間、戦争指導班に長く勤務し、日誌の執筆者の一人であった種村佐孝元大佐が、シベリア抑留から帰国後、『大本営機密日誌』（ダイヤモンド社、昭和二十七年／芙蓉書房版が昭和五十四年）と題する書物を刊行している。今日でも、機密戦争日誌と同一物であるとの誤解が流布しているが、種村氏自身が記すように、原本そのものではなく、氏が取捨選択した原本の記述をもとに、氏の記憶や他の文献によって補いつつ新たに記述したものである。従って、同書は、原本日誌を依り所としているものの、量的にも少なく、文章表現も異なり、種村氏による新たな日誌風叙述というのがより適切であろう。しかし、昭和十四年十二月から二十年八月という長期にわたって戦争指導班の業務に携わった将校は種村氏のみであり、本日誌の理解の助けとなることは疑い得ない。

日誌の公開にまつわる問題を複雑にしたのは、昭和四十六年の「漏洩事件」であった。中央公論社が刊行を開始した『歴史と人物』誌の創刊号（昭和四十六年九月号）から第三号（昭和四十六年十一月号）に、「大本営機密戦争日誌」と題して、本日誌が突如として連載された。同誌編集部による「前書き」には、約六万語にのぼる日誌全文を入手したこと、それは陸軍中枢の動静を伝える第一級史料であること等を指摘し、「われわれは民族の悲劇を後世の世代として正確に認識する責務があり、また国民としてそれを知る権利があるはずである。戦後二十六年、初めて国民の前に公表されることは、むしろ遅きに失した感があるが、その任を荷えたことは本誌の光栄である」と述べていた。しかし、入手経路については伏せられていた。その内容は確かに日誌原本であったが、全文ではなく『最も重要と思われる箇所のみを収録した」と記すように、掲載量はおよそ六分の一程度であった。

ところで、「機密戦争日誌」の記述は昭和二十年八月一日をもって終わり、八月十五日まで及んではいない。そこで本書では軍務課員（内政班長）であった竹下正彦中佐が執筆した「機密作戦日誌」（昭和二十年八月九日〜八月十五日）をもって終戦直前の部分を補うこととした。前述の通り、昭和二十年四月の陸軍省と参謀本部の二位一体制の採用に伴い、戦争指導班は軍務課と合併し、とくに八月に入ってからは事実上、戦争指導班は消滅し、軍務課の業務に吸収されたからである。

この「機密作戦日誌」は、その大部分が『敗戦の記録』（前掲）に「軍務課機密終戦日誌」として収録されているもので、通称「竹下日記」と呼ばれていた。しかし、これは東京大学法学部近代日本法制史料センターに所蔵（マイクロフィルム）されている竹下正彦氏の私的な日記とは異なるものである。もっとも後者の日記には、「八月九日より十四日は機密作戦日誌に詳細に留む」と記され、終戦直前の記述はない。なお、この「機密作戦日誌」の全文は、岩田（旧姓・井田）正孝・西内雅『雄誥』（日本工業新聞社、昭和五十七年）および西内雅『大東亜戦争の終局』（錦正社、平成三年）に収録されている。この「機密作戦日誌」の原本は所在不明のため、本書では『大東亜戦争の終局』より転載した。転載にあたっては、竹下元中佐のご長男、竹下正浩氏のご好意に預かっている。記して謝意を表したい。

おわりに

繰り返すようであるが、日誌は、戦争指導の全般状況を知り得る立場にはない班員が、限られた情報をもとに交替で執筆したものであり、記載された所見などは大本営陸軍部を代表するものでなく、一班員の眼から観察した戦争指導の一側面と見るべきである。しかしながら、本日誌は、『杉山メモ』や『敗戦の記録』とならんで、大本営内部の実態や重要国策の決定の顛末を伝える得難い史料として、その公開と刊行が早くから望まれていた。とくに、軍事史学会は、我が国唯一の軍事史研究の学術団体として、その公開と刊行を熱望してきたが、この度、防衛研究所辻川健二戦史部長をはじめ、同部の教官とOB諸氏の尽力によって関係者の了解も得られ、全文の公開と刊行を実現できたことは大きな喜びである。本日誌の公開と刊行の実現に尽力された全ての関係者に対し、深甚の謝意を表したい。

なお、日誌の編集作業は以下の軍事史学会員が分担したが、他に多くの会員の好意ある協力を仰いでいることを記しておく。

相澤　淳（防衛研究所）、赤木完爾（慶應義塾大学）、黒沢文貴（東京女子大学）、庄司潤一郎（防衛研究所）、進藤裕之（防衛研究所）、高橋久志（上智大学）、立川京一（防衛研究所）、戸部良一（防衛大学校）、中尾裕次（防衛研究所）、波多野澄雄（筑波大学）、原　剛（防衛研究所）

最後に、本日誌の出版については、十数年来、『軍事史学』誌（季刊）の刊行をお引き受けいただいている錦正社にお願いした。多くの障害にもかかわらず同社は一丸となって本日誌の刊行に向けて力を尽くしていただいた。厚く御礼申し上げる次第である。

平成十年八月

編者代表
原　　剛
高橋　久志
波多野澄雄

《凡　例》

一、本文は原文のまま（片仮名書き）とし、原則として旧字体は全て新字体に改めた。
一、改行は原則として原文通りとした。
一、濁点、句読点は原則として原文のままとした。
一、各年ごとに、初出の人名については姓のみの場合、名を［　］で補った。
一、各年ごとに、初出の略号（部隊符号など）については、［　］によって註釈した。また特殊な専門用語などは、＊印を付し、同日文の末尾に註釈を加えた。
但し、頻繁に使用されている語は左記による。
大陸命＝戦時または事変において、天皇が発する統帥命令中、陸軍に関する命令。
大陸指＝大陸命に基づく参謀総長の指示。
A＝軍、D＝師団、GF＝連合艦隊。
A・B・C船＝陸軍用・海軍用・民需用の徴傭船。
一、明確な誤字、脱字等は［　］で修正・補備するか、あるいは［ママ］表記を付した。
一、欄外（上欄）の記事は、同日文の末尾に〈上欄〉として挿入した。
一、原文には傍線（主に赤線）が付されている場合があるが、日誌の執筆当時に付されたものではないと判断されるため、傍線は全て削除した。
一、本文中に、大本営政府連絡会議等の決定事項や議事について「別紙」と記載されている場合、あるいは添付文書等が省略されている場合など、これらに相当する刊行資料（『杉山メモ』等）が存在するものは、それらの参照文献を［　］で示した。

［参　考］
一、日誌原本は、「其一」から「其十」まで、全一〇巻からなり、各巻の記述期間は以下の通りであるが、編集にあたっては各年一月一日から始まる暦年編成とした。

其一　昭和十五年六月十日～一月十日
其二　昭和十五年十月十八日～十六年四月十七日
其三　昭和十六年四月十八日～十二月七日
其四　昭和十六年十二月八日～十七年十二月七日
其五　昭和十七年十二月八日～十八年五月三十一日
其六　昭和十八年六月一日～十八年十二月七日
其七　昭和十八年十二月八日～十九年五月二十日
其八　昭和十九年五月二十一日～十九年十二月七日
其九　昭和十九年十二月八日～二十年四月二十三日
其十　昭和二十年四月二十三日～二十年八月一日

一、大本営組織図、戦争指導班の変遷表および陸海軍主要官職の変遷表を巻末に掲載した。

大本営陸軍部
戦争指導班

機密戦争日誌　上

戦争指導関係経歴票

一、本書は旧陸軍参謀本部［大本営陸軍部］第二十班又は第十五課乃至軍務課で保管していたものである。第二十班は昭和十五年十月十日第二課より独立して参謀次長直属の班として新設せられ、戦争指導に関する事務を担当した。昭和十七年一月二十二日第一部内の第十五課に改編、昭和十八年十月再び次長直属の第二十班となる。昭和二十年四月陸軍省部の二位一体制採用に伴い、第二十班は陸軍省軍務課と二位一体となり参謀本部の立場における名称は第十二課となった。

二、昭和二十年八月十四日大東亜戦争終戦に方り陸軍一般に書類焼却の指令が出されたが、軍務課庶務将校中根吾一少尉は高級課員山田成利大佐の許可を得て、都下青梅線沿線の自宅に搬出し、「ドラム」缶につめて地下に隠匿した。昭和二十年末山田大佐の申出により、元第二十班員で第一復員省（局）史実調査部（資料整理部）部員たる原四郎中佐が保管を継承して都下某所に隠匿し、占領米軍の発見を免れるため表紙を焼却して左記分類の如く改装した。

(イ) 昭和日記　甲　機密戦争日誌

(ロ) 昭和日記　乙　大本営政府連絡会議議事録

(ハ) 昭和日記　丙　重要国策決定綴

(ニ) 昭和日記　特　御前会議（重要連絡会議を含む）議事録

(ホ) その他の書類

三、前記史実調査部（資料整理部）においては、昭和二十一年十二月服部卓四郎大佐部長となるに及び、占領時代の終了を待って正統戦争史の本格的編纂を意図し、戦争指導史関係は部員たる堀場一雄大佐、原四郎中佐、橋本正勝中佐担任を予定し、本書類を担当年代に応じ夫々分割保管することとした。

四、服部卓四郎大佐主宰の史実研究所創設に伴い本書を一括同研究所に保管、昭和三十五年四月三十日服部大佐の死亡に伴い、六月以降当戦史室の保管となる。これよりさき、服部大佐の「大東亜戦争全史」の編纂に利用され、あるいは当戦史室の創設後その全部の写が作成され、編纂に利用されてきた。

昭和三十五年六月二十二日

本経歴票記註者　一等空佐（元陸軍中佐）　防衛研修所戦史室編纂官　原　四　郎　㊞

本史料管理に関する全般責任者　防衛庁事務官　防衛研修所戦史室長　西　浦　進　㊞

機密戦争日誌　其一

自　昭和十五年六月一日
至　昭和十五年十月十日

昭和十五年

六月一日〔土曜〕

一、在支那人ノ取締ヲ現地軍司令官ヲシテ実施セシムル方法ニ関シ（軍司〔令〕官ノ佈告新ニ発令セラルヘキ領事館令取締軍律令）

午後一時半ヨリ陸軍省大槻〔章〕中佐ヨリ次長ニ対スル報告アリ櫛田〔正夫〕中佐立会ス

尚本件ニ関シ従来疑義アリシモ軍司令官ニ於テ実行差支ナキ旨関係各省、興亜院、法制局間ニ了解成立セルモノニシテ茲ニ至ル迄ニ於ケル北支軍大沼〔喜久男〕教獲〔授〕（国際法嘱託）ノ努力大イニ認ムヘキモノアリ

二、本年度物動物資一億円繰上輸入ニ関シ午前九時ヨリ戦備課ニ於テ説明アリ本年度本物動ハ必ス六月中ニ成立セシムル如ク諸般ノ事務ヲ処理スル如ク内協議ス

三、午後一時ヨリ資源課長ヨリ第一班室ニ於テ殿下〔秩父宮雍仁〕ニ対シ奉リ大牟田人造石油ノ成功並阜新〔フシン・奉天西方一五〇キロ〕ノ石油田状況ニ関シ説明アリ

四、午前陸軍省軍務課ニ於テ汪〔兆銘〕政権ト締結スヘキ条約ニ関スル省部主任者ノ打合ヲ続行ス

五、午後三時ヨリ陸軍省軍務課ニ於テ欧州情勢ノ変化ニ伴フ対英申入ニ関スル省部主任者ノ打合アリ

呂集団〔第十一軍〕ノ一部ハ本一日〇時二十分漢水ノ渡河ニ成功セリ

本日ヨリ第一班業務日誌ヲ記載スルコトニ定メ主トシテ種村〔佐孝〕之ヲ担任ス

六月二日〔日曜〕

一、欧州戦争ノ推移ニ基キ仏印ニ関スル対仏施策ニ関シ部内会議アリ（第二部主宰）

二、日支新国交調整ニ基ク新条約ノ省部内ノ協議アリ

六月三日〔月曜〕

一、前日ニ引続キ新条約ノ省部協議アリ

二、近衛師団ノ派遣ニ伴ヒ国内宣伝ヲ行フノ可否ニ関シ省

部主任者ノ協議アリ　作戦的ニハ支障ナキモ其ノ実施ニ関シテハ更ニ研究スルコトトセリ

六月四日〔火曜〕

一、午前午後ニ亘リ陸軍省ニ於テ新条約ノ審議ヲ行フ
二、午後課長室ニ於テ兵科撤廃ニ関スル陸軍省軍事課案ニ付審議ス　左記論点トナル
(イ)兵種ノ種類区分
(ロ)兵監部ノ廃止

六月五日〔水曜〕

一、午前陸軍省ニ於テ前日ニ引続キ新条約ノ協議アリ
二、午後三時ヨリ陸軍省軍務課ニ於テ国土計画ニ関スル各課意見ノ検討ヲ行フ
三、午前十時ヨリ応接室ニテ三井ノ職員ヨリ米国ノ屑鉄、石油禁輸ニ関スル見透シ並ニ之カ対策ノ方策アリ

六月六日〔木曜〕

一、午前前日ニ引続キ新条約ノ協議アリ
二、午後軍事課ニ於テ支那派遣軍古谷〔金次郎〕参謀ノ現地自活ニ関スル講話ヲ聴取ス
三、企画院総裁夕刻陸軍大臣官房ヲ訪レ物動80％妥協案ヲ提示セルモ拒絶セリ

六月七日〔金曜〕

一、特記事項ナシ
二、独軍白蘭〔ベルギー・オランダ〕侵入ノ活動写真アリ
三、午後三時ヨリ戦備課長ヨリ次長ニ対シ米国禁輸ニ伴フ屑鉄、油、工作機械対策ニ付報告アリ

六月八日〔土曜〕

兵力整理打合ノ為南京ニ出張中ノ荒尾〔興功〕中佐ノ帰還報告ヲ第一部長室ニ於テ聴取ス
北支二万中支四万四千南支一万四千ノ整理ニ付現地中央ノ意見一致セリ
尚南支軍一部ノ竜州派遣ニ関シ速ニ幕僚ヲ派遣シ中央ノ意図ヲ明示スルコトニ定メラル
軍務課石井〔秋穂〕中佐条約問題ニ関シ現地ト打合セノ為南京ニ出張ス

六月九日〔日曜〕

特記事項ナシ
聖駕関西ニ行ハセ給フ
聖慮時艱克服ヲ祈願シ賜フ恭キ極ナリ

六月十日〔月曜〕

一、聖上神宮御礼拝ノ時刻午前十一時十二分
午後一時五十四分本部前ニ集合　総長以下粛然神宮ヲ遥拝時艱克服ヲ祈願ス
二、対支宣戦布告案ニ関シ作戦班荒尾中佐ヨリ提議アリ
三、新条約ニ関スル大本営トシテノ上奏文ヲ起案シ海軍側ト協議ス
○十時ヨリ土居〔明夫〕大佐ノ蘇連邦事情ノ講話アリ
○高月〔保〕中佐竜州問題ニ関シ南支軍ト連絡ノ為出張ス。
○午後二時ヨリ食堂ニ於テ水力電気ノ活動写真アリ

六月十一日〔火曜〕

一、物動80％案ニ決定ノ模様アリ
陸軍省内軍事課ト整備局トノ全面的衝突ノ気配ヲ見ル
一、午後二時ヨリ第六課長室ニ於テ対仏印行動対支宣戦布告案ニ関シ主任者ノ協議アリ
一、十日午後六時（日本時間十一日午前二時）
伊参戦ス
一、大谷光瑞師ノ南洋講話一席アリ

六月十二日〔水曜〕

一、正午水交社ニ於テ大蔵省為替局総務課長野田〔卯一〕氏ト左記ノ者懇談セリ
参謀本部荒尾中佐、種村、鹿子島〔隆〕
軍令部　神〔重徳〕中佐、白浜〔栄一〕少佐
相互胸襟ヲ開キテ国政ヲ談シタリ　爾後回ヲ重ヌルコトトセリ
二、午後参謀本部班長会議ヲ行フ
呂集団宜昌ヲ占領ス

六月十三日〔木曜〕

一、物動午前閣議ニ於テ決定ス
82.5％
陸軍大臣ヨリ同時ニ国民生活必需品ノ最低限度生産力拡充（約五〇〇万屯）物動ノ監督　英米依存脱却策ノ

確定ニ関シ申出要求ス

一、殿下富士演習ニ御出張ノ御予定ノトコロ御風邪気味ニテ御取止メ遊サル

六月十三［四］日［金曜］

一、「現下帝国経済国力判断」ニ関シ一案ヲ草シ班内ノ研究ヲ行フ

一、十三日午後七時独軍パリーニ無血入城ス

六月十五日［土曜］

一、帝国現下ノ経済国力ノ判断ニ関シ午前課内

午後次長室ニ於テ部課長以上ニ対シ櫛田中佐ヨリ説明ス

六月十六日［日曜］

一、時局ニ応スルタメ繰上（特別）輸入並在庫調査ニ関シ其必要性ヲ整備局及軍務課方面ニ説ク

一、前項ニ関シ大蔵省為替局野田課長ト面接ノ予定ヲ都合ニ依リ中止ス

一、中支宜昌作戦後一部ヲ依然残置シテ政略ノ活動ヲ俣［俟］ツヘキヤ即時撤退スヘキヤニ関シ省部間ノ協定容易ナラサリシモ遂ニ一ヶ月ヲ限度トシテ残置スルコトニ決定セリ

六月十七日［月曜］

一、対仏印問題ニ関シ陸軍省ニ於テ省部主任者ノ協議ヲ行フ

一、昨夜来ノ慈雨終日天下ヲ救フ

陸軍大学校卒業式後

聖上大本営行幸遊サル

秩父宮殿下夜神宮御参拝ノ為

御西下遊サル

六月十八日［火曜］

一、午後部長会報ヲ行ヒ更ニ交戦権発動対仏印問題ニ関シ決意ヲ促スコトトセル

結果対仏印武力行使ハ武士ノ情ニアラストシテ上海及香港ニ対スル強硬ナル決意ヲ決定セラル

事変段階ノ為喜フヘシ

一、仏印武力行使ニ関シ陸軍省不同意ニシテ省部主任者間

ニ押問答アリシモ不愉快ナリ

一、其後三時ヨリ決定物動ニ関シ整備局長ヨリ次長ニ報告ス

一、石井［春朗］大尉ノ後任ヲ如何ニスヘキニ関シ東福［清次郎］中佐ト懇談　結局第一案ノ如ク沼沢［栄二］大尉ヲ撰定ス

六月十九日［水曜］

特記事項ナシ

一、午前九時ヨリ第四課長室ニ於テ総軍公平［匡武］大佐ヨリ宜昌駐兵（一時）ニ伴フ兵力問題其ノ他ニ関シ報告ヲ受ク

一、戦備課長ト南方問題ニ関スル想定ニ関シ協議ス

一、午後一時半ヨリ資源課ニ於テ本年度石炭需給関係ノ代用、燃料ニ関スル商工省燃料局職員ノ説明ヲ聴取ス

一、午前十一時五十分橿原神宮祈願式ニ於ケル秩父宮殿下ノ御音ヲ拝シ恭シキ極ミナリ

六月二十日［木曜］

一、午後三時ヨリ軍務課ニ於テ南方問題ニ関シ資源ヲ中心トシテ省部主任者ノ会合アリ

陸軍省軍務課軍事課仲々動カス

物動ヲ担任スル戦備課ノ熱意大ナリ

一、戦備課長ヨリ今後ノ南方問題ノ進展ヲ予想スル各省主任者ノ研究会ニ関シ打合ヲ受ク全然同意ナリ

陛下本夕近畿御旅行ヲ終ラセラレ御帰京遊サル

六月二十一日［金曜］

一、午前九時半ヨリ第四課長室ニ於テ南方問題ニ関シ省部課長及主任者ノ会議アリ

一、午後四時ヨリ七時迄今後ニ於ケル戦争指導並作戦指導ニ関スル課内案（荒尾中佐起案）研究ヲ行フ

一、昨夜ノ雷雨ノタメ落雷大蔵省、企画院、其他宮城前ノ官庁総ナメトナル　防空急務オソルヘシ

迫水［久常］氏ノ二十二日ノ講話ハ6／7ニ延期ス

一、交戦権発動ニ関スル参考資料ヲ関係方面ニ配布

一、午後三時半ヨリ第二応接室ニテ商工省貿易局［第二部］長菱沼［勇］氏ヨリ最近ノ貿易状況ニ関シ聴取予定ノトコロ都合ニ依リ二十九日ニ延期ス

六月二十二日　〔土曜〕

午前午後ニ亘リ前日ニ引続キ今後ニ於ケル戦争指導要領ニ関スル省部主任者ノ協議ヲ第四課長室ニ於テ行ヒ一案ヲ概成ス

殿下　御風邪気味ニテ休養セラル

六月二十三日　〔日曜〕

〔記事なし〕

六月二十四日　〔月曜〕

一、欧州情勢ニ伴フ時局処理要綱

　省部関係課長及部課員会合

殿下御静養遊ハセラル

六月二十五日　〔火曜〕

一、仏印派遣監視委員長西原〔一策〕少将以下発令編成ナル

一、戦争指導ノ時局処理方策一案成ル

（関係課）

殿下御発熱ニテ御休ミセラル

六月二十六日　〔水曜〕

〔記事なし〕

六月二十七日　〔木曜〕

〔記事なし〕

六月二十八日　〔金曜〕

〔記事なし〕

六月二十九日　〔土曜〕

〔記事なし〕

六月三十日　〔日曜〕

〔記事なし〕

七月一日　〔月曜〕

軍需動員会議ニ種村少佐列席ス

次長帰任ト共ニ部長会議ヲ開キ時局ニ応スル帝国戦争指導方策ヲ凝議セルモ成ラス

次長帰任ス（雨ノタメ長々上海滞在）

七月二日［火曜］

軍需動員会議ニ種村出席ス

昨日ニ引続キ参謀本部内各部長会議アリ欧州情勢ノ推移ニ応スル帝国ノ施策大綱ヲ原案通リ可決ス

総軍井本［熊男］参謀報告ヲ第一部長室ニ於テ聴取ス

七月三日［水曜］

軍需動員会議ヘ午前中種村参列ス

午後一時ヨリ参謀本部ニ於テ省部主［首］脳部会議「情勢ノ推移ニ応スル施策大綱」ヲ決定ス

七月四日［木曜］

一、日満支経済主任者会議
（陸軍省軍務課主催）
第一会議室ニ於テ行ハレ種村少佐午前九時―十時間出席ス

二、午前十時軍令部ニ至リ「情勢推移ニ応スル対処要綱」ヲ海軍側ニ説明ス
第二、第八課長永井［八津次］、櫛田、高月中佐種村少佐

三、午後二時ヨリ企画院ニ於ケル緊急経済対策ニ関スル情勢判断ニ種村少佐出席ス

七月五日［金曜］

一、対南方作戦ヲ顧慮シ交通動員並石油開発ノ為人及資材ノ動員ニ関シ陸軍省関係課ニ要求ス

一、日、満、支経済会議ニ出席ス（軍務課主催　種村）

一、殿下ノ御機嫌ヲ奉伺ス（種村）

二［ママ］、夕刻省内ニ外務大臣ノ辞任ノ辞アリ

三［ママ］、生産党蔭山新重臣財閥ニ対スル襲撃事件未遂ニ終ル

七月六日［土曜］

一、日満支経済会議ニ出席シ左記ノ点力説ス
対満、北支
一、満支ニ対シ（支那ハ北、中、南支ニ対シ）政策ノ重点ニ伴フ物資ノ重点按配
二、大連（関東州）向物資七億円ノ統制

二、午後四時ヨリ対仏印対英領マレー政治工作ニ関スル省部主任者ノ会同ヲ行フ

三、総軍辻［政信］少佐及斎藤良ヱ［衛］氏ヨリ東亜連盟ニ関スル説明ヲ次長室ニテ聴取ス

一、［ママ］白蘭進入ノ活動アリ。参謀本部ハ独ニミセラルルハ不可。自ラ持スルコト大ニシテ自主的日、独、伊ノ握手アルノミ

七月七日［日曜］

一、仏印トノ軍事同盟ニ対スル回答ヲ海軍ト協議シ通電ス

一、午前九時五十分ヨリ前庭ニ於テ事変三周年記念式勅語拝読式並遥［遙］拝式ヲ行フ

七月八日［月曜］

一、対南方諸邦施策ノ省部決定

二、「イギリス」カ香港ニ関スル帝国ノ申込ニ対シ遷延策ニ出テタル場合ノ対策及墺門［マカオ］対策上海ノ仏蘭西租界ニ対スル対策、総軍ノ意見ニヨル東亜連盟結成ニ関スル中央部ノ解［回］答案ニ関シ省部関係者協議ス

一、午後一時ヨリ笠信太郎ヨリ経済機構ニ関スル事項ヲ第一応接室ニ於テ聴取ス

一、辻少佐ヨリ午後一時ヨリ東亜連盟ニ関スル総軍ノ説明ヲ聴取ス

七月九日［火曜］

一、軍事課主催ニテ時局ニ応スル対南方資材及開発ニ関スル協議アリ

一、対英施策ヲ省部決定ス

一、時局処理要綱ニ関スル海軍側ノ内面的返答ニ接ス

［七月十日〜十四日　欠］

七月十五日［月曜］

午後二時ヨリ水交社ニ於テ時局対処問題ニ関シ陸海軍主任者課長以下ノ会同ヲ行フ。課長、高月、櫛田中佐出席ス

七月十六日［火曜］

午後五時米内［光政］内閣総辞職ス

午後二時ヨリ外務省ニ於テ仏印、及日、独、伊問題ニ付協議アリ種村出席ス

陸軍ノ従来ノ主張カ詳細ニ外務ニ伝ハリアルヲ知ル

米内内閣ノ辞職理由

「現内閣ハ組閣以来閣僚一致内外重要国勢〔ママ〕ノ遂行ニ付全力ヲ挙ケテ努力シ来リタルモ陸軍大臣ハ近時ノ政情ニ鑑ミ辞表ヲ提出シタルニヨリ米内内閣総理大臣ハ辞意ヲ決シ各閣僚ノ辞表ヲ取纏メ本日闕下ニ捧呈スルコトトナレリ」

七月十七日　〔水曜〕

午後八時

近衛文麿公ニ組閣ノ大命下ル

聖上葉山ヨリ還幸遊サル

七月十八日　〔木曜〕

陸軍大臣東条〔英機〕中将ニ決定ス

中将ハ夜間飛行ニテ帝都ニ帰還ス

外務大臣松岡洋右

白鳥〔敏夫〕擁立派ノ反対運動アリ

七月十九日　〔金曜〕

一、午後二時ヨリ時局処理要綱説明事項ニ関スル陸海軍主任者ノ打合ヲ水交社ニ於テ行フ

二、陸海主〔首〕脳者ノ会合（次長以下第一、軍務）廿二日夕行フコトニ決ス

〔七月二十日～二十六日　欠〕

七月二十七日　〔土曜〕

一、大本営政府ノ連絡会議アリ〔『杉山メモ』上、参照〕

時局処理要綱（大本営ヨリ）

政　　策（政府ヨリ）

一、御前会議ハ実施セサルコトニ定メ　大本営及政府ヨリ夫々上奏スルコトニナレリ

七月二十八日　〔日曜〕

〔記事なし〕

七月二十九日　〔月曜〕

一、仏印問題ニ関シ省部主任者ノ意見ヲ纏メントシタルモ成ラス

西原少将ノ報告ヲ決〔聴〕シタル上決スルコトトナレリ

七月三十日　〔火曜〕

一、櫛田中佐ヨリ最近ノ事情ニ関シ殿下ニ対シ奏上ス
　御機嫌麗シク拝ス

二、西原少将帰来午後四時ヨリ報告ヲ聴取ス

七月三十一日　〔水曜〕

対仏印問題ニ関シ省部主任者ノ会合ヲ行ヒタルモ成ラス
参謀本部部内ニ於テモ今日二論ニ分ルルハ遺憾ナリ。

八月一日　〔木曜〕

仏印問題ニ関シ省部ノ間混沌トシテ意見定マラス

八月二日　〔金曜〕

仏印問題ニ関シテハ依然省部間意見定マラス
決心セサルコトニ決シ暫ク見送リノ形トナレリ。
現地側ニ対シテモ別命アル迄行動ヲ差控フル如ク訓電ス
（仏印ニ対スル今後ノ措置ノ件）
米国ノ対日石油、屑鉄ノ禁輸ニ伴フ対策ニ関シテ意見ヲ具申ス
（別紙南方施策強化ニ関スル意見）〔別紙欠〕

八月三日　〔土曜〕

河内〔ハノイ〕、佐藤〔賢了〕大佐（波集団〔南支那方面軍〕参謀副長）宛現地ニ於ケル宣伝ニ関スル事項ハ暫ク中央ノ統制ニ基キテ実施スル如ク訓電ス
（佐藤大佐現地交渉ノ回訓ニ基ク海軍ノ注文ニ依ル）

〔八月四日　欠〕

八月五日　〔月曜〕

帝国ノ外交施策ヲ闡明ナラシムヘキ近衛声明ヲ発スルヘキヤ否ヤニ関シ省部主任（課長）ノ会同アリシモ暫ク情勢推移ヲ見ルコトニナレリ
夕刻仏国政府ハ日本ノ八月一日付申入レヲ全面的ニ容認スル如ク通報アリ乾杯ス
同時仏印派遣ノ畑中〔?〕中佐ノ現地視察報告アリ荒尾中佐報告ト同一主旨ナリ

八月六日　〔火曜〕

一、日、独、伊問題ニ関シ海軍修正ノ意見ニ基キ陸、海主任者水交社ニ会シ協議ス

時局処理要綱ニ関シ修正スルコトトナレリ

八月七日［水曜］

一、日、独、伊協定ニ関スル事項省部間ニ承認セラル

二、泰国武官府ヲ強化スルコトニ関シ省部主任者間ニ一致ス　八月二十日迄ニ内地出発ノ事

将校八名トシ作戦準備ヲ主トス

三、西原少将ニ帰任後ノ業務処理ニ関シ次長ヨリ指示スルコトニシ一案ヲ草シタルモ西原少将ノ性格ニ鑑ミ中止セリ

八月八日［木曜］

一、陸軍大臣ニ対シ午前十一時ヨリ作戦室ニ於テ対香港仏印作戦準備ニ関シ説明アリ次長以下参列ス

二、右同件ニ関シ午後三時ヨリ軍務局長及軍事課長ニ対シ説明ス

西原少将帰任ス　何事モワカラズ

迎ヘル奴モ送ル奴モ、共ニ不明ノ徒ナリ

仏印問題ハ依然トシテ混淆［沌］ヲ続クベシ

八月九日［金曜］

一、午前九時ヨリ参謀本部ニ於テ

イ、日、泰軍事同盟

ロ、作戦準備間泰国ヘ要員派遣ニ関シテ協議シ一案ヲ得タリ

不取敢田村［浩］大佐ヲ召致スルコトトス

○英大使「クレギー」在支英兵力ノ全面的撤兵ノ通報アリ

目的？

一、［ママ］仏印問題ニ関スル外交交渉ノ件ハ一切解決スル迄発表セサルコトトス

二、［ママ］谷川［一男］中佐南方派遣中ノトコロ帰任ス

午後四時ヨリ同官ノ報告アリ

八月十日［土曜］

一、英軍ノ支那撤兵ニ伴フ上海租界対策ニ関シ英軍担任地域ハ全部日本軍ニ於テ警備ヲ担任スル如ク南京ニ指示ス

二、仏印交渉ニ関スル松岡「アンリー」談ハ先方ヨリ日本側ノ具体的要求ヲ求メ来リタルニ付北部仏印ニ限定スル旨（尚不備ナルトキハ地点ヲモ明ラカニシ）陸軍省

ニ指示ス

三、仏印ノ処理ニ関シテハ未ダ省部間ニ纏ラズ
荒尾中佐陸軍省ニ至リ軍事課長ト協議ス統帥部トシテ
此ノ如キ問題ヲ陸軍省ニ至リ協議スルハ適当ナラズ

四、香港ノ税関接渉［折衝］ニ関シテハ日本人一名（副税
公司）其他ノ下級官吏ニ日本人ヲ採用スルコトニ定メ
現地ヨリ外務省ノ意見ニ回答ス（重慶及香港ニ対シテハ連絡員トス　日本側ノ海関内部ニテハ公式職員）

五、汪トノ条約中駐兵ニ関シ石井中佐案ヲ回示シ来ル
*桐工作トノ関係上取リ急ガサルコトトス

六、午後四時半ヨリ次長以下ニ対スル谷川中佐ノ現地視察
報告アリ

＊　昭和十四年末から十五年九月の間実施された対重慶和平工作。この工作は成功の見込みがなく打切りとなった。

［八月十一日　欠］

八月十二日［月曜］

一、対独、伊交渉進マス海軍大臣ニテ研究中ナリト　嗚呼

二、英軍ノ撤退ニ伴フ仏国軍隊ニ対スル勧告ハ仏印問題解
決迄実施セサルコトトス

三、第三次新軍備充実ニ関スル検討アリ
水町［勝城］案
重野［誠雄］案　共ニ現実ト隔離シアリ

四、「ハンダガヤ」附近ニ国境小紛争起ルモ大シタ事ナシ

八月十三日［火曜］

一、英軍撤退シ仏伊［国］軍隊撤退ニ関スル事項ハ仏印ト
ノ交渉進捗ヲ睨ミ合セ中央ヨリ別命スルコトトス

二［ママ］、上海英軍警備地区処理ニ関シ現地ヨリ其ノ具体策ヲ上
申シ来リシモ、日米担任分割案ハ不同意、米軍ノ進駐
ノ場合ノ処置ニ関シ陸、海軍間ノ意見合致セス

一、南方作戦ニ要スル被服ノ展覧アリ

八月十四日［水曜］

一、最近ノ支那方面戦況、香港作戦準備
英軍撤退ニ伴フ処置、仏印ノ処置ニ関シ明日午前次長
ヨリ内奏スル如ク準備ス

一、将来ノ大東亜建設要綱並時局処理要綱ニ基ク戦争指導
計画（軍事課案）ニ関シ省部主任者課長以下ノ協議ヲ

行フ

軍事課長ヲ主体トシテ意見ヲ具陳ス

八月十五日〔木曜〕

一、対仏印交渉ヲ二十日迄ニ結末ヲツケシウル如ク参謀総長ヨリ陸軍大臣ニ要望セラル

蓋シ仏印遷延ハ支那事変ノ推移ヲ最モ不利ナラシムルヲ以テナリ

二、仏印進駐兵力ニ対スル検討アリ三、〇〇〇—五、〇〇〇トイフコンナ事ニテ争ヒテ何ヲ以テカ南進策ゾヤ

三、南方綜合作戦計画ノ検討アリ（瀬島〔龍三〕案）

八月十六日〔金曜〕

一、仏印交渉ニ関シ昨日「アンリー」松岡会談ノ結果更ニ細部ニ亘リ統帥部ノ意図ヲ示ス

結局兵力四千ニ落付〔着〕ケリ

一、南方綜合作戦計画ニ関スル陸海軍打合セヲ水交社ニテ行フ

瀬島案ノ再検討ヲ行フ

一、日蘇関係飛躍的調製〔整〕ニ関スル要望ヲ意見具申ス

一、満州「ハロンアルシヤン」西方ニ国境小紛争アリ

大陸指ニテ之カ整理方指示ス

八月十七日〔土曜〕

一、田村大佐ノ泰国報告アリ

軍事同盟ニ関スル件ハ明後日懇談ト保留ス

二、昨夜水交社ニ於ケル陸海軍作戦協定ニ於テ一同海軍側意見ニノマレ来ル。

権威ト思索ナキコト甚シ

八月十八日〔日曜〕

〔記事なし〕

八月十九日〔月曜〕

一、南方綜合作戦ノ研究アリ

蘭ヨリスヘキヤ馬来〔マレー〕ヨリスヘキヤニ関シ要ハ対英一戦ノ決意ナキモノハ駄目

一、午後南方戦争指導要綱並ニ時局処理要綱ノ再検討ニ関シ種村案ヲ基礎ニ研究アリ

一、沢田〔廉三〕大使ヨリ仏側カ軍隊通過ノミ認メタル旨

ノ通電アリ　南方ニ関スル限リ海主陸従ナルモ陸軍統帥担当者ガ無研究ノマヽ海軍案ヲ讃美スル傾向アルハ適当ナラス

八月二十日〔火曜〕

一、松岡ニ対スル「アンリー」ノ申出（仏印交渉ノ返事）アリシモ内容根本ニ触レス更ニ「アンリー」ニ申込マシム

二、対南方戦争指導第二案ノ研究ヲ行フ

三、本研究ニテ英蘭一体ノ戦争規模トスル件ニ関シ白熱ス
但シ蘭国一国論ハ海軍案ニシテ陸軍作戦班水交社ニテ海軍ノ意見ヲ聞キ直チニ同意セルハ適当ナラス。

瀬島大尉ノ判決論ニテ課長裁決ス

四、西浦〔進〕、永井ノ両中佐「アンリー」申込ニ際シテ更ニ金ノコトヲ云フ女郎ノ如シ。

八月二十一日〔水曜〕

〔記事なし〕

八月二十二日〔木曜〕

イ、対南方戦争指導ニ関シ第三次案ヲ基礎トシテ省部関係者ノ協議アリ
軍事課長ヨリ武力戦内容（英蘭カ蘭カ英カ）不明ニテ同意シ難シトシテ更ニ明日附議スルコトトナレリ

ロ、「大東亜新秩序建設目標」ノ検討アリ

ハ、平和来後支那政治機構ヲ如何ニスヘキヤニ関シ協議アリ（石井中佐案）

八月二十三日〔金曜〕

一、対南方戦争指導ニ関シ省部主任者会同協議ス（陸軍省要望）

一〔ママ〕、午後一時半ヨリ軍令部ノ蘭印作戦研究ヲ聴取ス
陸海共研究準備共ニ未ダシ

三、国防国策十年計画ヲ立案ス
築地花月ニテ海軍軍令部第一課ト会食ス　無味乾燥

八月二十三〔四〕日〔土曜〕

一、仏印進駐後ノ南支方面ノ処理ニ関シ協議アリ

一、第一部長仏印南支方面処理ノ為廿六日—二週間ノ予定

ニテ出張スルコトトナレリ

一、租界交渉及仏印交渉ノ経済ニ関スル事項ヲ調整ス（第一部長携行済）

八月二十五日〔日曜〕

「アンリー」我要求ヲ容認シ最後的申入レヲ為シ来ル

八月二十六日〔月曜〕

一、「アンリー」ノ申入レニ対スル検討並今後現地交渉要領ニ関シ協議ス

二、海軍側ヨリ戦争準備ニ関スル陸軍ヘノ申入レヲ行ヒ来ル十時ヨリ協議ス

三、現地交渉委員長ヲ西原少将ニスヘキヤ波集団参謀長トスヘキヤハ異論アリシモ上層部ニ於テ西原少将ト決定セリ

八月二十七日〔火曜〕

一、西原少将ニ与フル指示案ヲ携行シテ第一部長河内ニ向フ

二、午後海軍側ニ提示セシモ夜ニ至ルモマトマラズ　海軍大臣ノ御機嫌悪ク白浜少佐ノ出発ハ明後日トナレリ困ツタ事也

三、午後南方作戦ヲ実施中起ルベキ対露作戦計画ノ審議ヲ行フ

八月二十八日〔水曜〕

一、夕刻ニ至リテ海軍側ノ「西原少将ニ対スル指示」ノ決裁来ル午後八時次長自宅ニテ決裁ヲ受ク

一、午後三時軍令部大野〔竹二〕大佐、川井〔巌〕中佐時局処理要綱ノ思想調整ニテ来部課長、高田〔高月〕中佐ト会同ス

本日尚「アンリー」ノ返《〔ママ〕》ナシ

八月二十九日〔木曜〕

一、白浜少佐（軍令部）決裁指示案ヲ携行河内ニ向フ（現地交換公文案、現地交渉促進要望共）

二、西原少将宛部長ノ用向及中央交渉ノ状況ヲ内報ス

三、上海租界問題ヲ東京交渉ニ移ス旨米ノ松岡ニ対スル申入レアリ飽ク迄既定方針ヲ以テ進ム旨訓電ス

四、本日正午「アンリー」正式申入レアリ翻訳ヲ俟ツコト

久シ

五、今ヤ正式調印成ラントスルヤ上奏問題ノ為明日ニ延期

然ルニ今迄本件ニ関シ誰一人論スルモノナシ　午後八

時ニ及ビテ此ノ議起ル

六、国防国策、南方指導方針ニ関スル省部主任者会議ヲ行フ

八月三十日［金曜］

一、枢密院ノ批准ヲナスコトナク中央取極ヲ成立セシムル

為今ニナリテ仏印問題解決ヲ急ク理由ヲ説ク嗚呼

二、午前九時松岡外相上奏（仏印ニ関シ）

三、午後一時、日仏承認、発電ノ手違ヒニテ午後五時半河

内ニ発電ヲ終ル。松岡ヨリ「アンリー」ニ対シ三十一

日中ニ現地協定成立方要求アリ

四、米国租界問題申入ニ対スル反駁文

五、石井中佐ヨリ次長以下ニ対シ条約ノ説明アリ

〈上欄〉

理由

一、次期作戦

二、対支作戦

三、待機二ヶ月半［赤字記入］

八月三十一日［土曜］

一、仏印交渉ハ三十日夕ヨリ始マレリ

二、仏印ノ発表及宣伝要領ヲ第八課ヲシテ作製セシメ其方

針ヲ現地側ニ打電セシム

「欧州戦争兵器」ニ関スル技術本部ノ発表会アリ我田

引水ノ作アリ

九月一日［日曜］

［記事なし］

九月二日［月曜］

一、第一部長ヨリ誓ツテ二日迄ニ現地交渉ヲ成立セシムル

旨来電アリ

二、右ニ関シ現地遷延策トシテ「ドクー」ニ仏本国カ交渉

権限ヲ与ヘス更ニ請訓スルコトアルニ付念ヲ押サシム

三、小林［一三］使節ニ与フル訓令案

（海軍ノ反対ノ為成立セス）ヲ関係方面ニ配布ス

九月三日［火曜］

一、仏印現地交渉ハ容易ニナラス五日以降兵力ヲ入ルルコ

トアル旨西原少将ヨリ申出タリ依テ速ニ大命ヲ仰イテ兵力進駐ノ自由ヲ与フルヲ可トスル意見ナリシモ次長之ヲ容ルルトコロトナラズ

(イ)「アンリー」ヲ招致シテ決意ヲ伝フ

(ロ)沢田ニ打電シテ本国ヲ督促セシム

(ハ)「オツト〔ママ〕」ニ仏印状況ヲ通報ス

二、前項ニ関シ第一部長ヨリ「今日遷延セラルレバ国威ヲ失墜シ南方問題支那事変〇トナルベシ　五日以降進駐ノ指示ヲ訓令ニ基キ発シタリ」ノ報告アリ

三、上海租界問題ニ関シ日米妥結ニ至ラサルモ当方ハ辞セサル旨明瞭ニ外務大臣ニ伝フ

第一部長ヨリ訓令ニ基キ「北部仏印進駐準備ノ指示発令方」打電シ来ル

矢ハ放タレタリ（午後四時）

瀬島大尉宮中ニ参内侍従武官府ニ報告ス

兵力進駐ニ関シテハ大命ニ依ルヘキ旨次長電ヲ発ス（午後五時）

嗚呼今ニシテ大本営ノ断ナシ

海軍ハ更ニ中央交渉ニモドシ妥結ヲ計［図］ルト云フ

次長午後六時現地交渉マトマラサルトキハ兵力ヲ行使スル件決心セラル

九月四日［水曜］

午前九時次長及課長夫々軍令部ノ次長課長ヲ訪問ス

交渉不調ニ陥リタル場合ノ中央陸、海決心ヲ決定セラレタルモ本日閣議ノ件ニテ省部意見合致セス又本日現地ヘ通報スル件海軍ト一致セス

次長電トシテ交渉手段ノ現況ヲ通報ス

交渉妥結後直ニ軍隊ヲ入ルル件ニ関シ海軍ハ一週間ヲ必要トスト云フ「アキレタル」次第ナリ

明日ハ閣議ヲ開キテ不調時ノ処置ヲ決定スト云フ　成ルカ。否カ。

次長午後一時総理ト日本間ニ会シテ進駐ヲ議シテ近衛ノ同意ヲ得タリ

陸士卒業式陛下ノ御英姿恭シ

本日中ニ成立見込ノ電アリ（午後五時）［この行赤字］

沢田［茂］次長ノ昨三日以来ノ本決心ニ基ク処置左ノ如シ

堂々タル総長代理トシテノ処置ナリ

一、三日午前未明時兵力行使同意

一、三日午後五時決心

一、三日夕食時大臣ヲ訪レ同意ヲ求メ大臣ハ直チニ外相
松岡ニ電話ニテ同意ヲ求ム
一、四日午前十時軍令部次長ヲ訪問シ同意ヲ求ム
一、同時課長、軍令部第一課長ヲ訪問シ同意ヲ求メ得ズ
一、午後一時総長代理トシテ近衛ヲ首相官邸ニ訪問同意
ヲ得
一、午後省部ノ意見ヲ一致シ取敢ス現地ニ電報ス（〽〇
八二〇）
但シ発電ノ時機ニ関シ海軍ト一致セス政府ト閣議開
催ニ関シ省部内ニ一致セス中央ノ現地ニ対スル責任
ヲ予メ採ラントスルモノナシ五日〇以後現地ノ独
断？

九月五日〔木曜〕

一、両総長ヨリ西原少将ヘ総長ヨリ富〔冨〕永〔恭次〕少
将南支派遣軍司令官ニ祝電ヲ発セラル
二、昨夜十一時（東京時間）現地協定成立ス
三、吉田〔善吾〕海相辞任及川〔古志郎〕大将就任
直チニ多年懸案ノ上海租界問題ニ関スル陸海外ノ意見
一致現地ニ打電ス
四、日独問題ニ関スル外務省案提案同意ス
北白川宮〔永久〕殿下張家口ニ於テ飛行場ニ於ケル演
習御覧中、薨去遊ハサル（四日午後七時）
一〔ママ〕、祖父宮殿下ハ台湾ニ
一〔ママ〕、父宮殿下ハ巴里ニ
一〔ママ〕、殿下ハ蒙疆ニ
嗚呼悲シイ哉

九月六日〔金曜〕

一、昨日外務省案ノ「日、独、伊軍事同盟」案ヲ山縣〔有
光〕少佐ヨリ聴取　課員ニ説明ス
稍々外交官スギタルノ感アルモ可
但シ海軍大臣カ止メルトスグニ外務案ガ強硬トナルハ
滑稽ナリ。
二、現地交渉調印電来ル　依然「ハノイ」ハ彼カ固守シア
リ　進駐時機ハ未タシカ
午後八時ヨリ四相会議ニテ日、独、伊軍事同盟案ヲ検
討ス〔『杉山メモ』上、参照〕
新体制委員労働闘士麻生久急死ス
近衛首相午後六時弔問　ユカシ

午後八時永久王殿下ノ喪ノ御凱旋ヲ宮邸前ニ悲シクオ迎ヘ申上グ

九月七日〔土曜〕

鎮南関ノ5D越境事件報告アリ
後程大事ニ至ルコトモ知ラズ
警鐘ヲ乱打セシニ響カズ

一、午後一時―六時迄岡村〔誠之〕少佐ノ蘭印視察報告アリ

二、午後六時―七時総軍参謀堀場〔一雄〕中佐ノ大持久戦方略ニ関シ報告アリシモ「ピント」合ハズ

〔九月八日、九日　欠〕

九月十日〔火曜〕

一、西原少将ヨリ進駐日次ヲ決定セサル限リ交渉再会〔開〕不可ノ意見具申来ル。進ミタル哉
右ニ関シ先方再開申込ニ対スル返〔ママ〕ヲ出スベキヤ否ヤニ関シ陸、海、外ノ意見一致ニ終日ヲ要ス

二、我交渉ニ応セサル場合ノ最後通牒ニ関スル決心ハ第一部長ノ帰京報告ヲ聞キ速ニ四相会議ヲ開キ続テ臨時閣議ニヨリ帝国ノ態度ヲ決スル様決定ス

○午後一時半ヨリ島村〔矩康〕中佐ノ「ヒリツピン」報告アリ　岡村ノ報告ト云ヒ二人共南方論ニ急転回セリ

○波集団長及参謀副長ヨリ越境事件ニ関シ進退伺申出来ル。軽々ナリ而モ第一線隊長ハ神経衰弱ナリト云フ何故此機ヲ利用シ越境セサルヤ。5D長23A〔22軍〕長波長共ニ責任ヲ採ルノ勇断ナシ

九月十一日〔水曜〕

一、第一部長午後三時半帰任。
四時半ヨリ第一応接室ニテ総長ニ対スル報告アリ大臣次官次長以下関係部局長立会ス

二、右ニヨリ明カニ対仏印態度ハ一変シテ八月三十日ノ状況ニ帰ヘレリ中央ニ於テ断乎処理スルコトトナレリ

○参電第八二〇号ノ次長電カ現地ニハ総務部長電トシテ伝ハリ九月四日ノ中央ノ決心ハ正当ニ現地ニ反影〔映〕セサリシハ極メテ遺憾ナリ

九月十二日［木曜］

午前日、独、伊及仏印ニ関スル四相会議アリ

一、爾今　日、独、伊ニ関シテハ四大臣次官両次長間ニ於テ決定シ事務ニ移ササルコトトナレリ

二、仏印問題ハ三十日案ニ還元スルコトニ概ネ一致セルモ午後ニ至リ海軍側ニ若干事務的ニ異論アリ更ニ本日夕両省部局長会議ヲ行ヒ次テ大臣相互ニ決定ス

九月十三日［金曜］

仏印問題ニ関シ

イ、最後通牒ヲ（22日）突キ付ケル事

ロ、飽ク迄平和的ニ侵入ス

ハ、抵抗セル場合武力ヲ行使シテ目的ヲ貫徹ス

右四相会議ニ於テ決定ス

夜九時半迄外務省ニ至リ明日ノ上奏ヲ打合ス

条約上撤兵ニ関スル件「治安確立ト共ニ」「治安確立後」未タマトマラズ。

第一部長ノ決裁アリシモ第二部同意スルトコロトナラズ。

九月十四日［土曜］

午前十一時

最後通牒ニ関スル上奏引キ続キ大陸命ヲ仰ク

第一部長午後一時唐川［安夫］大佐、中山［源夫］中佐［大佐］ヲ引連レ現地ニ向フ　果断祈御成功

海軍側ハ今ニ至リテモ尚二十二日進駐ニ関シ異論アリ　引ヅラレル者ノ苦シサナリ。

一、支那事変処理方策

二、昭和十六年度ノ為戦争指導上主要処理事項

｝一案ヲ草ス

法務局ニ対シ交戦権発動ニ関スル研究ヲ求ム。

九月十五日［日曜］

日、独、伊問題ニ関シ明十六日会議開催セラルルニ付召出シヲ喰フ。

万事内閣ニテ準備セラルルコトトシ大シタルコトナシ。

兵科撤廃セラル［以下赤字記入］

天運開カントス

天気晴朗

靖国神社ニ参拝ス

九月十六日〔月曜〕

一、本日、日、独、伊問題ニ関シ御前会議ヲ開カルル予定ナリシモ政府ノ準備進マス延期セラル。

二、対仏印武力行使ノ場合在支仏軍隊及権益ヲ如何ニスヘキヤニ関シ省部間ニ一致ヲ見タリ。

即時処理案ハ陸軍省ノ不同意ニテ概ネ海軍案ニ一致ス。

九月十七日〔火曜〕

一、日、独、伊問題ニ関シ来ル二十日御前会議廿一日中外ニ発表ニ決定。

上層部工作ニ努力セルニヨル

仏側ヘノ最後通牒ノ申込ハ十九日ト決定。

進駐日次ハ廿二日ヲ廿三日ニ延期ス。

九月十八日〔水曜〕

一、最近陸軍大臣ノ統帥権ニ関スル「口出シ」多シ

参謀次長亦之ニ同調スルハ適当ナラス（総務部長ニ直言ス）現地仏印交渉切迫シ陸軍省海軍側ノ決意ノニブサ続々アラワレ訓電ヲ発セントス。　惜シムベシ——

二、対仏印武力行使ニ伴フ在支仏国軍隊航航〔ママ〕及権益ニ対スル処置要領ヲ概定シ現地ニ訓電ス

此好機ヲ逸シテ平和的云々ヲ口ニシ又仏国ヲ一人前ノ大国扱ヒシテ之トノ友好関係ヲ論ズルモノアルハ支那事変ノ現地百万ノ軍ヲ知ラサルモノ、言ナリ

三、午後一時ヨリ南方綜合作戦計画ノ打合ヲ行フ

永久王殿下ノ御葬儀雨ト共ニ謹ミテオ送リシ奉ル。菅波大蔵ヲ軍務課ニ引見シ青少年訓練ノ意見ヲ述ヘシム

○午後一時ヨリ学士会館ニ陸軍省ノ吉本〔重章〕少佐田島〔憲邦〕大尉出席、各省トノ右ノ件ニ関シ打合ス

○次長河内電第四四一号（西村〔琢磨〕部隊〔印度支那派遣軍〕ノミノ進駐ハ不可能十八日中ニ返答ナキ場合ハ局地的ニ進駐ス）ニ対シ次長直筆ニテ電報ス。統帥部ノ威厳ナキコト此ノ上ナク総務部長ニ遺憾ノ意ヲ表ス

西原機関及居留民引揚ニ関シテモ亦河内電第四四〇号ニ関シ陸軍大臣ノ意見ニ基キ午後五時頃第二部長総務部長軍務局長三者ニテ第二課長ヲ強要シ小官一文ヲ草シテ陸軍省ニ至ルヤ更ニ軍務局長同課長ノ大臣ノ意図ナリトスル修文意見アリ遂ニ西原機関ハ現地ニ止マリ交渉ヲ開始シ縦ヒ死ヲ見ルモ中央トシテハ已ムヲ得ズトノ大臣ノ強キ意見ニテ廿日ノ引揚ヲ延期セシムヘキ旨電報セリ（参

電第五五号）

次長ノ許ニ決裁ヲ仰グ

○近来大臣ハ兼参謀総長次長ハ第二陸軍次官ノ如シ次官ハ本日ノ葬儀ニテ風邪気味ニテ就寝中ナリ。

○特ニ次長ガ新古ノ関係上大臣ニ圧セラルルハ甚ダ遺憾ニ堪エス。

河内電第四四一号ヲ見テ大臣自ラ筆ヲ採リ

「仮令進駐遅レテモ友好的ニ実行スヘキ事ヲ厳ニ指達シ誤ナキヲ要ス之カ為二、三日遅レテモ差支ナシ」ト云フ十四日ノ大命ヲ何ト思フ。

〈上欄〉［赤字記入］

◎御前会議ニ於テ日、独、伊軍事同盟ノ裁可セラレタリ。

◎外交ノ転換皇威ノ進展日ニ日ニ新タナラントス

九月十九日　［木曜］

一、日支間条約中撤兵ノ時機ニ関シ次長ハ又次官ノ再三ノ説得ニ依リ陸軍省第三案（現地案ヲ認メ且議事録ヲ明記ノ件発表ハ治安確立後）同意スルニ至ル。

二、最近陸軍省ニ於テ仏印問題ヲ遶リテ統帥部ノ人事ヲ云々スルモノアリ。

三、河内電［第］四四六号（現地最後通牒二十日十六時ノ件）ニ対シ陸軍省希望ニ依リ更ニ成ルヘク速ニ通告方発電ス一応反対ヲ称ヘタルモ軍務課長ニ説得セラレ課長之ニ屈ス嗚呼

四、現地ノ交渉稍好転ノ状況ヲ見テ本十九日ノ最後的通告ヲ変更延期センコトヲ海軍側ヨリ申込来レルモ之ヲ排撃セリ海軍ノ腹斯ノ如シ

〈上欄〉［赤字記入］

十七時「アンリー」ヲ招致シ大橋［忠一］次官ヨリ予定ノ如ク武力進駐ニ関スル通告ヲ行ヘリ

矢ハ放タレリ夕刻妥結ノ見込ノ河内電アリ　統帥部ノ殿堂ニ嵐至ラントス。

九月二十日　［金曜］

富［冨］永少将ヨリ官憲及居留民ノ引揚ニ関シ重ネテ返電意見具申アリ。

居留民ハ二十二日西原機関ハ二十三日〇時以降トス。参電［第］五五号ニ基キ西原少将ノ決意如何

九月二十一日〔土曜〕

仏印交渉転々タリ

容易ニ決スルトコロナキモ中央ハユズリニユズリテ九月四日迄ニ転落シツツモ尚且平和的交渉ノ途ヲ開カントス。

○仏印方面ノ外交交渉ヲ顧慮シ本夜宿直ス

九月二十二日〔日曜〕

一、午後一時不取敢九月十四日以降ノ現地外交交渉ノ状況ヲ上奏ス。

二、午後四時三十分海防〔ハイフォン〕ニ於テ西原機関調印午後六時入電アリ

午後八時更ニ参内上奏。御満足ニ拝ス

此際一部命令伝達セラルルコトナク越境スルコトアルモ極力局地的解決ニ努ムヘク上奏ス。

三、午后十時ニ至リテ現地方面ノ戦況ノ報告続々来ル。

○課長、高月、瀬島、櫛田宿直ス

九月二十三日〔月曜〕

午前〇時ヲ期シ現地ニ於テハ遂ニ中村〔明人〕兵団〔第五師団〕ノ前進開始ヲ見ルニ至ル。午前三時局地的解決ノ命令（大陸指）ヲ発シタリ　其可否ニ関シテハ論議アリシモ昨夜ノ上奏時龍顔御麗シキヲ拝シタル次長トシテ此ノ処置ヲ採ラルルハ当然ナリ。

書簡来電一通モナシ。

午後八時ニ至リテ午前中ニ於ケル戦況ノ和集〔第二十二軍〕電来リテヤット戦況判明

午後十時ノ臨時「ニュース」ニテ「ドンラン」附近ノ中村兵団ノ戦斗ヲ発表ス。

大本営如何ニ　一、交渉ヲ待チテ前進カ

スベキヤ決セズ　二、前進シツツ交渉カ（種村案）

課長、高月、谷川、種村、島村、岡村、松谷〔誠〕、瀬島、宿直ス

〈上欄〉〔赤字記入〕

大陸指第七五〇号（23／9）

大陸命第四五八号（15／9）

大陸命第四五二号（5／9）

九月二十四日〔火曜〕

午前三時頃以来続々現地電アリ

現地ハ概ネ局地的解決ノ情勢ニ至レリ

次長ハ当分ノ間処置セス　先ツ西村部隊ノミ入ルル決意ヲ
採リ中村〔明人〕兵団前進ノ為仏印ノ交渉ヲ行フコトトセリ
◎海防方面ノ上陸ニ関シ陸海軍協同至難ナル状況ニアリシ
ヲ以テ中央ヨリ細部ニ関シ大陸指ヲ下達セラル
　┌二十六日正午迄交渉
　└二十七日午後八時迄ニ上陸

九月二十五日〔水曜〕

一、現地協定条約ノ可否論起リ
　否定――┌全面的修正案
　西原少将ノ召還└逐次修正案
二、第三部長ノ仏印派遣論アリ中止セラル（引受タル奴馬
鹿也）
三、第一部長帰ヘラル心中察スルニアマリ在リ。
　第一部長辞職内達セラル嗚呼
　統帥部ノ中核ヲ失フカ。
　大陸指第七五〇号23／9
　大陸命第四五九号15／9 ｝大陸命第四五二・第四五九号ヲ
　大陸命第四五二号5／9
　以テ企図遂行スルヨリ外手段ナシ23／9

指示ハ今日ノ混乱ヲ生シ来ル。
今ヤ大命ニ基キ処置スルヨリ外道ナシ。
西村部隊ノ上陸ニ関シ海軍ハ之ヲ阻止スヘシト云フ

九月二十六日〔木曜〕

一、西村部隊午前四時海防沖ニ上陸ス。
陸海現地協定ハ破棄海軍ハ海口〔海南島北部〕ニ引揚
タリ
二、海防爆撃始マル。次長ハ直ニ軍司令官ヲ首ニスト口ニ
ス統帥ノ混乱コレヨリ甚シキハナシ。
三、海軍ハ陸軍ノ不信ヲ訴ヘテ帷幄上奏ヲ行フト云フ。戦
フベシ。
四、次長ニ対シ現地条約ハ大命違反ノ旨ヲ報告ス。
五、海防爆撃事件ニ端ヲ発シテ「爾後爆撃ヲ禁止ス」ノ大
陸命ヲ出スト次長イキマキツツアリ。
六、夜大陸指ヲ以テ現地協定ノ取扱ニ関シ電報ス
　現地協定ヲ承認セサル案（一同）
　現地協定ヲ一応承認シ過去ノ問題ハソノママトスル案
（次長）
遂ニ大陸指ノ別紙トシテ協定ヲ指示。

七、海防爆撃ニ凝リテ爾今ノ北部仏印ノ爆撃禁止ノ大命ヲ内示ス

◎安藤［利吉］司令官交代発令セラル。

海防爆撃ノ報伝ハルヤ

「次長自筆ニテ波和集団ノ統帥不可ヲナジル」但シ第二課長ノ諌言ニテ中止ス

〈上欄〉［赤字記入］

陸海不調

九月二十七日［金曜］

一、現地海防爆撃ハ一機誤爆海防西南方郊外ニ一発落下セシノミトス

其ニテ司令官ノ首トブ。　世ハ末ナリ

二、西原少将ハ己ノ大命違反ナルコトヲ知ラズ

統帥ノ紊乱ト呼ブ統帥部威信ノナキニ依ルカ今日混乱ノ理由ハ現地軍ニアラス中央ニ在リ。

三、倉橋［武雄］少佐ノ「モスコー」ヨリノオ使ヒノ報告アリ

四、大陸指第七五一号ノ説明的総長電ヲ次長自ラ記シテ発電ス

大陸命トスヘキヤ否ヤニ関シ陸軍省ニ説明ス

五、九月十四日以来ノ経緯ニ関シ統帥ノ経過ヲ研究ス（課長高月荒尾交代ノ説アリ）

現役軍人ノ態度（課長別離ノ言）

一、責任ヲ感シ自ラ辞職ヲ願フコト不可能

一、自己ノ進退ニ関シ自ラ上司ニ云フコト不可能

一、上司ノ者ハ部下カ全部引責シタル場合業務ノ進展ノ果シテウマク行クカ否ヤヲ考ヘヨ

尚今後ノ異動ト我等ノ信念トヲ混同スルナ

「第一線部隊」ヲ援護セヨ第一部長ノ名誉ヲ傷ルナ

陸海軍次長次官宛西原電第六三一号（九、二六、二二〇〇着）

「統帥乱レテ信ヲ中外ニ失フ今後ノ収拾策ニ関シ小官等必ラズ一応東京ニ帰ヘリ報告ノ必要アリト確信ス」

陸軍武官ニシテ何事モ知ラズ　此ノ如キ広言ヲ行フ嗚呼末世カ

日独同盟ノ発表［この行赤字記入］

〈上欄〉［赤字記入］

暴風一過

九月二十八日〔土曜〕

一、昨夜九時日、独、伊軍事同盟発表セラル東亜ノ光明、世界ノ晴天来ラントス。

一、二十六日西村部隊ノ上陸事件ニ関シ条理ヲツクシタル波集電来ル

中央部無意見頭カ下ルノミ。

一、海軍ハ陸海不調（海防西村ノ上陸）ヲ単独上奏シ更ニ海防爆撃ノ西原電ハ急遽海軍ヨリ上聞ニ達シ陸軍ノ立場ヲ著シク苦境ニ陥レ波集団司令官並和集団司令官、5D長第一部長、次長、第二課長、高月、荒尾ノ交代ヲ報セラルコレコソ統帥ノ乱レノミ。　嗚呼

西原電ハ海口ニ於テ根拠ナキ「マルタン」ヨリノ連絡ニヨルノミ。

九月二十九日〔日曜〕

一、西原少将ノ代リニ澄田〔睞四郎〕少将発令セラレ之カ訓令案ヲ研究ス

二、澄田少将ニ対シ大臣ヨリ

イ、統帥ト外交トノ緊密ナル協調

ロ、陸海軍ノ協調

ハ、北部仏印占領ヲ目下ニ於テ企図スルハ不可

ニ、南方処理ノ為ノ仏印対策ハ不可（目下）

ホ、軍隊カ経済、内政、居留民ニ干渉ハ不可

岡田〔重一〕課長――78ｉ〔歩兵第七十八連隊〕長ニ

土居大佐――第二課長ニ

九月三十日〔月曜〕

澄田少将ニ対スル陸軍大臣ノ懇談事項ヲ繞リテ陸軍省方面ノ　大命違反統帥権干犯問題激化シ　次長、次官、第二課長間ニ於テ熟議ス　乃チ

「九月二十三日〇時以降自主的ニ仏印ニ進駐スヘキ大陸命ハ九月二十二日午後四時三十分西原少将ニ依リテ仏印側ト協定成立セル以後ハ自然ニ効力消滅シテ一切ノ行動ハ友好的精神ニ基キ実施スル如ク方針ヲ決定シアリ」ト主張スルニ在リ

本日特暗＊（米河内領事発）澄田少将ノ交代並訓令内容迄明ラカニシアリ

軍内ニ敵ノ第五列アリ糾断〔弾〕スヘキナリ。

＊　陸軍特種情報部による暗号解読。

十月一日［火曜］

一、統帥権問題ニ関シ左ノ如ク結［決］着ス
　大命違反冒瀆→大臣自責
　統帥干渉→謝罪
　次長ヲ大臣室ニ呼ヒツケテ謝罪スルカ如キ態度ニテハ
　大臣ノ自責ハ求メ得ス

○土居大佐ノ試金石ナリシモ遺憾ナガラウヤ〱［ムヤ］
ノ如シ

○対支謀略ノ新方針ヲ決定セラル

十月二日［水曜］

総務部長ニ左ノ件意見具申ス

一、昨日来ノ統帥権問題ハ統帥部ニモ責任アリ自責スヘシ
二、第一部長ヲ速ニ任命スヘシ
三、第二課長ノ第五課長兼任ヲ解クヘシ
四、西原少将ヲシテ現役ヲ去ラシムヘシ
　1、陸海協同ヲ破ル
　2、陸軍ノ信ヲ陛下ヨリ去ラシム
　3、安藤司令官ヲ予備ニス
　4、現地軍ト中央トノ間ニ溝ヲツクル

星ケ丘茶寮ニテ第一部長、第二課長ノ送別会アリ。感極リ
テ泥酔スルモノ多シ

十月三日［木曜］

参謀総長ノ交代発令
杉山［元］参謀総長ニハ決死直言スベシ。
総長ヲ去ラルル殿下ノ御面ニハ両眼ウルマセラルルヲ拝ス
御感慨サゾ深カルベシ
　記念撮影
　　共ニ感深シ
御送別宴

十月四日［金曜］

一、数日来ノ曇天晴テ快晴
　恰モ参謀本部新態［ママ］制ノ前途ヲ祝スルカ如シ
二、日、独混合委員会並長期支那事変処理方策ニ関スル研
　究アリ。

○南支参謀副長佐藤大佐ノ参謀総長ニ対スル状況報告アリ
声涙共ニ下ル。

十月五日　［土曜］

一、現下ノ情勢ニ応スル事変処理方策

（連絡会議上提用）ノ会議（課内）ヲ行フ

二、軍務課ニ於テ左記研究ス

イ、日蘭会商駄目、小林ヲ帰スカ否ヤ

ロ、「ビルマ」監視員ノ配置、「ローウイン」ノ爆撃

ハ、泰国施策ノ強化

三、上海附近永久駐兵、戦争指導班ノ新設、

兵役制度ニ関スル研究アリ

（西原ヲ小島等ニ紹介ノ為欠席ス）

○岡田前課長ヲ東京駅ニ送ル

○前第一部長富［冨］永閣下ノ感慨無量然タルオ見送ヲ見ル

十月六日　［日曜］

一、南方問題ハ遅クモ明年初頭ニ決心スルヲ要スル件判決。

二、仏印進駐ニ伴フ対仏印交渉要領ニ関シテ直接軍隊ニ関

係アル事項ハ大本営直轄機関ヲ通シテ行フ如クス。

十月七日　［月曜］

一、仏印問題ニ係ル陸海協同

不調問題ニ関スル合同委員会ヲ水交社ニ於テ行フ

一、最近参謀本部ノ主体的業務ハ中止ノ形ナリ。

一、午後一時霞ケ関離宮ニ前総長殿下ノ御招宴ヲ受ク。

一、本七日十二時西村部隊本部平和裡ニ河内ニ進駐ス

十月八日　［火曜］

［記事なし］

十月九日　［水曜］

井本少佐着任。

十月十日　［木曜］

一、第二十班発令

班長　有末（次）大佐

武田［功］中佐

種村少佐

末席ヲ汚スモ何ヲカ為シ得ルヤ。

二、第一部長田中新一

発令セラル。

［十月十一日〜十七日　欠］

機密戦争日誌　其二

自　昭和十五年十月十八日
至　昭和十六年四月十七日

十月十八日 〔金曜〕

有末大佐着任

十月十九日 〔土曜〕

第二十班ノ業務ヲ旧電報班室ニ開始ス

十月二十日 〔日曜〕

一、支那処理要綱案ノ省部主脳者ニ於ケル討議始マル（別冊対支処理綴参照）

本案ハ陸軍省ヨリ十月八日頃次長宛提案アリシモノヲ根基トシ第一部長ノ作案セルモノナリ

特ニ支那事変ヲ解決スル為南方問題ヲ好機ヲ捕捉シ武力ヲ行使シテ解決セントスル所ニ特異性ヲ存シ且難問トスル所アリ

〔十月二十一日、二十二日 欠〕

十月二十三日 〔水曜〕

一、支那事変処理要綱案省部主〔首〕脳間ニ於テ決定ス

第二課ハ課長以下聞知セス 唖然タリ

但シ上司カ責任ヲ採ラントスルノ態度ハ今後共持続セラル、ヲ要ス

〔十月二十四日 欠〕

十月二十五日 〔金曜〕

一、参謀総長支那方面視察ニ出張ス

第二、第七課長随行

支那事変処理要綱案ヲ携行ス

二、日支基本条約並支那事変処理要綱ヲ十一月七日御前会議若クハ大本営政府間連絡会議ニ附議スルニ決ス

〔十月二十六日〜二十八日 欠〕

十月二十九日 〔火曜〕

一、午後六時ヨリ愛宕山「サガノ」ニ於テ陸海統帥部会シテ支那事変処理要綱陸軍案ヲ討議ス

参謀本部 沢田次長 田中第一部長 有末第二十班長

軍令部 近藤〔信竹〕次長 富岡〔定俊〕第一課

長　大野大佐
（海軍第一部長出張不在）
南方問題武力解決ニ関シ陸海一致セス　爾他ノコトハ
概ネ一致ス

十月三十日〔水曜〕

一、昨夜陸海統帥部ノ会合ノ結果ニ基キ有末大佐大野大佐
間ニ於テ審議ヲ開始ス

〔十月三十一日　欠〕

十一月一日〔金曜〕

一、日支基本条約ニ関スル連絡会議ニ際シテ統帥部トシテ
ノ要望事項ヲ陸海間ニ討議概定ス
目的不変ノ件
新中央政府指導ニ関スル件
防共ノ取扱ニ関スル件

〔十一月二日〜四日　欠〕

十一月五日〔火曜〕

一、支那事変処理要綱中ニ南方問題ニ関シテハ入レサルコ
トニ一致シ陸海軍間ノ意見決定ス
遂ニ南方問題ノスベリ出シハ益々困難性ヲ加フルニ至
ル

二、参謀総長帰任ス

三、連絡会議ハ十三日ニ決定ス

十一月六日〔水曜〕

一、「支那事変処理要綱」ヲ陸軍大臣ヨリ四相ニ説明シ質
疑応答ノ自由ヲ与フ　御前ニ於ケル八百丁〔長〕ヲ避
ケントスルノ意ナリ
提案理由
所要事項ノ説明｝陸海一致ス

二、班長、武田大〔中〕佐、種村一安心シテ丸ノ内茶寮ニ
会食ス

〔十一月七日〜九日　欠〕

十一月十日　〔日曜〕

紀元二六〇〇年奉祝式典

十一月十一日　〔月曜〕

紀元二六〇〇年奉祝会

十一月十二日　〔火曜〕

一、陸軍省ニ於テ師団長会議ヲ行フ

二、午後四時ヨリ堀場中佐ノ大持久戦案ノ説明アリ未了

十一月十三日　〔水曜〕

一、午後二時ヨリ宮中ニ於テ日支基本条約並支那事変処理要綱ニ関シ　御前会議ヲ開催午後四時十五分異議ナク可決ス

昭和十五年末迄トアルヲ昭和十五年十一月末ト変更ス（外相案）

（別冊第四回御前会議書類参照）〔『杉山メモ』上、参照〕

二、午後五時ヨリ約一時間

堀場参謀ノ大持久戦方略現地案ノ説明アリ　地ニツカズ　現実ニ離ル、コト遠シ

十一月十四日　〔木曜〕

一、第一部長南支ニ出張南寧軍ノ撤退ヲ指導ス

二、参謀総長ヨリ総軍波集団各参謀長ニ対シ御前会議決定ノ支那事変処理要綱ノ説明アリ

特ニ大持久戦ニ関スル現地案ハ不同意ナル旨有末大佐ヨリ総長ニ進言ス

三、午後二時ヨリ次長ヲ中心ニ各部長関東軍、派遣軍、波集団各参謀長間ノ懇談アリ

四、両回共塚田〔攻〕中将出席ス（班長進言）

十一月十五日　〔金曜〕

一、塚田参謀次長着任ノ辞

一、統帥ノ大義→養正振武

一、目的　指導方針ノ確立

一、通報　報告ノ敏速

一、誠ノ服務　妥協ヲ排ス

二、午後二時ヨリ堀場中佐ト省部主任課長部員トノ懇談アリ　全員堀場案ニ不同意

御前会議決定ノ主旨ニ基キ具体案ヲ研究スルコトトセリ

十一月十六日［土曜］

一、次長ニ対スル有末大佐ノ報告アリ

1、第二十班成立ノ由来

2、仏印問題ヲメグル統帥権問題

3、日独伊問題御前会議内容

4、支那事変処理要綱並之カ実行策

5、対南方処理問題

二、事変速決ヲ期シ対蔣［介石］降伏勧奨ノ声明文ヲ研究ス

三、高月中佐北支軍へ赴任ス

［十一月十七日　欠］

十一月十八日［月曜］

一、十七日二十二時和集団ハ竜州方面ノ歴史的撤退ヲ完了ス

二、支那事変処理要綱ニ基ク具体的研究ノ基礎案ヲ進ム

三、有末大佐ヨリ次長ニ対スル申言

統帥権問題

対泰国処理問題（シン来朝中止ニヨル）

枢密院ノ条約審議条項

四、次長ヨリノ問題

来年南方問題ヲ解決セサルヘカラサル理由

一、対米、一［ママ］、対欧　経済関係、外交関係

二、対南方武力行使ノ為外交上ノ手段（三国同盟）

三、日露戦争ノ開戦ト現代ノ南方開戦

十一月十九日［火曜］

一、支那事変処理要綱ニ対シ総軍堀場参謀ノ質疑アリ之ニ対シ省部主任者トシテノ意見ヲ回答ス

二、日支新条約審議ノ為枢密院ニ対スル駐屯兵力駐屯地域ニ関スル質疑答解ヲ立案ス　軍務課ニ交付ス

三、条約ノ調印ハ三十日南京ト予定シ諸事進行シアリ

十一月二十日 〔水曜〕

一、南部仏印ニ武力ヲ行使スル為第五師団ヲ北部仏印ニ駐屯セシムル件ニ関シ第二課長ノ発案ニテ省部主任課長ノ会同アリシモマトマラス

二、海軍側ヨリ鉄ヲ陸軍ヨリ分配セラレ度旨次長ニ申込来ル。

三、総長ニ対シ支那事変処理要綱ニ基ク長期戦方略研究要目ヲ説明ス。

十一月二十一日 〔木曜〕

一、日蘇国交調整ニ曙光アリ
建川〔美次〕大使ヨリ中立条約案ノ提示アリ（名ヲ与ヘテ実ヲ採ルノ案ナリ）

二、南方戦争ニ伴フ船舶需要ヲ研究ス
池谷〔半二郎〕課長ノ狭見識。

三、第二部長室ニ於テ情勢判断ヲ研究ス

四、海軍側ノ鉄需要ノ内容ヲ検討シ班長ヨリ次長ニ報告ス

十一月二十二日 〔金曜〕

一、米国ノ対日禁輸ニ関スル研究ヲ完成ス

二、蔣介石ヨリ和平交渉ニ関シ返《ママ》アリ　左記条件ニテ全面的ニ応諾シ来ル（興亜院ヨリノ情報）
イ、承認ヲシバラク延期セラレ度
ロ、全面撤兵　条約駐兵ノ形ヲ採ラレ度
右ニ関シ四相会議ニ於テ応諾セリトテ一時統帥部ノ空気険悪ナリ
陸軍大臣ヨリ松岡へ（次長確認）
撤兵及駐兵ニ触ル、ナカレ
十二月五日迄然ルヘキ人物ヲ重慶ヨリ派遣セシメヨ

十一月二十三日 〔土曜〕

一、支那事変処理要綱ニ基キ対支中央処理機関ノ省部主任者研究ヲ行フ

十一月二十四日 〔日曜〕

一、日「ソ」中立条約交渉ニ関スル参謀本部案ノ部長以上ノ研究アリ
十九日発建川電ニ対シ二十四日ニ至ルモ参謀本部意見マトマラズ

十一月二十五日［月曜］

一、帝国国力判断並将来ヘノ見透シニ関シ班長ニ説明ス
（昭和一六、物動）

二、松岡ノ行フ和平工作ト関連シ承認（三十日）ノ延期（十二月五日）問題再燃シテ周仏海影佐［禎昭］少将ノ上京ト共ニ話混沌タリ
今ニナリテ謀略的ニ十二月五日延期ヲ考フルトコロニ浮動頼リナサヲ感セシム

三、二十三日省部主任者決定案ノ対支現地機構改革案ニ関シ第一部（第三課ハ同意第二課出席相談ナシトテ不満）ノオ茶入リテマトマラズ
総長ハ遂ニ決裁セスシテ明日九州ニ至ル。

四、漸ク建川電ニ対スル参謀本部意見ヲ陸軍省ニ呈出ス。

十一月二十六日［火曜］

一、承認ニ伴フ対支機構ニ関シ未タマトマラス　即チ第一部ヨリ
昨日ノ特務部案ハ撤回シ（軍務局長モ亦同意ス）
二位一体制ヲ要求シ来ル
時恰モ磯谷［廉介］中将ノ承認後ノ大使四相決定ニテ海軍側ノイキマキツヽアル折柄　西尾［寿造］将軍ヲシテ大使ヲ兼任セシムヘシトナスハ適当ナラサルヘシ

二、南方戦争ハ決戦戦争カ長期戦争カニ付研究長期戦争ナリトノ判決ヲ得

三、第二部村上［公亮］中佐ノ研究亦一致ス

三［ママ］、今後如何ニシテ南方問題ヲ進ムヘキヤ苦慮スレトモマトマラス

四［ママ］、調印ハ三十日ト決定ス

十一月二十七日［水曜］

一、爾今四相会議ニハ
参謀総長
軍令部総長（次長代行）
出席スルコトニ定メラル
但シ政府統帥対等ノ形式ニテ　連絡会議トシ特ニ新聞発表ニ慎重ヲ期ス

二、日支条約ニ関シ枢密院御前会議ヲ開催可決セラル
一、重慶工作ハ承認後モ亦継続ス（近衛首相）
二、承認後ハ合作ヨリ合流主義ヘ
新中国政府カ相手ニテ汪ヤ蔣カ相手ニアラス
独伊ノ利用　日蘇国交ノ調製［整］（松岡）

三、十一月三十日調印前ニ汪ヲ主席ニスル件阿部［信行］

全権承諾シテ帰任ス

十一月二十八日〔木曜〕

一、連絡会議ノ件ハ次長ノ発案ニテ参謀総長ヨリ大臣ニ廿三日新嘗祭当日発言アリ　廿六日ノ四相会議ニ陸相ヨリ提案セラレタルモノニシテ参謀本部トシテモ異議ナク同意セルモノナリ　但シ四相会議ニ列席スルニアラスシテ連絡会議ヲ首相官邸ニ軽易ニ開クノ形式ニヨル
本日ハ三十日新政府承認ノ件ヲ決定スルモノノ如シ
本件次長ノ注意ニヨリ事前ニ宮中ニ連絡ス総長不在ニ付次長代出席
二、三国同盟ヲ利用スル外交施策要望案ニ就キ省部主任者ノ打合ヲ行フ第二部案ノミマトマル
三、本日連絡会議ノ模様
イ、出席者　四相　両次長　鈴木〔貞一〕政務部長
ロ、本連絡会議ノ意義ニ関シ陸相ヨリ説明政府ト統帥部トノ連絡会議ノ意ヲ明カニセリ
ハ、決定　汪政権承認　十一月三十日トス
ニ、松岡外相
田尻〔愛義〕ヨリノ連絡ニヨルニ依然謀略ノ範囲ト考ヘラル来栖〔三郎〕ヨリノ来電モ亦然リ
ホ、三十日迄ニ停戦申込アリタル場合
承認三十日ヲ変更セス
ヘ、承認ニ伴フ処置
1、世界ヘノ声明　興亜院外務省
2、調印後ハ対重慶工作ヲシバラク中止ス
対蔣和平ヲ中止スルコトナシ
3、調印後ハ和知〔鷹二〕少将ノ松岡工作援助ヲ取止ム
4、独逸ニ対シテハ懇ロニ応対ス
四、長期戦方略ノ研究ヲ開始ス
（第七課研究案ヲ基礎トス）
イ、新中央政府ノ発展過程ニ関スル見透シ
ロ、承認後重慶屈伏セル場合ノ対策
五、総長九州参謀旅行視察ヨリ帰任ス

十一月二十九日〔金曜〕

一、総軍真田〔穣一郎〕大佐ノ報告アリ、至当案ナリ
一、総軍ハ二－三師団ヲ北支ニ増加シテ徹底的粛正ヲ期ス（十六、七年度）
二、京漢線ノ連結ハ十九年以降ナルヘシ

先般ノ堀場案ヲ実質的ニ否定セルモノナリ

二、経済新体制ノ確立ニ関シ

イ、金融ノ国家管理案（大蔵省預金部／日本銀行）ノ合一国有化）

ロ、目下経済新体制ニ関シ経済閣僚間ニ論議セラレアル点左ノ如シ

1、資本ト経営トノ分離

2、中央経済会議ノ召集時機（企画院時機尚早）

三、調印ニ伴フ総長祝電ヲ汪並総司令官ニ発電ス

四、総長ニ対シ有末大佐ヨリ対南方問題ニ関シ左記事項ヲ書類ヲ以テ報告ス

イ、南方戦争ノ本質

ロ、南方武力行使ニ関スル観察

ハ、南方武力行使ノ断ニ就テ

ニ、米国ノ対日禁輸ノ見透シ

ホ、物的国力ノ判断並将来ヘノ見透シ

総長大ニ感スル所アリシモノノ如シ

五、花谷［浩］中佐、楠木［延一］大佐航空事故ノ為死去惜シムヘシ

汪　主席トナル

十一月三十日［土曜］

一、泰国ト仏印トノ関係ヲ如何ニ律スヘキヤニ関シ部内主任者ノ研究ヲ行フ　要ハ仏印ヲ犠牲トシ泰ト結ハントスルニ在リ（秘密公約ヨリ公約へ）

二、内務省川井［章知］書記官ヨリ「地方計画要綱」ノ説明ヲ聴取ス国防国家建設ノ第一段楷［階］トシテノ地方計画ノ意明ナラス

三、日華基本条約南京ニ於テ調印セラル

四、日独伊三国同盟ヲ活用スル対外施策要望並仏印泰施策要領参謀本部案ヲ決定有末大佐ヨリ次長ニ報告ス

イ、新大使ニハ磯谷中将ヲ起用セラレ度総軍ノ意見具申アリ

ロ、「イラン」事情ノ高品［明］中佐報告アリ

ハ、二十九日十時北京ニ於テ高月参謀戦死ス憶

五、上奏時総長ニ対スル御下問事項

イ、対支武力的長期解決ノ方法

重慶マテ行ケヌカ　行ケヌトセハドウスルカ（兵力整理ノ限度　方法）

占領地ハ先日ノ御前会議ノ通リテ動カヌカ

ロ、南方問題ニ関シ

南方問題ハ慎重ニ考ヘヨ
南方作戦計画ハ出来タカ

〔十二月一日　欠〕

十二月二日　〔月曜〕

一、総長ヨリ三十日上奏時ニ於ケル御下問ノ伝達アリ（次長有末大佐ニ対シ）廿九日有末大佐ヨリノ報告カ特ニアヅカリテ力アリシモノ、如シ
　イ、総動員法ノ発動状況
　ロ、経済問題中ノ論点　｛会社経済統制令／経済新体制／財政金融新体制要綱｝
ニ付報告ヲ命セラレ整理ス
二、有末大佐ヨリ次長ニ対シ「対南方戦争ニ伴フ帝国船舶運用ニ関スル研究」ヲ報告ス
三、次長ヨリ次官ニ対シ「三国同盟利用策」ヲ正式提議ス
四、仏印泰紛争調停案ハ第一部ノ意見マトマラス
五、陸軍省ニ於テ東亜連盟ノ取扱ニ関スル研究アリ（大東亜聖《〔ママ〕》盟）

十二月三日　〔火曜〕

一、南方問題ニ伴フ船舶ノ運用ニ関シ総長ニ報告ス
二、十時半ヨリ第二部長室ニ於テ対支謀略計画ノ検討ヲ行フ　不取敢現地軍主任者ヲ招致スルコトトセリ
三、午後一時ヨリ一時半ニ亘リ陸軍省戦備課長岡田〔菊三郎〕大佐ヨリ総長ニ対シ「国内物的国力」ニ関シ報告アリ各部長立会ス　特ニ南方武力行使ニ伴フ逼迫状況ヲ概ネ明示スルコトヲ得タリ
四、独逸派遣員綾部〔橘樹〕少将以下ニ対シ「戦争指導」ニ関シ説明ス
五、陸軍省ニ於テ東亜連盟ノ取扱ニ関シ昨日ニ引続キ研究アリ
六、仏印泰紛争調停要領ニ関シ第一部ノ意見マトマラス第一部長昨日来一夜ニシテ意見ヲ変更ス陸軍省ノ空気ノ反影〔映〕カ
七、沢田前次長第十三軍司令官トシテ赴任ス

十二月四日　〔水曜〕

一、総長及次長ニ対シ基本国策並之カ具現要綱ヲ説明ス国力ニ関シ次長総長カ認識ヲ深メツツアルハ喜フヘキコ

トナリ

二、次長ヨリ昨日ノ部長会報ノ結果ヲ指示セラル

1、南方問題ハ準備ノミヲ進メ口外セサルコト

総長ハ昨日来相当ニ変化アリシモノノ如シ

2、南部仏印ニ兵力行使ニ際シテハ其ノ目的ヲ明示ス

イ、仏印泰ノ処理カ

ロ、南方問題解決ノ為ノ足カ、リカ

三、午後三時ヨリ第一部長室ニ於テ「仏印泰施策ニ関スル作戦上ノ要望」ニ就テ陸軍省軍事軍務課長以下ニ説明ス　第二十班長立会ス

四、「ルーマニア」ハ十二月一日附満州国承認ノ旨発表ス

五、内閣官制ヲ改正シテ平沼［騏一郎］男ヲ無任所大臣ニ任命ス

十二月五日［木曜］

一、国内経済情勢ノ判断並世界戦争ニ伴フ之カ国内ニ及ホス影響ニ関シ防衛課主催ノ研究会ニ班長ト共ニ出席ス

午後四時ヨリ十一時迄　軍人会館ニ於テ

二、対蘭印占領地行政案ニ関シ村上［正二］少佐案ヲ基礎トシ各方面ノ意見ヲ求ム（十日迄）

故花谷大佐楠木少将ノ遺骨ヲ東京駅ニ迎フ

悲痛！

西園寺公望公ノ国葬、何ノ悲痛モ感慨モナシ

十二月六日［金曜］

一、対支謀略、対南方謀略　ノ研究会ヲ行フ（第八課主任）

二、地方計画法要綱案ニ対スル意見ヲ呈出ス

一、国土計画ニ立脚セシムルコト

二、国土計画法ヲ速ニ提案セシムルコト

三、選挙法改正要綱案閣議決定ス

1、戸主選挙権ノ確定

2、推選協議会制　妥協

午後六時ヨリ赤坂錦水ニ於テ陸海軍作戦関係者ノ会同宴会アリ

四、富［富］永少将赴任ス

五、第二十三［二二］軍司令官久納［誠一］中将凱旋祝意ヲ表ス

十二月七日［土曜］

一、総長　班長ヲ呼ヒテ当班ノ意見書ニ同意ヲ表ス

最近上奏参内ノ節ハ専ラ本書ニヨリテ奉答セリト、一ヶ月間ノ苦心カ結実セリ

二、東亜諸邦ト三国同盟トノ関係並澄田機関ノ処理方策ニ関シ一案ヲ草シ関係方面ノ意見ヲ徴ス　新第二部長ノ発表迄留保ス

三、経済新体制閣議決定ス

四、午後四時ヨリ支那長期戦ノ研究審議ヲ行フ

五、駐支大使ニ本多熊太郎氏決定発表好評ナリ

六、故高月中［大］佐ノ遺骨午後三時東京駅ニ迎フ

十二月八日［日曜］

一、原［四郎］大尉十日着任ノ予定ニ付机ノ配置換ヲ行フ

十二月九日［月曜］

一、南方武力行使ニ関シ第二課トシテ作戦準備上ノ希望ヲ省部主任者ニ開陳ス

一、作戦兵力

二、戦争期間　占領地兵力

三、作戦準備

イ、南部仏印、泰

ロ、編成改正

ハ、人的素質ノ改正

ニ、教育訓練

ホ、戦法ノ研究

ヘ、情報ノ蒐集

ト、占領地統治機関ノ新設

チ、資源開発機関

二、陸軍省主務課ニ左記ノ研究ヲ依嘱ス

イ、第二次生産力拡充計画ノ立案推進

ロ、対満投資（満州事変来）

三、陸大専科学生卒業式

十二月十日［火曜］

一、支那長期戦研究ヲ午後三時半ヨリ行フ　終ツテ当班研究ノ国力判断ヲ説明ス

二、対南方戦争指導要綱（決意ナキ下ニ準備ヲ進ムル前提トス）ヲ起案ス

三、対支機構問題ニ関スル連絡委員会案ニ対シ第一部長ヨリ更ニ軍政的強硬意見出［ママ］ツ

四、原大尉着任ス

十二月十一日〔水曜〕

一、泰仏印施策ニ関スル作戦上ノ要望ニ対スル軍務課ノ意見ヲ聴取ス

イ、決意ヲ定メルコト不可能ナリ

ロ、決意如何ヲ問ハス為シ得ル限リ準備ヲ行フ

二、午後四時ヨリ防衛課ニ於テ英米経済断交ノ影響ノ研究ニ種村少佐参加ス

三、故高月中〔大〕佐葬儀青山葬場ニテ行ハル

十二月十二日〔木曜〕

一、「思想戦ニ関スル研究」ヲ第八課主催ニテ現地軍幕僚ニ対シ行フ　班長及原大尉出席ス

二、「大東亜共栄同盟」ニ関スル取扱ヒニ関シ当班ノ意見ヲ次長第一部長ニ通ス

三、対支政務機構（連絡委員会案）案ニ対スル意見ヲ草シ、第一部長ヨリ軍務局長及鈴木政務部長ニ通報ス

四、対南方決意ト作戦準備トノ関係ニ関シ一案ヲ草シテ研究ス

五、本十二日第二回大本営政府連絡会議アリ次長出席ス

外相

一、対泰仏印問題ニ就テ

失地回復調停ニ関スル「アンリー」ノ返　本国ハ研究中ナリ、泰ヨリモ亦返ナシ

一、仏印松宮〔順〕大使ノ意見具申

仏印ヲ早ク片附ケヨ

米ハ仏印ノミニテ可ナリ

南部仏印ニ兵力ヲ派遣セヨ

速ニ仏印問題ニ関シ研究ノ要アリ

一、対重慶松岡工作ハ打切ル

一、日「ソ」国交調整ハ進展シアラス

利権代償ニヨル日蘇国交調整ハ不可

一、支那事変処理要綱ノ具体化ヲ速〔促〕進スルノ要アリ（陸軍大臣）

一、三国同盟ヲ利用スル外交施策ヲ強化ノ要アリ（次長）

十二月十三日〔金曜〕

一、次長室ニ於ケル会議報告

一、日蘇国交調整ノ現状

利権譲渡ニヨル日蘇国交ノ打開ヲ可トス（建川）

三国同盟成立ノ今日代償ヲ払ヒテ日蘇国交ヲ急イテ締結ノ要ナシ（次官電――両公使へ）

海軍モ亦同一意見ナリ
右ニ関ラス中央ノ態度ヲ決定スルノ要アリ
一、今井［武夫］大佐ノ重慶側ノ現状ニ関スル報告アリ
一、対支機構整備要綱ニ関シ昨日第一部長、鈴木、武藤［章］会談ノ結果ヲ報告ス
二、班長ヨリ第一部長ニ対シ「対南方武力行使決意ト戦争準備トノ関係」ニ関シ説明ス
三、三国同盟混合委員会ニ対スル訓令案ノ検討ヲ行フ
四、総力戦研究所ト省部関係者ニ関スル打合ヲ行フ

十二月十四日［土曜］

一、関東軍黒川［邦輔］参謀「満州ニ於ケル軍備充実ト生産力拡充」ニ関スル意見ノ開陳アリ
軍備充実ヲ制限セントスルニアリ（原大尉出席ス）
出先参謀トシテノ公言カ私見カヲ明カニスルノ要アルヲ認ム
二、支那長期持久戦経済関係ノ研究ヲ進ム
三、防衛課ニ於ケル南方戦争ニ伴フ国内抗堪力ニ関スル検討ニ種村少佐出席ス

［十二月十五日　欠］

十二月十六日［月曜］

一、総軍参謀副長土橋［勇逸］少将ノ総長ニ対スル東亜連盟ニ関スル報告アリ
東亜連盟運動ヲ認メシムルヲ要ス
イ、思想運動
ロ、主義　近衛三原則、汪ノ文化交通、日満華三国頭首ノ声明ノ範囲ヲ出テス
二、澄田機関ノ処理ニ関スル主任者ノ会同アリ
現状ノ儘トスルトコロニ一致セルモ仏印処理要綱ヲ指示スルヤ否ヤニ関シテハ一致セス
三、対南方処理要綱ニ関スル検討第二案ヲ得タリ
四、午後六時ヨリ麹町宝亭ニ於テ総力戦研究所飯村［穣］中将渡辺［渡］大佐トノ懇談会アリ　有益、今後常例トナス

出席者
次長、第一部長、軍務局長、軍事課長、軍務課長、
西浦中佐、加藤［長］少佐、土井［居］大佐、中
山大佐、有末大佐、唐川大佐、種村、原大尉

十二月十七日〔火曜〕

一、本田〔多〕大使ニ与フル訓令ニ関スル部内意見ヲマトム

治安ニ関シ区処スル件ヲ加ヘシム

二、興亜諸団体ノ統合ニ関スル件総長ノ決裁ヲ得タリ

東亜連盟ヲ認メス

思想団体トシ政治団体タルヲ認メズ

三、日「ソ」国交調整問題ハ停頓ノ形ナリ何ノ飛躍的調整ゾヤ　但シ不可避ノ現実ノ問題ナリ

四、第二課長利権ヲユヅリテ日蘇国交調整スヘシトノ意見ヲ班長ニ申述フ　建川氏ニ明言セリト言フ

十二月十八日〔水曜〕

一、対南方処理要綱ヲ第一部長ニ呈出ス

二、支那ノ外政機構ニ関スル興亜院会議決定ス（十七日）

興亜院ノ官制ト共ニ次長総長ニ報告ス

三、東亜連盟ヲ中心トスル興亜諸団体ニ関スル意見ヲ取マトメ陸軍大臣支那ニ向フ　二十三日帰任ノ予定

四、北京公使館ノ組織ニ関スル件（組織内容現地第二案）省部内ノ意見概ネ一致シ次長総長ニ報告ス

五、午後四時ヨリ防衛課ニ於ケル研究ヲ進ム

六、本多大使ヲ明十九日二時－三時ノ間総長ニ挨拶ニ来リ且参謀本部ト懇談セシムル如ク交渉ス

七、本多大使ニ与フルモノハ「支那事変処理要綱」ヨリ作戦ニ関スル事項ヲ削除スル如ク細心ノ注意アリ

八、総長ハ対支那軍切崩策ナキヤヲ班長ニ問フ、時局多端ヲ憂フ

十二月十八〔九〕日〔木曜〕

一、本多大使ニ対スル外務大臣訓令省部要求ノ通決定ス

二、本多大使ニ対スル総長懇談要旨起案

三、南方武力行使ニ対スル各種判断（第二十班）ニ対シ第二課意見ヲ開示ス骨子左ノ如シ

1、主務課ト連絡ナキ独断的判決不可

（第一部長ト密ニ連絡シアリタルモ部長ノ希望ニ依リ直接連絡ヲ避ケアリシモノナリ）

2、独断的意見ヲ直接次長総長ニ移スハ避ケラレ度

3、判断必スシモ同意セズ

四、興亜諸団体ノ理念統一ニ関スル興亜院案ニ対シ陸軍案ヲ強調ス

五、総長本多大使ト懇談ス

六、本多大使ニ対スル訓令中治安ニ関スル事項ニ関シテハ大使ハ陸海最高指揮官ノ区処ヲ受クル件及重要事項ニ関シテハ密ニ之ト協議スル件外務省応諾ス

七、北支及蒙疆ニ於ケル総領事ハ参謀長兼任トナスベキ件次長ヨリ次官ニ強ク要求ス

八、大臣支那派遣軍司令部ニ到ル

興亜諸団体ノ理念統一ニ関スル件中（例ヘバ東亜共栄連盟）ハ統帥部ノ強キ要求ニ依リ遂ニ削除セラル

十二月二十日〔金曜〕

一、仏国泰、仏印調停ニ関スル我提案ヲ拒絶シ来ル

二、海軍ヨリ現情勢ニ応スル対仏印及対泰措置要領正式ニ提案シ来ル第二、三、七、八課研究ス

海軍側日泰軍事同盟締結ノ気運濃化シ来ル

三、東亜圏内諸邦ト三国同盟トノ関係ニ就テ総長決裁ス

十二月二十一日〔土曜〕

一、対泰仏印処理ニ関シ外務案（海軍案ニ対スル対案）提案

右ニ基キ軍務局長軍事軍務両課長、第二課長第二十班長陸軍省ニ於テ協議ス

（第一部ハ対支予算外ノ予算ヲ以テ一部兵力ノ南仏印行使ニ決シタルモノ、如シ）

参謀本部ハ南方武力行使ノ決意如何ニカ、ハラズ先ツ泰仏印ヲ取ル　陸軍省ハ蘭印奇襲（資源取得ハ奇襲ヲ絶対条件トス）ノ為不同意　意見ニ根本的相違アリ

二、武力ノ背景ナキ微温的外交交渉ノ案ニ傾カントシアリ

三、内閣補強セラル

平沼国務相　内務大臣
柳川〔平助〕中将　司法大臣　就任

〔十二月二十二日　欠〕

十二月二十三日〔月曜〕

一、南方処理要綱ニ対スル第二課長意見開示ス

1、概ネ同意「但シ国力之ヲ許スニ於テハ」ヲ削除

2、現物動予算ノ範囲内ノ準備ハ一考ヲ要ス

二、第一部長及第二課長ノ意見ヲ汲ミ対南方処理要綱（第二案）ヲ起案シ正式ニ第二課ニ意見ヲ徴ス

1、国力之ヲ許スニ於テハ削除
2、先ツ泰仏印施策ノ強化ヲ強調ス
3、処理要綱ト戦争指導要綱トヲ一本ニス
三、第二課起案対泰及仏印施策要領総長決裁ス
南方施策ノ第一段階ハ泰及仏印ノ処理ニ在ル点部内意見一致　但陸軍省トノ一致ハ困難ナラン
四、対支長期大持久戦方略（案）概成ス

十二月二十四日〔火曜〕

一、対仏印泰施策要領（第二課案）研究進ム
「北部仏印ノ駐屯兵力ヲヲ〔ママ〕一師団ニ増加シ武力的威圧下ニ仏印ニ対シ失地回復ヲ容認セシメ
日泰軍事同盟ヲ策セントスルニ在リ
日泰軍事同盟ノ内容ハ航空基地航空漸〔暫〕定駐兵ヲ骨子トス
南部仏印ニ対スル軍事的要求ハ第二段ノ施策トシ特ニ松岡「アンリー」協定ヲ廃棄セザルモノトス
二、右施策要領研究案ニ関シ武力行使ノ目的、用兵ノ根本理念ニ就テ深刻ナル精察ヲ加フベキ要アルヲ次長強張〔調〕ス
三、大持久戦方略（案）成ル

〔十二月二十五日　欠〕

十二月二十六日〔木曜〕

一、日泰軍事同盟締結並対仏印軍事的要求ニ関シ省部陸海課長協議ス　班長出席左記件研究ヲ進ムルコトニ決ス
1、締結ノ主旨対支対仏印トスス〔ママ〕ベキヤ共栄圏協同確立トスヘキヤ無条件共同防衛トスベキヤ特定事項ヲ除クベキヤ
2、独逸ト諒解ヲ遂グベキヤ否ヤ
3、対仏印軍事的要求呈出ノ時機
4、日泰軍事同盟不成立ノ場合ノ施策如何
5、軍事的要求（対仏印）ハ譲歩ノ余地アリヤ
6、対仏印軍事的要求ト経済的要求ノ先後如何
7、南方処理決定セザルモ対泰施策ハ進メル
8、武力行使ノ時期如何
二、南方処理ニ就キ速ニ研究ヲ進ムルコトニ陸海下僚意見一致
三、防衛課ニ於ケル研究本日判決終了ス

十二月二十七日〔金曜〕

一、大臣局部長会食（?《〔ママ〕》）ノ際南方武力行使ニ関シ意見弱化ノ傾向アリ

1、対「ソ」安全ヲ絶対必要

2、船舶ハ総動員用確保ヲ必要トス

二、泰及仏印ニ対シ取〔採〕ルベキ措置連絡会議ニ於テ決定ス〔『杉山メモ』上、参照〕

右席上外相松宮大使ノ意見トシテ左ノ如ク説明ス

1、武力的威圧ヲ必要トス

2、泰勢力英米七割日本三割速ニ交渉ヲ必要トス

3、対仏印松岡「アンリー」協定ニテ「バカ」ニシテ居ルヲ以テ若干強硬態度ヲ示ス要アリ

4、経済交渉案外「マトマル」カモ知レズ

同席上海軍大臣ヨリ左ノ如キ質疑アリ

1、「ラバール」失脚ニテ仏印ノ態度変化ナキヤ

2、強硬態度ニテ物質取得果シテ可能ナルヤ

3、英米刺激ヲ避ケ更ニ慎重ナルヲ可トセズヤ

4、英国トシテハ日本ガ仏印ニ止マル限リ戦ヲ欲セズ蘭印ニ延ビル時ハ戦争必至ナリトノ判決（文書諜報）

総長発言

対仏印、泰強硬態度ヲ取ルニ方リテハ南方施策ニ確乎タル肚ヲ必要トス未ダ肚決定セサル場合ハ慎重ナルヲ要ス

海軍次長右同意

松岡発言

1、「米」ノ問題成ル可ク早ク（一月中）ヲ希望ス

2、「シンガポール」攻略時機

英国敗ル、米国参戦、独逸敗レントスル時ノ三案

3、蘭印ハ芳沢〔謙吉〕ノ「スローモーション」ニテ何トカナルベシ

十二月二十八日〔土曜〕

一、対支持久戦方略全般ニ関スル研究アリ

重慶政権屈伏シ来ル場合之カ取扱要領ニ就テ石井中佐ト高沢〔修平〕少佐トノ間ニ議論アリ

二、南方処理要綱ニ対スル第二部意見開示シ来ル

大体同意但対米一戦ノ覚悟準備ナキ場合ハ泰仏印ノミデ満足スベシト云フニ在リ

三、臼井〔茂樹〕大佐南方視察報告アリ

四、総長巡視アリ
五、次長以下総長ニ対スル年末御礼挨拶並ニ之ニ対スル総長挨拶アリ

十二月二十九日〔日曜〕

一、対支長期持久戦方略ニ対スル第一部意見ノ骨子
1、武力戦方策ガ主体爾他ハ之ニ附随スベキモノ　同等ニ取扱フハ不可
2、武力戦方策（年度作戦計画）ハ昭和十六年秋ニ於ケル重慶ノ屈伏ヲ期シアルヲ以テ爾他ノ方策モ之ニ即応スル如ク立案スベシ
二、南方処理要綱ニ対スル第二部ノ正式意見来ル
第二十班ト全然同意
一般ノ趨向ハ第二十班案ニ同調シ来ルガ如シ
邦家ノ為御同慶ニ堪ヘザル所ナリ

十二月三十日〔月曜〕

一、対泰施策省部主任者間意見概ネ一致ス
左ノ三要項ニ分タル
1、日泰政治軍事協定（正式発表）
2、日泰軍事政治秘密協定
3、日泰経済秘密協定
右ハ外務案ヲ骨子トシ概ネ意見一致
二、本件ニ関シ第二課ハ手ヲ焼キアルガ如シ第二課ガ作戦以外ニ於テ表面ニ出ツルハ得策ナラザルベシ
主任者同感ナルガ如シ

十二月三十一日〔火曜〕

一、大持久戦方略ニ対スル意見集マル
右意見ヲ勘案シ第二案ヲ作製〔成〕ス
二、第一部戦争指導要綱（南方処理要綱ニオヒ《ママ》カブサルモノ）ヲ問題ニシアルガ如シ
第二十班右ニ対シ油乗ラズ
三、南方処理要綱第一部不明朗ナル態度ニ因リ遂ニ昭和十五年内ニマトマラズ
新年ヲ迎フルニ至ル

昭和十六年

〔一月一日～三日　欠〕

一月四日〔土曜〕

一、第一部ヨリ大東亜長期戦争指導要綱ヲ提案意見ヲ求メ来ル

支那事変処理要綱ヲヒツクリ返スガ如キ対案ハ大勢ヲ動カシ得ズト判断ス油乗ラズ

「俺ガ案」ノ思想ナラザレバ国家ノ為慶賀スベシ

二、総長年頭ノ訓示アリ

祝杯ヲアグ

〔一月五日　欠〕

一月六日〔月曜〕

一、第一部長案大東亜長期戦争指導要綱ハ総長次長決裁シ葬リ去ラレタルガ如シ

大勢動カズ

南方処理要綱一本デ進ムコトニ決定

二、南方処理要綱ニ対スル第一部ノ意見来ル

大体同意ナリト思ハル概シテ不明朗ナル意見ナリ

一月七日〔火曜〕

一、班長大持久戦方略（準決定案）ニ関シ総長次長ニ説明ス

二、南方処理要綱（案）ニ関シ第二課主任者（櫛田〔正夫〕、岡村〔誠之〕、瀬島〔龍三〕）ト合同研究ス

部員ノ意見ト課長部長ノ意見ト一致シアルガ如ク一致シアラザルガ如キ不明朗ナリ

議論ノ焦点左ノ如シ

1、施策目的ニ英国勢力ノ衰滅ヲ企図スルハ第二課部員不同意

蘭英米ノ各個撃破ヲ希望ス　英衰滅ヲ目的トセバ戦争指導ノ重点ハ当然英ニ指向セラルベク従ツテ米起ツ公算増大ス

蘭印ノミニ指向スルモ英起ツコトアルベシ　然レド

モ判断ニ過ギズ起ツタ場合ノ処理アレバ足ル
故ニ英起ツ場合ヲ準備シツツ先ヅ蘭印ヲ取ル如ク自主的希望ヲ目的トスベシ
第二十班ハ英蘭二国ノ不可分ヲ強調ス
2、武力ヲ行使スルコトアリハ不同意
国策トシテ決定スル以上武力行使ノ決意ナキ（武力行使決意前ノ）施策ハ動揺不安定ナリ
正ニ然リ然レドモ国家ノ運営ハ確定的結論ヲ求メ難キヲ悩ミトス

一月八日 〔水曜〕

一、南方処理要綱第二案ヲ起草ス
1、「武力ヲ行使スルコトアリ」ヲ「行使ス」ニ修正
但シ内容ハ不変「行使ス」トスルモ結局作文上ノ問題ナリ其決意ハ情勢如何ノ問題ニシテ更ニ再ビ問題トナルベキ筋合ノモノナリ
2、「ソ」ニ対スル施策ヲ含マシム
含マシメタルモ是亦作文ノ範囲ヲ出デズ
如何ナル実質的対策アリヤ　ナシ

一月九日 〔木曜〕

一、大持久戦方略準決定案ニ対スル意見
第一部長分治合作ノ色彩少キハ不同意
第三部長ハ右ニ不同意
更ニ若干ノ修正ヲ加ヘ印刷ス
二、仏印ニ対スル具体的処理表面化ス
南方処理要綱ノ決定ナキ今日仏印処理進捗セザルベシ
三、南方処理要綱（第二案）ニ対スル意見ヲ各部ニ求ム
第一部俄然大東亜長期戦争計画ニ関シ大本営陸軍部会議ノ開催ヲ十三日ニ企図シアルガ如シ　第一部議論盛ナリ
右内容ト南方処理要綱トノ矛盾ナキヲ期シ意見ヲ第一部長及次長ニ開示ス
第二部又之ガ取扱及内容ニ関シ相当ノ意見アリ
支那事変ノ早期解決方針同意シ難シ
英蘭分離又首肯シ難シ
次長又概同意見ナリ

一月十日 〔金曜〕

一、南方処理要綱（案）ニ対スル第二部意見来ル

大体同意ナルガ如キモ一部ノ難色アリ　其難色ハッキリセズ　南方処理ノタメニハ満州ノ一部ヲ放棄スベシ等第二部長ノ激論アリシガ如キモ結局紙上ノ論ナリ

二、日「ソ」国交調整交渉要領案（第五課長案）ニ関シ次長ヨリ研究ヲ命ゼラル

第五課長案ハ交渉技術要領案ニ堕シアリ

左記方針ヲ必要トス

1、力ヲ背景トスル執拗ナル外交交渉

2、目標ハ日「ソ」不可侵差当リ中立条約

3、利権ヲ譲渡ス

4、決裂ハ勉メテ長ク回避ス

「ソ」ノ誠意ハ分リアリ今更打診ノ必要ナカルベシ

一月十一日［土曜］

一、南方処理要綱（第二案）ニ対スル意見第一部長ヲ除ク他集マル　大体一致　大勢ハ第二十班ヲ中心トシ動キ来ル

二、班長南方処理要綱（第二案）ニ関シ始［初］メテ総長ニ説明ス　総長ノ右ニ対スル態度明確ナラズ　ピント来ズ

三、日「ソ」国交交渉要領（案）ニ対スル意見ヲ次長ニ呈出ス

四、海軍ヨリノ情報ニ依レバ松岡［洋右］「モスコー」「ベルリン」ニ飛ブト云フ　先ツ国策ノ確立ヲ要ス

統帥部ト完全ナル意見ノ一致ヲ必要トス　右次長ニ具申ス

一月十二日［日曜］

一、日曜ナルニカ、ハラズ第一部全員出動

大東亜長期戦争計画ニ関スル総長次長ノ決裁ヲ求ムベク部長会議ヲ開ク本案ノ骨子ハ

㈠先ツ対南方次テ対北方ノ方針ハ明瞭ナラザルモ其ノ腹ハアリ

㈡支那事変処理要綱ノ武力戦ニ関スル省部思想ノ統一ガ主眼

㈢春迄ニ準備ヲ整ヘ夏秋ノ候対支大鉄槌ヲ下スコトアリ

二、右第一項ハ第二十班ノ特ニ強調シタルモノ又第二項ハ本案ニ対スル当班最初カラノ取扱態度ナリ

三、総務部長右会議ニ招集セラレズ（連絡不可能ナリシ

故）不満アリ又戦争指導ハ第二十班ノ主管第一部長筋違ヒナル旨次長ニ進言セルモノ、如シ

四、松岡外相ノ「モスコー」、「ベルリン」行ハ最高国策ナル由下僚ニハ知ラシメサルガ如シ

五、連絡懇談会決定ノ対泰仏印爾後ノ措置要領ニ基ク細項第一部及陸軍省案ヲ基礎トシテ起案ス

一月十四［三］日［月曜］

一、大東亜長期戦争計画部内一応ノ「ケリ」ツキタルガ如シ　蓋シ対支戦争指導ハ長期戦之ニ伴フ武力戦ハ短期戦其思想調整ガ本案提案ノ主旨ニシテオイソレタモノニアラズ

陸軍省ウント云フカ否ヤ不明

二、対泰仏印措置ノ細項要領第二部内纏マル

第一部モ進ム　部内近ク決定スルナラン

三、船舶保護法案（海軍案）ニ意見アリ

蓋シ右法案ノ通過ハ船ノ全部ヲ海軍ニ独占セラルル畏レアリ　海軍ハ通商保護主眼　徴傭船舶ニ及バズト云ヒアルモ疑問ナリ

右船舶課ヲ通シ陸軍省ニ移ス

四、次長ヨリ国内態勢強化ノ具体化（支那事変処理要綱ニ基ク）ニ関シ研究ヲ求メラル

五、課長会報土居［明夫］大佐大東亜長期戦争計画ニ付説明ス　即チ対支戦争指導ハ長期、武力戦ハ短期戦ナリ

作戦ハ十六年度相当ニ発溂タル指導ヲナスベシ

班長右ニ対シ

処理要綱ノ武力戦的具体化ニ関シ省部内ノ思想ヲ統一セントシタルモノガ大東亜戦争計画ナリト発言ス

六、松岡欧州出張腹案左ノ如シ

(1)「ソ」ヲシテ「リッペン」ノ腹案ヲ受諾セシメ之ニ依リ「英」ヲ打倒スルコトニ付日独伊ノ政策ニ同調セシメ同時ニ日「ソ」国交ヲ調整ス

「リッペン」ノ腹案

(イ)「ソ」ハ三国同盟ノ主旨ニ賛成ス

(ロ)日独伊三国ハ「ソ」ノ現在ノ領土ヲ認ム

(ハ)四国家間勢力圏ノ範囲左ノ如シ

「イタリー」　北阿

独　中阿

「ソ」　中東

日　支、南方

(ニ)「ソ」ハ反対国家群不参加、敵方不援助ノコト

(2)日「ソ」国交ノ件

(イ)独乙ノ仲介ニテ北樺太ヲ買収ス　若シ「ソ」同意セザルニ於テハ有償ニテ北樺太ノ石油利権ヲ「ソ」ニ渡シ五年間ニ二五〇万屯買取ル

(3)外蒙新疆ニ於ケル「ソ」ノ地位ヲ認メ帝国ノ蒙疆及北支ノ地位ヲ認メシム

(4)援蔣［介石］行為ノ放棄

(5)国境画定紛争委員会ノ設置

(6)漁業交渉ハ建川［美次］案ノ委員長案ニテ妥結ス若シ漁業問題ガ日「ソ」国交調整及「リッペン」案実施ニ不便ナラバ一時之ヲ放棄スルモ可

(7)日独通商ノ為「シベリヤ」ノ鉄道輸送ヲ円滑ニス

(8)「ソ」、独、伊ハ日本ノ大東亜ニ於ケル指導地位ヲ認ム

(9)大東亜共栄圏内ノ民族ハ各独立セシムルヲ原則トスルモ現蘭印等ニアルモノハ独立セシメ日本ハ之ヲ指導ス

又共栄圏内ノ国防資源ハ優先的ニ日本使用シ一般物質ヲ均等ニ配分ス

(10)世界ノ分野ハ欧、米、「ソ」、日、ニ区分シ英ニハ豪州、「ニュージーランド」ヲ残ス

(11)日本ハ米国ノ参戦ヲ不可能ナラシムル主旨ニ関シ独乙ト諒解シ遂ゲオクコト

之ニ対シ独ハ「ソ」ヲ牽制スルコト　若シ「ソ」ガ日本ヲ攻撃セバ独ハ「ソ」ヲ攻撃ス

又日本ガ参戦セル場合ハ独ハ単独媾和セズ

(12)日本ハ急速ニ海軍軍備ヲ充実シ極力支那戦線ヲ縮少［小］ス

(13)日本ハ独逸ノ物資取得ニ協力ス

独ハ日本ノ軍備充実ニ兵器等ヲ以テ協力ス

第二部長右案ニ私的意見ヲ述ブ

(12)削除

(9)民族独立ハ朝鮮アルヲ以テ修文

(7)ハ一部分ノミ

(14)（ママ）ハ認メザルヲ可トス触レザルヲ可トス

一月十四日［火曜］

一、対泰仏印措置細項要領部内意見一致シ陸軍省ニ移ス成立ヲ急ギアルモ陸軍省内審議進マズ

二、大東亜長期戦争計画ニ関シ各部長ニ対スル説明更メテ行ハル
之ヲ中心トスル部内ノ感情的不明朗一応解消セルガ如シ
部内ノ一致結束ハ前途多難ナルヲ思ハシム
三、総長北部仏印ニ於ケル兵力ノ重複駐屯ノ件上奏御裁可トナル
陛下武力衝突ヲ御懸念遊バサルル御下問アリタルガ如シ
前仏印進駐時ノ轍ヲ踏マザランコト必要ナリ

一月十五日〔水曜〕

一、松岡外相腹案ノ研究進メラル
本件ハ国家ノ大事ナルヲ以テ更ニ慎重研究スルコトニ決ス　第二部ノ意見左ノ如シ
1、日独ヲ更ニ密接ナラシムルガ如キ条約ヲ別ニ造ルコト
2、思ヒ切ツテ利権譲渡ヲナスベシ
3、日「ソ」通商貿易協定ヲ造ルコト
4、支那戦面縮少〔小〕ノ件ハ不可
5、七月ノ処理要綱ヲ変更スルモノアルヲ以テ慎重ニ研究ノ要アリ
6、南方処理要綱決定迄出発ヲ延期スベシ
7、先大島〔浩〕大使ヲシテ当ラシムルヲ可トス
8、支那事変ノ処理ニ貢献スル如ク又三国同盟ヲ活用スル着意ヲ要ス（第一部ノ意見）
9、所期ノ目的ヲ達成セザル場合日、独、伊結束シテ「ソ」ニ対スルガ如キ条約ヲ造ルコト
二、対泰仏印措置細項要領増加兵力一万五千ノ外陸軍省概同意一致ス（局長以下）海軍ニ移ス
三、対支長期作戦指導要領上奏セントシ海軍ト連絡シタル所方針中「情況已ムヲ得サルカ或ハ特ニ有利ナル場合ニ於テハ迅速ニ武力ヲ行使シテ南方問題ヲ解決ス」ヲ「好機ヲ捕ヘテ迅速ニ南方問題ヲ解決ス」トナス修正意見ヲ述ブ
南方処理要綱ノ前途多難ナルヲ思ハシム
四、第一回十五日会開催ス

一月十六日〔木曜〕

一、大東亜長期戦争計画ニ関スル大本営陸軍部会議開カレ

審議ノ上確定ス
班長出席ス
総長提案ノ理由ヲ述べ第一部長全般ニ就キ説明特ニ陸軍省ノ意見ニ基キ修正シタル点ヲ強調ス
質疑応答ノ主要ナルモノ左ノ如シ
1、大臣問
陸軍ノミノ決定意見ナリト云フモ本書ハ如何ナルモノナリヤ
其取扱如何
総長答
陸軍部内ノ「覚」ナリ　外ニ出ス場合ニハ既ニ決定セラレタルモノ又ハ今後決定セントスルモノニ拠ルモノニシテ本書トハ別トス
大臣述
大臣ハ政府ノ一員トシテ同意シタルモノニアラズ
軍政長官トシテ同意ス
2、十六年中ニ米「ソ」合作ノ懸念アリヤ（大臣）
懸念ナシ（総長）
米国ノ参戦十六年中ニアリヤ（大臣）
ナシト判断ス（第一、二部長）
4、「ソ」ニ対シ作戦準備（兵力転用）ニ幾何期間ヲ要スルヤ
概ネ四ヶ月（第一部長）
5、大東亜共栄圏建設ノ骨幹トハ日満支ナリヤ其ノ他南方地域ヲ含ムモノナリヤ
日、満、支、泰、仏印為シ得レバ蘭印、馬来等ヲ含メ度
6、「ソ」ノ戦争準備ノ程度如何
極東ニ在リテハ対日戦争準備ノ為三、四月ヲ要シ東西両方面同時戦争準備ハ尚数年ヲ要ス
本会議席上次官ヨリ支那事変解決ノ努力熱意ニ関シ一段ノ配慮アリ度旨発言アリ
二、連絡会議開催
日泰軍事同盟ノ件松岡外相実力ノ背景ナクシテハ不可ナリトウソブキ実行ニ移ラズ
英勢力駆逐ノタメ要スレバ「シンガポール」ヲ攻略スルノ決意ナキヤ等、陸海軍ニフキカケタルガ如シ　松岡一流ノ対内外交ニアラザルナキカ
三、泰仏印紛争ニ関シ英米ノ策動活発トナル　至急施策ノ必要ヲ痛感ス

対泰仏印措置細項要領海軍ノ審議進マズ

一月十七日〔金曜〕

一、泰、仏印紛争ニ対スル帝国ノ施策急務ニ直面シ臨時連絡会議〔連絡懇談会〕ヲ開催左記ヲ決定ス

1、泰ノ失地回復ヲ目標トシ居中調停ニ就キ速ニ仏国トノ間ニ交渉ヲ進ム　而シテ其拒絶ニ会フモ貫徹ヲ期ス

2、此ノ反響ヲ若干日観察シタル後泰ニ対スル条約提示ノ時機ヲ決ス

（外相曰ク泰ニ対スル初出ノ時機ハ凡ソ十日持越トナルベシ）

二、右決定ニ基キ泰、仏印措置細項要領ニ若干ノ修正ヲ加フ

北部仏印ノ兵力増強ノ軍事的要求ノ件ハ陸軍省ノ反対ニテ削除ス

一月十八日〔土曜〕

一、泰、仏印紛争停戦協定成リタル情報アリタルモ真偽不明ナリ

二、南方処理ノ一想定ニ基ク帝国物的国力判定ニ関シ戦備課長、総長、次長ニ説明ス

其要旨左ノ如シ

1、短期戦（昭一六春ヨリ概二年）ナラバ又対「ソ」戦ヲ回避シ得レバ南方武力行使概実施シ得

但シ爾後ノ帝国国力ハ弾撥力ヲ欠キ対英米長期戦ニ大ナル危険ヲ招来スベシ

2、右ハ陸海軍需船舶一五〇万屯ヲ基準トスルヲ以テ之ヲ越ス時ハ国力ノ弾撥性ハ急速ニ欠除〔如〕スルニ至ルベシ

3、軽工業ヲ中心トスル国内対策ハ特ニ重視スルヲ要ス

4、武力行使後ノ占領地統治ニハ物資ヲ必要トス

英米トノ国交断絶状態ニテ一億ノ民ヲ養フニハ帝国国力特ニ生産力ノ大ナル発展ヲ要スベシ

日本ハ支那四億ノ民ニ更ニ南方一億ノ民ヲ加ヘ之等ヲ養ヒ得ルヤ是大ナル問題ナリ

三、昨十七日臨時連絡会議決定ノ泰、仏印施策要綱ニ関スル申合セニ依リ一波瀾ヲ起セル対泰、仏印措置細項要領ハ「スツタモンダ」シテ「仏印及泰ニ対スル処理方針」ノ名ノ下ニ陸、海、外三省主務者間ニ意見一致シ

二十日政府、大本営正式連絡会議ヲ開クコトニ決ス
四、南方処理要綱ヲ正式ニ陸軍省主務者（軍事軍務課長及高級課員）ニ移ス　班長所要ノ説明ヲ行フ
五、南方処理要綱案ニ対スル第二部意見若干ノ字句ノ外全然同意ス
六、松岡外相訪欧ニ関スル件部内ノ意見一致ス

一月十九日〔日曜〕

一、二見〔甚郷〕公使ヨリ泰ノ敗勢近キニ在リ英ノ調停策動表面化セリトノ電報ニ接シ対泰仏印処理再度変更急遽臨時連絡会議ヲ開催シ陸海ヨリ左記ヲ提案ス
1、速ニ泰ヲシテ英ノ居中調停ヲ拒絶セシム
2、泰仏印特ニ仏印ニ武力的威圧ヲ加ヘ速ニ停戦ヲ勧告ス
右ニ対シ外相直ニ同意セズ　外交大権侵害ナリトシ不満ノ意ヲ表シアルガ如シ
十五時返事スベキヲ約シ解散ス
二、総長帰ヘリテ部長会議ヲ開ク
連絡会議ノ状況中特ニ松岡トノ問答左ノ如シ
1、本案ガ英米ヲ刺戟シテモ可ナリヤ
2、成否ノ見透ハ疑問ナリ　或程度ノ得ハアルベシ　何レニシテモ泰ト英ハ深イ関係アルヲ以テ不満足ナルベシ
3、仏印ヨリ米ガ取レナクツテ可ナリヤ
問題ハ米ニアラズ　要ハ英米勢力ヲ泰仏印ニ入レザルニ在リ
右ニ対シ総長ノ発言
直ニ南方仏印ニ兵力ヲ派遣スルニアラズ
北部仏印兵力増強ト海軍一部ノ派遣ニ過ギズ
三、十五時松岡ヨリ意見アリ再度臨時連絡会議ヲ開催ス
総長会議ニ臨ムニ方リ第一第三部長ヲ加ヘ統帥部トシテ武力的威圧ノ方法ニ関シ更ニ打合ス　此ノ際第二課長　南部仏印ニ対スル兵力派遣ヲ強硬ニ意見具申セルモ部長以上ノ意動カズ既定方針通リ先ツ北部兵力ノ増強ノミニ止ムルコトニ決定ス
四、十六時ヨリ第二次連絡会議ヲ開キ十七時三十分頃概ネ原案通意見一致決定ス〔『杉山メモ』上、参照〕
本件ニ関シ政府統帥部共ニ上奏セズ　処置ニ関シ上奏スルコトニ決ス
右上奏セザルコトハ松岡ノ魂胆ナラン　彼外交大権ノ

侵害ヲ云々シ軍ニ引ヅラルルコトヲ不満ニ思ヒアルガ如シ

五、本件一応決シタルモ既ニ十五年末ニ於テ確定シタル筈ノモノナリ　何トカセザルベカラザルベシ

六、連絡会議終了セルニ付第一部ハ第百七〇連隊ノ北部仏印派遣近歩二［近衛歩兵第二連隊］ノ交代帰還ハ当分ノ間延期スル旨電報シ更ニ約八万屯ノ船ヲ海口ニ集結シ万一状況変化ノ場合南部仏印ニ兵力派遣ニ支障ナキ如ク夫々指令スル所アリ

七、方針確定ニ基ク処置ニ関シ外相総長明早朝上奏シ正式発令スルニ決ス

予告電報ハ三省主任者起案シ既ニ発セラル

北仏［北部仏印］重複駐留ノi［歩兵］一七〇連隊ニ対スル大命ハ既ニ発セラル

大勢漸クニシテ動ク慶賀ニ堪ヘズ

一月二十日［月曜］

一、軍機電報ニ依リ南支方面軍ノ北仏兵力派遣既ニ動キ出セルヲ知ル

二、総長七時出発上奏ノ為葉山ニ到ル

三、澄田［睞四郎］少将及長［勇］大佐ニ次長ヨリ要望スル所アリ

要望事項第二十班ニ於テ起案ス

澄田機関ト現地軍ノ融和ヲ図ルヲ主眼トシ併セテ昨十九日決定ノ泰、仏印紛争調停ニ関スル緊急処理方針ニ関シ説明ス

四、仏印ト日本軍トノ交渉ハ一切澄田機関之ニ当ルコトニ大陸命出デアルニモカ、ワラズ第一部起案シ軍隊ガ直接交渉スル如ク変更シ大陸指ヲ発ス　第二部、陸軍省等ニ連帯ヲ求メズ

元来澄田機関宛文書ハ第二部ノ主管ナリ

総長、次長、右事情ヲ知ラズ決済［裁］ス

長大佐第一部長ニ運動シ第一部長ヲ動カセルナラン

現地ニ於テハ中央ノ指示二途ニ出デ又軍隊ト仏印直接接触セバ物議ヲカモスベシ

庶務課モ不注意ナリ

陸軍省カラモ文句アリ

至急解決ヲ要ス

一月二十一日〔火曜〕

一、海軍英及米課長講話アリ
1、米ハ宣戦布告セザルベシ
2、急速ナル全面禁油ナシ
3、米海軍軍拡状態五－七年間ニ「スターク」*案完結計三〇五万屯トナル
日本トノ比較現在略同等「スターク」案完成後ハ二倍（日本現有ノ儘トシテ）
4、日本仏印ニ出兵スルモ英参戦セズ
5、独ノ対英上陸作戦ノ成否ハ制空制海ノ如何ニ在リ潜水艦ト飛行機ニ依リ可能ナラン
6、英本土攻撃セラレタル場合英ハ最後迄頑張ルカ或ハ手ヲ挙ゲルカ不明
7、英敗レタル場合英海軍ノ米海軍合作スルモ恐ル、ニ足ラズ
8、右ノ場合一部ヲ以テ「カナダ」一部ヲ以テ東洋ニ逃避スベシ
二、石井〔秋穂〕中佐対支長期戦施策要領ニ関シ現地連絡ノ結果ヲ報告ス
大ナル意見ノ相違ナシ
三、海軍側ノ見解ニ基ク野村〔吉三郎〕大使ニ対スル要望事項軍務課ヨリ意見ヲ求メラル
日米妥協ノ条件ニ関シテハ異論アリ　本件ハ廟議決定スベキモノノ削除ヲ要望ス
四、前日来ノ澄田機関ニ対スル訓令問題未ダ決着セザルガ如シ
五、班長自今部長会報ニ出席スルコトニナル
之レ当班ノ政治力拡充ニ大ナル寄与アルベシ

＊　昭和十五年七月に発足された両洋艦隊法案と称される大海軍拡張計画。

一月二十二日〔水曜〕

一、南仏ニ対スル作戦準備第二課ハ先走リアリ　即廟議ハ既ニ武力行使ヲ決意セルモノトシテ進メアルモ大勢ハ然ラズ
現段階ニ於ケル準備ハ武力行使未決意ヲ前提トスル準備ナリ　次長同意第一部長亦同意
作戦課トシテハ正ニ然ルベシ
二、泰仏印紛争調停申入ニ対シ泰受諾セリ
仏印返ナシ重複駐留ニ難色ヲ示シアルガ如シ

三、澄田機関ニ対スル訓令ノ件今日限リトシテ一応解決ス

四、明二十三日ノ連絡懇談会ニ提案スベク左記骨子ノ件ヲ陸軍省及海軍トノ間ニ接捗［折衝］ス

1、紛争調停ニ応ズルト応ゼザルトニ拘ラズ速ニ軍事的要求ヲ提出容認セシム

2、威圧行動ニ任ズル部隊　敵ノ阻止ニ遇フ場合武力ヲ行使シテ之ヲ強行ス

右ニ対シ海軍ハ第一項末ニ「我要求ヲ容認セザル場合已ムヲ得ザレバ武力ヲ行使ス」ヲ入ルベク主張ス

海軍ハ本件ニ関スル限リ強硬ナルガ如シ

陸軍ハ不同意

「スッタモンダ」シタル結果海軍右提案ヲ全然放棄スルニ決ス　但シ第二項ノミハ陸軍限リニテ口頭発言シ且上奏スルコト、ナル

一月二十三日［木曜］

一、紛争調停ニ関スル帝国ノ申入仏印現地ハ応諾ノ気配アルモ「アンリー」拒否スルノ気運濃厚ナリ

二、対仏印「米」交渉我要求通解決ス

三、第六回連絡懇談会開催セラル

細部ハ連絡懇談会ニ関スル綴ニ依ル［『杉山メモ』上、参照］

四、総長ノ要望ニ基キ対仏印、泰処理要綱ヲ起案ス

南方処理要綱ハ第二段先ツ仏印泰処理ニ努力集中ヲ要ス

五、両総長懇談会席上ノ発言事項及日泰軍事協定ニ関シ上奏ス

日泰軍事協定上奏ニ関スル御下問アリ　午後軍令部総長及参謀総長上聞ニ参内ス

「上」秘密ヲ保テルカ

軍令部総長

秘密ハ保チ難イト思ヒマスルガ矢張リ実際問題トシテハ秘ノ扱ヲスルヲ可ト考ヘマス

「上」外務大臣ハ日泰軍事協定ハ反対ト言フガ話ハツイテ居ルカ

参謀総長

此ノ前ノ連絡会議デ話ハツイテ居ルノデ松岡ガ左様ナ事ヲ云フ筈ハ御座居マセヌ

其時ニ松岡ガ軍事協定ノ内容ヲ聞イタガ事純軍事ノ事ナルモ其内容ヲ話シマシタ

右ニ対シ松岡ハ英勢力八割モアル泰ニ対シ此程度ノ事デハ「ピブン」ハツイテ来ント思フト述ベタノデ今度ノ軍事協定ハ南方ノ大キナ協定ヲ指スモノデハナク（「シンガポール」共同攻略等ノ事ヲ意味ス）近イコトヲ考ヘテ居ル大キナ事ハ先ノ模様ヲ見ル必要アリト附加シマシタ

結局松岡ハソンナ事デハ協定ハ成立セント云フコトハ云ヒマシタガ軍事協定其ノモノニ不同意トハ申シテ居リマセン

「上」一応考ヘルカラ置イテオケ

参謀総長

外務大臣トモウ一度話ヲシマス

六、参謀総長帰来後松岡外相ト電話ニテ左ノ如ク対談ス

総長　宮中ノ御言葉ヲ話ス

松岡　反対ナドハ言ハヌ　三国同盟ノ関係ヲ泰迄持ツテ行クカモ知レヌト申上ゲタガ協定ニ反対シテ居ル訳デハナイ

総長　上ハ考ヘテ置クト申サレタガ協定ノ内容カ悪イト云ハレルノテハナイ

松岡　五時ニナツタラ参内スル故申上ゲル

七、二十四日両総長召サル［『杉山メモ』上、参照］

上、考ヘテ見タ　泰国ニハ親英派多イ故此協定ヲ出スコトハ危険ナリ　又仏印トハ米問題ナド重要事項アルヲ以テ政府ト充分連絡シテヌカリナイ様ニセヨ

参謀総長

充分政府ト連繋シテヤリマス

右ノ日泰軍事協定上奏ニ方リ陛下ガ一応考ヘテ置クト仰セラレタ事ヲ恐懼拝察スルニ　松岡ガ協定ニ反対テアルトノ御感ジニナル様ナ事ヲ事前ニ申上ゲタ事ガ主因ナルモ政府ノ一般協定上奏ト本軍事協定ノ上奏トノ連繋不充分ナリシコト又上奏当日侍従武官府ニ対スル上奏条件ノ連絡不充分ナリシニ因ルモノト思考セラル本日泰軍事協定ノ上奏ハ内容ガ作戦用兵ニ関スル事大ナリトノ理由ノ下ニ起案上奏共ニ第一部ニテ取扱ヒ第二十班ハ直接之ニ関与セザリシモノナリ

八、日泰友好条約批准ス

一月二十四日［金曜］

一、総長十時宮中ニ召サル　内容既述ノ如シ

二、対仏印泰処理要綱（案）省部主任者ノ意見午前中ニマ

トマル
至急御前会議提案ヲ企図シ提案理由所要事項説明ノ起
案ヲ急グ
三、仏ヨリ調停申込ノ返ナシ拒絶モ可同意モ可
武力行使ノ腹ハ決定シアリ敢ヘテ動ゼズ
四、海軍紛争調停ノ細部交渉ニ関シ研究方申込ミアリタル
モ第二部処理要綱ノ提案不同意ヲ強硬ニ主張シ来ル
提案ハ上司ノ意図ナリ　之ヲ蹴ル
第二部意見ヲ撤回ス

一月二十五日〔土曜〕

一、九時ヨリ省部主任者会議ニ於テ対仏印泰処理要綱（第
三案）マトマル
二、十一時部長会議ニ依リ第四案成ル
三、十四時ヨリ大臣官邸ニ於テ次長、第一部長、大臣、局
長ニ説明第五案成ル
逐次軟化シ来ル
大本営ヨリ提案スベキヤ否ヤ松岡ハ承諾スルヤ否ヤ
陸軍ガ引摺リアルニアラズヤノ感ヲ与ヘザルヤ等大臣、
総長ノ脳裏ニ去来シアルガ如シ
四、南部仏印ニ武力ヲ行使スルハ好マザル所成ルベク血ヌ
ラズシテ軍事上ノ要求ヲ充足シ得レバ最モ可　是次長
ノ一貫セル方針ナリ
第二課長以下然ラズ　南仏〔南部仏印〕ニ兵力駐屯ヲ
終局ノ目的トシアリ　第二課暗中模索右シ左シ遂ニ次
長ノ思想ニ統一セラレ来ル　陸軍省武力行使ハ希望セ
ズ政治的軍事的要求ノ提案ヲ急ガズ　大臣特ニ然リ
大臣ハ参謀本部ガ勝手ニ武力行使ヲヤルニアラズヤヲ
虞レ「廟議」ヲ以テト挿入ヲ強調シ部ヲ牽制ス　大臣
ハ政治家タルヤ軍人ナルヤ用兵統帥ノ何モノタルヲ解
セズ
陸軍省育チノ東条〔英機〕、統帥部育チノ塚田〔攻〕
ト大凡見解ヲ異ニスルモ無理モナシ
四〔ママ〕、十七時ヨリ第一部長海軍部長ト会談ス
第六案成ル
外務省ガウント云フカガ問題　陸海ハ意見完全一致ス
陸海作戦ノ協調（南仏作戦ノ場合）一時憂慮シタルモ
明朗トナル
御前会議急グ必要ナクナル
五、総長作戦準備ニ関シ上奏ス

御下問アリタルガ如シ〔『杉山メモ』上、参照〕

一月二十六日〔日曜〕

一、午前陸海主任者（課長、高級課員）会議対仏印泰処理要綱第七案成ル

二、午後陸海外　部局長会議第八案成ル

班長出席説明ス　第二十班「リード」ス

南洋局長松岡ノ承諾シ難カルベキヲ慮リ会議出席ヲ躊躇シタルモ「オブザバー式」ニ同席ス

三、問題ハ松岡ガ承諾スルヤ否ヤニカヽル

明日両局長松岡ニ会ヒ一応アタツテ見ルコトニス

四、先ツ茲ニ大本営案確定ス　麹町茶寮ニテ祝杯ヲアグ

一月二十七日〔月曜〕

一、陸海両局長松岡ト会ウタル所意見アルガ如ク難色ヲ示ス

陸海外三大臣会談ノ運ビトナル　議会開催中其機会捕捉困難　総長、大臣ニ督促スルコト、ナル

二、御前会議追々延ブベシ　致方ナシ

三、参謀長会議ニ於ケル戦争指導ニ関スル所要事項説明起案ス

四、対仏印泰施策要綱ノ所要事項ノ説明、提案理由ノ決定ヲ急グ

一月二十八日〔火曜〕

一、両局長松岡外相――会談　松岡ノ意見左ノ如シ

1、三月末ヲ目標トスル件削除

2、仏印ニ対シ政治的要求ヲ加ヘ又仏印ガ共同防衛ヲ要求セバ之ニ応ズルコトヲ附加ス

3、仏印ガ協定締結ニ応ゼザル場合ノ武力行使ハ情勢ニ依リ定ム

右ニ依レバ松岡ハ外交ハ俺ガヤルト云フ気持ナラン又武力行使ハ米英ニ気兼ネシヤル気ナキガ如シ或ハ上ニ本件ニ関シ既ニ申上ゲタルニアラザルヤヲ疑フ

二、右意見ニ基キ部長会議開催　概ネ原案ヲ主張ス

海軍亦然リ　海軍ノ意見相当強硬ナリ

三、陸海軍充分意見ヲ合致セシメタル後陸海軍大臣、松岡ト会談ノ上話ヲ進メルコトトナル

結局御前会議ハ二月初頭ニナルベシ

二十六日開催ヲ企図シタルモ遂ニ実現セズ

一月二十九日［水曜］

一、松岡修正案ニ対スル論議未ダマトマラズ　方針第三項三月目標ノ件其焦点ナリ
陸海共本件強硬ニ主張シ松岡ヲ拘束スルニ概ネ意見一致セントス
明三十日連絡懇談会ニ提案本極リニスベク努力ス

二、泰側停戦交渉地点トシテ西貢［サイゴン］ハ敵ノ軍門ニ降ルガ如ク思ハルルヲ以テ不同意ヲ要求ス
二見、武官之ヲ支援シアルガ如シ
総務部長第八課長飛行シ右ノ解決及其他ノ斟［斡］旋ニ任ズルコトニナル

三、参謀長会議ニ於ケル訓示、口演要旨概ネ成ル

四、対支長期戦施策要領遂ニ完成配布ス

一月三十日［木曜］

一、参謀長会議開ク
板垣［征四郎］中将以下在支各軍参謀長召集セラレ関東軍参謀長列席ス

二、対仏印泰施策要綱ノ最終決定ヲ見ルベキ連絡懇談会開カル［『杉山メモ』上、参照］
総長出席、十六時ヨリ十八時三十分迄二時間三十分ノ長時間ニ亘リ論議ス
松岡強硬ニシテ遂ニ案ハ骨抜キトナル　即チ「三月末ヲ目標トシ」ハ削除「外交上最善ヲ尽ス」ノ覚書交換ニ依リ僅ニ統帥部ノ要求充足セラルノミ　協定締結ヲ拒否スル場合ノ武力行使ハ情勢ニ依リ定ムトナシ軟化ス
総長松岡ト大イニ論議シタルガ如キモ海相寧ロ反対ノ態度ヲ取リ陸相ノ声援モ不足結局松岡ノ横車通リ統帥部ノ主眼トスル所殆ンド抜カル　御前会議モ開カザルコトニ決定ス
平沼［騏一郎］ハ総長ニ同意シアルガ如シ
三、統帥部トシテハ上奏御裁可ニ迄持ツテ行クコトニ強硬ニ推スベシ
元来陸海軍省ハ本要綱ニ関シ乗リ気ナラズ　軍令部ハ海軍省ニ対シ無力ナルガ如シ
松岡ノ云フコトモ一理アリ無理モナシ
但シ統帥部ノ意見ニ対シ強硬ニ反対シタルハ横着ナリ

一月三十一日〔金曜〕

一、対仏印泰施策要綱ノ取扱ニ関シ上奏御裁可一本槍デ進ム
陸海省ハ必ズシモ固執セズ両局長ニ強硬態度ヲ取ルベク要求ス
内閣ハ御裁可ヲ仰グトセバ閣議ヲ経ルヲ要ストナシ大分モメル　連絡会議ガ抑々開〔閣〕議ニ相当スベキモノ寧ロ閣議以上ノモノナルヲ以テ内閣ノ云フ筋道立タザルト思フ　結局閣議ヲ開クコトニナル　但シ要綱ノ内容中武力行使ニ関スル事項ハ省キタルモノニ依リ閣議ヲ開クコト、ナス
但右ハ閣議ニ於テ一応他ノ閣僚ニ諒解ヲ得ル程度ニ止マルベキモノトス
内閣官制上国務大臣ハ各々カ天皇ニ対シ責ニ任スヘキモノニシテ総理ハ他ノ大臣ヲ統轄スル権限ナキヲ以テ内閣ノ主張正シキカ

二、上奏御裁可遂ニ統帥部ノ要求通ル
御前会議ヲ開カズトモ実質的ニハ同一効力　松岡ハ大イニ馬力ヲカケザルベカラズ
第二十班二週日〔間〕ニ亘ル努力遂ニ成ル　之ニ依リ今後ハ強力ニ推進セラルベシ

三、第二十班長　侍従武官長ニ予メ明日ノ上奏ニ関シ詳細説明スルトコロアリ
事前諒解ハ特ニ必要ナリ
御下問ハ特ニナキガ如シ

二月一日〔土曜〕

一、政府ハ上奏御裁可ノ手続ヲ取ル為対仏印泰施策要綱ニ関シ閣議ヲ開ク
内容ハ武力行使ニ関スル事項ヲ削除シタルモノニ拠ル

二、十時ヨリ総理、両総長共同上奏シ御允裁ヲ裁〔戴〕キ茲ニ仏印泰施策ニ関スル帝国不動ノ最高方策決定ス
若干ノ御下問アリタルガ如シ〔『杉山メモ』上、参照〕

三、午後議会ヲ見学ス
国家総動員法改正案提案セラル

四、南支方面軍司令官ニ対シ仏印武力行使ニ関スル作戦準備ノ件ヲ如何ニシテ示スベキカ研究ヲ要ス

二月二日〔日曜〕

一、英軍ノ一部南部泰ニ進入セルノ情報アリ

英泰密約アリシ件第二十班ハ知ラズ

別ニ処置スルコトナシ

二、大〔台〕風一過ノ感アリ

南方処置ノ拡大性ハ必至ナラン

二月三日〔月曜〕

一、松岡外相提案ノ対独伊「ソ」交渉案要綱ニ就キ連絡懇談会開催セラル〔『杉山メモ』上、参照〕

概ネ原案通可決シ外相渡欧ノ時機ハ二月末四月中旬帰朝ト概定ス

支那戦線縮少〔小〕ノ可否ニ就キ政府（主トシテ外相）統帥部間ニ相当ノ論議アリタルモノ、如シ

二、日米経済断交ノ影響ニ関スル防衛課ノ研究終ル

〔二月四日　欠〕

二月五日〔水曜〕

一、日泰軍事協定其後ノ取扱方研究ス

第二課主管タリシモノ故従来ノ経緯明確ヲ欠クモノアリ

二、仏印、泰紛争現地停戦妥結シ東京媾和会議ノ運ビトナル調停案概定ス

三、南支方面軍参謀長ニ対シ対仏印泰施策要綱ニ基ク作戦準備ニ関シ第一部長ヨリ内示指導スル所アリ

二月六日〔木曜〕

一、仏印泰媾和会議ニ於ケル帝国ノ調停案ニ関シ大本営政府連絡懇談会ヲ開催シ之ガ決定ヲ見ル〔『杉山メモ』上、参照〕

二、対南方施策要綱其後ノ情勢ノ変化ヲ考慮シ修文且武力行使ノ場合ヲ明確具体化シテ一案ヲ作製〔成〕ス

三、日泰軍事協定細項ニ関スル件陸海軍間意見一致ス

二月七日〔金曜〕

一、対南方施策要綱二月末御前会議決定ヲ目標トシ更ニ馬力ヲカケントス

部内及陸軍省ニ新案ニ基キ意見ヲ求ム

二、侍従武官長ト連絡日泰軍事協定ニ関スル前回ノ上奏ハ

既ニ上ハ御諒解遊バサレアルヲ確知シ明朗トナル
後ハ松岡ノ考ヘ一ツ松岡ヲ督促スレバ仕事ハ運ブベシ

二月八日〔土曜〕

一、新構想ニ基ク対南方施策要綱部内意見一致ス
陸軍省西浦〔進〕、永井〔八津次〕中佐ニ対シ班長説明ス
西浦中佐本案ノ必要性ニ就キ疑問ヲ抱キアルガ如シ
案其モノニハ概同意ス
二、永井中佐軍務局長ニ説明ス
局長ハ昨年以来ノ経緯ニ鑑ミ本案ハ海軍側ヨリ提案セシムルヲ可トストナス
政治的ナリ
政治的妥協ハ排撃スベシ

二月九日〔日曜〕

一、泰仏印東京会談瀬踏ノ範囲ヲ出デズ
二、泰日本ノ指導的地位ヲ認ムルトキ英ヨリ経済的圧迫ヲ受ケ窮地ニ陥ルト云フ
金額一億三千万円ニ過ギザルモ本件真ナリトセバ相当問題ナリ
帝国国力ハ結局泰迄延ビル余裕アリヤ

二月十日〔月曜〕

一、日泰軍事協定締結ニ関シ武官ニ与フル訓令陸海一本陸ハ総長一本建ヲ第二十班長主張シタルモ既ニ四本建ニ決定シアリ（第二課ヨリ何等ノ引継ナシ）
二、新対南方施策要綱先ヅ海軍側ヨリ提案セシムル方針ノ下ニ班長案（印刷セザルモノ）ヲ携行ヒソカニ海軍ニ到リ大野〔竹二〕大佐ニ提示シ工作ス
三、海軍ハ左記骨子ヲ主張ス
1、対南方武力行使即対米開戦ナリ
英米分離ハ不可能ナリ
2、武力行使スル場合トシテ米海軍極東ニ進出シ帝国国防危殆ニ陥ル場合ヲ明記スルヲ要ス

〔二月十一日　欠〕

二月十二日〔水曜〕

一、日泰軍事協定ノ為ノ泰国武官ニ与フル訓令決定ス

四本建、陸軍大臣ガ総長ト併立シテ武官ニ訓令ヲ与フルハ悪例ナリ

二、泰仏紛争調停東京会談状況
仏印側誠意ナシノラリクラリシテ具体案ヲ提示セズ
日本側調停案ヲ切リ出ス時機到来シツツアルモノト云フベシ

三、香韶〔香港～韶州〕「ルート」遮断ノ効果ニ鑑ミ雷州「ルート」遮断ニ決ス　仏国租借地内軍隊通過要求ヲナス必要アリ　連絡懇談会ニ提議スルコトニナル

四、品川新井屋ニ於テ班会食ヲ行フ

二月十三日〔木曜〕

一、連絡懇談会開催ス
総長左記発言
1、飽迄泰ヲ援助シ泰ヲシテ英米側ニ赴カシメザル如ク交渉ノ妥結ヲ図ラレ度
2、雷州「ルート」遮断ノ為仏国租借地内軍隊通過要求交渉ヲ予メ考慮シ置カレ度

二、十五日会、軍事軍務両課長送別ヲ兼ネ二十四日赤坂錦水ニ於テ開催スルコトニ変更ス

二月十四日〔金曜〕

一、神田〔正種〕少将帰任状況報告ヲナス
1、泰仏印紛争調停ノ為統一現地機関ヲ必要トス　澄田機関一応解消ノ機運ニ在ルベシ
2、泰ノ経済事情ニ大ナル心配ナシ
3、北仏駐屯部隊問題ヲ起スコトナカルベシ
4、飽迄泰ヲ援助シ仏印ヲ圧迫スル方針デ進ムベシ

二、松岡渡欧上奏御裁可ヲ経タルガ如シ

二月十五日〔土曜〕

一、東京会談日本ノ調停案ヲ提示スルノ機運ニ向ヒツツアリ

二、日泰軍事協定締結ニ関スル訓令海軍ハ正式発令ヲ渋ル
岡〔敬純〕軍務局長ニ於テ停止ス
察スルニ英米刺戟予期セザル対米戦ヲ虞レアルモノ、如シ　対仏印、泰施策要綱ニ英米ノ策謀ヲ排シ敏速ニ之ヲ断行ストアリ　今頃ニナツテ逃腰ヲ早速暴露スルガ如キ言語同〔道〕断ナリ

三、陸軍ハ正式訓令ヲ櫛田中佐ヲシテ海軍ハ訓令案ヲ泉〔雅爾〕少佐ヲシテ携行セシメ泰ニ派遣スルニ決ス

［二月十六日　欠］

二月十七日　［月曜］

一、海軍大野大佐来リ対南方施策要綱ニ関シ海軍側大体ノ意見ヲ印刷物ニ就キ述ブ　対案ヲ提示セズ対案ヲ作ル意志ナキヲ虞ル
意見ノ骨子ハ「英米絶対不可分南方武力行使即対米戦故ニ之カ準備ヲ促進スルヲ要ス（準備完了セバヤルト云フ意志ハアイマイ）対英蘭武力行使ノ準備ノ如キハ既ニ完了シアリ　要ハ対米準備ニ在リト云フニ在リ

二、陸軍ハ対米準備ハスルモ極力戦争ヲ回避スルニ勉ム
海軍ハ最初ヨリ対米一戦ヲ主張ス
対米一戦ノ真ノ腹アツテノ主張ナラバ可ナルモ海軍軍備拡充ノ為ノ対米一戦論ナラバ国家ノ賊ナラズヤ

三、班長対案ノ提示ヲ強調ス大野大佐一応諾ス
軍令部権威ナキガ如シ海軍省万能ナルガ如シ

四、陸軍海軍ノ対立国家ノ為誠ニ恐ルベシ

五、南方機構問題再燃ス
軍務局案ニ就テ二宮［義清］中佐ノ説明ヲ受ケ省部（補任、庶務課モ加ハル）審議ス
原案ハ澄田機関廃止ナルモ大勢ハ存置案ニ傾キアリ

六、東京会談帝国ノ調停案ヲ本日両国全権ニ呈出シ二月二十日中ニ回答ヲ求ムルコトトナル
愈々終幕ニ近ヅケリ

七、大角［岑生］大将遺骨帰還ス

二月十八日　［火曜］

一、第二部長ノ当面ノ情勢判断左ノ如シ

1、英米ノ結合ハ米ガ英ト心中スル程ノモノニアラズ
英米ノ具体的結合ハ進展シアラズ

2、昨今ニ於ケル英ノ極東危機説ハ英ガ米ヲ信頼セザルニ因ル米ノ対日協同ハ英トシテ信頼スルニ足ラザルガ如シ

3、米ガ武力ヲ以テ対英援助ヲナス気配ナキ限リ枢軸側トシテ日本ノ南方武力行使ニヨル米牽制ハ必ズシモ希望スル所ニアラザルベシ

二、海軍ノ意見班長ヨリ次長ニ説明ス
次長南方武力行使ノ至難ナルヲ嘆ズ

三、仏印泰現地機関ノ設置並改組ノ件
一案ヲ具シ部内ノ一致ヲ求ムルニ勉ム

1、特派大使ノ如キ上部機構設置国境処理ニ任ゼラル
2、澄田機関存置但任務人事ニ関シ考慮ス
四、門松［正一］少佐謀略的見地ニテ蘭印事情講話
五、徳王来朝総長ト面談スル所アリ

二月十九日［水曜］

一、東京会談ニ於ケル日本側調停案ニ対スル仏印、泰ノ回答二十日迄ト要求シアル筈ナルニ外相期限ヲ附セザリシヲ第二部長ヲ経テ承認シ明二十日ノ連絡懇談会ニ於テ総長ヨリ発言スベク回答内容予期ニ反シタル場合ノ対策ヲモ併セ準備シテ総長ニ進言ス
二、対英米戦争準備大綱（案）種村［佐孝］少佐起案ヲ終ル　約一月ヲ要セリ
三、蘭印探訪記ノ映画実写アリ

二月二十日［木曜］

一、定例連絡懇談会開催
回答期限附要求ハ大臣総長ノ意図ヲ扱［汲］ミ発言ス外相二十五日迄ニ調停会議ヲ決着セシムルノ腹ナキガ如ク単ニ回答督促ニ勉ムベキモ期限附回答ヲ要求スルニ同意セズ［『杉山メモ』上、参照］
二、対英米戦争準備大綱案陸軍省ニ移ス　主任者大イニ同意シ企画院ニ移シ本案ニ基キ企画院ヲ表面ニ立テ之カ促進ニ努力スベキヲ約ス
一応更ニ省部ノ意見ヲ一致セシムルコト、ナス

二月二十一日［金曜］

一、泰ヨリ回答来ル　大体可ナルモ附帯条件左ノ如シ
1、償金一千万「バーツ」ハ不同意
2、「アンコールワット」「コン」島ヲ更ニ欲ス
二、対泰経済緊急対策外務省、企画院案ニ対スル参謀本部意見ヲマトム
政治的解決ヲ図ル一部ノ犠牲ハ忍ンデ泰経済ヲ全面的ニ援助ス
三、日仏印軍事、政治的協定案ノ研究ヲ進ム
四、対英米戦争準備大綱省部ノ意見積極的ニ動キツヽアリ

二月二十二日［土曜］

一、仏印ヨリ回答来ラズ
「アンリー」本国ヨリノ訓令ヲオサヘテ居ルト判断ス

松岡ノ外交技術却ツテ「アンリー」ニ乗ゼラレタリト云フベシ

二、ヨツテ十八時十五分期限附回答（二十三日正午）ヲ申入ル

三、二十三日正午迄ニ回答ナキ場合ノ措置ニ関シ左ノ如ク主任者案確定明日ノ臨時連絡懇談会ニ於テ審議スルニ決ス

1、修正調停案ヲ作製［成］シ期限附回答ヲ求ムル一方作戦準備ヲ促進ス　又停戦期間ヲ一週間延期ス

2、回答アリタル場合其内容ニ依ツテハ武力行使ナキモノトシテ速ニ原則的妥結ノ旨ヲ声明シ爾後外交技術ニ依リ円満妥結ニ至ラシム

四、泰ニ見公使ヨリ一千万「バーツ」ハ泰トシテ忍ビ難シニ兎ヲ追フ事ナク一兎ニ重点ヲ指向スベキ旨強調シ来ル

二月二十三日　［日曜］

一、九時三十分ヨリ主任者案ニ基キ部長会報ヲ開ク　主任者案大ナル変化ナシ

二、十一時ヨリ連絡懇談会開催

十一時五十五分「アンリー」来リ回答ス「ノー」ナリ即「ルアンプラパン」「パクセ」ノミ譲渡一千万「バーツ」必ズシモ欲セズ

三、右回答ニ依リ引続キ連絡懇談会開催ス　参謀本部トシテハ「アンリー」ニナメラレズ原案ノ期限附再考ヲ求ムル如ク第二部長ヲ首相官邸ニ急派強硬意見ヲ具申セシム

四、泰武官ヨリ一千万「バーツ」五年年賦ニテ補償支障ナキ旨電来ル

五、第二次連絡懇談会概ネ陸軍ノ意見通リ決定ス但シ海軍側既ニ情勢ノ変化ヲ理由トシ武力行使ノ腹ナシ　浅香丸ノ件モアルラシ　施策要綱ノ方針モアツタモノデナシ　慨嘆ニ堪ヘズ　海軍ハ「女」ノ如シ節操モ情義モナシ［『杉山メモ』上、参照］

六、新橋長崎料理屋ニテ班ノ会食ヲ行フ後班長ノ自宅ニ至リ大イニ気炎ヲ挙グ

二月二十四日　［月曜］

一、次長軍令部次長ト会シ昨日ノ海軍軟化ノ真意ヲ質ス所アリ　近藤［信竹］次長ハ大南方施策ニ伴フ武力行使

ヲ意中ニ発言シタルモノニシテ当面ノ仏印泰施策ニ件
フ武力行使ニ対スル海軍ノ腹ニ変化ナキヲ強調ス
聞ク人ハ然ラズ陸相外相亦然リ陸外両省海軍ノ無節操
ニ茫然タリ

二、泰武官ヨリ日泰協定切出ノ時機到来ヲ進言シ来ルモ公式切出ハ暫ク見合セニ決ス

三、午後五時紛争調停最後案ヲ提示シ二十八日迄ニ回答スベキヲ要求ス

四、雷州作戦ヲ実施スルニ決ス

二月二十五日〔火曜〕

一、国土防空戦力強化ニ関スル大綱説明アリ

二、南方施策要綱海軍案提示ヲ督促ス案カ出来ヌト云フ上層部明確ナル意図ヲ示サズト云フ無責任モ甚シ海軍ニハ当面ノ戦争指導計画ナキヤ真ニ腹ガマトマラザルヤ政治的謀略ナリヤ物ヲ取ル為ニ国策ヲボヤカサントスルナリヤ全ク真意ヲ捕捉シ得ズ

三、右ニ関シ昨日次長ヨリモ軍令部次長ニ督促スル所アリシカ如シ

四、雷州作戦仏租借地ニ軍隊ヲ入レル件
軍務局長ハ反対ノ意向ナリト云フ

二月二十六日〔水曜〕

一、広州湾租借地進駐ノ件部内一応意見一致セルモ陸軍省局長以上難色アリ
当部ニ於テモ作戦課主任者以外ハ要望強カラス

二、議会小林〔一三〕商相ノ機密漏洩ノ件問題トナリアリ

三、英米ノ極東危機説論調稍々ニ下火トナル

二月二十七日〔木曜〕

一、連絡懇談会開催セラレズ
仏印ハ調停案応諾スヘシ　八〇％
澄田機関ヨリハ諾セサルヘシトノ報アリ仏ハ独ニ諾セサル旨通告セリト諾セサル場合五〇％トナル
午後五時「アンリ《〔ママ〕》」外相ニ会ヒ正式回答ニアラサルモ「カンボチヤ」ヲ返スノハ困ル旨述ブ
諾スヘシノ公算増大ス

二、諾セサル場合ノ措置ニ関シ省部研究ス部長会議ヲ開ク
陸軍ハ明二十八日武力行使ノ決意ヲ定ム
海軍ハ然ラス未タ其決意ナシ

三、大野大佐右海軍案携行班長ニ説明ノ際先日ノ近藤軍令部次長ノ発言ニ関シ弁明スル所アリ　海軍ハ対仏印泰施策要綱ノ方針ヲ変更スルモノニアラズ

右言ヤヨシ其腹ハ不可解ナリ

四、次長ハ海軍ノ意見不一致ノ儘懇談会ニ臨ムハ不可ナル旨強調ス

五、陸軍ハ武力行使海軍ハ不同意

之デハ武力行使ハ不可能ナリ

松岡ガ「ノサバル」ノミ

二月二十八日〔金曜〕

一、昨二十七日決定ノ仏応諾セサル場合ノ措置ヲ海軍ニ移シ課長以下審議ス

海軍側陸軍主張ニ屈セサルヲ得ズ本二十八日武力行使ノ決意ヲナスニ決ス

二、右案ヲ上ニ通ス陸軍ニ関スル限リ同意然ルニ海軍ハ海相陸相ト打合セタル結果ナリトシテ「陸軍部隊進発ノ時機ハ当時ノ情勢ニ依リ決ス」ノ条件ヲ附シ来ル

第一部長次長統帥干犯ナリトシテ大イニ憤慨ス

然ルニ右ハ誤解ニシテ陸相ノ意見ハ「三月八日以降ニアリテモ仏側応諾セル場合ハ武力行使ヲ中止ス」ノ意ナルカ如シ

右ハ概ネ同意ナリトシテ之ヲ容ル

但シ陸軍統帥部トシテハ第一次仏印進駐ノ跡ニ鑑ミ「陸軍部隊進発後ニ於ケル措置ハ当時ノ情勢ニ応シ定ム」ヲ強硬ニ主張シ「註」トシテ入ル

即チ部隊進発後武力行使ヲ中止スヘキヤ否ヤハ其能否ヲ考慮シ決セントスルニ在リ

三、右午後七時頃ニ至リ漸ク決シ明一日連絡懇談会ヲ開クニ決ス

四、午後九時「アンリー」来ル「ノー」ナリ外相代案ナキヤヲ問フ「アンリー」四案ヲ示ス要ハ「バッタンバン」割譲不同意ナルニ在リ

外相勝手ニ最後案変更ノ余地アルヲ開示ス　不可ナリ

三月一日〔土曜〕

一、興亜奉公日

二、大移動発令セラル　支那派遣軍総司令官畑〔俊六〕大将親補セラル　畑総司令官総長ニ挨拶ノ為来ル　総長懇談ス

三、外相調停妥結ノ見透アリトテ連絡懇談会ヲ開クニ及ハサル旨述ブ　同意ス
四、朝来外務省ハ盛ニ折衝中ナルカ如シ
五、新聞号外仏受諾セルヲ報ス
仏ハ昨二十八日深夜「アンリー」宛訓令セリト電来ル
「アンリー」ノ昨夜ノ回答ハ個人ノ私案ナルカ如シ
午後四時正式回答到着スヘシト云フ
外相昨夜ノ回答アリタル際妥協的態度ヲ示シタルハ大イニ不可ナルヲ知ルヘシ
六、午後ニ至リ海軍側何ヲ血迷ウタカ昨日決定セル措置案ノ変更ヲ提議シ来ル
即チ武力行使決意ヲ五日ノ回答ヲ待ツテナサントスルニ在リ
主任者間ニ於テ之ヲ蹴ル
第一部長次長大イニ憤慨ス　陸軍総長決裁セルモノ海軍ノ一下僚之ヲ変更セントスルカ如キ態度不可ナリト
七、夜十二時印刷ヲ終リ随時連絡会議開催ノ準備ヲ進ム

三月二日〔日曜〕

一、午前提案理由所要事項ノ説明陸海意見一致ス
二、外相妥結ノ可能性アリトテ連絡会議開催ヲ好マズ陸海開催ヲ主張シ午後五時半ヨリ総理ノ私邸ニ於テ開催ス
今日ハ陸海ノ一致セル強硬ナル主張ニ依リ松岡ノ駄弁ヲ圧倒シ軍部側意見通リ原案ヲ可決ス〔『杉山メモ』上、参照〕
三、総長夜八時ワザ〳〵参謀本部ニ来リ班長ニ会議ノ模様ヲ説明ス　大イニ機嫌好シ
四、夜半ニ至ルモ妥結ノ微〔徴〕アルモ成功セス

三月三日〔月曜〕

一、昨日ノ会議決定上奏ノ時機ハ妥結ノ可能性アルニ依リ暫ク見合ス
右外相ノ意見ニズル〳〵引ヅラル虞アリ遅クモ五日午前迄ニ上奏スヘシ
二、上奏文海軍小野田〔捨次郎〕中佐来リ起案ス
三、外相本日中妥結スヘシト云フ
仏側停戦満了七日ナル故最後ノドタン場迄引ズル積リナルヘシ

三月四日〔火曜〕

一、朝来外相ト「アンリー」盛ニ交渉中ナルカ如シ
泰ハ仏側保留条件ハ渋々同意セルカ如シ
午後六時外相「アンリー」会議中ナリ

二、陸海外内閣主任者協議ノ結果
上奏ハ総理両総長列立ニテ五日正午若ハ六日行フニ決ス従ツテ武力行使ニ関スル条項ノミヲ御允裁ヲ仰グコト、ナル

三、陸海作戦課研究ノ結果南方武力行使ニ伴フ船舶徴傭屯数三〇〇万屯ヲ下ラサルニ帰着セルカ如シ

三月五日〔水曜〕

一、朝来仏側ノ正式回答ヲ鶴首シアルモ午後六時ニ至ルモ尚回答ナシ
外相「アンリー」ニモテアソバレテ居ルニ等シ　A案B案等小策ヲロウシアルニ因ル断乎タル交渉態度コソ必要ナリ
外相武力背景ヲ不要トナシ己レ独リノ功名手柄ニセンカタメノ外交ニ堕ス　却ツテ男ヲサゲ墓穴ヲ掘ルヘシ

二、夕刻ニ至リ会談ハ悲観的ナリ　今晩中ニモ連絡懇談会ヲ開キ度シト外務省ヨリ要求アリ　今更驚ク要モナシ
陸軍ニ関スル限リ動クコトナシ
明六日九時三十分ヨリ懇談会開催ニ決ス

三、西貢方面居留民引揚ゲ電報ヲ発ス
時機オソシ威圧ノ効果ナシ

四、畑大将見送ノ際東京駅頭デ松岡ニ口説カレテ上奏ハ六日ニ延期ス
而モ遂ニ五日中ニ妥結スルニ至ラズ

五、畑大将東京出発赴任ス

三月六日〔木曜〕

一、九時三十分ヨリ連絡懇談会開催
会議中「アンリー」来リ回答ス
「強制セラレテ受諾ス」ヘシト云フニ在リ
右会談ノ結果ニ基キ左記三件ヲ決定ス
1、原則的妥結ノ旨三国共同「コンミユニケ」発表
2、仏ノ強制受諾ノ態度を是正ス
3、停戦期間延長セサルモ両軍戦闘再興ヲ見サル様指導ス

二、夕刊ニ原則的妥結ノ発表アリ

三、大野大佐、小野田中佐ト目黒茶寮ニ於テ会食ス
紛争調停一段落ヲ告ケ先ヅ〳〵ト云フ所大イニ飲ミ盛会ナリ

三月七日〔金曜〕

一、昨夜十二時頃外務省ヨリ本朝九時ヨリ連絡懇談会ヲ開催シ度提案アリ
昨夜一晩中交渉ヲ続ケタルモ妥結ニ至ラサリシカ如シ

二、九時開催ヲ中止シ午後五時十五分ヨリ開催ス
海軍省今更会議ヲ開キ松岡ノ話ヲ聞ク必要ナシ（大臣ノ意図）ノ提案アリシモ聞クコト、ナル
陸海態度ハ完全一致ノ下ニ総長会議ニ臨ム
午前海軍次官ヨリ軟論出タルカ如キモ陸相、次官之ヲ強硬ニ排シタルカ如シ〔『杉山メモ』上、参照〕

三、松岡B案ヲ今更出シアルカ如シ　大臣電話テ不可ヲ詰ル
松岡ノ男モ愈々サガル

三月八日〔土曜〕

一、昨夜連絡懇談会三時間ニ亘リ行ハレタルカ如シ
松岡B案ヲ泰ニ切リ出シタルカ如シ　今更B案ト云フカ如キ不可解ナリ　陸海軍強硬ニA案ヲ主張シ松岡渋々同意セルモ松岡ノ腹ハB案ニ傾キアリ

二、総長次長武力行使ノ上奏ヲナスヘシノ意アリ　現段階ニ於ケル武力行使ハ軽々ニ行フヘキニアラス　上奏モ三国共同宣言ヲ取リ消シ政府ヲシテ事実ヲ卒〔率〕直ニ奏上セシメタル後ニアラサレハ不可能ナリ
右第二十班ノ意見トシ第一部長ニモ通シタル上次長総長ニ進言ス

三、松岡ノ「天才」カ「キ印」カノ性格ニ鑑ミ渡欧ニ於ケル独トノ話合ニ付帝国ノ腹ヲ見スカサル、コトナキ様考慮ノ必要アリ
即チ「シンガポール」攻略ハ準備シアリ　其時機ハ自主的ニ決ス、米ノ参戦ノ場合ノ「シンガポール」攻略モ自主的ニ決ス　但シ後者ニハ勉メテ触レヌコト要スルニ南方武力行使ノ腹未定ナルモ之ヲ見スカサル、コトナキ様発言ヲ慎シメト駄目ヲオサントスルニ在リ
右陸海意見一致ノ要アリ　連絡懇談会決定ハ事カ荒立ツ　個別ニ総長ヨリ外相ニ話合フコト、スルニ決ス

三月九日〔日曜〕

一、午前十時「ワンワイ」外相ト会談セルカ如シ
泰ノ回答
第一案　A案無修正
第二案　A案修正
第三案　B案（但シ海岸地方割譲地域稍拡大）

二、右第二案ヲ以テ妥結ヲ至当トス
統帥部ノ意見B案絶対排撃ニ決シアリ

三、仏「アンリー」会談ヲ求メ来ラス　「アンリー」広範囲ノ権限ヲ有シアルコト確実ナランモ回答遅延ヲ理由ニ来ラス

四、本日モ遂ニ妥結ニ至ラスシテ終ル

三月十日〔月曜〕

一、正午ヨリ「アンリー」外相会談ス
A案修正案ヲ受諾ス　但シ「強制セラレテ」ヲ主張ス
修正条件左ノ如シ
1、非武装地帯全地域泰人ト同一待遇
2、「コン」「コー」《〔ママ〕》島泰ノ主権ニ属セシムルモ共同管理トス
3、「スツントレー」前方地域小地域ニテ可
4、王様墓地便宣〔宜〕供与ニテ可

二、右案ニ依リ妥結ニ到達スヘシ
軍側別ニ連絡懇談会開催ノ必要ヲ認メス　外相ニ一任ス

三、一月十七日以来二月ニシテ遂ニ仏、泰紛争調停芽出度成立ス

三月十一日〔火曜〕

一、午前九時三十分ヨリ連絡懇談会開催　二ヶ月ニ亘ル仏印、泰紛争調停終幕ニ到達ス〔『杉山メモ』上、参照〕
午後四時交換公文ニ調印ス

二、泰、仏印ニ対スル帝国ノ指導的地位大イニ強化セラル
慶賀ノ至リニ堪ヘサル所ナリ

三、外相渡欧ノ件新聞発表アリ
外相、得意以テ知ルヘシ

三月十二日〔水曜〕

一、日泰日仏印交換公文新聞発表アリ〔新聞切抜貼付〕

泰仏印ニ対スル帝国ノ政治的要求概ネ充足セラル

二、松岡外相鹿島立ツ

東京駅頭歓送盛ナリ

［徳富］蘇峰曰ク松岡ハ幸運児ナリト

然レトモ確タル腹案ナクシテ渡欧ス

得ル所ノモノ果シテ幾何ソ

三月十三日［木曜］

一、大［台］風一過ノ感アリ

二、戦争準備ノ研究ヲ進ム

華僑対策要綱
第三国権益処理要領 ｝ヲ審議ス

三月十四日［金曜］

一、物動ノ決定ニ方リ陸海ノ調整難関ニ逢着ス

A、B計一一二万屯ハ不動

企画院ハA、B、半々トナサントス而シテ予算ハ陸軍五五億海軍五一億予算ニ即応セシムルトセハ陸軍四ニ対シ海軍七ノ割合トナルヘシ　企画院案ハ陸軍トシテハ大イニ多トセサルヘカラサル所ナリ　然ルニ統帥部トシテハ絶対不同意、作戦準備「ストップ」スヘシ

総長、大臣ニ要望ヲ呈出ス（第二課起案）

A、B半々ヲスラ海軍同意セサルヘシ然ルニAノ増額ヲ総長ヨリ大臣ニ要望ス

結局大臣ニ死ネト言フニ等シ　内閣ニ死ネト言フニ等シ　内閣総辞職ハ現下ノ情勢上絶対不可

然ラハ陸相ノ辞職モ不可

困ツタ問題ナリ

日本ヲ亡ホサザルモノハ陸海軍ノ対立ナリ

而シテ日本ノ繁栄ヲ阻止スルモノモ亦陸海ノ対立ナリ

三月十五日［土曜］

一、午後三時ヨリ海軍小野田中佐ト対南方施策ニ関シ腹蔵ナキ所懇談ス　種村原［四郎］出席

夜ニ至リ痛飲シツツ懇親ヲ深ム

カユイ所ニ手ガ及ハサルノ憾ミアリシカ好結果ヲ得

1、海軍ノ南方武力行使ハ帝国トシテ已ムヲ得サル場合ノ武力行使ヲ主トシテ頭ニ画キアルカ如シ

好機ニ乗スル武力行使ハ大ナル関心ヲ有シアラズ

2、陸軍ノ対「ソ」戦備不充分ナル事実ニ対スル認識充

分ナラス

3、海軍第一部〔長〕直属ノ政治力弱キヲ遺憾トス

4、海軍次長次官ハ腰抜ケカ悪辣カ何レカナルヘシ

〔三月十六日　欠〕

三月十七日〔月曜〕

一、第二部長意見ニ基キ日、泰及日、仏印軍事協定締結ノ促進ニ就キ部長会報ヲ開ク

第二部長相当強硬ナルモ大勢不動

1、直ニ提議スルノ件既定方針通リ機ヲ見テ成ルヘク早ク行フコト不動

2、対英同盟ノ内容トセス現状ノ通リ

3、上奏ノ件ハ更ニ研究ス

二、「ビルマ」打ツヘシノ具体化研究ヲ第一部長要望ス

三、西尾〔寿造〕大将凱旋ス　凱旋将軍ノ礼式ヲ取ル

三月十八日〔火曜〕

一、午後一時ヨリ中山〔源夫〕大佐ノ蘭印事情講話アリ

曰ク南方武力行使ハ極メテ慎重ナルヲ要ス　軽々絶対不可　然レトモ国家百年ノ大計ヲ考慮シ武力ヲ以テ解決スルヲ要ス

蘭印武力ヲ行使スルニ非レハ成果ヲ期シ難シ

二、午後三時ヨリ想定ニ基ク物的国力判断ノ再検討ノ説明アリ（芝生〔英夫〕少佐）

省部主任者会同ス

三、第一四半期物動未タ決セス

〔三月十九日　欠〕

三月二十日〔木曜〕

一、小野田中佐来リ去ル十五日思想調整シタル事項当方ヨリ印刷送付セルモノニ付異〔意〕見ヲ述ヘタリ

結論

一、海軍側ハ好機ニ投スル武力行使ヲ考慮シアラス

英敗レタル場合ハ好機ニアラス　対日武力重圧ハ寧ロ加ハル

二、海軍ハ対南方武力行使即対米武力行使絶対ナリ

三、日本ハ米カ対日武力圧迫（全面禁輸）ヲ加ヘ来リタル場合始メテ南方ニ武力行使ヲナスヘシ

四、然ラハ今ヤ米ノ圧迫現実ニ差迫リタルモノトシテ
対米武力行使ヲ決意スヘキヤ
海軍ニ其ノ決意ナシ
五、決意ナキモ準備ハ必要トス
其為物、金ヲ取ル
右海軍ノ一貫セル思想主張ナリ

［三月二十一日　欠］

三月二十二日　［土曜］

一、物的国力判断現状推移ノ場合前回ニ引続研究ス
判決
武力行使セル場合モセサル場合モ昭和二十一年頃ニ於テ帝国軍需物資国力ニ於テ大差ナシ
全綜合物的国力ハ軽工業ノ打撃ニ依リ行使セル場合ノ方遙カニ低下ス
二、南方武力行使ハ目下ノ所欧州情勢ノ如何ニカカハラス行ハサルヲ可トス
絶対已ムヲ得サル場合始メテ行使スヘシ
三、帝国ハ今ヤ時局処理要綱修正ノ時期ニ直面セリ
南方武力行使ナド思ヒモヨラスト云フヘシ
支那事変処理ニ邁進スヘシ

［三月二十三日　欠］

三月二十四日　［月曜］

一、戦備課ノ物的国力判断資料ニ基キ第二十班トシテ対南方武力行使ニ関スル判決ヲ決ス
判決
好機ニ投スル対南方武力行使ナシ
二、迂［紆］余曲折ヲ経テ今日ニ至ル
感慨無量ナルモノアリ第二十班トシテ右判決不動ナリ
但シ海軍好機武力行使ニ同意スルニ至レハ換言セハ対米回避可能ノ情勢ニ至ラハ別ナリ

三月二十五日　［火曜］

一、物的国力判断戦備課長、総長、次長、第一部長ニ説明ス
右席上物動ニ関シ第一部長戦備課長ヲ難詰セルカ如シ
統帥部トシテ陸海半々ハ大イニ不満ナリ

予算ノ責任ハ陸軍省負フヘシト言フニ在リ
二、師団長会同席総長口演要旨中戦争指導方針ニ関シ起案スル所アリ

三月二十六日〔水曜〕

一、海軍ト連絡ノ結果南方施策ノ一案近ク提示シ得ヘシト言フ　果然活気ヲ呈ス
二、「ユーゴー」三国同盟ニ加入ス　新聞報ニ依リテ始メテ知ル
次長統帥部ノ承認ナキ政府ノ措置ヲ憤慨ス
三、総長次長ニ対スル物的国力判断説明前日ノ続キヲ行フ

三月二十七日〔木曜〕

一、南方施策ノ方向大勢決ス
西浦中佐、服部〔卓四郎〕中佐当班ノ意見ニ完全同意ス
好機ニ投スル武力行使ナシ
支那事変処理ト対「ソ」戦備ニ専念セントス
第二課長第一部長ニ難色アラン
海軍亦難色アランカ

三月二十八日〔金曜〕

一、岡本〔清福〕少将帰朝報告アリ
一、川村〔宗三〕大尉縁談確定ス
電撃的結婚目出度シ

〔三月二十九日～四月八日　欠〕

四月九日〔水曜〕

一、三月三十日ヨリ四月七日迄班長及原大尉北九州上陸作戦演習視察ノ総長ニ随行不在ス
此間種村少佐鋭意海軍小野田中佐ト折衝シ遂ニ対南方施策要綱海軍案ヲデッチアゲタリ
海軍案四月五日陸軍ニ呈示シ来ル
二、海軍案ノ骨子左ノ如シ
1、専ラ外交ニ依ル　好機ニ投スル武力行使ナシ　自存自衛ノ為始メテ起ツ
2、英国勢力ノ駆逐ナシ
3、右海軍案ヲ印刷、第二課、第八課、軍事、軍務課ニ送附意見ヲ求ム
大体ニ於テ大ナル意見ナシ

第二課長土井〔居〕大佐
好機ニ投スル対英武力行使執着アリ
第八課長唐川〔安夫〕大佐
概ネ同右
軍事課長真田〔穣一郎〕大佐
好機ニ投スル武力行使ハ英米可分ノ情勢ニ於テ可能
本案ハ不可分ノ判断ニ立ツヲ以テ已ムヲ得サルヘシ
寧ロ陸軍トシテハ主張セサルヲ政策的ニ有利ナリ
軍務課長佐藤〔賢了〕大佐
同右意見

四月十日〔木曜〕

一、松岡外相ヨリ飛電アリ
曰ク中立条約ニ調印スルヤモ知レサルニ付手配アリ度シ
次テ中立条約ノ条件ニ関シ電アリ
松岡ハ利権問題ニフレズニ中立声明ヲナサントス
「モロトフ」ハ利権譲渡ヲ主張ス
恐ラク意見一致セサルヘシ
二、午後四時半ヨリ久シ振リニ連絡懇談会開カル
「ユーゴー」ヲ中心トスル情況ヲ総長説明ス
次テ中立条約ノ件議題トナリ左記要旨ヲ松岡宛電報スルニ決ス
1、利権問題ニハフレズ（即議定書ヲ除ク）
2、三国同盟ヲ弱メル結果ヲ招来セサルコト
独ト充分諒解ヲ遂クルコト
3、支那事変解決ニ資スヘキ素地ヲ取リ得ルコト

四月十一日〔金曜〕

一、中立条約ノ条件ニ関スル件前日連絡会議ニ於テ既決セルヲ知ラス八時ヨリ第六課長室ニテ審議シ概ネ右案同様ノ結論ヲ得
第五課ノ活動足ラス総長連絡会議出席前ニ参謀本部ノ腹ヲ決定スルニ至ラス
二、対南方施策要綱海軍案ニ対スル第一部ノ正式意見来ル
大体同意ナリ
大勢茲ニ決ス
好機ニ投スル武力行使遂ニナシ
邦家ノ為慶賀スヘキヤ否ヤ？
三、目黒茶寮ニ於テ陸海作戦、戦争指導関係ノ懇親会アリ

三名出席ス

四月十二日 〔土曜〕

一、第二部中立条約締結ノ必要性ニ就キ上司ニ具申スル所アリ
二、正午松岡ヨリ飛電 中立条約締結ヲ断念セリト
三、外相ノ訪欧結局何ヲ得タルヤ
予想シアリシトハ言ヘ淋シ
国家ノ前途多難且遼遠ナリ
四、独軍ノ対「ユ」作戦大イニ進捗ス
五、班長対南方施策要綱陸軍案（海軍案ニ一部修正）ニ就キ第一部長、第二、八課長ト話ヲ進ム
大ナル意見ナシ

四月十三日 〔日曜〕

一、正午松岡外相ヨリ飛電アリ
日「ソ」中立条約ニ調印スヘシト
利権ノ件ハ数ヶ月後ニ清算ニ就キ協議ヲ進ムヘキ条件附ニテ中立不可侵（満州国ヲ含ム）条約締結ニ応諾セルモノノ如シ
主トシテ「スターリン」ノ決意ニ依ルモノノ如シ
二、情勢急転再転シテ茲ニ中立条約成ル 邦家ノ為慶賀ノ至リニ堪ヘス
三、対南方施策要綱案第二部異論アリ 好機ニ投スル武力行使ノ伏線ヲ存置スヘシト第六課長ノ主張ナランカ
第二部長之ニ同調シアリ

四月十四日 〔月曜〕

一、朝刊ニ中立条約締結ヲ発表ス
昨夜十一時発表セルモノノ如シ 新聞宣伝稍々精彩ヲ欠ク 直ニ報導〔道〕部ヲ経テ之カ指導ヲナス
二、本条約ノ意義ハ南方武力解決ノ支撐ニモアラス対米戦回避ノ手段ニモアラス
偏ニ自主的対「ソ」開戦迄ノ時間ノ余裕ヲ得ルニ在リ
本意義ヲ戦争指導中枢部ハ的確ニ把握シアルヲ要ス
三、外相ノ得意知ルヘシ 「スターリン」駅頭ニ松岡ヲ歓送セリト言フ 前例ナシ
「スターリン」ノ心中那辺ニ在リヤ 不明
四、対南方施策要綱案第二部長ノ異論ニ対シ次長第二部長ト話ス

第二部長概ネ諒承セルモノノ如シ

五、夕刊ニ中立条約ノ活用ニ関シ大々的ニ宣伝ヲ開始セリ

六、中立条約ノ意義ニ関シ第二部議論盛ナリ

四月十五日 〔火曜〕

一、対南方施策要綱案ニ関シ第二部内課長会議ヲ開催セルモノノ如シ

好機ニ投スル武力行使ヲ行フヘキコトノ伏線ヲ所要事項ノ説明ニテモ入ルヘシト判決ス

二、右ニ関シ班長情勢ノ大転換（英米可分）ノ場合ハ固ヨリ然ルヘシトテ同意（原大尉同上）

種村少佐絶対不同意ニテ論議アリ

三、対南方施策要綱案ニ関シ部長会議ヲ開ク

総長第一、二部長共ニ好機武力行使ニ未練アルカ如シ

班長之ヲ排ス

第二部長南方武力行使ノ場合ヲボヤカスベシト主張次長ソレデハ本要綱ノ魂ヲ失フトテ之ヲ排ス

四、班長右会議ノ結果ニ基キ修文セルモノヲ以テ海軍ト折衝ス

海軍大体同意

但武力行使ノ場合ノ目的ニ就キ意見アリ　即チ陸軍案ハ武力行使ノ場合ハ目的強化セラルヘキヲ主張セルニ小野田中佐ハ然ラス同様ナリト云フニ在リ

近日中右案ニ対スル海軍意見ヲ出スヘシト言フ

四月十六日 〔水曜〕

一、泰武官帰朝、大臣総長ニ説明ス

従来ノ電報ト其内容百八十度異ナリ泰ニ於ケル日本勢力尚微々前途遼遠ナリト

泰人ハ独英決戦見透ナシ　英ノ敗戦ヲ未タ信シアラズ紛争調停等ニモ未タ不安アリ等々

故ニ日泰協定ノ提示成ルヘク遅キヲ可トス　提示セハ「ハイ」ト云フカモ知レサルモ実行伴ハサルヘシ

先々泰内日本実勢力ノ扶植カ先決ナリト

省部主任者呆気ニ取ラル

二、師団長会議終リタルニモ拘ラズ板垣総参謀長未タ当部ニ出入シアリ

次長、総長、総理大臣ノ往来密話盛ナリ

及川〔源七〕中将恰モ羽田着着任ス

果シテ内容如何　対支和平謀略カ　成功セサルハ見エ

スイテ居ル
須ク中止スヘシ（種村少佐意見）

四月十七日〔木曜〕

一、連絡懇談会開催〔『杉山メモ』上、参照〕
総長南進論巻間伝フル所害アリテ益ナキヲ述へ興［輿］
論指導ニ関シ要望ス
又外務省ノ華僑工作推進方ヲ要望ス
対仏印、蘭印経済交渉進捗セス、泰、仏印条約モ頓坐
［挫］シアルヲ大橋〔忠一〕次官開陳ス

二、「チャーチル」ノ松岡ニ対スル「メッセージ」右席上
開示アリ　内容極メテ不遜憤慨ニ堪ヘス
老大国ノ末路哀レムヘキ哉　正気ノ沙汰ニアラス

三、対南方施策要綱、陸海軍間九分通リ意見一致ス
後ハ作文ノミ　芽出度〳〵？

機密戦争日誌　其二

自　昭和十六年四月十八日
至　昭和十六年十二月七日

四月十八日〔金曜〕

一、「ユーゴー」遂ニ対独無条件降伏ス
　欧州情勢独伊有利
　極東情勢中立条約ニ依リ日本有利

二、突如米ヨリ飛電日米国交調整妥結ニ至ラント　至急回答セヨト
　米モ亦太平大西二正面作戦困難
　中立条約成立ニ依リ日本ノ南進有利
　米モ亦日米開戦ヲ欲セザルモノ、如シ

三、帝国外交モ積極活発化セリト云フベシ

四、対南方施策要綱提案理由（第二十班案）及所要事項説明（海軍案）意見ヲ求ム

五、二十時ヨリ米大使電ノ説明ノ為連絡懇談会ヲ開催ス

四月十九日〔土曜〕

一、日米全面協調ノ電文翻訳完了
　1、日本ハ武力南進セズ
　　米ハ対独武力参戦セズ｝ノ根本条件ニテ
　　日米ノ全面協調ヲ策セントスルニ在リ
　2、米ハ日支直接交渉ニ依ル全面和平ヲ蔣ニ勧告ス
　3、日米相携ヘテ世界ノ平和ヲ招来セントス

二、歴史的外交転換ナリ

三、何ト云フテモ三国同盟精神ノ清算ナリ

四、国内問題ガ重大ナリ
　解決ノ道ハ強力政治ニ在リ
　自由主義ヘノ後退ハ之ヲ断乎トシテ排セザルベカラズ

四月二十日〔日曜〕

一、第二部主催朝来会議開催午後ニ及ブ
　大体野村電ニ基ク国交調整ニ同意ス
　但シ三国同盟ノ精神ニ背馳セザル様若干ノ修正ヲ必要トス
　又支那事変ヲ一挙ニ解決スルヲ必要トス

二、歴史ノ転換端倪ヲ許サズ
　米ノ大謀略ニアラザルヤ　警戒ヲ要スルモノアリ

三、第一部長急遽帰京ス
　午後五時半ヨリ部長会議ヲ開ク

四月二十一日〔月曜〕

一、昨夕ノ部長会議長時ニ及ブ

三国同盟ノ精神ニ背馳セザル限度ニ於テ対米国交調節ニ任スベキ大体ノ方向ハ一致ス
独ヲ刺戟セザル様一部ノ修文ヲ行フ
要ハ松岡ガ独ト諒解ヲ取付ケアルヤ否ヤニ「ポイント」アリ
二、十一時ヨリ省部局部長以上会議ヲ開ク　総長、次長、第一、第二部長出席
結果ハ判明セザルモ大体前記ノ線ニ沿ヒ国交調節ヲ行フ如ク意見一致セルモノ、如シ
午後陸海部局長会議ヲ開催ス
第一、第二部長出席ス
三、独及米大使ヨリ独「ソ」開戦ノ可能近キニ在ル長文電（独大使ハ故ニ日本ハ武力南進スベシ米大使ハ飽ク迄局外中立ヲ守ルベシト云フ）来ル
怪電文　情勢ハ誠ニ複雑怪奇ナリ
大政治家ノ出現ヲ望ム　今日ヨリ急ナルハナシ
総長右電報ヲ下僚ニ開示セシメス
次長、第一、第二部長、第二十班長ノミ知ル
四、松岡外相福岡ニ到着ス

四月二十二日〔火曜〕

一、対米調整陸海意見一致ス
1、三国同盟精神ニ反馳セザルコト
2、支那事変処理ニ貢献スルコト
3、国際信義ヲ毀損セザルコト
4、帝国綜合国力拡充ニ資スルコト
5、世界平和ノ再建ニ資スベキコト
右根本方針ニ立脚シ今後ノ交渉ヲ進メントスルニ在リ
二、松岡外相昨二十一日天候不良飛行中止　本日午後四時大連ヨリ無事安着ス
直ニ閣議次テ上奏ス
夜連絡会議開催セラル
三、特暗ニ依レバ松岡「モスコー」ニ於テ対米国交調整ノ下地ヲ造ルベク工作シタル跡歴然タリ
独「ソ」ノ冷却化日米ノ提携、新聞、特暗等ニ散見ヲ始ム
四、独「ソ」開戦ノ徴アル武官電少カラズ
「ソ」「モトロフ［モロトフ］」支線ノ一般交通禁止
「ソ」一部ノ入営延期ノ停止　独「ソ」国境二〇〇粁間重要物資設備ノ後退等々ノ如シ

四月二十三日　〔水曜〕

一、昨夜遅ク連絡懇談会開催ス〔『杉山メモ』上、参照〕
外相野村提案ハ話ガ違フト云フ
従来単ニ蔣ニ和平勧告スベキ提議ヲシタルニ止マリ全面的国交調整ニ関シテハ関知セズト云フ
右真偽不明ナルモ外相ニ対シ暫ク研究考慮ノ余地ヲ与フルコトトシ散会ス
二、従ツテ独伊トノ諒解全然取付ケアラズ
暗礁ニ逢着ス
三、永井大佐帰朝報告ヲナス
主任課長部員ノミニ限定シ
相当ニツキ込ンダ内容ヲ開陳ス
四、靖国神社招魂ノ儀挙行
「ラジオ」ニ依リ荘厳且哀愁ノ光景ヲ聴ク
事変終局ニ全力ヲ傾到セザルベカラザルヲ痛感ス
対米妥協モ亦方便ナリ

四月二十四日　〔木曜〕

一、靖国神社ニ参拝ス
二、外相帰朝後未ダ政機熟セズ
平穏ナリ
三、独ノ「バルカン」作戦圧倒的優勝ヲ以テ終局ニ近ヅキツヽアリ
米輿論ノ軟化対日接近ノ片鱗ヲ見ル
豪州政府ノ動揺「チヤーチル」内閣ノ危機亦キザシツヽアリ

四月二十五日　〔金曜〕

一、天皇陛下靖国神社ニ御拝
三万ノ遺族聖恩ノ広大無辺ニ感泣
社頭参拝ノ善男善女無数盛観ヲ呈ス
二、近衛〔文麿〕総理、陸、海両相ヲ招致シ外相「シンガポール」攻略ヲ主張スルモ貴見如何ト云フ
両相不同意既定通リ平和施策
先ツ事変解決ノ為米ヲ利用スベシト主張ス

四月二十六日　〔土曜〕

一、部長会議開催
外相「シンガポール」攻略意見ヲ封ズル為ノ統帥部意見ヲ作文スル事ニ決ス

第二十班一案ヲ草シ第一、二部ノ意見ヲ求ム
二、陸相官邸ニ於テ企画院秋永［月三］少将等ト戦争準備ニ関シ懇談会食ス
軍務課、戦備課、第二十班出席ス
期スル所国防省ノ設置陸海対立ノ調整ニ在リ
最モ自由主義的存在ハ金融機構ナリ
金融新体制確立ノ必要ヲ強調大イニ努力スベキ旨話合フ所アリ

四月二十七日［日曜］

一、平穏ナル休日
武力南方解決不同意意見ノ作文ヲ修文ス
二、不可能トハ云ハズ　時機過早ナリトノ未練、第二部長、第二課長ニモアリ

四月二十八日［月曜］

一、外相風邪休務トカ　其後一向ニ施策進マズ　術策ハ不可ナリ
二、当班起案ノ南方不同意論ニ対シ之レハ不可能論ナラズヤトテ機嫌斜ナリ

目下ノ情勢ニ於テハ不同意情勢急変セバ再出発スルモノナルヲ以テ先ヅ〳〵此程度ノモノニテ我慢スベシ
三、独軍「アテネ」ニ入城「バルカン」ノ制覇遂ニ成ル
四、米ノ援英熱激化ス米輿論亦沸ク

四月二十九日［火曜］

一、天長ノ佳節
代々木練兵場観兵式挙行セラル
皇軍ノ威容大イニ昂揚セラル
二、政戦事ナシ

四月三十日［水曜］

一、靖国神社例大祭ニテ休日
政戦事ナシ
二、皇后陛下靖国神社ニ御拝アラセラル
三、靖国ノ遺族逐次帰郷ス

五月一日［木曜］

一、連絡懇談会開催予定ノ所松岡外相風邪ト称シ延期ヲ申出デ取止ム

外相臥床中盛ニ画策シアルベシ
二、大勢未ダ不動　静中動ナリ
新聞紙上対米国交調整ノ嗅［嗅］散見スルニ至ル

五月二日　［金曜］

一、外相尚臥床中
二、第二十班閑散ナリ
三、「イラク」対英武力行使ニ出ヅ
大英帝国ノ敗勢歴然タリ

五月三日　［土曜］

一、午後一時ヨリ待望ノ連絡懇談会開催
外相対米中立条約提案ヲ先ツ発言
全員不同意
外相執拗ニ主張シ軽ク打診（大使ヲシテ）セシムルコ
トニ強引ニ押切リタルガ如シ
次デ諒解案ニ対スル修正意見ニ付外務案ヲ中心トシテ
審議概ネ外務案通リ決定ス
外務案ハ陸海軍案ヨリ更ニ強硬ナリ
外相ノ本件ニ関スル指導精神左ノ如シ

1、支那事変処理ニ寄与スルコト
2、三国条約ニ抵触セザルコト
3、国際信義ヲ破ラザルコト
右意見陸海軍案ト全然同意ナリ［『杉山メモ』上、参
照］

五月四日　［日曜］

一、朝来大雨風強シ
二、第二十班大［台］風一過閑散ナリ

五月五日　［月曜］

一、外相早速野村大使ヲシテ中立条約打診方ヲ打電セシメ
併セテ「ハル」宛口頭「メッセージ」ヲ発ス
外相ノ外交機動活潑ナリ
二、新聞紙上対米調整ノ論調盛ントナル
三、川村大尉陸大受験開始

五月六日　［火曜］

一、米ノ援英哨戒ヨリ「コンボイ」ニ進ムノ勢アリ
参戦必至ノ新聞論調激化シツ、アリ

二、「ヒットラー」、「ルーズベルト」相呼応シテ演説

両雄飽ク迄戦フノ意図ヲ明ニス

「ハル」ノ対記者談対日露骨内容ナシ

三、米ヨリ返ナシ　平静ナリ

四、日仏印経済交渉調印成ル

帝国ト仏印トノ経済緊密化遂ニ結ブ

芽出度〳〵

五月七日〔水曜〕

一、岩畔〔豪雄〕大佐大臣宛電アリ

1、交渉ハ速ニ進ムル必要アリ　然ラザレバ米ハ遂ニ参戦ニ至ルベシ

2、「ルーズベルト」ハ目下何事ヲモ為シ得ル地位ニ在リ

3、諒解案ヲ関知シアルハ「ル」、「ハル」、「ノックス」郵務長官、秘書ニ過ギズ　秘密保持厳ナルガ如シ

4、「ハル」ハ下僚中不同意ナルモノハ首ヲ切ルト云フ

5、「フーバー」ト会談セル所　要スレバ一肌ヲヌグベシト云フ

6、外相目下盛ンニ風船玉ヲ揚ゲ居ルガ如キモ却ツテ有利ナラズ　米ノ感情ハ寧ロ悪化シアリト

7、「ル」、「ハル」共ニ松岡ヲ信用シアラズ

二、右電報陸軍省大臣ヨリ総長、次長へ移ス

下僚ニハフレシメズ

三、独伊ニハ日曜坂本〔端男〕欧亜局長ヲシテ当方意図ヲ伝達セシメタルガ如シ

「オットー」ハ感謝シ米参戦阻止ノ為ニハ妙ナルベシト述べ伊大使ハ全然不同意ヲ唱フ

五月八日〔木曜〕

一、十一時ヨリ連絡懇談会開催〔『杉山メモ』上、参照〕

外相其ノ後ノ状況ト之ニ対スル意見ヲ述ブ　外相ノ真意ハ要スルニ米ヲシテ参戦セシメザルコトニ在リ　諒解案ハ第二義的ナリ

諒解案取付ケテモ参戦阻止ニハ役立タズ

更ニ強気ニ参戦阻止ニ出ヅルヲ要ス　参戦阻止ニ役立ツガ如キ諒解案タルヲ要スト云フニ在リ

陸海軍ハ稍飛ビ付キ過ギルト云フ

正ニ然ラン　軍ハ武力戦ヲ考フ外相ハ大キク外交ヲ考フ若干ノ食ヒ違ヒアリ

二、外相米参戦ノ公算大ナリト云フニ対シ海相必ラズシモ然ラズト云フ
参戦セル場合ノ取ルベキ態度ハ更ニ大ナル波乱ヲ予想セラル

三、参戦セバ世界文明ハ破壊セラレ戦争ハ絶対長期戦十年モセバ独ハ「ソ」ヲ打チ更ニ「アジヤ」ニ出ツベシト外相云フ
右ノ場合ノ帝国ノ態度如何ト云フ　他ノ諸官返事スル者ナシ

四、外相ト統帥部（軍）トノ間ピッタリ行カザル者アリ外相独舞台ノ感アリ

五、機密漏洩ヲ恐ル厳ニ注意ヲ要ス

六、「イラク」敗勢決シタルガ如シ「イラク」亦誤テリ

五月九日　［金曜］

一、独武官ヨリ確カナル筋ヨリ承知スル所ニ依レバト冒頭ニ日米会談阻止セラレ度ノ具申電来ル　然ラザレバ独大使以下一同総退却ノ余儀ナキニ至ルベシト
敢ヘテ近視眼利害ノ打算ニ過ギズト云フ
或ハ然ラン或ハ然ラザルベシ　要ハ対米調整ストモ帝国自体ノ心掛ノミ
「サイ」ハ既ニ投ゼラレアリ　今更云フテモ既ニオソシ（西郷［従吾］中佐洩ラシタルニ因ルナラン）

二、在米大使及武官ヨリ返事アリ
中立条約ハ至難ナリ　速ニ諒解案ニ進ムヲ要スト

三、泰、仏印、平和条約正式調印終ル
芽出度〳〵

四、陸海両相松岡ト会談シ独ノ返事ヲ待ツコトナク速ニ対米修正案ヲ米ニ通知スルヲ可トスル旨述ブ　外相今夜若クハ明朝打電スベキヲ回答ス

五、総長大臣ト会談独武官ノ朝ノ電ニ対シ左記骨子ノ回答ヲナスニ打合成ル
「米ヲ参戦セシメズ且支那事変ヲ解決シ国力ヲ回復ス三国条約ニヒビヲ入レズ」ヲ条件トスル米ノ提案ニ対シ目下研究中ナリ

五月十日　［土曜］

一、「イラク」援助方法ニ関シ省部関係課長審議ス　欧米課長武器援助ヲ相当ニ主張シタルモ大勢ハ不同意
援助ハ希望スルモ帝国ニ其余裕ナシ

武器輸送モ実際ニ於テ不可能ナリノ結論ニ達ス
二、第二課長、軍務課長、田村〔浩〕武官ノ意見ヲ一途ニ過信シ南仏兵力進駐案ヲ省部内ニ強調ス　当班不同意ヲ唱フ
三、次長モ亦目的不明確ナル用兵絶対反対ナリ
北支方面軍ノ*百号作戦逐次成果ヲ収メツ、アリ
第十一軍モ新作戦実施ス
第十三軍ノ抗〔杭〕州南方作戦一時苦戦ヲ呈シタルモ予期ノ如ク作戦進捗シツ、アリ
対支武力戦昨今漸ク活気ヲ呈シアリ
事変処理ニ幾何ノ効果ヲ及ボスヤハ疑問ナリ

＊ 山西省南部で実施した中原合戦。

五月十一日〔日曜〕

一、米参戦ノ気運逐次濃化シツツアリ
外相如何ナル工作ヲ進メツ、アルヤ不明
当班亦平静凝視シアリ
二、「スターリン」首相トナル
「モロトフ」外相専任
其真意如何

五月十二日〔月曜〕

一、参謀長会議開催セラル
二、米参戦セル場合並独「ソ」開戦セル場合ノ帝国ノ態度ニ関スル件一案ヲ得テ各方面ノ意見ヲ求ム
三、米参戦ニ伴フ国際法上ノ諸問題ニ関シ日高〔巳雄〕書記官、山下嘱託ニ研究ヲ要求ス
四、泰仏印ニ対スル施策ノ具現方策一案ヲ得テ各方面ニ意見ヲ求ム
五、米参戦ヲ中心トスル情勢判断第二部長主催ニ班長出席ス
六、米参戦ノ気運激化ス　再三ニ亘リ
在米大使、武官ヨリ速ニ了解案ニ沿フ国交調整訓令ヲ下サルベキヲ要請シ来ル
外務省右電報九日着ナルニカ、ハラス本十二日ニ至リ軍ニ回送シ来ル　右電ニハ対米国交調整ノ好機既ニ去リツツアルヲ強調シアリ
七、果シテ然ルヤ
大使ヨリハ日米関係ニ関シ長文ノ意見来ル
八、午後五時ヨリ連絡懇談会開催セラル
九、石川〔信吾〕海軍軍務〔局第二〕課長松岡ト会談セル

カ如シ（十二日午後六時右情勢入手）
席上松岡ノ意見左ノ如シ
了解案ハ俺ハ大イニヤル
但シ俺ノ筋デナケレバヤラヌ
先般上奏シタル際三国条約トノ関係如何ノ御下問アリ三国条約ニハ抵触セズ　抵触スルガ如キ了解案ハ取付ケズト申上ゲテアルヨツテ　陛下ノ御思召ノ如クナルカモ知レズト（右ハ飽ク迄外相ノ考ニ依ル了解案ヲ進ムル意味ヲ云ヒタルヤ外相ノ意ニ反スルガ如キヲ強制セラル、ナラバ職ヲ去ルベキヲ暗示シタルヤ不明　第二部長ハ右ハ外相ノ謀略ナルベシト）
一〇、外相野村ニ修正案ニ基ク訓令ヲ打電ス
予メ内容ヲ打電シ正午迄独ノ返事ヲ待ツテ交渉開始ヲ命ゼントシタルモ返事ナク已ムナク茲ニ野村宛正式交渉開始ノ命令ヲ下ス
米ハ大統領十四日演説ス　右電報ノ反響ハ演説ニ現ルベシト
危機一髪誠ニ電撃外交戦ナリ

五月十三日［火曜］
一、独副総統「ヘス」精神異状［常］ニテ英ニ不時著［着］ス奇々怪々
和平謀略カ「ヘス」自身ノ逃避カ精神異状［常］カ不明
二、独ヨリ返事来ル長文二十四枚ニ亘ル
三、米大統領果然十四日ノ演説ヲ二十五日頃ニ延期ス　交渉ノ前途有望ナランカ
四、独、伊、「ソ」三巨頭会談説新聞報アリ
日、独、伊、「ソ」四国同盟成ルカ
五、独仏交渉進捗ス
六、情勢ノ転回真ニ走馬灯ノ如シ
七、米参戦ニ伴フ態度陸軍省意見来ル
省部ノ正式意見一致ヲ急グ
八、独武官ヨリ独「ソ」開戦必至山下［奉文］調査団ノ帰国ヲ急グヲ可トス（独第二部長、西郷中佐ニ語ル）ノ電アリ
独「ソ」開戦ニ伴フ帝国ノ態度省部ノ意見ヲ求ム　陸軍省意見来ル

五月十四日〔水曜〕

一、大島、堀切〔善兵衛〕両大使ノ「ローマ」会談　外相ト英、米大使トノ会談等外交機動活潑ニ行ハル

二、米ヨリ返ナシ目下接渉〔折衝〕中ナラン

三、米参戦ニ伴フ帝国ノ態度部長会議開催　先ツ米参戦ノ情勢判断ヲ審議ス

四、対仏印、泰軍事協定今後ノ進方一応思想一致ス
陸軍省ノ意嚮外務省トノ事務的接〔折〕衝ハ絶対不可能ナリ　連絡懇談会席上ノ正式発言モ不可
結局内面工作（外相ニ対スル）ノ他ナシ

五月十五日〔木曜〕

一、十一時ヨリ連絡懇談会〔『杉山メモ』上、参照〕
対米国交調整其後ノ状況ニ就キ独ノ返事ヲ中心トシテ外相説明ス
独ノ返事ハ概ネ同意シアルガ如キモ芳シカラズ

二、独「ソ」開戦ノ情況判断部長会議開ク
独「ソ」遽カニ開戦セザルベシト判断ス

三、独「ヘス」個人ノ独断ニテ和平交渉ニ乗リ出セルモノ、如シ
果シテ個人ナリヤ「ヒ」ノ意図ヲ奉ジアラザルヤ　疑問ナリ
海軍側テハ帝国ノ対米国交調整ノ企図知ルヤ直チニ「ヒ」ハ和平交渉ニ決心シタルニアラズヤト云フ

五月十六日〔金曜〕

一、本多〔熊太郎〕大使着京　彼何ヲナサントスルモノナリヤ不機嫌ナラ手ヲ引クヲ可トスベシ
陸軍ニ弓ヲ引ク様ナ在支大使ハ任務遂行不可能ナリ

二、第一部長澄田機関機構ノ改変ヲ次長ニ具申セルモノ、如シ
第三課長以下主任者モ知ラズ第二、三課ノ対立不可ナリ

五月十七日〔土曜〕

一、「土」〔トルコ〕武官ヨリ日米問題ノ件照会シ来ル
機密確保ノ至難ナルヲ痛感ス
板〔坂〕西〔一良〕武官ヨリ洩レタルナラン

二、右ニ対シ第二部長起案「カ、ル風説ニ耳ヲ籍スナカレ」ト打電ス

五月十八日〔日曜〕

一、対米英戦争指導要綱第二十班案成ル

二、午後海軍大野大佐小野田中佐ト当班角力見物後会食ス

五月十九日〔月曜〕

一、世界情勢ノ推移ニ伴フ国防国策要綱第二十班案成ル

二、「ビルマ」ニ支那軍進入セル場合ノ帝国ノ見解ヲ研究ス　右支那軍ニ対シ武力行使スルモ正当ナリ

三、独ノ「土」通過成立「シリヤ」対英武力反抗ノ新聞報導〔道〕アリ

四、北支軍有末〔精三〕大佐報告
苦力問題、船舶運営ノ強化
徐海道〔江蘇省北部の一市一七県〕帰属問題

五月二十日〔火曜〕

一、独武官大使ヨリ目下ノ所英独和平ノ気運ハ認メ得ザルモ日米妥協セバ其公算増大スベシノ電アリ

二、国際法ノ研究盛ナリ
国際法上対支圧力加重ノ手段如何
領空封鎖ノ方策無キヤ

三、無策大策ノ諦観ニ甘ンズベシ

〔五月二十一日　欠〕

五月二十二日〔木曜〕

一、青年学校生徒ニ対スル御親閲挙行セラル

二、連絡懇談会開催〔『杉山メモ』上、参照〕
例ニ依ツテ外相ノ独舞台ナルガ如シ
外相云フ対米妥結ハ三分ノ公算ナリ
　「シンガポール」攻略スベシト
外相ノ云フ事為ス事常軌ヲ逸シアルガ如キ感アリ海軍相手ニセザル気運アリト困ツタモノナリ

三、軍務課案大本営機構改正ニ関スル意見交換アリ

四、「クレター」島独軍攻撃有利ニ進捗ス

五月二十三日〔金曜〕

一、大島大使ヨリ外相（両大臣、両総長、首相ノミニ配布）宛秘電アリ
外相ハ渡欧ニ方リ「リツペン」ニ「シンガポール」攻略ス独「ソ」戦ヘバ日本起ツト云ヒタルガ如シ（リツ

ペンノ言）
大島大使立場ニ困リタルト見ユ
「ヒットラー」ハ米参戦セザル条件デ日米調整ヲ認メタルガ如シ「リッペン」松岡ニ大イニ不満アリ
二、第二課長南仏兵力進駐ヲ盛ニ主張シアルガ如シ　理想ト現実トノ錯覚ヲ如何ニスルヤ
三、部長会報ニ於テ総長松岡ガ「シンガポール」「シンガポール」ト云ヒアルヲ以テ或ハ之ガ攻略ト云フ事ニナル事ヲ予期セザルベカラズト云フ
総長堅確ナル意志、指導精神ナキニアラザルヤヲ疑フ
四、川村大尉結婚式
班長以下披露宴ニ出席ス

［五月二十四日、二十五日　欠］

五月二十六日　［月曜］

一、特暗ニ日米会談ノ件ボツ〳〵現ハル
大体ニ於テ機密ハ洩レタリ
二、米ヨリ返事未着ナルガ如シ
三、第二十班平静ナリ

五月二十七日　［火曜］

一、対南方施策要綱ノ廟議決定ヲ急グベシノ件第一部長、次長モ同意
松岡対米交渉成功ハ三〇％ナリト云フ
海軍ハ彼ニ熱意ナシト観察シアリ
二、第二課主催南方作戦準備ニ関シ省部主任者ノ懇談会開ク
戦争企図、作戦企図ヲ暴露シ不同意ナリ
本件機密保持最モ厳ナルベキ第二課部員ニシテ然ルハ遺憾トス

五月二十八日　［水曜］

一、独戦艦「ビスマルク」号遂ニ撃沈セラル
英艦隊ヤツキノ戦闘亦賞スヘキモ大人ゲナシ
二、米大統領ノ炉辺閑談放送ス
所説軟調ナリ
「コンボイ」ニハ触レアラス
日米会談ニハ触レアラス（直接）以テ有望ナルヲ察シ得ヘシ
三、特暗英大使発電ニ依レバ野村大使ハ英米離間者ナリト

英亦日米会談ヲ以テ日本ノ英米離間ノ謀略ナリト警戒シアリ

四、海軍　海軍記念日ヲ好機トシ大イニ海軍宣伝ニ馬力ヲカク

海軍報導〔道〕部長ノ講演朝刊紙上ヲ飾ル

米参戦ノ場合並受動ノ場合ニノミ海軍ハ断然起ツベシト云フ

国民ニ対スルカケ声ハ可ナルモ実際ハ然ラズ　米海軍ヲ恐ルルヤ　帝国海軍ヲ愛スルノ余リナリヤ　皇国ヲ愛スルノ熱情ニ出ヅルヤ　其真意不明ナリ。

五月二十九日〔木曜〕

一、恒例連絡懇談会開催〔『杉山メモ』上、参照〕

総長出席直前　陸軍省ヨリ電話アリ

外務省国民政府育生強化ニ関スル緊急措置ニ関シ提議スルト云フニ付本件ハ先ツ興亜院会議ニ於テ審議スヘキモノ連絡会議席上ノ審議ヲ阻止セラレ度ト

右本多大使ノ進言ナラン外相突兀タル提議ハ怪シカラズ

二、対重慶圧力強化方策（案）ヲ起草シ関係課ニ意見ヲ求ム

案ノ骨子ハ封鎖ノ徹底ト無差別爆撃トニ在リ

三、情報ニ依レバ外相対泰及仏印軍事協定締結ニ私ニ馬力ヲカケアリト　大イニ好シ

統帥部トシテハ当分見送ルベシ

五月三十日〔金曜〕

一、九、一八価格停止令解除ノ新聞報アリ

企画院、軍ハ不同意ナリ　連絡ナキ事務的発表不可

責任ヲ糾断〔弾〕スヘシ

当局者タル物価局知ラヌト云フ　物価局長ノ談話新聞ニ掲載セラレアルニ右ノ如キ責任回避ハ絶対不可ナリ

二、外相談トシテ日米妥協ニ関スル「デマ」紛〔粉〕砕ノ発表声明アリ

国内ノ対米国交調整ヲ巡ル相剋摩擦逐次劇化シツツアリ

財界「ジャーナリズム」等之ニ賛意ヲ表スルモノ多ク

右翼右ニ反ス

三国条約破棄ヲネラフ英米ノ謀略的撹乱大イニ戒慎ヲ要ス

三、外相N［日米交渉・野村］工作ニ熱意ナキカ如ク海軍ト近衛ハ熱意アリ
両者ノ対立モ予想セラレザルコトナシ
連絡懇談会席上外相外交無統制ノ責任ヲ感シ辞意ヲ洩ラス
外相ノ真意遽カニ信シ難キモ現下ノ情勢ニ於テ近衛ト松岡陸軍ト海軍ノ対立ハ絶対ニ回避セサルベカラズ
目下ノ所表面ハ陸海ノ対立ハナシ

四、夜小野田大［中］佐ト懇談ス　種村、原出席ス（水交社）
米参戦ニ伴フ帝国ノ態度並対重慶圧力強化方策ニ就テ主トシテ懇談ス
米参戦ノ場合海軍ニハ武力行使ノ意志絶対ニナシ　下僚ハイザ知ラズ海軍上層部ニハ三国条約ナド眼中ニナキガ如シ
海軍ニハ上層部トシテ軍事参議官、侍従長、岡田［啓介］大将等黒幕的存在アルラシク　甚ダ以テ不可解ナリ
海軍昆明作戦ヲヤレト云フ陸軍ハ海上封鎖ヲヤレト云フ
両者「シツクリ」シテ対支圧迫ニ邁進スルノ気分ナシ

五月三十一日［土曜］

一、対重慶圧力強化方策第一部ノ意見ヲ入レ第二案成ル
陸軍省主任者ニ移ス
次長モ右必要性ヲ痛感シアルガ如シ
第一部亦然リ

二、野村大使電アリ
米国ノ態度未タ決定セズ　日時ノ経過ト共ニ了解案ノ成立ハ逐次困難トナルヘシ
野村大使ヨリ正式提案アリテヨリ既ニ一ヶ月半機密ハ既ニ洩レ国内ニ「デマ」飛ヒ現状ト保守　親独ト親英、右翼全体主義ト自由主義等々ノ対立騒然タルモノアルヲ感取セラル

［六月一日　欠］

六月二日［月曜］

一、対南方施策要綱ノ連絡会議上提［程］ノ意見急速ニ纏マリ今週木曜ヲ目標トシ準備ヲ進ム

右ト同時ニ仏印泰ニ軍事基地設定ニ関スル件ヲ提議シ外相ヲシテ軍事協定締結ヲ督促スルニ決定ス

二、右提案理由等一切海軍側ヲシテ当ラシムルコトニ施策ス
陸軍ハ軍事基地設定ニ関スル所要事項ノ説明ニノミ止メントス

三、国内情勢ハ海軍ニ不利ニ進展シアリトカ海軍ノ対米軟弱逐次国民ノ不満ヲ買フハ当然ナルベシ

四、仏国対英武力行使ヲ決意セリトカ　枢軸陣営ノ強化対仏印施策ニ利導スルヲ要ス

五、「クレター」島ノ攻略完了　独軍ノ対近東戦争指導極メテ慎重ナリ
「イラク」英ト休戦成ルトカ　独軍ハ而モ冷静ナリ
周到ナル準備ナキ限リ「ヒットラー」ハ動カサルカ如シ

六月三日〔火曜〕

一、来ル木曜日ノ対南方施策要綱連絡会議提案ノ件　石川海軍軍務課長ノ反対ニ依リゴタツク
石川ハ軍事基地設定ノ件ノミヲ提議シ「シンガポール」ヲヤラヌト云フカ如キ施策要綱ハ止メヨト云フニ在リ
海軍ハ外務政府ニ対シ恥シイト云フニ在ルベシ
是レ今更云ウタ義理ニアラズ　昨年十二月ヨリ半年ノ日子ヲ費シテ得タル陸海軍否海軍ノ決心ナルニ非スヤ

二、参本ハ一刻モ速ニ国策ヲ明確ナラシムベキ趣旨ヲ以テ総長以下右石川案ニ全然不同意
軍令部モ亦然リ

三、一日中石川案ニ不同意ヲ強調ス
石川更ニ対南方施策ハ止メテ更ニ其ノ上ニオヒカブサルヤツヲ造ルベシト云フ　之夢ノ如シ一年モカカルベシ　唯ニ南方ノミデ半年ヲ要シタルモノ　大キナヤツハ一年モカカッテ尚成立セサルベシ

四、陸軍ハ断乎提案而モ上奏御裁可ヲ仰グ方針ニ変化ナシ
石川更ニ再考スベシトテ物別レトナル

五、松岡ハ何モ軍ニ対立意識アルベキニアラズト（永井大佐ノ言）或ハ然ルベシ軍ノ腹サヘ判明セバ皇国ノ為大イニヤルベシト　松岡ガ軍トノ交渉ニ掛引ヲヤルトハ考ヘラレズ　松岡ハ軍事協定締結セバ企図セザル対英米決戦ニ陥ルベシト云フニ在リ

六、独伊巨頭「ブレンネル」ニ於テ相会シ重要戦争指導ヲ議シタルガ如シ

六月四日〔水曜〕

一、石川案ニ次長憤慨ス　大本営ノ一随員タル軍務課長ノ反対ニ依リ話ガマトマラヌナド怪シカラントテ海軍近藤軍令部次長ト直接会談ス　海軍次長ハ知ラヌト云ヒ第一部長ヲ呼ビ其経緯ヲ聞キタル後陸軍案ニ全然同意ナリト云フ

次長ハ相当強硬ニ近藤次長ニ詰メ寄リタルガ如シ

両軍務局長会同ス

右結果対南方施策要綱、軍事協定締結ノ件二本ヲ次回連絡懇談会ニ提案スヘク意見一致ス

二、塚田次長ノ右態度ハ国家ノ為大イニ可ナリ

現下ノ如キ情勢ニ於テ陸海首脳部ハ赤心ヲ披瀝シテ大イニ談スルヲ要ス　其傾向ナキハ不可ナリ

独リ塚田次長アルハ大イニ意ヲ強ウス

三、対南方施策要綱並軍事協定ノ件提案ニ際スル応答要領ヲ起案ス

軍ハ南方ヤルコト可能　国内ハヨキヤ　政府ノ覚悟ハ可ナリヤ　ヤレト云ヘバヤルト云フ態度ニテ臨ムベク起案ス

六月五日〔木曜〕

一、野村工作ニ関シ岩畔ヨリ詳細電アリ

（武藤〔章〕局長ノ要求アリタルニ対シ）

曰ク

1、日支直接交渉ニ難色アリ

2、本諒解案ニ依リ米参戦ヲ阻止シ得ズ

3、米ハ日本ノ枢軸離脱ヲネラヒアリ

4、了解案ノ成否ハ五分五分ナリ

二、岩畔ノ意見具申

1、本案ヲ成立セシムルヲ要ス　然ラザレバ日米ハ破局ニ入ルヘシ

2、両国民ノ心理ヲ太平洋ノ平和ニ転向セシムベシ

3、本案成立ニ依リ日本ノ枢軸堅持、米ノ参戦阻止ハ不可能ナルベシ

4、帝国ハ南進ヲ準備スベシ

三、近ク大使ヨリ正式返電アルベク之ニ対スル態度ニ関シ国論沸騰スベシト次長憂フ

支那事変処理ノ為多少ノ枢軸離反ニハ目ヲツブリ成立スベシノ論者ト　枢軸堅持ニ邁進スベシノ論者ト　次長前者ノ案ナリ

四、帝国ハ目下ニモ支那事変処理、二ニモ事変処理、三ニモ処理　右次長案ニ依ルヲ至当トスルヤ

五、朝板〔坂〕西武官ヨリ独「ソ」開戦ハ確実ナリ（大島大使ト「リン〔ツ〕ペン」「ヒットラー」トノ会談ノ空気ヨリ）国家決定ニヌカリ勿レト云フ

次長独日本ニ相談ナク「ソ」ト開戦怪シカラヌ　日本中立ヲ守ルモ宜シイト云フ

六、前項ニヨリ独「ソ」開戦ニ伴フ帝国国策ノ大綱ヲ審議ス

第二課案第二部案アリタルモ当班案ヲ基礎トシテ一案成ル

七、連絡懇談会開ク

重要議題ニ触レズ（海軍大臣総長欠席）

右終了後両軍務局長外相ト会談

外相ハ「シンガポール」攻略ノ企図ナキ限リ　軍事協定ハ「テコ」デモヤラズト云フ

依ツテ専ラ外相説得ノ手段トシテ提案理由ニ万一軍事協定締結ニ依リ英米起ツ場合「シンガポール」攻略ヲ断乎ヤルト云フコトヲ挿入シテハ如何ノ案出ヅ　海軍ニ一応アタルコトトス

六月六日〔金曜〕

一、大島大使ヨリ「ヒ」及「リ」ト会談セル結果独「ソ」開戦概ネ確実ナリノ電アリシヲ以テ先ツ情報ノ交換ノ為連絡懇談会開催　至急独「ソ」開戦ニ伴フ帝国国策ヲ決定スルニ意見一致ス

二、軍務課長及軍事課長ヨリ第二課長第八課長、第二十班長ニ会談ヲ申込ミ断乎南方ニ武力進出スヘキヲ強調ス（軍務課長ハ第一案断乎南方武力行使、第二案対米協調シツツ北方解決　第三案現状通リノ三案ヲ携行シ第一案ヲ主張ス）第二課長第八課長同意ス

第二十班長不同意

今頃何事ゾヤ　当班半年ノ結唱ノ結果カ対南方施策要綱ナリ

変ヘル事ガ出来ルナラ海軍ヲ動カシ得ルナラ動カシテ見ヨト云ヒ度シ

明確ナ空気決定的国策ヲ取リ得ヌガ帝国ノ現状悩ミナ

リ　此ノ悩ミヲ軍務課長知レルヤ否ヤ

三、当班起案ニ就キ昨日審議ノ結果ヲ修文シ之ニ基キ主任者会議ヲ開ク

土居作戦課長　独「ソ」開戦ト共ニ即時対支戦面縮少[小]ヲ強調ス

支那課長（都甲[徠]中佐）不同意ナリ　支那ノ抗戦ハ第三国依存ニアラズ　支那自体ノ抗戦力ニ在リ（此ノ点従来ノ判断ト異ル）

而シテ今ヤ支那自体ノ抗戦力ハ崩壊ニ瀕シツツアリ戦面縮少[小]ハ不同意ナリ

欧米課長（天野[正一]大佐）ハ右ニ不同意　南方断乎ヤルベシ、北モヤラヌ、支那モ駄目、南モヤラヌ、ソンナ不徹底ナル国策アリヤ、今ヤ支那崩壊ニ瀕スト云フハ不同意ナリ、支那ハ片ヅイテモ南ヲヤラネバ日本ハ生キル道ナシ

断乎南ヲヤルヘシト云フ　枢軸カ然ラズンバ対米妥協カ二者何レカ一方ヲ選ブベシト

議論沸騰シテ決セズ

四、土居作戦課長海軍作戦課長ニ断乎南方ヤルベシト会談強調ス

今ヤ陸海間議論ハ沸騰シ国論ハ不統一国家ハ決定ニ至ラズ

国家ノ運命又何処へ行クヤ　深憂ニ堪へザルモノアリ

六月七日［土曜］

一、部長会議ヲ開キ　独「ソ」開戦ニ伴フ国策大綱ヲ審議ス（総長不在第一部長欠帰京ヲ急ギツツアリ）

概ネ当班ノ意見通リ決定ス（昨日審議ノ結果ニ基キ若干修文セルモノ）

但シ第二部長ハ準備陣ヲ張ルモ南方ヲ主トシテヤル為ノ準備陣ナル思想強ク対「ソ」解決ノ意志弱ク之ヲ主張セルモノノ如シ　第二課長亦然リ　当班不同意　対「ソ」対南方何レモ未タ決シ得ザル準備陣トス

当班意見通リ種村少佐会議終了後第二部長ト会談説得ス

二、右部長会議ノ意見ニ基キ更ニ修文方針トシテ三国枢軸ヲ基調トスベキ旨ヲ入ル　海軍側同意スルヤ否ヤ多大ノ疑問アリ陸軍省ニ移ス

三、土居作戦天野欧米両課長等ハ優等生ナリ　第二十班長ハ劣等生ナリ　国力ヲ検討シ支那事変処理ノ現状ヲ諦

視スル時劣等生タラザルヲ得ス
上策ヲ取ルヲ得ズ下策ニ甘ンゼザルベカラザルヲ当班ノ而シテ亦国家ノ現実ノ事態ナリ

六月八日〔日曜〕

一、総長帰京第二部長大阪迄迎ヘニ行キ連絡ス
午後二時ヨリ部長会議開催
概ネ意見一致準備陣トス　但シ総長南北何レニモ決セザル準備陣ニハ不満足ナルカ如キ口吻アリ　第一部長帰京セバ其意見ヲモ聞キ正式決定スルコトニ決ス
第一部長午後五時帰京ノ筈ナリ

六月九日〔月曜〕

一、陸軍省ヨリ軍務局案トシテ対南方施策要綱ト独「ソ」開戦ニ伴フ国策大綱トヲ一本ニシタルモノヲ提案シ来ル
好機ニ投ズル武力行使抬頭シ来ル
英本土崩壊ノ場合武力行使ハ実施セザルコトニ意見一定シ来レル所右軍務局案ハ之ヲボヤカシアリテ実質的ニハ対南方施策要綱ノ骨子ヲ葬リタルモノナリ

二、右軍務局案ノ如キハ陸海意見一致至難ナリ
対南方施策要綱ハ昨冬来半年ノ日子ヲ費シ纏メアゲタルモノ　之ヲ否定スルカ如キ更ニ強硬ナル案ノ如キハ一朝一夕ニシテ成ルモノニアラズ　従来ノ経緯ヲ知ラザルモノ、案徒ニ国策ノ決定ヲ遅滞セシムルモノニ過ギズ
抑々陸軍省ガ此ノ如キ案ヲ提示スルハ筋違ニシテ不可ナリ　陸軍省ハ参謀本部ヨリノ協議ニ応ズベキモノナリ

三、午前十時ヨリ総長統裁ノ下部長会議開催　総長明確ナル決裁ナシ
方針中ニ好機ニ乗ズルモノアラバ武力ヲ行使スベキヲ明ニスルコトニ決ス
第一部長右ヲ述ベ総長又同意セルガ如シ
第一部長ハ北方解決ノ意強シ　梅津〔美治郎〕関東軍司令官ノ意図相当ニ反映シアリト聞ク
次長三国枢軸基調ヲ嫌フ　自主的ニ決スベキモノズルズル〳〵属国ノ如ク引込マルルヲ排セントスルニアルガ如シ
次長対支戦面ノ過早ナル縮少〔小〕ニ不同意ナリ

総長明確ナル腹ナシ　総長ニ明確ナル思慮アリヤ否ヤヲ疑フ

四、第一部長夜軍務局長ト会見対南方施策要綱ト独「ソ」開戦ニ伴フ国策トノ一本提案ニ不同意　別個ニ決定スヘキヲ強調スル筈

五、「シリヤ」ニ於ケル英仏開戦ス

六、蘭印ノ回答極メテ不満足日蘭印交渉危機ニ遭面ス
外務省相当ニ強硬ナリ代表引揚ヲ行ハザルベカラザルガ如シ

七、班長部長会議ノ結果ニ基ク修文案ヲ第一部長ト審議ス
第一部長好機ヲ作為捕捉シテ武力ヲ行使スヘキヲ強調ス　遂ニ憤慨シ将ニ腕力ニ訴ヘントス
第二十班長同意ノ已ムナキニ至ル
大作戦部長タルモノガ階級ト腕力ト暴力トヲ以テ国家ノ大事ヲ談ズルガ如キ不可ナリ

六月十日〔火曜〕

一、昨日ノ第一部長ノ強硬意見ニ基キ方針ニ好機ヲ作為捕促〔捉〕シテ南方及北方ニ武力ヲ行使スベキヲ挿入シ修文セルモノニ依リ部長会議ヲ開ク
第一部長対支戦面縮少〔小〕ヲ明記スルハ不同意
支那事変処理要綱ニ基キ対支戦面縮少〔小〕ハ既定ノ事実ナリ今更明記ノ要ナシ而シテ右以上ノ戦面縮少〔小〕ハ不同意ナリ
依ツテ遂ニ対支戦面縮少〔小〕ノ件ハ削除セラル

二、方針ニ再ビ日独伊三国枢軸ノ精神ヲ基調トスヘキヲ入ル　但シ要領ニテ精神ヲ活用シト緩和シ窮局〔極〕ノ腹ハ三国枢軸ハ堅持スルモ之トハ心中セズ之ヲ活用シ武力行使ハ自主的ニ決定スベキヲ云ハントスルニ在リ

三、午後陸海作戦部長及軍務局長会談ス
海軍側ノ意向ヲサグリタル所同意ナルガ如ク（軍務局長ハソウ見ル）不同意ナルカ如ク（第一部長ノ感ジ）鮮明セズ
日蘭交渉決裂セントス
右ニ対スル帝国ノ態度至急決定ニ直面シ明日連絡懇談会ヲ開催ス
陸軍ノ腹ハ芳沢〔謙吉〕代表引揚交渉ハ断絶セシメズ総領事在留邦人等ノ引揚ゲハ行ハズト云フニ在リ
此ノ際仏印ニ対スル軍事協定締結ヲ促進スルト共ニ南仏駐兵権ヲ獲得スベシノ意見抬頭ス

右陸海軍概ネ意見一致セントス而シテ陸軍ニ関スル限リ右ノ場合英米ノ攻勢ニ逢ヘバ武力行使ヲ辞セズノ腹アリ

海軍ノ意見ハ不明夕刻石井、種村海軍ニ到リ打診ス

六月十一日〔水曜〕

一、昨日ノ陸海主任者案（対米英戦ヲ辞セズノ件）海軍首脳部遂ニ同意ス

午後三時直前ニ至リ同意シ来ル　海軍モ今日ハ追ヒ込マレタリ　然レドモ本当ノ決心カ否ヤハ不明、即チ末文ノ「英米ニ対シ武力ヲ行使ス」ヲ対英米戦争ヲ堵〔賭〕スルモ辞セズ」ト修文シ来ル

二、右意見ノ一致ヲ見タルモ本案ヲ連絡懇談会ニ陸海何レヨリ提案スルカ未決ノマ、会談ニ出席ス　海軍側提案ヲ引込ムル心配アリ

元来外相ガ大「ブロシキ」ヲ拡ゲタル場合ノ提案ナリシナリ　陸海本当ノ決意ニアラズ外相説得ノ一手段ナリ

三、午後三時ヨリ連絡懇談会開催ス

先ツ日蘭交渉ニ関シ論議シ芳沢代表ヲ引揚グルモ交渉ノ余地ヲ後日ニ残シ決裂ノ形ヲ避クルコトニ決ス

対仏印施策ノ件ニ論議移リ参謀総長南仏ニ対スル所要兵力進駐ノ要ヲ軍事協定締結ノ件ト併セ提議ス

外相対英米戦惹起ノ公算アルベキヲ主張ス

総長情勢判断ヲ述べ単ナル南仏進駐ニ依リ斯クノ如キ事態ノ発生ナキヲ強調ス

永野〔修身〕軍令部総長英米妨害セバ断乎之ヲ打ツベキヲ強硬ニ発言ス

総長之ニ膚接シ陸軍亦断乎ヤルコトヲ謂ハズ　結局結論ヲ明日ニ残シ散会ス

外相南仏兵力進駐ニ同意ナルヤ否ヤ　抑々「シンガポール」攻略ニ同意ナルヤ否ヤ明カナラズ　甚ダ以テ不可解ナリ〔『杉山メモ』上、参照〕

四、午後六時会議終了後軍務局長杉山〔元〕総長ノ発言弱腰ナリシヲ憤慨ス　海軍軍令部強硬ナリシモ陸軍参謀総長ノ態度強硬ナラザリシタメ議決セザリシト云フ

総長本日ノ会議ノ「ポイント」ハ対英米戦ヲ堵〔賭〕スルモ辞セザル点ニアリシヲ知ラザルニ因ルカ或ハ海軍ヲシテ発言セシメントスル底意ニアリシヤ不明ナリ

後ニ総長海軍ガアマリ強硬ニ出デタル為不安ナリシト

ノ述懐ヲ洩セリ
永野総長ハ時々兀然タル発言ヲナスヲ以テ本日ノ永野総長ノ発言モ果シテ是レ全海軍ノ意志ナリヤ否ヤ疑問アルハ多言ヲ要セザルヘク総長ノ無発言態度ノ不明確モ已ムヲ得ザル所ナルベシ

六月十二日〔木曜〕

一、軍務局長憤慨ノ件種村少佐総長ニ申シ上ゲタルコトトシ（課略）局長ニ「総長ハ局長ノ言親ノ心子知ラズト云フテ怒リアリ」ト述ブ
局長狼狽ス　課員ニ無用ノ言ヲ戒シメ且海軍側ヲシテ多ク発言セシムル様工作シ大イニ馬力ヲカク
二、仏印ニシテ応ジタル場合兵力ヲ進駐セシムル件ヲ本文ニ明記スルコトトス
三、午前十一時ヨリ昨日ニ続キ連絡懇談会ヲ開催ス
軍令部総長南方施策促進ノ件正式提案シ諒解付ニテ正式決定ス
軍令部総長ノ発言強硬ナリシモ海軍大臣何等ノ発言ナシ　総長此ノ点ヲ不安ニ感シアリ兵力進駐ノ件削除セラレントシアルモ軍務局長ノ強硬発言ニ依リ削除セラレズニ円満落着ス〔『杉山メモ』上、参照〕
三〔ママ〕、半年来ノ懸案概ネ其緒ニ就キタリ、遂ニ南仏ニ皇軍兵力ノ進駐ヲ見ントス
四、海軍南仏ニ対スル武力行使ハ対英米戦争決意ノ成否ト関連シ今迄シブリニシブリタル所遂ニ海軍モ腰ヲアゲタリ
但シ対英米戦争ノ決意アリヤ否ヤ不明　陸軍モ亦然リ

六月十三日〔金曜〕

一、「南方施策促進ニ関スル件」ノ取扱ニ関シ　御前会議ニ持ツテ行ク論ト上奏御裁可ニテ可ナルノ議トアリ
第一部長、次長、班長決心迷フ
会議席上デハ本件ニフレザリシモノ、如ク総長ハ御前会議（廟議ヲ御前会議ト思惟セルニ因ル他ノ諸員ハ之ヲ閣議ト解ス）開催ト誤信シ部長会報ニテ之カ準備ヲ要求セルニ起因ス
二、結局上奏御裁可ニ依ルコトニ決ス
「対英米戦ヲ堵〔賭〕スルモ辞セズ」ノ末文アル以上実際ハ御前会議ニ依ルベキモノナラン　但シ実際ノ腹ハ対英米戦ノ決意アルヤ否ヤ不確実ノ前提ニ立チアリ

第一部長ハ決意アリノ前提濃厚ナリ
三、問題ハ尚残ル即チ軍ハ進駐準備完了セハ外交交渉ノ如何ニ拘ラズ　進駐スル腹ナルニ外相ハ然ラズ　外交交渉ヲ基準トシテ進駐準備ヲ進ムベシノ腹ナルガ如シ
茲ニ大ナル懸隔アリ
果セル哉外相閣議用（右ノ関係ヲ不鮮明ニセルモノニ修文シアリ）ニ依リ上奏スベシト主張ス
軍務局長明朝ノ会見ニテ之ヲ説得セントス
四、独「ソ」開戦セル場合ノ暫定措置主任者間決定ス　国策ニ関スルコトニ一切フレズ
1、声明ヲ行ハズ
2、輿論ヲシテ論議セシメズ
3、独ニ対シテハ枢軸精神ヲ基調トシテ応酬ス
結局態度ハ不鮮明全クノ静観ナリ
第二部右ニ大ナル不満アリ第二部ノ親独屋ニハ帝国ヲ以テ独ノ属国ナリト見做ス者少カラズ
次長ハ枢軸ヲ必ズシモ好マズ次長ノ指導精神ハ迅速ナル支那事変処理ナリ
五、独「ソ」開戦ニ伴フ国防国策大綱陸軍省ヨリ意見来リ班長第一部長ト協議之ヲ修文陸軍部案概ネ決定ス　方針中ノ好機ヲ作為捕促［捉］ノ「作為」ハ遂ニ削除ス
第一部長遂ニオレタリ
六、侍従武官長ヨリ連絡アリ左記随時　御下問ニ応ジ得ルヲ可トスト
1、南仏進駐ノ目的如何
2、北仏一ヶ連隊ナルニ今回一師団ハ如何　当時ハ「金」ガ無イカラト云フ理由ナリシニ今回ハ如何
3、N工作トノ関係如何
尚武官長海軍ガ急ニ強硬トナリシニ不安疑念ヲ感ジアリ

六月十四日［土曜］

一、東福［清次郎］主計中佐支那出張報告ヲナス
育成派ト総力戦派トアリテ帝国ノ対支施策ハ混乱シアリ　速ニ機構ヲ一元化シ軍政的統治方式ニヨルベシト云フ
機構上育成派ト総力戦派トアリ又人事上両派アリト云フ　誠ニ怪シカラヌ話ナリ
人事処理即時断行スベシ　板垣、堀場［一雄］等断乎交代スヘシ　国策ニ於テ決定セラレアル理念ヲ「私」

セラレテハタマツタモノデハナイ　カカル不遜ノ子一掃スベシ

二、「南方施策促進ニ関スル件」ノ上奏処理ニ関シ陸海外内閣主務者会ス

上奏文ヲ草ス

外相ニ見セタル所即座ニ「話ガ違フ」ト云フ

外相結局進駐ニ不同意

連絡会議決定ヲヒックリ返ス魂胆ナラン

諒解事項ヲ固執ス　軍ハ本文ヲ固執ス

オ流レニ終ルベシ

岡海軍軍務局長ノ謀略ナランカ？

三、「情勢ノ推移ニ伴フ国防国策」陸軍案成ル

軍務課長米参戦セザル場合ニ在リテモ枢軸陣営ノ決定的勝利明カトナリタル場合ニハ南方武力行使スベシト強硬ニ主張ス　所謂対南方施策要綱ノ骨子ヲ根本的ニ否定セントスルニ在リ

海軍絶対ニ通ラザルベシ

結局作文ハ「ボヤカシ」テ何レニモ解訳［釈］出来得ル様ナ案文トナル

四、右陸軍案ヲ海軍ニ移ス

班長小野田中佐ニ説明ス

説明セル後班長ノ所感ハ海軍ハ三国枢軸デ行クヤ否ヤヲ先ヅ研究セザルベカラズト云フ

之ニ依リ観ルモ海軍主［首］脳者ニハ三国枢軸ノ精神全然之レ無キカ如シ

［六月十五日　欠］

六月十六日　［月曜］

一、「南方施策促進ニ関スル件」外相ノ話ガ違フノデ外相ノ意図ヲ汲ンデ修文セルモノニ就キ更ニ連絡懇談会ヲ開催セントス

石井中佐軍務局長ノ命ニ依リ修文案ヲ提案ス　第一部長ハ政府ノ云フコトニ依リ統帥部ガ引込ムノハ不同意以テノ外トテ怒ル

会議開催スベカラズト強硬ナリ

二、総長大臣ト直接協議骨抜キニナラザル修文案ニテ開催ニ同意シ会議ニ臨ム

三、外相南仏進駐ハ国際不信故更ニ二、三日考ヘサシテ呉レトテ決定セズ

趣旨ハ不同意ニアラサルモ　不信行為ニアラザル旨納得出来ナケレバ話ヲ進ムル能ハズ
上ニモハツキリ此ノ旨上奏スベシ　先日「サイン」シタルモ其後考ヘタ結果同意シ兼ネルトテ論議ヲ繰リ返シ一致ニ至ラズ散会ス〔『杉山メモ』上、参照〕
結局外相ハ南仏印進駐ニ不同意ナラン
モミニモンデ一週間遂ニ南仏進駐モゴ破算ニナル　何ノ事ゾヤ
松岡モヨキ時ハヨク偉イ時ニハ偉イガ悪イ時ハ悪シ困ツタモノナリ
国政混沌シテ何カ何ヤラ分ラズ
独「ソ」開戦モ近シト云フ情勢ノ急迫ヲ如何ニスルヤ

六月十七、十八、十九日〔火曜、水曜、木曜〕

一、「南方施策促進ニ関スル件」総長ノ説明ニ依レバ国際不信一点張リノ外相ノ意見ニ依リ御破算トナリシガ如ク思ハレタル所　然ラズ
軍務局長ノ言ニ依レバ松岡ハ同意ナリ　但シ進駐ノ必要性ニ就テ　御上ニ申上ゲル際御納得申上ゲ得ル理由サヘアレバ可ナリト

或ハ又曰ク松岡ハ不同意ナリ松岡ヲ納得セシメルガ先決ナリ　或ハ又松岡ハ同意モシ総ベテ納得シアリ　上奏文ガ納得行ケバ可ナリ　統帥部ノ責任アル正式ノ上奏案ヲ見セテ載キ度トサッパリ分ラズ
結局ハ不同意ナラン　不同意ナラバ不同意トハッキリ云ヘバヨシ　ヌラリクラリ外相ノ態度不愉快ニ堪ヘズ
遂ニ三日間松岡納得ノ為ノ作文ニ終始ス

二、十八日同盟電ニ依レバ独軍十五ヶ所ヨリ対「ソ」侵入ヲ開始セリト
戦雲愈々欧州ニ暗キカ
独土友好条約締結ス　独近東ニ対スル外交攻勢活潑ナリ

六月二十日〔金曜〕

一、独「ソ」開戦ハ「デマ」ナルガ如シ　独軍対「ソ」要求ヲ提示セリト云フ

二、陸海軍間南仏進駐絶対必要ナル理由草文ヲ終リ之ヲ携行シ午後六時ヨリ陸海局長松岡ト会談ス
右必要ノ理由案文不同意ノ者ガ読メバ必要ナキ如ク見エ同意ノ者ガ読メバ必要ニ思ハル、松岡同意ナリヤ不

同意ナリヤ

三、諸情報ハ独「ソ」開戦ノ前夜ナルヲ思ハシム「ヒットラー」対「ソ」必勝アリヤ「ヒットラー」ニ誤算ナクバ独ノ今次大戦ハ有終ノ美ヲ収ムベシ

四、国防国策大綱海軍側意見来ル　内容ニ於テ大ナル意見ノ相違ナキモ　陸軍ハ好機ニ乗ジテヤルト云ヒ海軍ハヤルカヤラヌカハ当時ノ情勢ニ応ジテヤルト云ヒ海軍精神ト陸軍精神トノ相違歴然タリ

海軍案ニ依レバ南方武力準備ヲ完整シ北方武力準備ハ現状ヲ基準トシテ整フト云フ　軍備ノ取リ合ヒハ見苦シ　海軍ハ文章ニ之ヲ平気デ表明ス　陸軍ハ表明スルコトナシ

六月二十一日〔土曜〕

一、昨夜両局長外相ト会見セルモ時間少ク充分話合フニ至ラズ

本夜再ビ会見スル筈

永井大佐ノ私的会談ニ依レバ外相決シテ不同意ニアラズ　但御上ヨリ其必要アリヤトノ御下問ニ対シ奉答ニ窮スルニ依リ其点納得致シ度ト云フニアリト

二、午後三時ヨリ陸海局部長外相ト会談ス

外相ノ心境結局不明ナリ　第一部長ノ感想ニ依レバ以前御上ニ進駐不適ト申シ上ゲタルニアラズヤ　従ッテ外相辞職スルニ非ズヤト洩セリ

三、右会談ニ於テ国防国策ノ件ニフレタリ

海軍　機熟セバ北ヲヤルト云フ　又南モ英本土崩壊セバ「シンガポール」ヲヤルト云フ

前者ハトモカク後者ハ初耳ナリ半年間ノ心血ヲ注ギタル結論ヲ如何ニシタルヤ

本当ノ腹ハヤラヌノカ本当ノ腹ハヤルノダガ作文ニ書クノハイヤナノカ

作文ニヨレバヤルヤラヌ不明ノ儘北、南ヲ準備セントスルニアルハ是レ如何　国家ニハ方向ナカルベカラズ偉大トハ方向ヲ与フルニ在リテ〔ト〕ハ古人ノ言国家ニモ亦方向アリ　海軍ノ方向如何　方向アレドモ作文スルノハ嫌ナノカ

陸軍ニ引ヅラレルノガ嫌ナノカ

六月二十二日〔日曜〕

一、南方施策促進ニ関スル件昨夜両局長十一時迄松岡ト会

談遂ニ諒解事項削除ノ原案通リ（若干弱クナリアリ）
松岡同意ス　約十日間後モミニモンデ南仏進駐ノ件決
定セントス

二、独「ソ」開戦ス
本朝四時宣戦布告セシガ如シ
先ヅ同盟電アリ次テ大島大使ヨリ公電アリ
当班予期シアリシ所大本営陸軍部ハ平静ナリ
歴史ハ変転ス　独「ソ」不可侵条約ニ驚愕セル日本国
民今又独「ソ」開戦ニ接シ歴史ノ変転感慨無量ナルモ
ノアラン
「ヒットラー」ノ独逸国力ニ対スル判断ニ誤リナカリ
シヤ否ヤ　判断誤リナクンバ独乙ハ断乎勝ツベシ　大
イニ勝ツベシ

三、当班戦争指導要綱ノ成案ヲ急ガントス

四、夜築地ノ治作ニ於テ痛飲シ独「ソ」開戦ヲ祝シツツ血
湧キ肉躍ル

六月二十三日　〔月曜〕

一、独「ソ」戦況不詳
「ソ」軍退避作戦ノ徴アリ

二、国策要綱午後陸海部局長会議（班長出席）ニテ長会議
四時間ニシテ遂ニ意見ノ一致成案ヲ得
(1)　北方武力解決海軍側各種ノ条件ヲ附シ制扼〔約〕
セントシタルモ遂ニ陸軍案通ニ決定
(2)　但シ右武力解決ニ方リ陸軍ガ南方ヨリ手ヲ引クコ
トヲ海軍大イニ恐レ南方ニ於テハ対英米戦争ノ基本
態勢保持ニ支障ナカラシムベキ件一項ヲ設クルニ至
ル
陸軍モ右全然同意但シ一項ヲ特ニ設クルノ必要ナカ
リシノミ海軍陸軍ヲ信用セザルニ因ルベシ
(3)　海軍南方ニ対スル企図明確ナラズ　決意不確立ノ
儘之カ戦備ヲ完整〔成〕セントスルニ在ルモノ、如
シ
(4)　海軍対支圧迫強化ノ為作戦ノ強化ヲ主張スルモ陸
軍ハ之以上戦面ノ拡大ヲ欲セズ陸軍案通リ決定ス
以上ノ如クシテ概ネ陸軍案通リ決定ス　要ハ海軍ハ対
英米ヲ重視シ陸軍ハ比較的対北方ヲ重視ス

三、右修文成案ニ基キ部長会議ヲ開ク
省部主〔首〕脳大体ニ於テ異議ナシ海軍亦然リ　斯ク
シテ国策ハ決定セントス

四、問題ハ在満鮮兵力ノ動員ヲ何時ヤルカニ在リ

六月二十四日〔火曜〕

一、国策陸海軍間正式決定ス

二、帝国ノ企図ニ就キ対独通告ヲ即刻行フモノトシ成文ヲ急グ　武力行使ニフレズ三国同盟ヲ基調トシ行動スベキヲ明示スルニ止ム

三、国内外ニ対スル声明成ルベク早キヲ可トスルモ名案ナシ　「ホラガ峠」ノ表現ハ至難而モ国民ニ政府ノ意図スル方向ヲ与ヘザルベカラズ

四、御説明案ヲ草ス

六月二十五日〔水曜〕

一、午後一時ヨリ連絡懇談会ヲ括目シタル処午前九時頃先ヅ海軍ヨリ次テ石井中佐ヨリ陸海軍案ニ近衛不同意近衛ハ反枢軸ナリトノ情報アリ
当班俄然憂鬱君側ノ悪ヲ憤慨ス　然ルニ右ハ「デマ」ナリシガ如ク総理ヨリ一案出タルモ大体軍ノ方向ト一致シアルガ如シ

二、午後一時ヨリ連絡懇談会開催
南方施策促進ニ関スル件上提〔程〕原案通リ即決ス
席上国策要綱ニ話進ム　外相総長ノ説明セル案ニ対シ同意ナルガ如シ
海相　南北一緒デハ自信ナシ　アマリ「ソ」ヲ刺戟スルナト外相ニ云ヘリ〔『杉山メモ』上、参照〕

三、午後三時ヨリ臨時閣議四時ヨリ南方施策促進ニ関スル件ニ就キ総理両総長　上奏御允裁〔裁〕ヲ仰ギタル処御裁可トナル〔『杉山メモ』上、参照〕
一応決定シテカラ二週間後外相ニサン〳〵ゴテラレタルモ遂ニ円満決定ス
日章旗南仏ノ空ニ愈々ヒルガヘルノ秋モ近シ　逐次南進ノ歩ヲ進ム芽出度〳〵

六月二十六日〔木曜〕

一、十時ヨリ連絡懇談会開催議決ニ至ラズ
外相三国同盟ニ依リ行動独ト策応スベキヲ強調シアルガ如シ
次長統帥ハ自主独往ヲ必要トスル旨大イニ強調ス
外相ト次長渡リ合ツタモノノ如シ

二、外相根本的ニ陸海軍案ト意見異ナル旨述ブ　明日続行

スルニ決ス
三、第四課防空ニ関シ研究セルコトヲ第二十班ニ説明ス
夜ナラバ十数機昼ナラハ二、三十機ノ爆撃数回ニテ東京ハ灰燼スノ判決ナリ
之レデ果シテ対「ソ」戦争可能ナリヤ
四、第一部作戦構想ヲ練リアリ総長ニ説明セルガ如シ
当班ノ戦争指導確立セズシテ即チ戦争目的確立セズシテ作戦構想アリ得ルヤ
当班ノ政治力不足結局第一部ノ意志ニ依リ作文ヲ造ルニ過ギズ
甚ダ遺憾ナリ

六月二十七日［金曜］

一、独「ソ」戦争ノ推移未詳
独軍カ大勝セルカ　芳シカラサルカ独ノ発表ナシ
第一部動員ニ気負ヒ陸軍省ハ慎重ナリ
二、午後一時ヨリ連絡懇談会続行
意見ハ逐次一致ス［『杉山メモ』上、参照］
外相俄然即時対「ソ」参戦ヲ強調ス
独国トノ義理合ノ念外相ニ特ニ強シ
海軍ハ右ニ絶対不同意　陸軍ハ其気持ニハ同調スルモ即時参戦武力行使ハ遽カニ同意セズ
外相ハ即時武力行使ヲ決意セヨト云フ　陸海軍案ハ然ラズ　好機来ラバ決意セントスルニ在リ
陸軍ハ右決意後準備ヲスルモ戦機ヲ失ス
決意セザレバ準備ハ本格的ニ実行シ得ズ
然ラバトテ今直ニ決意スル程ノ確信ナシ
茲ニ難点アリ
三、本日モ又決定スルニ至ラズ
午後六時半ヨリ右外相ノ意見ニ対シ大臣官邸ニ於テ陸海部局長会議ヲ開ク
班長大野大佐両軍務課長出席ス
武藤局長「武力行使決意ト共ニ準備ヲ開始ス」ト修文スルノ意見（外相ノ意見ヲ修正）ヲ出シタルモ海軍岡局長全然不同意
第一部長（田中［新一］）モ遽ニ同意シ難ク
結論トシテ陸海軍原案ニ依リ進ムコトニ決ス
四、右席上対独通告文ノ一案ヲ得
「時機及方法ハ其都度通告ス」テハ義理悪ク物足リナシトテ南方ニ戦略拠点ヲ推進シ英米ヲ牽制シ対「ソ」

戦備ヲ増強「ソ」ヲ牽制対「ソ」処理ノ具体的方法時機ニ於テハ追ツテ通告スト一文ヲ得テ之ヲ明日ノ会議ニ提案セントス

六月二十八日〔土曜〕

一、午後二時ヨリ連絡懇談会〔『杉山メモ』上、参照〕

独「ソ」開戦ニ伴フ帝国国策要綱遂ニ正式決定ス

一日御前会議開催（午前閣議後）

大蔵大臣企画院総裁ヲ加フ

二、陸海軍案通リ決定ス

外相即時参戦ヲ強調ス

海軍右ニ対シ何等発言セズ　総長已ムヲ得ズ不同意ヲ表明シ即時参戦ノ決意ハナスニ至ラズ

三、対独通告文昨夜ノ一案ヲ骨子トシテ意見一致ス

極東ニ於ケル共産主義組織ノ潰滅ヲ目的トスル行動ニ関シテハ追ツテ通告スト修文ス

四、帝国ノ声明文情報局ニ於テ成案スルコトニ決ス

独「ソ」開戦以来一週間ニシテ皇国悠久ノ歴史ニ特筆大書スベキ国策遂ニ決定ス

帝国トシテハ近来ニナキ電撃的国策ノ帰一ナリ　芽出度〳〵

問題ハ残ル　何時如何ナル段階ヲ以テ動員スルカニ在リ

五、御説明案、質疑応答ノ草案ヲ急グ

六、梅雨尚暗シ皇国飛躍ノ曙光ヤガテ開明セントス

六月二十九日〔日曜〕

一、御前会議ニ於ケル質疑応答資料ヲ草ス

二、御説明案ニ第一部長「武力行使決意ノ下ニ武力的準備ヲ整フ」ヲ挿入スベク強硬ニ主張ス

遂ニ実現セズ第一部甚ダ不満ナリ

而シ決定セル要綱ノ本文ハ絶対ニ決意シアラズ説明中ニ入レントスルモ無理ナリ

三、第一部長軍事課長ヲ呼ビ動員ヲ強要ス　陸軍省逐次硬化シツツアリ

動員不可能ニ陥ルベシ

六月三十日〔月曜〕

一、遂ニ戦争戦機ヲ失シツツアリ

八〇万屯ヲ徴傭シ七月七日動員ヲ決意シ始メテ九月対

「ソ」開戦可能ナリ
右果シテ可能ナリヤ
八〇万屯ノ徴傭既ニ不可能ナリ　七月七日在満師団全部ノ動員ノ決意成立セザルベシ

二、戦機ハ一ニ独「ソ」開戦茲数日ノ動キニ依ル
然ラズンバ海軍航空ヲ速ニ北ニ指向スルノ作戦協定成立セシムベシ
陸海航空ノ協力成リ動員可能ナル態勢ヲ整ヘレバ動員ニ進ミ易キモ　現在ノ儘デハ動員（全満）ハ決心シ得ザルベシ

三、斯クシテ本年中二十二師団ヲ以テスル北方問題解決ハ不可能ナラン
用兵規模ヲ縮少［小］スベシ
北方問題解決ハ一ヶ月既ニ其時ヲ失ヘリ
本年不可能ナラバ来年春ヤルベシ
来年春ナレバ独ハ英本土攻略ヲヤルベシ　日本亦南ニ向カザルベカラズ
「独」ノ戦争指導ニ追随シツツ行フ帝国ノ戦争指導ハ結局不徹底従ツテ戦機ヲ失ス　亦已ムヲ得ズ　支那事変ヲ脊［背］負ヒアル日本トシテ已ムヲ得ズ

四、第二課長第二十班ハ北ヲヤル意志ナシト云フ　心外ノ至リナリ当班ノ意志ハ北ニ向キツツアリ作文ハ作文
陸海トン〳〵ノ国柄已ムヲ得ズ
戦況ガ総べテヲ解決ス
茲数日間ノ独「ソ」戦況ガ之ヲ解決スベシ
帝国ノ運命ヲ決スべキ戦争戦機ハ茲数日ニ於テ決ス

五、午後五時ヨリ連絡懇談会［『杉山メモ』上、参照］
対独通告文等ヲ主トシテ審議ス
本回ハ企画院総裁大蔵大臣商工大臣ヲ加フ
果然外相南方施策促進ニ関スル件ノ中止ヲ提議ス　南方ニ対スル火「アソビ」ヲ止メテ北ニ専念スベシト云フ　我輩ハ予言ノ的中セザルコトナシ　南方ヤレバ必ズ火ハ燃エ対英米戦ニ追ヒ込メラルベシト
節操ナキ発言言語同［道］断ナリ
海相亦半年位延期シテハ如何ト云ヒ近藤次長之ニ同意ノ口吻ヲモラス
塚田次長憤慨断乎敢行スベキヲ総長ニ具申シ総長永野総長ノ同意ヲ得統帥部ハ断乎ヤル旨発言シ　総理統帥部ガヤルナラバト同意シ外相提議ヲ撤回ス

六、四時間ノ長時ニ亘リ右ヲ論議シ対独通告文ニ至ラズシ

テ散開シ　御前会議ヲ一日延期ス
次長徹宵審議ヲ強調セルモ外相疲労セリトテ応セズ
七、弱体戦争指導機構ヲ遺憾ナク暴露ス
次長席上ニ於テ大イニ憤慨外相ノ中座退出ヲ総長ニ具申セルガ如シ
御前会議一日ノ延期其ノモノハ大シタルコトナキモ苟モ決定国策ヲ舌ノ根ノ乾カザルウチニ変更セントスルガ如キ心外ノ至リ
斯ノ如キヲ以テシテハ変転端倪スベカラザル現下ノ国際変局ニ処シ国策ノ機敏適正ヲ期スルガ如キ思ヒモヨラザル所ナリ
外相偉物ナリト雖モ到底乱局ヲ静ニ制御スルノ器ニアラズ　国策ノ決定実行ニ大ナル支障ヲ与フルコト少カラズ

七月一日〔火曜〕

一、午前臨時閣議ニテ国策要綱可決セルガ如シ
二、午後二時ヨリ連絡懇談会続会
本日ハ大ナル波瀾ナク対独「ソ」通告文外相御説明案ヲ可決ス〔『杉山メモ』上、参照〕

次長外相自ラ起案ノ対独「ソ」通告文ヨク出来テ居ルトホメタルガ如シ
三、愈々明二日御前会議ニテ正式決定セントス
六月五日参謀本部トシテ審議開始以来一ヶ月ニシテ帝国ノ重要国策決定ス
四、独「ソ」戦争ノ推移大ナル発展ヲ見ズ　独戦況ヲ発表セザルノ真意機密保持ノ為ナルヤ戦況不振ノ為ナルヤ不明
五、作戦課長交代発令セラル　服部中佐新進課長タリ事変以来第六代目　如何ニ第二課長ノ任重ク且困難ナルヤヲ知ル第一線転出ノ土居大佐ノ健斗ヲ祈ル

七月二日〔水曜〕

一、午前十時ヨリ歴史的御前会議開催セラレ帝国ノ国策御聖断ヲ仰キ午後一時半御裁可トナル
原〔嘉道〕枢密院議長ハ「ソ」ヲ打ツベキヲ熱烈ニ強調ス　之カ為英米トノ衝突回避ヲ極力奨メタリ　又南仏進駐ハ国際信義ニモトル旨強調ス
専ラ原枢密議長ト外相及参謀本部トノ質疑応答ニ終始シ極メテ真摯ニ討議シ遺憾ナク論点ヲ尽セリ　原議長

ニ敬意ヲ表ス 〔『杉山メモ』上、参照〕

二、政府ノ声明「御前会議ニ於テ帝国ノ重要国策決定セリ」ト簡単ナリ

三、御前会議席中海軍側一言モ発言セズ
原ノ質疑真剣且適切礼ヲ失セズ
御上ハ頗ル御満足ノ御模様ニ拝セラレタリ

七月三日 〔木曜〕

一、有末〔次〕大佐（原大尉随行）関東軍及総軍ニ対シ昨日御前会議決定事項伝達ノ為飛行機ニテ出発ス

二、南部仏印進駐ニ伴フ統帥ト外交ノ関連事項ノ陸海打合セヲ海軍省ニテ行フ　参謀本部ヨリ種村少佐岡村少佐出席一応纏リ直チニ外務省南洋局東光〔武三〕課長ヲ招致大臣ニ内達方依頼ス
本件ハ速ニ処置スルヲ要スルニ拘ラス昨日ノ御前会議ノ論点ヨリ見ルモ前途相当ノ迂〔紆〕余曲折アルヲ予想セラル

三、正午ヨリ午后四時半迄帝国「ホテル」ニ於テ対重慶経済戦強化方策ニ関シ民間学会有志ノ懇談会ヲ聴取ス
熱心傾聴スヘキモノアリ　今後更ニ具体的問題ニ関シ研究ヲ進ムルコトトス　連銀ノ切下ゲ問題ガ一番ノ花ナリキ

七月四日 〔金曜〕

一、午前九時半ヨリ総軍樋沢〔一治〕参謀及第十三軍佐方〔繁木〕参謀ノ情勢ノ推移ニ伴フ在支第三国権益処理要領ニ関シ熱心ナル作業ノ報告ヲ受ク　已ニ現地ハ準備完了セリ　中央ニ亦御前会議ニ於テ大方針定メラレタリ
速ニ中央協定打合ヲ進メザルベカラズ
午後四時ヨリ省部主任者ノ本件ニ関スル打合ヲ進ム

二、午後一時ヨリ軍務課ニ於テ総動員態勢強化ニ関スル具体的要目ノ検討アリ　速ニ緊急閣議ニ上提〔程〕七月下旬ニハ遅クモ発動スルコトトス

七月五日 〔土曜〕

一、南部仏印進駐ニ関スル外交交渉開始ノ上奏アリ（外相ヨリ）
其直前「クレギー」外相ニ面会ヲ求メ来リ南部仏印ニ対スル帝国ノ態度ヲ質問シ来ル　出処ハ何処？　恐ル

ベシ
澄田少将ノ広東行鈴木〔宗作〕第三部長トノ会談ハ河内米領事電ニヨルモ相当刺戟セルモノナルカ

二、洩レ聞クトコロニヨレバ本日海軍ハ帷幄上奏シ現下ノ情勢ニ於テハ速ニ南方問題ヲ解決スルヲ可トスル旨上聞ニ達シタリト　今迄軍備充実ノミ称ヘテ対南方消極論者ガ然モ枢密院議長ノ御前会議ニ於ケル断論ニ対シテ一言ノ反駁ヲモ行フコトナク卑怯未練モ今日ニ至リテ帷幄上奏ス　真意ハ陸軍ノ牽制ニアラズシテ何ゾ

陸海争フハ不可ナルモ今日ニ至リテハ憤激ナクンハアラズ　右ニ関連セルモノカ　陸軍大臣本日行ハルベキ動員ノ上奏ニ躊躇シ動員第一日ハ十一日ヨリ十三日ニ延期ス　斯クシテ年内ニ来ルベキ好機ノ捕捉ハ恐ラク不可能ニ陥ラン　急グベカラズ静視セヨ

次長曰ク「八十万」ノ動員ニ同意セル陸軍大臣ノ決意ハ見上ゲタルモノナリト

但シ果シテ武力行使ノ決意アルカ

原枢密院議長ノ銅像ヲ三宅坂ニ立ツベシト称フルモノアリ

三、情勢推移ニ伴フ在支敵性第三国権益処理要綱省部主任者第三案ヲ得　コレヲ以テ海軍側ニ移スコトトス

七月六日〔日曜〕

一、「独「ソ」開戦ニ伴フ帝国戦争指導ノ大綱」ニ関シ第二課高瀬〔啓治〕少佐ト連合研究ス

二、「情勢推移ニ伴フ在支敵性第三国権益処理要領案」ヲ海軍側ニ説明ス

三、海軍側ヨリ軍令部総長昨五日上奏時陛下ヨリ「南部仏印進駐ニ際シテハ無血上陸ニ努メヨ」トノオ言葉伝言アリ　陸軍ガ無理押シセザルヤ非常ニ心配シアル模様也　大丈夫ナリト返ス

七月七日〔月曜〕

事変四周年記念日ニ当リ
戦争指導ニ任ズルモノトシテ感転々無量ナリ。
時ニ*第一〇一次動員要員発令
陸大教官連勇躍壮途ニ就キツツアリ。
但シ帝国ノ決心可、否？
南部仏印進駐ニ伴フ澄田少将ニ対スル訓令案決定ス
第一〇一次動員本日上奏御裁可遊バサル

南部仏印進駐ニ関スル外交交渉ハ十日頃ヨリ電撃的ニ実行スルコトニ定メラレ之ガ現地加藤［外松］大使ニ対スル訓電来示アリ

其際澄田少将ノ仏印側ヘノ交渉開始ハ禁止セラレ度旨外相ヨリ要望アリ　漸クニシテ第二部長以下ヲ納得セシメ打電スルコトトナレリ　最近ノ澄田電ニヨルモ右疑ヒハ払拭シ得ザルヲ遺憾トス

＊関特演（関東軍特種演習）の第一次動員。

七月八日［火曜］

一、午前九時ヨリ陸軍省ニ於テ企画院調査官中西［貞喜］大佐ヨリ綜合物的国力判断ヲ聴取ス　専ラ南方問題ヲ中心トスル研究ニシテ当方ノ研究済事項ナリ

対「ソ」戦ニ伴フ国力判断ニ関シテハ言及ヲ避ケタリ

二、午後二時ヨリ陸軍大臣官邸ニ於テ山下中将ノ独伊視察報告ヲ聴取ス

㈠陸海軍ノ一元化
㈡政治力ノ強化 ｝ニ帰納スベシ
㈢撃蘇ノ断

大胆率直ナル将軍ノ報告ニ留飲ヲ下ゲタル感アリ

七月九日［水曜］

一、現下ノ情勢ニ関シ戦備課長ニ連絡シ物的戦争準備ノ節度ニ関シ誤ラザル様オ願ヒス

二、最近漸ク船舶ノ国家管理問題ガ政府側ニ発燃シ来レルモ海軍大臣ガ之ガ区処権ヲ把握セントスルガ如キ気配アリシヲ以テ先ノ船舶保護法案ノ経緯モアル事故厳重ニ注意ヲ喚起ス

三、午後二時ヨリ関東軍参謀小尾［哲三］中佐ノ情勢ニ即スル満州国ノ指導ニ関シ参謀総長ニ対スル報告アリ

行詰リノ感ヲ与フ

四、南部仏印進駐ニ伴フ占領地行政ニ関シ第二課戦力班案ヲ基礎トシ研究ス

其必要ナク縦ヒ武力進駐セル場合ト雖モ努メテ我負担ヲ軽減スル如ク且仏印側トノ交渉ハ依然澄田機関ヲシテ行ハシムルヲ可トスルノ意見ニ一致シ軍特務部設置案ハ容易ニ意見纏マラズ

五、本日大本営ヲ宮中ニ設置セラレ爾後大本営政府トノ連絡ヲ宮中ニ於テ行ハルル如ク定メラル

但シ明十日ハ　陛下葉山行幸中ニ付首相官邸ニ於テ行フコトトス

右ニ伴フ声明ニ関シ論議アリシモ定マラズ

七月十日〔木曜〕

一、澄田少将上京ノ際

参謀総長ノ訓示

次長ノ指示

ヲ起案シ特ニ澄田少将ノ覚悟ヲ新タニセシムルコトトス

二、午后三時八日振リニ班長、原大尉帰京ス

三、対「ソ」戦争指導要綱第一部長熱心ニ加筆（第二課案ヲ基礎トス）シアルモノノ如ク已ニ第二部長ノ本案ニ対スル正式意見ノ開陳モアリ

当班案ハ葬ラレントスルノ已ムナキ情勢トナレリ

原大尉ノ労苦モ遂ニ空シ

但シ本案ノ取扱ヒヲ思ハバ到底之ヲ国策要綱トシテ取上グルニ至ラザルベシ

現下刻下ノ最大問題ハ対蘇開戦ノ機ヲ何時ニ選ブベキヤ即チ第六次御前会議奏請ノ時機ニ存ス

当班ノ努力研究補佐又此点ニ帰一ス

七月十一日〔金曜〕

一、召集令状既ニ交付セラレタルガ如シ　東京ノミニテ五万ニ及ブト云フ

一切ノ出征気分ハ之ヲ抑圧シ企図ノ秘匿ニ勉ム　平静ニ進ミツツアリ

二、対「ソ」戦争ニ伴ウ満州国ノ取扱ヲ研究ス

㈠ 共同シテ対「ソ」戦争ノ遂行ニ任ス

（日満議定書第二条ニ依ル）

㈡ 実質的ニハ帝国独自ニテ戦争指導ヲ行ヒ満州国ハ右ニ基キ内面指導ス

㈢ 満州国軍ハ日本軍指揮官ノ指揮下ニ入リ連合作戦ハ行ハス

㈣ 満州国ヲシテ所要ノ戦費ヲ負担セシメ戦後ノ分前ハ考慮ス

三、金融新体制閣議決定ス

政府ノ戦時体制逐次強化セラレアルハ可ナリ

四、戦争指導要綱第一部長直筆ニテ起案シアルガ如シ

第二十班ハ何処ヘ行クヤ　主務ヲ剝奪セラレテハ存在

ノ意義ナシ　憤激ニ堪ヘス

七月十二日〔土曜〕

一、戦争指導要綱第一部長自ラ起案セルモノヲ第二部長軍事課軍務課ニ対シ示シ意見ヲ求メタルガ如シ

当班存在ノ意義ナシ言語同〔道〕断ナリ

二、仏印進駐交渉「アンリー」ヲ相手トスルコトナク直接在仏加藤大使ヲシテ「ヴシー〔マヽ〕」ト交渉セシムルコトトシ右大使ニ訓令ヲ発電ス

十四日ヨリ交渉開始セラルヘシ

外相電撃的外交ニ気合ヲカク

三、連絡懇談会N工作ヲ打切ルヘキヤ否ヤニ就キ審議　交渉続行成ル可ク決裂ヲ延期スルニ勉ムルコトトナス

外相「ハル」ノ「オーラルステートメント」日本ヲ属国視シアリトテ再ヒ憤慨ス

同席上平沼内相三国同盟ト心中スルガ国家ノ為万全ノ策ニアラズトテ非枢軸ノ言ヲ漏ラセリ　近衛ノ代弁ナランカ〔『杉山メモ』上、参照〕

四、軍令部次長参謀次長ニ対シ書類ヲ以テ左記海軍ノ要望ヲ提示ス

1、物動陸海軍工場ノ区分ヲ変更セサルコト

2、陸軍動員ノ為海軍工場ノ工員ヲ充当セサルコト

3、防空ヲ一度ニカケルト刺戟スル

4、対北方海軍戦備ハ八月末ニアラサレハ完成セス

5、満州方面ヘノ陸軍戦備ノ充実ハ慎重ニヤラレ度

海軍側陸軍ノ対「ソ」準備ニ驚キタルカ其要望ノアマリニモ露骨ナルニアキレタリ

〔七月十三日　欠〕

七月十四日〔月曜〕

一、澄田少将出頭仏印進駐ニ関スル省部トノ連絡ヲナス

第一次仏印進駐ノ轍ヲ踏マサラントシテ連絡ハ周到ヲ極ム

二、独「ソ」戦争大ナル進展ナシ　従ツテ省部ハ平静ナリ

此ノ所一段落ト云フヘシ

三、本日ハ動員第二日　市中応召者多ク輿論漸ク騒然タルモノアルヘシ　但シ言論及防諜取締厳重ヲ極メ表面ハ平静ナリ

七月十五日〔火曜〕

一、対「ソ」開戦ニ伴ウ満州国取扱要領省部意見ヲ求ム

二、対「ソ」戦争指導要綱第一部案ヲ勘案シ修文第三案ヲ造ル

第一部ハ単ナル第一部案ニ止ム　第二十班ノ戦争指導ヲ横取リスル訳ニアラスト云フ

釈然タラサルモノアルモマア〳〵我慢スヘシ

三、一般ニ平静大ナル進展ナシ

七月十六日〔水曜〕

一、情勢ノ推移ニ伴ウ戦争指導要綱省部主任課長ニ意見ヲ求ムヘク提示スルニ決シ明日主任者ノ参集ヲ要求シ説明セントス

二、独「ソ」戦況活潑ナル動キナク平静ナリ

三、第一〇二次動員上奏ス

二ヶ師団ノ動員下ル　結局対「ソ」十六師団ノ動員集中開始中ナリ

七月十七日〔木曜〕

一、昨夜十一時突如内閣総辞職ス

昨日軍務課ヨリ（石井中佐）予メ連絡アリタルモ稍々意外ノ感ニ打タル

総辞職ノ理由ハ内閣ノ構成ニ一大刷新ヲ加フルニ在リト

実ハ松岡外相ノ追出シニアルカ如シ　近衛内閣一年ノ寿命ナリ　近衛内閣カ一億国民ノ輿望ヲ荷ヒ颯爽ト登場シタルモ昨年七月ナリ

二、次期政権担当者ハ如何　決定国策ノ遂行一日モ偸安ヲ許サス　国内ノ分裂国際ノ軽侮警戒セサルヘカラス

三、近衛ニ再降下ス

午後一時ヨリ重臣会議開催　元首相タリシ老人等会同シタルカ如キモ既ニ再降下ハ予定ノ行動ナリシカ如シ

組閣参謀長鈴木貞一ナリ

内閣ノ性格ハ如何

桃色ナリヤ対米接近ナリヤ対「ソ」打ツヘシナリヤ未詳

下馬評ニ桃色ノ近衛非枢軸ニ米内［光政］対「ソ」ニ荒木［貞夫］（柳川［平助］）等アリタルモ近衛ニ再降下ハ予定ノ行動ナランカ

組閣本夜中ニ終了スルト云フ

四、新内閣ニ対スル参謀本部ノ要望ヲ政府ニ移ス左ノ如シ
1、既定国策ノ遂行特ニ対「ソ」準備仏印進駐ハ不動
2、陸軍軍備ノ画期的充実
3、強力ナル戦争政治ノ遂行
五、陸相留任ナルカ如シ　右要望ニ対シテハ断乎ヤルト云フ　次長携行セルニ対シ東条「水クサシ」ト述ヘタルモ大イニヤルト云フ
六、午後一時ヨリ情勢ノ推移ニ伴フ戦争指導要綱ニ就キ軍事軍務課長高級課員第二、八課長及高級部員ニ対シ説明ス

七月十八日〔金曜〕

一、新内閣ノ外相豊田〔貞次郎〕商相ナリト云フ
即チ新内閣ノ性格ハ三国枢軸ノ実質的破棄英米依存ナルカ
陸軍大臣右ニ同意シタルヤ　大臣ハ此ノ如キ内閣ニ留任シ得ルヤ
昨夜内閣三長官会議開催セラレタリ
其席上当然外相ノ話ハアリタルヘク陸海両相ハ大命再降下直後ノ近衛ト会談シ外相ニフレタル筈ナリ
大臣ハ豊田ニ同意シタルヤ而モ大臣ハ恋々トシテ留任セントスルヤ　其真意知ルヲ得ス
二、朝来総長大臣陸士ノ卒業式ニ参列シ不在　省部ノ下僚右事情ヲ知ラスアレヨ〳〵ト思フ間ニ新内閣ハ非枢軸英米依存ノ性格ヲ以テ誕生セントスルカ
憂鬱、憤激、慨歎ニ堪ヘス
三、大臣ニ対スル省部ノ信頼地ニ落ツ
陸軍ノ本政変ニ対スル発言衰徴〔微〕ス
其罪大臣ノ無節操ニアラズヤ
四、南仏進駐ノ外交交渉作戦準備ハ着々動キツツアリ中途挫折ハ絶対ニ排撃セサルヘカラズ
省部下僚断乎仏印進駐ヲヤルベシノ声澎湃タリ
五、軍令部乂豊田外相ニ不同意ナルカ如シ就任阻止ニ就キ動キツツアリト云フ
六、午後四時半親任式ト云ハレタルモ六時半ニ至ルモ決セザルガ如シ
柳川ヲ入レルカ入レザルカカモメテ居ルトカ云フ

七月十九日〔土曜〕

一、昨夜新内閣成立発足ス

外務大臣豊田海軍大将ナリ
新内閣ノ性格如何　三国同盟ノ実質的破棄ニアラザルヤヲ畏ル
二、初臨時閣議ニ陸軍大臣東条英機陸海軍ヲ代表シ既定国策変更スヘカラザル旨申入ヲナス
政府ハ既定方針ニ従ヒ果敢ニ之ヲ実行ニ移スベキヲ声明ス
果シテ其ノ真意如何暗雲低迷疑心晴レズ
三、次長連絡会議開催ヲ提唱ス
明日曜日ト提議セルモ陸海局長政府側組閣早々故月曜日ニスルヲ可トスベシト述べ月曜日ニ延期同意ス
四、右連絡会議席上統帥部ハ政府ノ真意ヲタダシ要スレバ「開キ直ル」ベク第一部長強硬ナル一文ヲ草ス
第二十班右ヲ修文稍々態度ヲ軟ケタルモノヲ海軍ト意見ヲ合セ次長迄決裁ス
要ハ政府ニシテ三国枢軸ヲ破棄スルナラバ統帥部ニ重大覚悟アリト云フニアリ
軍令部モ態度強硬ナリ　寧ロ豊田外相ハ陸軍ノ支援ニ依ルト云フ「デマ」モ海軍軍令部ニハ流布セラレアルガ如シ
五、本日ヨリ両統帥部幕僚長毎日午前中宮中ニ於テ服務スルコトトナル
六、第二課長仏印進駐及対「ソ」準備ハ絶対不変ノ為統帥部ハ確乎タル方針ヲ堅持スベキ旨ノ決裁案ヲ次長ニ呈ス
第二十班長及第八課長之ニ連帯ス
次長大イニ憤慨ス
右決戴［裁］案ハ元来参謀本部全課長ノ連帯ヲ得総長鞭撻ノ為之ヲ上司ニツキツケントスルニアリシモノニシテ大部ノ課長之ニ同意（課長会報）シタルモ第二十班長、第三課長不同意ナリシモノ依ツテ第一部ヨリ呈出ノ決裁案ノ形式ヲ取リタルナリ
要ハ総長不信任　横断的結成ヲ以テ総長ヲ鞭撻セントスルニ在リ
次長憤激シ受理セズ
七、「ヴシー」〔ママ〕政府ニ対スル二十二日二十四時ヲ期限トスル最後通牒電発電ス

七月二十日〔日曜〕

一、連日ノ大雨天亦暗シ　之レ帝国国策ノ暗雲低迷ニ似タ

ルナランカ
伊藤〔述史〕情報〔局〕総裁　枢軸離反ヲ暗々裡ニ諷シタルガ如キ放送ヲナス
怪シカラヌ次第政府愈々馬脚ヲ表ハシタルヤ

二、連絡会議ニ於ケル統帥部ノ要談〔ママ〕次長以下陸海異存ナシ
班長総長宅ニ至リ決裁ヲ仰ガントシタル所総長不同意全部骨抜トナリ開キ直ルガ如キ強硬部分ハ全部削除セシメラル
種村少佐強硬ニ骨抜キトナラバ敢ヘテ発言ノ要ナキ旨班長ニ進言ス
其結果班長更ニ総長ニ原案堅持ヲ進言ス
総長ノ弱腰頼ムニ足ラズ

三、之ヨリ先右要望ヲ赤松〔貞雄〕秘書官ヲ経テ大臣ノ披見ニ供ス　大臣カン〳〵ニ怒リアルガ如シ　無節操ナル大臣怒ルモ第二十班驚カズ　当方正々堂々ノ所論ナリ

四、「ヴシー〔ママ〕」ヨリ正式回答未ダ来ラズ
独ト休戦中故独ト連絡ノ要アリ回答待タレ度トノ返アリシトカ
遷延策ナランカ　軍ハ二十四日三亜出港ス
当方別段驚カズ

七月二十一日〔月曜〕

一、午後二時ヨリ連絡会議〔『杉山メモ』上、参照〕
宮中大本営ニ於テ平沼、鈴木企画院総裁ヲ加フルコトニ決メラル
総長新内閣ニ対スル統帥部要望ヲ述ブ

二、外相三国枢軸ニ背馳スルガ如キコトナシト言明ス
近衛発言セズ
東条陸相近衛ヲ代弁セルカ既定国策不変ヲ強調セリ其ノ真情不可解ナリ
軍務課長会議出席前大臣ハ総長ノ発言ニ対シ発言スベカラザル旨特ニ強調セルガ如キニカカワラズ大臣ノ右総長ニ対スル発言言語同〔道〕断　東条陸相近衛ノ歓心ヲ買フニ営々タルヤ　心外ノ至リナリ

三、外相ノ言明ヲ得タルハ可、但シ其言明ガ何時迄真ナリヤハ今後ノ発展ニ俟ツ

四、本日ヨリ宮中大本営ニ於テ連絡会議及大本営政府情報交換ヲ随時開クコトニ決シ新聞発表ス

五、仏側帝国ノ提案ヲ受諾セルコト確実ナルガ如シ　電撃

外交遂ニ成功ス

松岡前外相ノ努力ニ対シ衷心敬意ヲ表ス

六、独「ソ」戦ノ推移明快ヲ欠ク　東京連日ノ雨ニ似タリ

七月二十二日〔火曜〕

一、仏印正式受諾ノ海軍武官電着

仏印ノ云ヒ分左ノ如シ

1、領土及主権ノ尊重ヲ厳守セラレ度

2、攻撃的防守同盟ハ不可

3、第一項ノ旨声明セラレ度（仏印ノ無抵抗ヲ命ジ得ル為ニモ必要ナルニ付）

4、駐屯ノ必要解消セバ撤兵セラレ度

二、右ニ伴フ現地交渉開始ノ命令電並声明案文ノ骨子等ニ関シ研究ス

三、独「ソ」開戦後正ニ一ヶ月独軍ノ作戦順調ナルナランモ「ス」政権ノ靭強性ハ予期ニ反シ強シ

極東「ソ」軍ノ動キモナシ

対「ソ」戦争ノ好機何時来ルヤ少クモ独ノ作戦ノ終末ヲ以テ戦争ヲ終結セシメ得ル公算ハ減少シアルガ如シ

情勢判断ノ至難以テ知ルベシ

四、極東占領地統治ニ関スル秦〔彦三郎〕少将ノ上司ニ対スル研究報告アリ

七月二十三日〔水曜〕

一、加藤大使ヨリ仏側ヨリ正式受諾公文ノ交換ヲ終了セル旨来電アリ

仏印軍ヲシテ上陸日本軍トノ衝突回避ノ為一時撤退セシムル件仏側難色アルガ如キモ之ヲ以テ正式妥結ト認メ午後四時半外相ハ上奏次テ両総長上奏大命ヲ仰ゲリ

電撃外交ノ成功慶賀ニ堪ス

周到ナル準備ト強力ナル武力ノ発動ヲ後拠トスル外交ノ成功ナリ

二、澄田少将ニ現地細目交渉開始ヲ訓令ス

三、陸軍省側ヨリ対蘇戦争指導要綱ニ対スル意見来ル

北ハ希望南ハ必然北ヲヤレバ南ハ必ラズ火ガツク

茲一年以内南北同時ニヤル様ニ押シ込マルベシト云フノガ陸軍省ノ情勢判断ナリ　従ツテ北ハ十六箇師団ニテ徹底的熟柿拾ナリ

省部ノ間思想ニ大ナル開キアリ

陸軍省案ハ軍務課長案ナラン

四、仏印進駐ノ機ヲ利用シ速ニ泰トノ軍事協定ヲ締結スベシノ提議軍務課石井中佐ヨリアリ
南方先行ノ思想ナリ
第二十班ハ取リ敢ズ不同意ナルモ研究スベシ

七月二十四日〔木曜〕

一、仏印進駐現地細目交渉モ電撃的ニ妥結ス
遂ニ平和進駐ヲ以テ南仏印ニ皇軍ノ巨歩ヲ入レントス
澄田少将ノ労ヲ多トス
二、連絡会議開催セラル〔『杉山メモ』上、参照〕
外相南仏進駐ニ対スル米国ノ動向ニ就キ資金凍結、石油禁油〔輸〕等強硬態度取ルベキヲ発言ス
野村大使ヨリノ電「ヒステリツク」ナルニ一驚セルナランカ　当班右不同意
外相遂〔逐〕次本性ヲ発揮シツツアリ
警戒ヲ要ス
三、対北方本年内ニヤルカヤラヌカ決意スベキ時機刻々迫リツツアリ
熟柿遂ニ来ラザルカ　極東尚平静ナリ
本日ガ既ニ好機ニアラザルヤ　好機即チ熟柿ハ遂ニ来ラザルニアラズヤ　今ガ即チ好機ナルニアラザルヤ
今ヲ以テ熟柿トスルニアラザレバ熟柿ハ遂ニ来ラザルニアラズヤ

七月二十五日〔金曜〕

一、軍務課長全面禁輸絶対ナリトシテ南方武力進出案ヲ提議シ来ル　北ハ「ソ」ノ「ポーランド」進入式ノ解決ヲナスベシト
本案海軍同意セバ最良案ナリ
同意セザル限リ結局無為策ニアラザルヤ
陸軍省ハ南方必至ヲ強調ス　二、三日中ニ全面禁輸アルベシト　是レ当班ト意見ヲ異ニス
二、米大統領今迄日本ニ油ヲ供給シタノハ南太平洋ノ平和ヲ欲シタルニ在リト演説ス
「日本ノ南進ニ依リ今ヤ遂ニ平和ハ破ル　全面禁輸モ已ムナシ」ト云フガ如キ口吻ナリ
当班仏印進駐ニ止マル限リ禁輸ナシト確信ス　大統領日本国内動員ヲ南進ト誤断シタルカ（若シ禁輸ヲスルトセバ）何レニシテモ数日中ニ米動向判明スベシ
三、外相米ノ強硬ニ驚キ南進ハ仏印限リノ旨対米通告スベ

キヲ陸相ニ提議シ来ル　陸相反対ナルハ可
対米軟弱ハ得ル所ナシ
四、第一部年内北方打ツベシノ論逐次影ヲ没シツツアリ
作戦的ニハ今デモ確算ヲ有ス　三月ニテ武力戦ハ確実
ニ終了スベシ（原）

七月二十六日［土曜］

一、仏印共同防衛ニ関スル政府声明ヲ発表ス
二、米国日本及支那ノ在米資金ヲ凍結ス
帝国船舶ノ抑留ヲヤルト云ヒヤラズト云ヒ不詳
三、帝国亦報復措置トシ二十八日ヲ期シ米国ノ在日、満、
支、資金ヲ凍結スルニ決ス
四、資金凍結ヲ遶リ之レ全面禁輸ナリ　又ハ全面禁輸必至
ナリトシ南方武力解決ヲ主張スルモノ第一部ニ久門
［有文］、辻［政信］中佐アリ相当強硬ナリ
※ 当班全面禁輸トハ見ズ　米ハセザルベシト判断ス　何時
カハ来ルベシ其ノ時機ハ今明年早々ニハアラズト判断ス
海軍小野田中佐モ同意見
五、対「ソ」外交ニ関シ一案ヲ得至急省部間ノ意見ヲ纏ム
〈上欄〉※　本件第二十班ノ判断ハ誤算アリ参謀本部亦然
リ陸軍省モ亦然リシナリ［赤字記入］

七月二十七、二十八日［日、月曜］

一、米ノ資金凍結ヲ遶リ情勢ハ険悪トナル
南方必至ナリトス論沸騰シ来ル
当班南方必至ノ気持ト予定ノ行動ナリトス気持ト錯綜
ス
此ノ際対英米戦必至ヲ決意スベキヤ否ヤ是レ国家ノ重
大事　決心シ兼ヌルハ無理ナケレドモ真剣ニ腹ヲ練ル
ベキ秋ナリ
二、英蘭共ニ資金凍結シ来ル　英ハ日英通商条約ヲ廃棄ス
英、米、蘭、豪、「カナダ」皆同一歩調ナリ
三、此ノ際交戦権行使租界接収対泰施策ヲ一段ト強化スベ
シトテ陸海省部意見進ム、二十九日ノ連絡会議ニ提議
スベク極力推進シタルモ枢密院会議ニ於ケル老人共騒
ギ立チ（仏印共同防衛ニ関シ）タルタメ海軍軍務局長
先ツ軟化ス外相ハ固ヨリナリ遂ニ暫ク機ヲ見ルコトニ
結著［着］ス
四、対「ソ」外交要領ノ研究ヲ進ム省部主任者間一案ヲ得
タルモ部長会議ニ於テ一蹴セラレ更ニ研究ヲ進ムルコ

トトス

五、「ナトラン」上陸部隊無事上陸ス
仏印日章旗ヲ以テ皇軍ヲ迎フト云フ
芽出度〳〵

六、決意ナキマ、交戦権行使租界接収ヲヤルカ否ヤ、「ヘツピリ」腰ヲ清算シテ堂々ト統帥部ハ推進スベキモノト信ス
其確信陸海統帥部ニ果シテアリヤ　海軍ヲノミ責ムルモ当ラズ

七月二十九日　［火曜］

一、「サンジヤック」上陸部隊上陸ヲ開始ス

二、連絡会議開ク
交戦権行使、対「ソ」外交遂ニ議題トナラズ

三、陸海統帥部作戦課長及高級部員戦争指導班長等水交社ニ於テ会談ス
海軍大野大佐　海軍決心セザルヲ以テ陸軍モ決心シ得ザル旨卒［率］直ニ述ブ
海軍ハ愈々近日中ニ決心シ上司ノ裁決ヲ経テ陸軍ニ明確ニ意志表示スベシト云フ
果シテ決心シ得ルヤ否ヤ　海軍少壮連ハ何レモ強硬南進ナリ　上層部ハ不明ナリ

四、独「ソ」戦況動カズ遂ニ本年武力解決ノ秋ナシカ「ヒツトラー」ハ誤テルヤ否ヤ
之レ神ノミゾ知ル
茲十日間ノ戦況進展ノ如何ガ歴史ヲ決定スベシ

七月三十日　［水曜］

一、皇軍ノ南部仏印進駐発表セラル
枢軸陣営之ヲ多トス

二、反枢軸ノ対日態度ハ随時経済断行［交］ニ移リ得ルノ準備ヲ整ヘテ次ニ来ルベキ日本ノ動向ヲ凝視セントスルニ在リ
帝国国防ノ鍵ハ一ニ英米ノ意志如何ニ係ル　其本質的脆弱性カ表面的ニ現ハレタルヲ現状トス　実質的ニハ大ナル変更ナシ　慌テアルニアラズ　本質的研［検］討ノ要表面化セルニ過ギズ

七月三十一日　［木曜］

一、対「ソ」外交要領ノ研究進ム

外務省ヨリ明日連絡会議ニ提案スル筈

二、「ソ」側ノ挑戦特ニ航空攻撃アリタル場合速ニ開戦ヲ決意スベキ件連絡会議提案ヲ企図シ（第一部長ヨリ案ヲ廻送シ来ル）タルモ総長全般ノ情勢ヲ観望シ今開戦ヲ決意（右ノ如キ情勢ヲ予想シ）スルハ不可能ナルベシトテ意進マズ　更ニ修文シ機ヲ待ツニ決ス

三、「スエーデン」小野寺［信］武官ヨリ独軍ハ第一会戦ヲ以テ対「ソ」武力戦終熄ノ見込立チタルガ如シ戦況進捗セザルハ「ソ」ノ攻勢衝力ヲ逆用セントスル作戦ノ按配ニ他ナラズ「ソ」ハ決定的敗戦ノ運命ニ近ヅキツツアリトノ電来ル　是レ果シテ真ナルヤ　大胆ナル判断ナリ　真ナリトセバ独ノ為喜ブベシ

右ヲ念願スルヤ切ナリ

八月一日［金曜］

一、興亜奉公日

本八月ニ於テ帝国ノ運命ハ決スベシ

北カ南カ、南北同時カ等

八月ニ於テ決セザルニ於テハ帝国ノ地位ハ益々低下スベシ

二、連絡会議開催セラル［『杉山メモ』上、参照］

対「ソ」外交交渉要領中中立条約確約ヲ遶リ外相三国枢軸破棄ノ如キ主旨ヲ主張ス　陸相強硬ニ反対ス

三、第二部長対「ソ」外交交渉要領ニ関シ全然関知セズト云フ部内ノ連絡不充分ニ依ル

四、対英米戦必至ノ空気逐次濃化シ来ル

難点ハ上層部ニ在リ　国家浮沈ノ秋上層ノ複雑錯綜カ国ヲ亡ボスノ動因トナラズヤ

八月二日［土曜］

一、対米戦争ハ百年戦争ナリ

帝国ハ遂ニ之ヲ回避スルノ方法ナキヤ

同盟電ニ依レバ石油ヲ禁油［輸］スルト云フ事実ナリトセバ遂ニ百年戦争避ケ難キ宿命ナリ

軍務課対英米戦争ヲ決意スベキ御前会議ヲ提議シ来ル

陸軍省軍務課ノ対英米決意ハ強硬ナルモノアリ

二、関東軍ヨリ「ソ」東部国境方面無線封止セリノ情報アリ　兵力移動カ攻勢発起カ不明ナリ

辻中佐「ソ」ノ攻勢阻止ノ為速ニ外交上ノ手ヲサシ延［伸］ベ蘇ニ外交ニ依ツテ打開ノ方法アル旨ヲ納得セ

シムルヲ可トスルノ意見ヲ強硬ニ述べ来ル　即チ北樺太買収ヲ提議スベシト
第二部長ハ北樺太買収提議ハ却ツテ敵ノ攻勢企図ヲ誘発スベシト云フ
辻案ハ速ニ外交接触ヲ保ツコトニ依リ「ソ」ノ「ヤブレカブレ」攻勢ヲ封ズベシト云フニ在リ

八月三日 〔日曜〕

一、昨日関東軍ヨリ「ソ」側無線封止ニ対シ敵ノ大挙空襲アル時ハ中央ニ連絡スルモ好機ヲ失スル時ハ独断進攻スベキコトアルヲ予期ス　予メ承認ヲ乞フ旨来電アリ
総長「国境内ニ反撃ヲ止ムルコトヲ原則トス　中央ハ関東軍ガ慎重ナル行動ヲ取ラルベキヲ期待シアリ」旨返電ス　即チ国境外進攻ヲ抑止セズ　独断ヲ阻止シアラズ
総長独断返電其態度ハ至当ナリ

二、右ノ次第ナルニ付応戦反撃ノ為領土外進攻スルコトアルベキヲ政府ト諒解ヲ得ル必要アリ
午前二時ヨリ午前五時ニ亘リ第一部長班長軍務局長次官ノ間ニ於テ対「ソ」態度案ヲ至急纏メアゲタリ
午後右ヲ海軍ニ移ス

三、海相外相全然不同意ナリ
海軍ハ南方ノ為北ヲヤラヌ思想ナリ「ヤラヌ」考ヘデ修文シ来ル開戦等ノ文字ヲ入レレバ動々モスレバ陸軍ノ為北へ引ヅラレル　沫〔抹〕殺スルヲ可トストテ徹底的ニ陸軍不信ナリ　曲解不誠意不純真ナルコト甚シ
軍人精神アリヤト云ヒ度

四、第一部長憤慨ス　陸軍ハ陸軍デ勝手ニヤル　単独上奏大命ヲ仰ゲバ可ナリトテ話ヲ打切ルコトトス

五、海軍南方ヲ断乎ヤル従ツテ此際北方ニハ事ヲ構ヘザルヲ可トスノ理念ナラバ同意ス
南方ヲ断乎ヤル如ク海軍ノ意志確定シタノナラ大イニ可　キマリモセズ北ヲオサヘルガ如キハ女女シキ限リナリ
但シ対「ソ」態度案ハ右トハ別個ノ問題ニシテ一ニ統帥上ノ措置ヲ全カラシムルニ在リ
梅津大将ニ重大ナル独断ノ責ヲ負ハスニ忍ビサルニ過ギズ　「ソ」ノ空襲ヲ受ケ之ニ応戦ハ当然ナルモ開戦ハ重大事故予メ政府ト歩調ヲ合セ海軍トモ一致セシメ堂々ト大命ヲ仰ガントスル陸軍ノ衷情ヲ披瀝シタルニ

過ギズ

八月四日〔月曜〕

一、海軍ノ昨日ノ反対意見ハ課長以下ナリ

上司ノ意向ヲ更ニ確カメントテ大野大佐誠意ヲ示シ来ル

終日接渉〔折衝〕ス　引ヅラレマイトスル海軍ノ不純ト堂々ノ純理ヲ主張スル陸軍ト醜キ接渉〔折衝〕国家ハ助カラヌ哉

夕刻ニ至リ概ネ意見妥結シ腐ツタ様ナ作文成ル

二、総長関東軍ニ返事シタルコトニ就キ上奏ス

其ノ際ノ事情模様ハ果シテ如何

三、重光〔葵〕大使講話ス　英ハナカ〳〵参ラヌダロウ

独「ソ」戦ガ欧州戦ヲ支配スベシ　独ガ簡単ニ「ソ」ヲヤツツケルモノト考フベカラズ

四、連絡会議開催〔『杉山メモ』上、参照〕

豊田外相「陸軍ハ八月中旬対「ソ」開戦ニ決ス又占領地統治準備研究案既ニ成ル等ノ情報アリ〔」〕トノ意味ノ梅津大使電ヲ席上披瀝シ陸軍独断ニテ軽卒〔率〕ニヤラヌ様要望ス

之レ亦陸軍ノ牽制カ　駐満大使館員糾断〔弾〕スベシノ意見強シ　徹底的ニ調査スルトスベシ

五、対「ソ」外交交渉要領〔綱〕連絡会議ニテ正式決定ス

八月五日〔火曜〕

一、日「ソ」間ノ現情勢ニ対シ帝国ノ採ルベキ措置ニ関スル件　遂ニ陸海意見一致シ明日ノ連絡会議ニ提議スル事トス

海軍側特ニ大野大佐当班ノ誠意ヲ認メ動キ遂ニ妥結ス

正論ハ強シ

陸軍ハ本案ニ依リ決シテ海軍ヲ引ヅラントスルモノニアラズ　全ク関東軍ニ対スル統帥上ノ措置ヲ政府陸海意見一致ノ下ニ採リ度念願ナリシニ過ギズ

海軍ノ曲解従来ノ歴史ニ鑑ミ無理カラヌトモ考ヘラルルカ今回ハ熟々ト海軍ノ本性ヲ知ルヲ得タリ

二、対「ソ」外交交渉本夕ヨリ開始ス

三、外務大臣昨日ノ連絡会議席上ノ梅津大使電ニ関シ大臣総長ニ詫ビヲ入レタルガ如シ

当班強硬ニ梅津大使電ノ廻送ヲ要求シ外務省恐慌ヲ呈シタルガ如シ

大使電内容ハ梅津大将ノ閲覧ナキモノタルコト確実言語同〔道〕断ナリ

八月六日〔水曜〕

一、連絡会議開催〔『杉山メモ』上、参照〕
日「ソ」間ノ現情勢ニ対シ帝国ノ採ルベキ措置ニ関スル件決定ス
「応戦」スニ関シ種々論議ヨリ空中攻撃ノ事ニ限定スルヲ可トセズヤト近衛総理モ発言シタルガ如ク陸軍対海外首相ノ論戦トナリ陸軍旗色悪シト云フ状態ヲ呈セリト、近衛、海外ノ対陸包囲論戦恐ルベシ将来警戒ヲ要ス

二、右決定ニ基キ上奏関東軍ニ対シ航空進攻ヲナシ得ル件大命ヲ発セラル
梅津大将ノ負担軽減セラル

三、情勢ニ基ク戦力判断陸軍省ニ要望セルモノ結果ヲ課長部長ニ整備局ヨリ説明アリ
判決ハ既ニ詳知事項要ハ決断アルノミ

四、班長省部首脳者ノ情勢判断ヲ徴ス
南進断行必至ナルモ之レガ決意ハ困難ナリノ見透多シ

第一部長ハ対英米戦ハ大長期戦軽々ヲ許サズ　断行スルニ方リテハ大陸ニ不敗ノ長期戦態勢ヲ確立スルヲ要スノ意見ヲ述ブ

五、対「ソ」交渉昨夕開始「ソ」大使ハ外交ニ依ル打開ノ見透アリト見テ大イニ安心シタルガ如シ

六、独「ソ」戦況稍々活気ヲ呈シ来ル
「スモレンクス〔スモレンスク〕」周辺ニ停頓スルコト既ニ一ヶ月ニ及ブ独軍消耗シアリヤ否ヤ軽視ヲ許サザル所トス

八月七、八日〔木、金曜〕

一、対英米方策ヲ如何ニスベキヤ
対英米戦ヲ決意スベキヤ、対英米屈伏スベキヤ
戦争ヲセズ而モ屈伏セズ打開ノ道ナキヤ
此ノ苦悩連綿トシテ尽キズ
班内二日間論議ス
対米大長期戦争ハ避クベシ而シテ三国枢軸離反対米屈伏ガ今更出来ルヤ
対米長期戦争ノ勝目ハナキモ不敗ノ算ハナキヤ
詔勅ヲ仰ギタル枢軸結成ヲ今更離脱シ得ルヤ実質的離

脱ハトモカク表面的離脱ハ皇国ノ面子之ヲ許スヤ
皇国ノ面子ヲ損セズシテ一時的ニ妥協シ日米戦争ノ発生ヲ成ルベク遅カ〔ラ〕シメル策案ナキヤ　少クモ独ノ対英攻撃更ニ激化セラルル時期迄米ヲオサヘ油ヲ取ル方法ナキヤ正ニ国難到来ナリ真ニ非常ノ秋ナリ

二、次長苦悩ヲ重ネツツアリ
種村中佐更ニ対米外交打開ノ道アルベキヲ主張ス　之カ為三国同盟ノ実質的破棄ヲモ断乎決意スベキ案ヲ班長ニ具申ス
問題ハ対米外交ノ条件ナリ一部ノ後退屈伏ノミニテ対米外交ノ成功ハ疑ヒ多シ　全面的屈伏ナラバ油ヲヨコスベシ　南方武力進出セザル条件ニテ米ハ油ヲヨコスヤ否ヤ悩ミハ誰シモ同様ナリ

三、夜海軍戦争指導主任者ト懇親会ヲ「治作」ニ於テ行フ
大イニ飲ミ気分ピッタリト合致シ懇親ノ目的ヲ遺憾ナク達成ス

八月九日〔土曜〕

一、苦悩続ク　情勢進捗セズ
対米英情勢判断ニ関シ速ニ陸海政府首脳部間ニ話ヲ進ムルノ気運未ダ生起セズ　苦悩多カルベキモ速ニ首脳部ハ赤心ヲ披瀝シテ談合ヲ進ムル要アリ

二、第二部米ノ対日動向断レ判ヲ急ギツツアリ
右判断ニツキ速ニ陸海省部ノ間意見ヲ一致セシムル必要アリ

三、「チヤーチル」「ルーズベルト」某所ニ於テ会見スルノ報アリ　英米対日共同警告ヲ発スルトカ云フ　対日態度強硬ヲ加フ　戦争カ平和カノ関頭ニ立チアリト見ルカ否カ
仏印進駐ヲ遶ル英米ノ対日動向判断ニ於テ楽観ニ過ギタルハ既ニ明カナリ　情勢判断誤レルヲ告白ス

四、独「ソ」戦争稍々活気ヲ呈シ来ル
独武官ノ報告ニ依レバ独軍ノ「モスコー」占領ヲ九月上旬ト予想シアリ

五、年内対「ソ」武力解決ハ行ハザルヲ立前トスルコトニ決ス　本件陸軍内ノ決定ニシテ海軍ハ勿論政府ニ之ヲ移サズ
右ニ伴フ帝国陸軍作戦要綱成ル
一、対「ソ」十六師団ノ警戒ハ益々厳ナラシム
二、対支既定ノ作戦ヲ続行ス

三、南方ニ対シテハ十一月末ヲ目標トシテ対英米作戦準備ヲ促進ス

カクシテ北方武力解決ハ明春以降ニ延期セラル　但シ好機ガ明春以降ニ到来スルカ否ヤハ疑問ナリ

六月二十二日以来ノ興奮モ消失セリ　情勢判断ハ遂ニ的中セサリキ「スターリン」政権ノ崩壊ハ何時ノ秋ナリヤ

弱者ノ戦法ニ甘ンゼザルベカラザル帝国トシテハ又何ヲカ云ハンヤ

然レドモ十六師団動員ハ断ジテ無意味ニハアラザルベシ　之ガ支撐トスル外交ヲ期シテ俟ツベシ

八月十、十一日〔日、月曜〕

一、情勢動カズ

沈思苦悩ノ日続ク

一日ノ待機ハ一滴ノ油ヲ消ヒス

一日ノ待機ハ一滴ノ血ヲ多カラシム

而シテ対米百年戦争ハ避ケ度

二、野村大使ヨリ対米外交ノ余地アルヲ又駐英武官ヨリ軽々ニ南方武力進出スベカラザルヲ進言シ来ル

三、種村中佐満州視察ニ出発ス

八月十二、十三日〔火、水曜〕

一、人造石油及北樺太石油ニ依ル可能性ヲ検討ス

更ニ「イラン」及「ペルー」ヨリ石油入取〔手〕ノ能否ヲ研究ス

大体ニ於テ何レモ藁ヲモ「ツカム」ノ部類ナリ

藁ヲモツカム一面ノ心理ト悠久ナル国家ノ発展ヲ祈念スル心ト断乎タル決意ト等々錯綜シ決心ハ確立スルニ至ラズ

二、外交ニ依リ一時的ニ油ヲ取得シ其場ヲ凌ギ得ルトスルモ米ノ海、航、軍備充実ノ暁ハ如何　其ノ場合「ストップ」ヲ受クルモ起ツ能ハザルニ至ルコトナキヤ

米ハ将来ニ亘リ太平洋ノ平和ヲ念願スルモノナリヤ否ヤ　一時的ニ苦境ヲ切リ抜カンガ為太平洋ノ平和ヲ欲スルニアラザルヤ　若シ前者ナリトセバ外交的施策ノ余地ナキニアラズ

日米当局ノ信頼ニ依リ可能ナルベシ

然レドモ現在ニ於テハ相互信頼ハ困難ナリ

而モ又三国同盟ノ国際信義ヲ如何スベキヤ

三、石井中佐ヨリ連絡アリ

上司ヨリ泰ノ中立ヲ条件トスル対英外交要領ヲ研究スベシト　之ニ依リ馬来［マレー］及蘭印ヨリ油其他ヲ取ラントスルニ在ルナ［ラ］ン

根本的問題ニフレズ「油」、「物」ヲ取ラントスル陸相ノ真意如何

本件当班関知セザルコトトシ見送ルノ態度ヲ取ルベシ

四、大島大使ヨリ極東処理要領ノ腹案ヲ尋ネ来ル

大島大使ハ帝国現下ノ悩ミヲ知ラザルモノ、如シ　帝国国力ノ実相ヲ知ラザルモノ、如シ

八月十四日［木曜］

一、第二課南方作戦ノ兵棋ヲ明日ニカケ行フ　総長次長出場ス

当班ニ見学ヲ要求シ来ラズ心掛悪シ

二、連絡会議開催［『杉山メモ』上、参照］

果然外務省提案「泰ノ中立ヲ条件トシ物ヲヨコセ」ノ対英外交案之レナリ

右ハ三局長案ナルガ如ク総長会議出場前ニ局長説明諒解ヲ求メ来レルモノ次長以下参謀本部ハ関知セス上司ノ闇取引ナルガ如シ　近衛、豊田、東条、及川［古志郎］ノ闇取引ナラン

右対英外交ト併行シ対米外交ハ依然進メツツアルガ如ク八日ニ米回答アリシト云フ　当部全然之ヲ知ラズ次長亦然ルガ如シ　総長ハ或ハ知リアルカモ知ラズ

要ハ三国枢軸脱退ノ闇取引ナリ

東条陸相ノ無節操慨歎ニ堪ヘズ

国策ノ大転換ナラバ宜シク陣容ヲ刷新スベキナリ

三、平沼「テロ」ニ遭ヒ軽傷ス

国内ノ騒擾ハ更ニ増大スベシ　対外影響ヲ最モ恐ル

八月十五日［金曜］

一、昨連絡会議必ズシモ闇取引ニアラザルヲ知リ稍安心ス

陸相総長ハ泰ノ中立保障ニ強硬ニ反対セルカ如ク枢軸離反セザル原則ハ堅持スルモノ、如シ　近衛、豊田ハ然ラス一時的ナラバ可ナラズヤトテ支柱ナケレバ離脱ヲ平然トヤル気配濃厚ナリ

二、「スタメニン［スメターニン］」仰セノ如クヤルベシト回答ヲ寄セタリ「ソ」モ目下ハ中立ヲ欲シアルハ明カナリ

三、英「グレギー［クレーギー］」外相往訪日英交渉ノ余地アルノ口吻ヲ洩ラセリ　対英外交案（外務案）ハ之レニ起因シテ提議セラレタルモノナリ

四、英米共同宣言ヲ発ス
英米ノ戦争目的和平条件ヲ宣言シタルモノナリヤ否ヤ
結局ハ英米ノ世界制覇、自由主義現状維持ニ依ル世界制覇ニ他ナラズ
何ガ自由何ガ平和ナリヤ
裏面ニ如何ナル諒解ニ到達シタルヤ不明
米参戦ノ表面的宣言トモ見做シ得ベシ
相変ラズ極東ニハ言及セズ対日交渉ノ余地ヲ残シアリ
真ニ其意図ナリヤ　謀略的「ゼスチヤー」ナリヤハ不明

五、右宣言ニ膺接シテ英対日全面禁輸ヲ発令ス
英大使ノ外相ニ対スル口吻ト右ト如何ナル関係ニアリヤ疑問トスベシ

六、平沼　必ズシモ軽傷ニアラザルガ如シ
「テロ」ハ更ニ散発スベシ

七、海軍作戦課ヨリ左記連絡アリタルガ如シ
1、八月、九月更ニ各三〇万屯船徴傭
2、十月十五日迄ニ戦備完結
3、九月二十日陸海作戦協定実施
4、九月上旬支那ヨリ陸戦隊三大隊ヲ抽出ス
5、九月中旬ヨリ更ニ船五〇万屯徴傭ス（但シ本件未決）
右ハ一体如何ナル決意ニ依ルヤ
海軍ハ決意セザル儘徹底的作戦準備ヲ行ハントスルヤ
出帥［師］準備ノ演習ヲ行ハントスルニ在ルヤ
不可解至極ナリ

八月十六日［土曜］

一、海軍ヨリ帝国国策遂行方針遂ニ提示シ来ル
正午陸海部局長会議ヲ開催其席上ニ於テ正式提示ス
之ヨリ先小野田海軍中佐来リ上司ニ於テ起案セラレアルモノナリトテ筆記セルモノヲ持チ来レリ

二、案ノ骨子ハ戦争ヲ決意スルコトナク戦争準備ヲ進メ此ノ間外交ヲ行ヒ打開ノ途ナキニ於テハ実力ヲ発動トス［スト］云フニ在リ

三、外交ノ目標ハN工作及対英外交ノ要求貫徹ニアルガ如キモ明確ナラズ

本件結局対米屈伏外交ニ終ルコトナキヤヲ懼ルモ海軍部局長案トシテ十月中旬ニ至ルモ外交打開ノ途ナケレバ実力発動スノ明言ヲ得タルハ先ヅ〳〵可ナリ

小野田中佐ノ労ヲ多トス

四、第一部長班長ニ対シ至急一案ヲ造ルベク要求ス

海軍案ノ対案トスルコトナク修文案トスルヲ可トストノ第一部長意見ナリ

八月十七、十八日〔日、月曜〕

一、日曜修文案ヲ草ス

1、先ヅ九月中旬ニ至ルモN及対英外交打開セザレバ決意ス

2、次デ更ニ最後的外交ヲ行ヒ要求貫徹セザレバ武力発動ス

3、外交ノ目標ヲ明カニス

右主旨ニテ修文セリ

十八日部長次長ニ移ス

部長速〔即〕時決意スベキヲ主張ス　N工作ノ妥結ノミニテハ我要求不充分ナリト云フ

速〔即〕時決意ハ政治情勢上至難ナルベク従テ期日ヲ画シN及対英ノ見切リヲツケ戦争決意ヲナス方ヲ可トスル原案ノ意見ナリシモ　第一部長強硬故即時決意スル如ク更ニ修文セリ

次長ハ大体ノ筋ニ同意ナリ次長モ速〔即〕時決意ノ案ニ近シ

問題ハ一昨日連絡会議ニ於テ決定セル対英外交ノ取扱之レナリ　統帥部トシテハ右ニ同意シ乍ラ今速〔即〕時戦争ヲ決意スベシトハ言ヒ出シ得ズ　総長ノ考ヘ果シテ如何

八月十九日〔火曜〕

一、更ニ修文セル第二案ヲ部内部長及作戦課長、総長、次長ニ移ス　大体同意ナリ

午後陸軍省ニ移ス　主旨同意ナルモ速〔即〕時決意ニハ上司ニ難色アルガ如シ　大臣トシテハ対近衛上ツラカルベシ　総長ハ一向平気ナルガ如キモ真意那辺ニ在ルヤ不明ナリ

二、岩畔大佐ノ帰朝報告アリ

三、南方作戦ノ場合帝国ノ船舶確保ハ概ネ可能ナルガ如シ

損耗一〇％内外

造船年間五〇万ト見テ差支ナシト軍令部自信アルガ如シ

四、第二部ノ情勢判断来ル
何ノ事ヤラサッパリ分ラヌ作文ナリ

五、独「ソ」戦一向ニ進展セザルハ不安ナリ
英米ノ対日攻勢逐次硬化シツツアルガ如キ情報アルモ尚英米ノ真意ハ不明ナリ

八月二十日〔水曜〕

一、岩畔大佐宮中情報交換ニ於テ日米妥協ノ余地アリトノ報告ヲナセルガ如シ
海軍若手連中大イニ憤慨セルガ如ク小野田中佐ヨリ甚ダ困ル旨電話アリ
右当班モ全然同意ナリ

二、国策遂行案小野田中佐ニセガマレテ私案一部小野田中佐含ミ迄ニ移セリ
小野田中佐盛ンニ上ニ通ル様ナ作文ニセラレ度ヲ強調ス　一先ヅ「ダラカン」デモ好カラ上ニ通シ更ニ鞭撻ノ手ヲ打ツベシト云フニ在リ　陸軍トシテハ遽ニ同意シ難シ

八月二十一、二十二、二十三日〔木、金、土曜〕

一、二十一日陸軍省ヨリ国策遂行要領ノ対案来ル
決意セズシテ戦争準備ヲ完整セントスルモノ作文ハ勉メテ海軍案ノ趣旨ヲ取入レアリ　能ク云ヘバ考ヘタ案悪ク云ヘバ「ダラカン」ナリ
但シ外交ノ要求ハN工作ノ要求ニ近似セシムル如キ作文トス

二、二十二日陸軍省案ヲ加味シタルモノニテ部長会議開催前後四時間ニ亘リ審議シ対米英戦決意ヲ決定ス
外交上ノ要求未審議ニテ終了散会

三、二十三日部長会議続行外交要求ヲ審議決定茲ニ参謀本部決定案成ル
夜之ヲ陸軍省ニ移ス

四、次長対米英戦決意ノ意見牢固タルモノアリ
約一ヶ月ニ亘リ苦悩ニ苦悩ヲ重ネタル結果戦争決意ニ到達シタルモノノ如ク次長ノ意志ハ極メテ鞏固ナリ

五、右案果シテ海軍又ハ政府ト意見一致スルヤ否ヤニ関シ総長以下大ナル疑問ヲ持チアリ　一致三分不一致七分ト考ヘアルガ如ク内閣ノ瓦解ハ必至ナルベシ

六、対米（英）決意ニ関スル上奏案ヲ起草シ成ル

八月二十四、二十五、二十六、二十七日［日、月、火、水曜］

一、上奏案第一案ニ対スル意見来リ第二案ヲ草ス

二、陸軍省ヨリ正式意見来ラズ二十六日第一部長軍務局長ト会談シ大体同意故二十七日陸海部局長会談ニ移スコトトナル

三、二十五日夜官邸ニ於テ省部主［首］脳者会議開催ス
大臣、次官局長総長次長第一、第二部長集合
米大統領及「ハル」ニ対スル近衛総理ノ返電ニ関シ審議ス
豊田外相就任以来N工作盛ンニヤツテ居リシモノ、如ク枢軸離反ノ色彩濃厚トナリツツアリ
日米妥協ノ条件逐次枢軸離反ニ傾キツツアリ

四、二十六日海軍側ヨリ国策遂行要領ノ改訂案来ル
対米英決意ナキハ勿論対米英戦争準備ノ字句モ沫［抹］殺　援蔣補給路遮断作戦準備ト変更シアリ
「オ上」ヲ目標トシタル偽騙作文　臣子ノ分ニ反ス
海軍側ノ腰抜驚キ入リタル次第　百年長期大戦争ナド思ヒモヨラザルコトナリ

五、二十六日連絡会議米大統領及「ハル」ニ対スル近衛返電可決ス
豊田最モ反枢軸次テ海軍ナリ　近衛ハ海軍ノ決意決マラバ起ツガ如シ
要ハ海軍省首脳ナリ　「オ上」ニ原因アルヤモ知レズ
国家ノ前途暗澹タリ
地位ト栄達ヲフリ捨テ、奉公一途ニ邁進スルノ国士ナキヤ

六、英「ソ」軍「イラン」進入ヲ開始ス

八月二十八日［木曜］

一、昨陸海部局長会議マトマラズ
岡局長決意ニ絶対不同意N工作不成立ノ場合ニ於テモ尚欧州情勢ヲ見テ開戦ヲ決スト云フ即チ徹頭徹尾決意ナシ
外交打開ノ途ナキ場合ノ武力発動ヲモ今決意シ得ザルニ於テハ如何トモ致シ方ナシ

二、第一項「決意」シヲ「決意ノ下」ト修文シ大野大佐ニ移シタルモ岡局長受付ケズト云フ又何ヲカ云ハンヤ

三、上奏案第二案成ル

四、大島大使ヨリ独ノ対「ソ」作戦予期ニ反シタル旨「リツペン」ヨリ話アリシ事電アリ

「ヒットラー」モ遂ニ対「ソ」情勢判断ヲ誤レルカ
「ヒットラー」誤ルニ於テハ当部第二部カ誤ルノモ致方ナキカ
独軍ノ対「ソ」武力戦年末迄及ブ六月以来ノ国策ノ内容的変化思ウテ感慨無量ナリ
而シテ帝国ノ前途ハ如何　暗雲低迷真ニ逆睹スベカラズ

八月二十九日〔金曜〕

一、上奏案ノ取扱ニ次長困惑ス
政府ト意見合致セズ　尻ヲ「マクル」ノナラバ本案ニ依リ御聖断ヲ仰グモ可ナルモ目下ノ時機ニ於テハ慎重ヲ要スト
要ハ総長ガ職ヲ堵〔賭〕スルノ決意ナクンバ本案ノ上奏ハ不可能ナラン
二、昨日岡局長受付ケザリシモノ必ズシモ然ラズ　提案ニ乗リ来リ第一項「戦争ヲ辞セザル決意」ニテ同意　但シ開戦決意ノ時機ハ九月下旬ハ困ル十月中旬トスベシノ意見ナリ
三、第一部長開戦決意前ノ作戦準備ニ戦略展開ヲ含ム（南仏ヲ除ク）件
開戦決意ノ時機遅クモ十月上旬決意ト共ニN工作打切ルノ件、開戦決意時機ニ於テ政変等ニ依リ国策ヲ絶対ニ変更セザル件等ノ要望ヲ陸軍省ニ移シ之ガ前提ニ於テ本案ヲ承認スルト云フ
四、米武官ヨリ米大統領宛近衛総理返電ヲ米大統領機嫌ニテ受理セリトノ電アリ
「ハワイ」ニ於ケル両巨頭ノ会談遂ニ実現スルヤ実現セバ恐ラク決裂ハナカルベク一時ノ妥協調整ニ依ル交渉成立スベシ　果シテ然ラバ遂ニ対米屈伏ノ第一歩ナリ帝国国策ノ全面的後退ヲ辿ルベシ
サレバトテ戦争ヲ欲セズ百年戦争ハ避ケ度
茲ニ於テ帝国ガ力程モナキ大東亜新秩序建設ニ乗リ出セルガ抑々ノ誤ナラズヤ　支那事変発足ガ不可ナリシナラズヤ

八月三十日〔土曜〕

一、午後陸海部局長会議
陸海戦争指導班長及軍務課長出席ス
遂ニ対南方国策遂行要領案陸海部局長ノ間ニ於テ決定

ス

二、海軍岡局長ト陸軍田中部長ノネバリ合ヒモ遂ニ今日ヲ以テ先ツ終了ス

三、米武官ヨリ米ハ先ヅ国交調整ノ大綱ニ就キ話合妥結シタル後会見スベク而シテ条件中防共駐兵ハ絶対ニ容認セザル旨電アリ　米対日政策ノ誠意ナシ

国交調整ノ前途多難統帥部トシテハ飽迄東亜新秩序建設ノ既定方針ヲ堅持シテ政府ヲ鞭撻シ実質的対米屈伏ノ如キ事態ニ立到ラザルノ態度ヲ必要トス

四、外交ノ最後的要求ヲ速ニ外務ニ移シ政府トノ意見一致ヲ求ムル要アリ

之ニ依リ政変アリヤモ知レズ

〔八月三十一日　欠〕

九月一日　〔月曜〕

一、陸海部局長案ニ対シ総長異存ナシ

然ルニ岡海軍局長修文意見アルガ如ク明日更ニ陸海局長会議開催ヲ提議シ来ル

奇怪千万海軍ハ之ダカラ困ル

二、近衛ノ「メッセージ」ニ対シ米ヨリ正式返電アリタルガ如ク陸相局長総長等ノ往来盛ンナリ当班之ニ関知セシメラレズ

総長「ダラカン」ニナラザランコトヲ祈ル

三、上奏案第三案成ル

上司之ヲ上奏スルヤ否ヤ不明ナリ

九月二日　〔火曜〕

一、更ニ陸海部局長会議ヲ開キ若干ノ修文アリタル後決定ス

両局長外交要求ニ関シ外務省ト折衝ス

明三日連絡会議ニ提案セントス

二、石井中佐本案ヲ企画院総裁及書記官長ニ移ス　鈴木総裁概ネ同意セルモ書記官長駐兵ニ関シ難色アルガ如ク

総理ハ全面撤兵ヲ企図シアルヤニ察セラル

三、総長大臣共ニ三国枢軸堅持、大東亜共栄圏遂行、「撤兵セズ」ノ三条件ヲ固守スル如ク申合セタルガ如シ

又総長ハ右三件ヲ直筆シ近衛総理ニ移セルガ如シ

大イニ右ニ対シ敬意ヲ表ス

四、近衛総理箱根ニ於テ想ヲ練リタルガ如シ

五、馬渕〔逸雄〕報道部長「ラジオ」ニテ対米強硬演説ヲナス　又興亜同盟政府ニ三国枢軸堅持ノ強硬進言ヲナス

九月三日〔水曜〕

一、連絡会議ニ臨ムニ方リ昨夜両局長外務側ト折衝シタル結果ヲ総長ニ説明ス
次長、第一、第二部長、班長出席ス
第一部長局長ト三国同盟ノ義務遂行ニ関スル件ヲ約諾シ得ル限度ノ本文ニ入レタル事ニ就キ大論戦ス
局長ハ稍々外交妥結ノ熱意アリ第一部長ハ全然ナシ
茲ニ両者論争ノ根因アリ
何レニシテモ参謀本部ノ枢軸堅持ノ精神ハ鞏固ナルモノアリ

二、午前十一時ヨリ連絡会議午後六時ニ至ル
国家ノ大事論戦七時間ニ及ブハ慶ブベキナリ
午後六時散会一回ノ連絡会議ヲ以テ正式決定ス　大イニ可ナリ
但シ海軍本文ノ修正意見ヲ呈出ス而モ最モ問題トナル個所ナリ　即チ「我要求貫徹シ得ザル場合ハ直チニ開戦ヲ決意ス」ヲ「我要求貫徹ノ目途ナキ場合ハ……」ニ修文ス
右ハ海相先ヅ「開戦ヲ決意ス」ヲ「最後的方策ヲ講ズ」ト修文ヲ提議シ陸軍側之ヲ排撃セル所岡海軍〔軍務〕局長俄然右ノ如キ修文ヲ提議シ已ムヲ得ス総長大臣之ニ同意セルガ如シ〔『杉山メモ』上、参照〕

三、海軍特ニ海軍省首脳部ノ無節操言語同〔道〕断ナリ
「女」ノ如キ根性断乎排撃ノ要アリ
修文ハ本案ノ骨子、扇ノ要タルベキ個所ナリ
之ニ依リ本案ハ骨抜トモ見ルベシ
十月上旬ニ於テ更ニ大ナル論議トナルベク外交ニ依リ引摺ラルル虞多分ニ大ナリ

九月四日〔木曜〕

一、午後四時ヨリ軍事参議官会議開催
総長決定国策ヲ説明ス

二、御前会議ニ於ケル「御説明」及質疑応答資料ヲ起案折衝ス

三、北白川宮永久王殿下ノ御一週〔周〕年ニ方リ謹ミテ敬弔ノ意ヲ表シ奉ル

九月五日〔金曜〕

一、御前会議ヲ明日ニ控ヘ御説明及質疑応答資料ノ決定及印刷ヲ急グ

二、外務省対米電報統帥部ト何等ノ連絡ナク打電ス　日支間「新取極」ノ解釈疑義アルママニ打電セルハ不可ナリ　軍務局長、岡ト黙契アルガ如ク外務ト一脉通シアリト思ハルル節アルハ奇怪ナリ

第二部長右ニ対シ独断米武官ニ対シ「新取極」トハ昨年十一月決定ノ取極ナル旨打電スルノ勇断ナシ　第一部長憤慨シアルモ亦然リ

第二部長ハ結局事務屋ニ過ギサルカ

三、夕刻ニ至リ突如陸海総長ヲ召サレ御下問アリ

総理連絡会議決定ヲ内奏セル所統帥ニ関シ御下問アリヨツテ総理ノ進言ニ依リ召サレタルモノナリ

南方戦争ニ関シ種々御下問アリ（御下問綴ニ依ル）

〔『杉山メモ』上、参照〕

一時ハ部内空気緊張ス

御下問約二時間ノ後総長退下陸相ト会見ス

御嘉納アリタルガ如シ

九月六日〔土曜〕

一、午前十時ヨリ十二時ニ至ル間御前会議決定ス

会議ノ模様ニ関シテハ別冊〔『杉山メモ』上、参照〕ニ依ル

正ニ歴史的御前会議ニシテ幾多ノ秘史アルガ如キモ茲ニ記載セズ

対米決意ハ前途遼遠ナルヲ思ハシムルモノアリ

二、今日ノ御前会議ハ特ニ「決ツタ」ト云フ感ジ湧キ来ラズ　如何ナル意カ？

九月七、八、九日〔日、月、火曜〕

一、大〔台〕風一過シ茫然タリ

八日総長南方作戦構想ニ関シ上奏ス

二、対米英蘭戦争指導要綱第一案ヲ陸海主任者ニ移シ意見ヲ求ム

三、独米潜水艦、駆逐艦交戦ス

新聞右ヲ盛ニ書キ立ツ　独ノ対日謀略カ米ノ対内謀略カ不明ナリ

四、陸軍省南方作戦準備ノ具体化ニ難色アリ

第二課大体ニ於テ軍事軍務課ニ圧倒セラレアリ

九月十、十一日 [水、木曜]

一、対米英蘭戦争指導要綱第一部長意見来ル

1、長期持久戦争ノ思想ハ不可短期戦争ヲ目標トシテ努力スベシ

2、戦争目的ハ道義ニ基ク聖戦ナル旨ヲ強調スベシ

3、戦争終末ノ見透ヲ明確ナラシメ之ニ向ツテ努力スベシ

二、至急第二案ノ立案ヲ急グ

三、外務省ヨリ日米協定案ノ意見求メ来ル

支那駐屯ハ既取極ニ基クモノヲ固守スルノ意見強シ

四、「グルー」ヨリ帝国ノ交渉条件質問シ来ル

御前会議決定ノ条件ヲ明確ニ米側ニ通達セラレアラズ

外務省ハ連絡会議決定ノ日不明確ナル条件ヲ統帥部ニ何等ノ通告ナシニ打電セルガ如シ　軍務局長之ニ暗然[黙]ノ諒解ヲ与ヘアルハ不可ナリ

五、米国ノ要求ハ門戸開放ト全面撤兵ノ如シ（要スルニ）共ニ帝国ノ主張ト背馳ス　交渉ノ前途ハ多難ナリ

九月十二、十三日 [金、土曜]

一、十三日連絡会議開催米ノ質問ニ対スル回答電文ヲ決定ス [『杉山メモ』上、参照]

会議出席前軍務課長ハ大臣ニ班長ハ総長ニ日支取極ニ基ク駐兵ノ件ハ明確ニ対米意志表示ノ要アルヲ強張[調]セリ

然ルニ可決電文ハ防共駐兵ヲボヤカシアリ

何デモ彼デモ近衛、「ルーズベルト」会談ヲ開キソレデ駄目ナラ駄目ト運ブ如ク政府ハ企図シアルモノト解セラル

最後ニ於テ当方駐兵主張ヲ固守スルノ本当ノ決意アラバ電報ニ「ゴマカシ」アリトモ差支ナキモ「ドタン」場ニ於テ「ゴマカシ」電文ノ如クナルヲ恐ル

二、総長会議席上強硬ニ主張シタルモノノ如キモ保留スルノ態度ヲ取ラズ遂ニ同意シ来ル　之ニ依リ遂ニ支那ノ全面撤兵ヲ余儀[ナク]セラルルニ至ランカ参謀総長ノ責任ヲ如何ニセントスルヤ

総長ハ正ニ職ヲ堵[賭]シテ強硬態度ヲ取ルベカリシナリ

大臣ノ態度クサシ　局長ニ至ツテハ言語同[道]断ナリ

〔九月十四日　欠〕

九月十五日　〔月曜〕

一、独米間急迫セリ
参戦ノ機運濃化シ来ル　但シ新聞論調ノミニシテ実際ハ米ニ未ダ参戦ノ決意ナキモノト見ルヲ至当トスベシ

二、近衛渡米ノ際ノ資格、軍ノ代表者トノ関係権限等研究スベキヲ次長ヨリ命ゼラル
第二ノ「ワシントン」「ロンドン」会議ナカラン為本件慎重考慮ヲ要ス

九月十六日　〔火曜〕

高松宮〔宣仁〕殿下ニ対シ奉リ参殿ノ上有末大佐ヨリ種々御下問ニ奉答ス（別冊御下問綴）
聖上ノ総長ニ対スル御下問ト等シク現下ノ時局ニ対スル深憂ノ程恭キ極ミナリ
嗚呼時局ヲ担当スル者ハ誰ゾ
人力、神力、神明ノ加護ヲ祈ルアルノミ

九月十七日　〔水曜〕

一、午前辻中佐種村中佐軍令部ニ至リ対英米蘭戦争指導要綱並占領地行政指導要綱案ヲ説明ス　海軍側藤井〔茂〕中佐神〔重徳〕中佐小野田中佐出席ス

一、日米交渉ノ見透並日米交渉成立後情勢ノ推移観察ヲ研究ス

一、次長最近公私ノ悩ミ多キガ如ク特ニ疲労ノ色濃キヲ認メ心痛ニ堪ヘズ

一、原大尉風邪欠席

九月十八日　〔木曜〕

満州事変十週〔周〕年記念
世界変動ノ地殻ヲ破リタル今日更ニ大ナル世界革命ヘノ陣痛重シ。
連絡会議ニ於テ「日米協定」帝国最後案（日支和平条件ト共ニ）ヲ速ニ策定　米側ニ提示スルコトニ決定外務第三案ヲ基礎ニ審議ス
外相漸ク「ピヤストル」増加要求ノ発電ヲ受諾ス　此点総長ノ御努力感謝ス

九月十九日〔金曜〕

昨日決定ノ「日米協定案ニ対スル参謀本部意見」ヲ第一、第二部長、有末大佐ヨリ軍務局長ニ対シ説明シ陸海外局長会議ニ附議ス　其ノ結果更ニ研究ヲ要スルモノアリ

午后連絡会議ヲ延期シ午后四時半ヨリ大臣官邸ニ於テ省部首脳会議ヲ開催午后八時ニ至リ省部意見ヲ決定

明日連絡会議ニ於テ総長ヨリ説明スルコトトス

戦争指導要綱海軍主任者案（陸軍案ヲ基礎トス）提示シ来ル。

九月二十日〔土曜〕

午前九時ヨリ連絡会議日米協定案ヲ審議　参謀本部修正意見ヲ殆ンド容レテ可決セリ〔『杉山メモ』上、参照〕

総長頗ル満足ノ様子ナリ

班長軍務課長ト共ニ外務省寺崎〔太郎〕局長ト会談ス

〔九月二十一日　欠〕

九月二十二日〔月曜〕

一、対米英蘭戦争指導要綱省部主任者間概ネ意見一致ス
第一部長ノ短期終結思想ハ陸軍省ノ同意スル所トナラス長期戦ノ思想多シ
櫛田中佐出席セルモ右陸軍省主任者ヲ説得スルコトナシ

二、二十日決定ノ了解案ヲ「グルー」ヲ経テ米ニ通告ス

〔九月二十三日　欠〕

九月二十四日〔水曜〕

一、対米政戦ノ転機（開戦決意ノ時機）ハ遅クモ十月十五日ナルヲ要スル旨統帥部ノ要望ヲ政府ニ移スベク海軍ト折衝ス
第一部起案セルモノヲ当班ニ移シ来ル之ガ取扱ニ時間ヲ空費シ明日ノ連絡会議ニ間ニ合ハザルニ至ル

二、在米海軍武官電ニ依レバ米ハ対日調整ノ熱意ナキガ如ク帝国譲歩（支那駐屯ノ放棄）ナキ限リ交渉成立ノ望ミナキコト明瞭ナルニ至レリ
米ハ要スルニ時日ノ余裕ヲ得ントスルニ在ルモノノ如シ

三、夜星岡茶寮ニ於テ陸海作戦課及戦争指導主任者ノ会食

ヲ行フ

両総長出席ス

九月二十五日〔木曜〕

一、連絡会議両総長ヨリ政府ニ対シ対米英蘭開戦決意ノ時機ハ遅クモ十月十五日ナルヲ要スベキ旨要望ス

政府側之ニ対シ大ナル意見ノ開陳ナシ

之ヲ諒承セルモノト認メラル〔『杉山メモ』上、参照〕

二、二十日連絡会議決定ノ日米了解案未ダ対米打電シアラズ

外相ノ態度不可解千万省部主任者憤慨ス

大臣総長ノ右外相ニ対スル反撃ノ態度物足リナシ

九月二十六日〔金曜〕

一、昨日ノ連絡会議ニ於ケル統帥部ノ要望大ナル反響ナカリシガ如ク観察セルニ事実ハ然ラズ　近衛総理ハ心境ニ大ナル変化アリシガ如シ

其事情別紙〔添付書類次頁〕ノ如シ

二、次長次官ト会談左記ヲ要望ス

1、御前会議決定ヲ確実ニ実行スル様大臣ヲ鞭撻セラレ度

2、海相最近ノ言行不可解ナルモノアリ　大臣ヲシテ海相ヲ鞭撻スル様施策スベシ

九月二十七日〔土曜〕

一、昨日ノ次長ノ次官ニ対スル要望アリシ関係カ陸相ハ海相ト会談　御前会議決定ヲ変更スルノ意志アルガ如キモ如何ト質セル所変更ノ意志ナキモ世界情勢刻々ト変化シツツアリ日本ノミ過早ニ世界戦争ノ渦中ニ飛込ムノヲ恐ルルニ在リト敢ヘテ詭弁ヲ弄セリ

右ハ御前会議決定ヲ変更セントスルモノニアラズシテ何ゾヤ

御前会議決定ハ世界情勢ヲ広ク深ク勘案シタル後ノ結果ナリ今更右頤〔顧〕左眄スルノ要アリヤ　又其ノ余裕アリヤ

二、大臣海相ヲ詰問セルハ大イニ可

目下帝国ニ於ケル邪悪ハ海相ナリ

三、近衛総理内閣投出ノ気配アリ

之ヲ歓迎スル分子ト歓迎セザル分子トアリテ国内明朗

ナラズ

四、対米英蘭戦争指導要領案陸海主任者審議ス

〈添付書類〉

昭和一六、九、二六

政戦略ノ転換ハ遅クモ十月十五日ヲ以テ
限度トスル統帥部ノ発言ニ関スル経緯

九月二十五日（木）定例連絡会議ニ於テ参謀総長ヨリ発言シ統帥作戦上ノ要望トシテ既ニ国策遂行要領ヲ以テ御前会議ニテ決定セル十月上旬頃外交上ノ目途ヲ有無ヲ判断シテ政戦略ノ転移ヲ決定スル件ハ十月十五日トスルヲ要スル旨ヲ理由ヲアケテ説明セリ尚軍令部総長モ之ニ附加シテ海軍作戦ノ見地ヨリ所見ヲ開陳セリ但シ書類ヲ交付スルコトナシ

連絡会議終了後総長ヨリ二十七日（土）ノ情報交換会ニ書類ヲ一応交附スヘク命アリ海軍側ト交渉セルトコロ書類ノ提示ハ容易ニ同意セサルトコロアリ

二十六日午前軍令部次長塚田次長ヲ訪レ海軍大臣ヨリ「書類ノ交附ハ此際各種機微ナル関係モアリテ差控ヘ度キ希望」モアリ之ヲ中止スルコトトシ度キ旨申入レタリ塚田次長ハ「十月十五日ニ対シ之ヲ延スモ支障ナシトノ意見海軍側ニアルニアラズヤ」ト質問シ伊藤［整一］軍令部次長ハ然ラサル旨ヲ述フ

二十六日午前参謀総長宮中大本営ニ於テ永野総長ヨリ右様ノ相談アリシヲ以テ「機微ナル情報ナレハ書類ヲ提示セサルモ可ナリ」トテ同意セリ

機微ナル情況トハ何ゾヤ

連絡会議終了後宮中大本営ニテ準備シアリシ昼食ヲトルコトナク近衛首相ハ同会議出席閣僚ヲ総理官邸ニ伴ヒ「陸海軍総長ヨリ十月十五日ヲ以テ政戦略転換ノ日次《ママ》トスヘキ要望アリシモアレハ強イ要望ナリヤ」トノ意味ノ質問ヲ発シ之ニ対シ「強イ要望ナリ之ハ要望ニアラスシテ「十月上旬頃」ト国策遂行要領ヲ以テ御前会議ニ決定セルコト其儘ニシテ変更セラルヘキモノニアラス見透シヲツケテ政戦略ノ転換ヲ決スヘキナリ」（陸軍大臣カ？）ト述ヘタルトコロ近衛首相ハ相当ニ当惑シタル由

即チ二十五日連絡会議ニ両総長ノ発言セシコトハ近衛総理ニ対シ可ナリ強ク外交促進又ハ見透シノ必要ナルヲ感セシメタル如ク之ニヨリ或ハ政情ニ対スル不安ヲモ予感セルニアラスヤトモ察セラル

（尚日米国交調整了解案及和平条件ハ二十五日午後五時米側ニ申入レタリ之ヲ以テ初メテ米側ニ帝国ノ真ノ条件ヲ通シタルコトトナレリ）

［九月二十八日　欠］

九月二十九日　［月曜］

一、外相「グルー」ニ速ニ回答スル様要求ス

二、近衛総理鎌倉ニ引籠リ出テ来ズ
　近衛ノ心中和戦何レヤ「和」ニ傾キツツアルガ如シ

三、政情不安　小磯［国昭］内閣、宇垣［一成］内閣説流布セラレツツアルガ如シ

四、今後ニ於ケル情勢推移判断及之カ対策ニ関スル研究ヲ進ム

五、第一部長十月二日連絡会議ニ於テ開戦決意ノ提議ヲナスベシト要求ス
　軍務局長統帥部ガ内閣ヲ倒シタル形ヲ取ルハ不可ナリトテ之カ延期ヲ要望セルガ如シ
　次長当班又右ニ同意ス

六、第一部長元帥府ヲ代表シ閑院［宮載仁］元帥殿下ヨリ開戦決意ノ必要ニ就キ上奏相成ル様工作セントシアリ

九月三十日　［火曜］

一、対米英蘭開戦決意ノ必要ニ関スル上奏文ヲ起草セントス

二、対米英和戦決意ヲ遶ル今後ノ情勢推移ニ対スル観察ヲ総長次長ニ進言シ上司ノ善処ニ資ス
　最大ノ難関ハ非常手段ニ依ル陸軍ノ後退ヲ強制セラル場合ナリ
　総長、大臣ノ重責今日ヲ措イテ他ナシ
　正ニ決死ノ覚悟ヲ必要トスベシ

三、野村大使電到着
　二十七日帝国最後案（日米了解案）ヲ「ハル」ニ手交セルガ如シ
　野村ノ右了解案ニ対スル感想左ノ如シ
　(イ)新提案ハ困ル米ハ六月二十一日米側提案ヲ基礎トシアリ
　(ロ)対欧州戦態度ニ於テ米参戦セル場合日本ノ義務発動拘制セラレアラザルハ困ル
　(ハ)「故ナク北方進出セズ」削除ハ難点タルベシ

(ニ)日支基本条約ヲ基礎トスル日支和平ハ困難特ニ駐兵問題ニ依リ交渉決裂ニ向ヒツヽアリ

(ホ)太平洋ノ政治的安定ニ関スル件従来ノ主張ト相違大ナルハ困ル

十月一日〔水曜〕

一、昨野村電ニ対シ当班ハ何等補足電ヲ打ツ必要ナシノ意見ヲ有セシ所陸海外局長間ニ昨日午後来協議ヲ進メ打電セルガ如シ

朝軍務局長右電要旨ヲ総長ニ説明ス　班長立会何等差支ナキ内容ナリト班長推意セリ

然ルニ第二部長電報原文ヲ取リ寄セタル所大ナル支障アリ　即チ連絡会議決定条件ヲ更ニ緩和譲歩スルガ如キ作文ナリ　次長第一部長憤慨ス

当班又憤慨特ニ軍務局長ニ対シテ然リトス

二、第一部長軍務局長ト激論シ局長外務省ト連絡ノ上修正電報ヲ打電スルコトトナル

統帥部ヨリ先ツ陸軍省ニ次テ明日連絡会議席上政府ニ要望ヲ呈出セントス

三、本日情報交換取止ム

総理引籠リ出テ来ズ　興亜奉公日モアツタモノデハナイ　近衛ニ一国ヲ率イテ行クノ慨ナキカ

内閣三長官ヲ集メ鎌倉ニ於テ重要協議中ナルガ如シ

政変カ　次期内閣ノ構成カ

十月二日〔木曜〕

一、昨日ノゴタ〳〵結着ス　修正電打電セリ

尚感心セズ外務省ノ態度誠ニ不可解ナリ

外務省ノ日支基本条約ニ対スル観念深刻ナラズ

二、連絡会議席上総長ヨリ日支基本条約ハ厳ニ尊重不変ナル旨発言ス

総理出席ス政変ハ如何

三、軍務局長面目丸ツブレニテ大イニ憤慨シアルガ如シ

勝手ニ憤慨スベシ

四、戦争指導要綱陸海主任課長審議ス

十月三日〔金曜〕

一、米ヨリ回答未ダ来ラズ

二、戦争指導要綱昨日ニ引続キ審議ス

三、英米可分論再燃ス　海軍省カ震源地ナルガ如シ言語同

〔道〕断奇怪千万ナリ
対米戦回避ノ謀略ナランカ陸軍省亦之ニ同意ノ色彩強
シ
憤慨ニ堪ヘズ当班昨年暮以来約半年ニ亘リ可分不可分
ヲ研究シ不可分ノ結論ニ到達シタルガ故ニ今日ノ事態
ニ至レルモノナリ　然ルニ開戦決意ノ旬日前ニ於テ此
ノ策動アルニ於テハ又何ヲカ云ハンヤ
皇国ノ前途多事多難真ニ寒心ニ堪ヘズ
四、総長次長陸大ニ於ケル南方作戦兵棋ニ出席部内ハ閑散
ナリ
開戦決意前夜ノ気運ナシ

十月四日〔土曜〕

一、朝在米武官ヨリ回答アリタル旨電アリ要旨ハ成立ノ目
途ナシト云フニ在リ
部内俄然活気ヲ呈シ総長、次長陸大ヨリ帰部ス
二、情報交換席上総長本日中ニモ連絡会議開催スベキヲ提
議シ諸員同意ノ如シ
但シ総理外相上奏ノ為欠席ス
三、午後米回答正式文外務省ヨリ到着
午後三時ヨリ連絡会議特ニ幹事ハ出席セズ
軍令部総長ハ既ニ議論ノ余地ナシト主張ス
陸相、総長ハ本回答ニ対スル態度ニ就キ慎重研〔検〕
討スベキヲ主張ス
単ナル説明及一応ノ発言ノミニ依リ散会ス
四、速ニ右回答ニ対スル態度ヲ夫々研究スルコトトシ夜半
迄種村中佐石井中佐ト研究ス

十月五日〔日曜〕

一、午前十一時ヨリ陸軍部局長会議開催
第一、第二部長軍務局長第二十班長種村中佐軍務軍事
課長西浦大佐石井二宮両中佐出席ス
午後七時ニ至リ外交ノ目途ナシ速ニ開戦決意ノ御前会
議ヲ奏請スルヲ要ストノ結論ニ到達ス
右目途ナシノ理由特ニ連絡会議ニ於ケル応答要領ニ就
テモ研究シ余ス所ナシ
二、情報ニ依レバ総理ハ開戦ヲ決意セルガ如シト　夜主要
大臣ト個別ニ会談シアリト云フ
俄然部内色メキ心中駘蕩タルモノアリ
敵ハ海相ノミ

三、皇国ノ運命ヲ決スベキノ秋真ニ一身ヲ滅シテ奉公ニ精進セザルベカラス当班ノ責務亦重大ナリト云フベシ

十月六日〔月曜〕

一、開戦決意ニ関スル対政府応答要領ヲ印刷総長、大臣、第一部長等ニ配布ス

二、午前十時頃ニ至リ総理ハ決心シアラズトノ情報ヨリ昨《〔ママ〕》夜大臣総理ト会談セル結果ナリ
総理ハ駐兵ニ関シ表現法ニ就キ考慮ノ余地ナキヤ対蘭印交渉ハ如何等ノ意図ヨリ《〔ママ〕》大臣ハ明確ニ考慮ノ余地ナシト述ベタルガ如シ

三、午後三時ヨリ陸海部局長会議午後六時ニ至ル
果然陸海意見対立ス
陸軍ハ目途ナシ海軍ハ目途アリト
海軍ハ駐兵ニ関シ考慮セバ目途アリト云フニ在リ
軍令部ノ決心如何軍令部総長ハ一昨日連絡会議席上「ヂ《〔ママ〕》スカツシヨン」ノ余地ナシト強硬発言セルニ右目途アリノ海軍正式意見ハ之レ如何
分ラヌモノハ海軍ナリ　海軍トハ抑々如何ナルモノナリヤ憤激ニ堪ヘズ
海軍第一部長南方戦争ニ自信ナシト云フ
船舶ノ損耗ニ就キ戦争第一年ニ一四〇万撃沈セラレ自信ナシト云フ
岡軍務局長比島ヲヤラズニヤル方法ヲ考ヘ様デハナイカト云フ今頃何事ゾヤ
御前会議ニ於テ御聖断下リタルモノヲ海軍ハ勝手ニ変更セントスルモノナリヤ
誠ニ言語同〔道〕断海軍ノ無責任、不信、正ニ国家ヲ亡ボスモノハ海軍ナリ

四、大臣総長会談シ左記陸軍ノ方針ヲ確定シ海軍及総理ヲ説得スルニ決ス
1、陸軍ハ日米交渉目途ナシト判断ス
2、何レニシテモ日本ハ四原則ヲ承認セザルモノナルヲ闡明ス
又駐兵ニ関シテハ一切（表現法ヲモ含ム）変更セズ
3、若シ政府ニ於テ見込アリト云フナラバ十五日ヲ限度トシ外交ヲ行フモ差支ナシ
尚統帥部トシテハ海軍統帥部ニ左記二点ニ就キ駄目ヲオスコトトス
1、南方戦争ニ自信ナキヤ

2、御前会議決定ヲ変更セントスルヤ

十月七日〔火曜〕

一、午前両総長並両大臣夫々会談ス

軍令部総長ハ左記ヲ筆記海相ニ手交セルモノノ如シ

1、交渉成立ノ目途ナキモノト認ム

2、交渉スルナト云ツタガ十五日迄ニ必成ノ見込アルナラバヤツテモ差支ナシ

3、何レニシテモ十五日以降ニ延ビルコトハ不可

両総長会談ノ結果ハ意見完全ニ一致ス

但シ昨日ノ部長局長会議ニ於ケル海軍第一部長ノ発言ニモ鑑ミ軍令部ヲ挙ゲテノ強キ意見ナルヤ否ヤハ疑問ナリ

両大臣ノ会見ハ決〔結〕論ニ至ラズシテ物別レトナル

但シ海相ハ目途アリト云フ

御前会議決定ヲ変更スルモノナリヤト問ヘバ然ラズ戦争ノ能否欧州情勢ヲ見ザルベカラズト応酬ス　明確ナル意志表示ヲナサズ其真意不詳ナルモ開戦回避ナルハ疑フベカラザルモノアリ

二、午前陸海主任課長会談シ昨日ニ於ケル海軍部局長ノ発言ニ対シ嫌味ヲ述ブ

右ニ対シ午後石川、大野、小野田ノ三大佐来リ弁明ス

曰ク船舶損害一四〇万屯ハソウ云フコトモアルト云フコトヲ政府ニモ述ベ政府ノ覚悟ヲ促スニ在リ又英米可分ハ一応研究シヨウデハナイカト云フ軽イ意味ニ過ギズト爾今海軍ハ英米可分ヲ問題ニセズト

三、夜総理大臣会談ス

総理ハ大臣ノ説明ヲ聞ケバ意ヲ強ウスルモ果シテ戦争ニ自信アルヤヲ疑フ

又陸軍ハ次テ北方ニ拡大セントスルニ非ズヤヲ疑ヒアリ又駐兵ニ関シ譲歩ノ余地ナキヤト富田〔健治〕書記官長ハ軍務局長ニ十一月一杯外交ヲ行フノ余地ナキヤト云フ

近衛ノ不可〔甲〕斐ナサ誠ニ国家ノ為悲シムベシ

大臣考慮ノ余地ナキ旨明確ニ応酬ス

十月八日〔水曜〕

一、陸海意見ノ一致ヲ如何ニシテ策スベキヤ

本日ハ両方共ニ静観シアリ

総長、大臣完全ニ意見一致シアルハ意強シ

二、陸海意見不一致ノ下ニ連絡会議開催ハ不可必ラズヤ政変トナルベク且新内閣ハ成立シ得ザルベシ

三、軍令部総長ヲシテ海相説得セシムルコトモ不可能ナリ又総長ハ陸海四首脳会談ハ不可ナリト云フ　蓋シ永野総長ハ軟化スベシト考ヘアリ結局陸相ヲシテ海相ヲ説得セシムルニ若カズ　而シテ夫ハ甚ダ困難ナルベク結局政変ノ外ナキヤ

四、政府ハ駐兵条件ノ軟化ニ依リ更ニ交渉続行ノ意図アリト云フ

絶対不可ナリ「ヂ《〔ママ〕》スカツシヨン」ノ余地ナシ

政府側右ノ如キ意図アリト見タルニ依リ本日ノ情報交換ハ之ヲ拒否セリ

五、本日ヨリ対米交渉ヲ中心トスル輿論指導（十月三日閣議決定昨日情報局総裁ヨリ説明）新聞紙上ニ表面化ス

六、総理山本〔五十六〕連合艦隊司令長官ト会談セリト云フ其ノ真偽及会談内容不明ナリ

十月九日〔木曜〕

一、昨夜海相陸相ニ会談ヲ求メ来ル

稍々同調シ来レルガ如ク明朗ヲ加ヘツツアリ

陸相駐兵ノ表現形式ニ関シ変更ノ余地ナキヲ応酬ス

海相ハ期限延長ニ関シテハ不動ノモノナリト述ブ本件ハ可ナリ

二、駐兵ノ表現形式及「日米交渉ト「ワシントン」会議」ニ関シ作文ヲ大臣総長ニ呈ス

駐兵ノ表現形式ニ関シテハ原案以外絶対不可ナル旨統帥部ノ態度ヲ陸軍省ニ移セリ　陸軍省石井中佐、軍務局長ニハ若干変更スルモ差支ナキガ如キ意図アリ

武藤局長ノ態度ハ抑々不可解ナリ

三、右表現形式及日米交渉ト「ワシントン」会議ニ関シ次長軍令部次長ニ説明シ参謀本部ノ強硬態度ヲ明カニセリ

四、今ヤ陸軍ノ態度ハ海軍総理ニ遺憾ナク通ゼリ　後ハ総理ノ決心ト海相ノ翻意ヲ俟ツノミ

五、午後三時ヨリ情報交換参謀本部第二部及軍令部第三部ノ情勢判断ヲ岡本少将説明ス次デ連絡会議開催

結論ヲ急ガズ野村ニ駄目ヲ押サシメアルヲ以テ其ノ返電ヲ待ツコトニシ散会ス

十月十日〔金曜〕

一、一日中大勢動カズ　陸海巨頭ノ動キナシ

野村ヨリ電アリタルガ如キモコチラノ質問ニ応ジタル内容ニアラズ外相怒ル「ピント」合ハザルモノ、如シ

二、陸海集会所ニテ茶ヲ飲ミ乍ラ小野田大佐ト情報ヲ交換ス

海軍課長級ニテ大臣ニ軍務国務大臣トシテ責任ヲ負ヘルヤノ詰問的意見具申ヲナセルガ如ク大臣稍々同調シ来レルト云フ

三、陸軍省稍々軟化セルガ如シ軍務局長石井中佐等駐兵以外ニ就テハ修文シテモ差支ナキニアラズヤノ意見アルガ如ク局長ハ第一部長ニ次官ハ次長ニ右ニ関シ意見ヲ求メ来ル　第一部長、次長断乎之ヲ拒否ス

第一部長陸軍省軟化セリト見テ悲観ス

陸軍省ノ右軟化ノ原因ハ国内A、B、C、Dニ対シ陸軍カ頑張ツテ「ブチコワス」ト云ハレルノガ嫌ダカラ駐兵ニ関シテノミ頑張リ他ハ譲歩シテハ如何ト云フニ在ルガ如シ

四、右陸軍省ノ軟化ハ大イニ警戒ヲ要ス

十月十一日〔土曜〕

一、午前情報交換ニ引続キ連絡会議開催

総長相当ノ発言ヲナセルモ政府側特ニ外相、海相之ニ乗ラザル態度ヲ取リ結論ヲ求メントスル気配ナシ

二、午後野村大使電到着　帝国ガ四原則ヲ全面的ニ受諾セザル限リ両巨頭会談ハ絶対ニ見込ナシト云フニ在リ

果然今ヤ目途ナク論議ノ余地ナシ

省部主任者会同態度ヲ審議ス

当方ハ開戦決意ノ御聖断ヲ奏請セントス省部概ネ之ニ一致ス

然ルニ不可解ナルハ軍務局長ナリ開戦決意ノ下ニ対米強硬外交ヲ行フベシト

N交渉再開以来ニ於ケル局長ノ態度ガ如何バカリ陸軍ノ態度ヲ晦冥ニ陥レタルヤハ言語ニ絶ス

彼ハ優秀ナル大政治屋良好ナル能史〔吏〕ニ過ギズヌラリクラリ其態度ニ節操モナク主義モナク慨歎ニ堪ヘズ

三、明日連絡会議開催愈々最後ノ断ヲ下スベク発言セントス

同時ニ戦争指導要綱ヲ提示シ得レバ上々ナリ

四、独「ソ」戦最高潮独軍ノ「モスコー」攻略進展ス　俄然枢軸側ノ勝勢ニ傾カンカ　念願措ク能ハズ

十月十二日〔日曜〕

一、午後二時ヨリ歴史的五相会議（企画院総裁ヲ加フ）ヲ開ク〔『杉山メモ』上、参照〕

外相、総理条件ヲ若干変更セバ交渉成立ノ見込アリト云フ　全然戦争ノ意志ナシ

海相ハ総理ガ決心スベキモノナリトテ責任ヲ回避ス

二、陸相独リ敢然トシテ総理、外相、海相ノ所説ヲ反撃ス曰ク

陸軍ハ御前会議決定ヲ変更スル意志ナシ

統帥部ノ概ネ希望スル時刻迄ニ外交成功ノ見込アルナレバヤルベシ　但シ陸相トシテ其見込ニ対シ納得シ得ルモノナルヲ要ス

戦争ノ決意ハ総理決スト云ヘルモ然ラズ

政府ト統帥部ノ合意ニ依ラザルベカラズ

外相ノ所謂仏印進駐ガ外交ヲ妨害シアリトノ如キハ末ノ末ナリ

三、海相ハ目途アリトモ云ハズ戦争ヲヤルトモ云ハズ全然責任回避ナリ

四、総理ハ戦争ノ自信ナシ目下ノ所外交ニ依ラザルヲ得ズ戦争ヲヤルト云フナラバ自信アル方ガヤリナサイト述ブ

其ノ無責任ナル言語同〔道〕断凡ソ現危局ヲ打開スルノ器材ニアラズ

五、陸相最後ニ速ニ外交ノ確算アリヤ否ヤノ決心ヲナスベシ　陸軍ハ聖戦目的ヲ放棄スルガ如キ意図ハ絶対ニナシト断言シ解散ス

六、要スルニ外相総理ハ勿論海相亦戦争決意ナシ　条件ノ譲歩ニ依リ屈伏セントス

海相責任ヲ回避シ総理ノ決心次第ニテ動クト発言シ実ハ裏ニ於テ戦争不可ヲ総理ト連絡シアリ　海軍ノ無責任ナル共ニ国家ノ大事ヲ語ルニ足ラズ

企画院総裁又政府ト同ジ「ムジナ」ノ穴ナリ

彼亦陸軍軍人タルノ背景ヲ全ク放棄セル一政治屋トナレルカ　哀レムベシ

七、散会ニ方リ外相対米回答案ヲ提示ス

陸相態度決マラザル時ニ此ノ如キハ問題トナラズトテ一蹴セルモ書類ノミ携行ス

十月十三日〔月曜〕

一、陸相携行ノ外務起案ノ対米回答全然問題トナラズ　駐兵ノ放棄、日支基本条約ノ無視、四原則ノ承認等々凡ソ聖戦ヲ放棄セントスル亡国的外交ナリ　支那事変前乃至ハ「ワシントン」会議後ノ小日本ニ還元セントスルモノナリ

此ノ如キ無責任ナル政府、外務当局ハ断乎糾明スベシ国民ニ訴フベシ　憤激ノ至リニ堪ヘズ

カリソメニモ本案ヲ以テ支那事変ヲ終了セントスルガ如キ其ノ心中ヤ誠ニ哀ムベシ

二、一日中戦機動カズ　静中動ノ態勢今ハ近衛ノ決心ヲ待ツノミ

三、海相追出運動海軍省内ニ抬頭シアリト云フ真偽不明

四、夜六時果然石井中佐ヨリ今夜政変アリトノ情報アリ

近衛遂ニ総退却　遂ニ国難ヲ打開スルノ勇気機略ニ欠ケタリ　再ビ起ツ能ハザラシムルヲ要ス

十月十四日〔火曜〕

一、昨夜政変未ダ起ラズ

情報ニ依レバ政変ノ予想左ノ如シ

第一案

近衛内閣ヲ以テ開戦ヲ決意シ決意後政変

第二案

近衛内閣ニテ決意ノ新内閣ヲ膳立テ次テ政変

第三案

政策ノ大転換ヲ行フベキ新内閣ノ出現

陸軍トシテハ右第一、第二案ハ可ナルモ第三案絶対反対全然不同意　最モ警戒ヲ要ス

二、午前十時ヨリ閣議〔『杉山メモ』上、参照〕

閣議前総理ヨリ陸相ニ対シ駐兵ニ関シ譲歩ノ余地ナキヤニ就キ意見開陳ス　陸相絶対ニ考慮ノ余地ナキヲ述ブ　然ラバ本件ニ関シ外相ト会談セラレ度ト述ベタルヲ以テ陸相ハ閣議席上述ブベシトテ閣議ニ於テ堂〻[ママ]日米交渉ノ経緯之ニ対スル陸軍ノ態度作戦準備ノ状態ニ就キ発言ス　発言特ニ強硬ナリ

外相ハ駐兵及経済無差別ニ関シ譲歩セバ外交成立ノ目途アリト述ブ　又陸軍ノ北部仏印ニ於ケル作戦準備ガ外交ヲ妨害シアリト　陸相之ヲ強硬ニ反撃ス

海相一言ノ発言ナシ

要スルニ陸軍独リ反対シタル為外交不成立トナレル印

象ヲ呈セリト

三、陸軍ハ明確ニ政府ニ対シ陸軍ノ意図ヲ伝達シ終レリ
更ニ何等云フコトナシ
然レドモ政変ハ今明日ナルヤ更ニ延ビルヤ不明ナリ

四、閣議後大臣ハ木戸［幸一］内府ト会談閣議席上ニ於ケル其ノ態度ヲモ併セ説明シ陸軍ノ態度ヲ詳細ニ亘リ披瀝セリ

五、右陸相ノ態度ハ閣僚諸公ニ対シ陸軍ノ総意ヲ諒解セシメ其進止ヲ明カナラシムル点ニ於テ大イニ効果アリタリ　以テ陸軍ガ無茶ヲヤルト云フ「デマ」ヲ粉砕シ得ベシ
陸相ノ態度ハ要スルニ正々堂々見上ゲタルモノナリ
大イニ可　意ヲ強ウス

六、内閣本夜投ゲ出スベシノ情報強シ

七、統帥部トシテ開戦決意ノ時機ニ関スル件上奏スルニ決シ起案ス　両総長列立上奏ヲ第一案トシテ海軍ニ当ラントス

十月十五日［水曜］

一、遂ニ十月十五日トナル
政局動カズ帝国ノ開戦決意遂ニ決セズ
日露戦史ヲ播［繙］クニ今日ト髣髴タルモノアリ
戦史曰ク
「一ハ飽ク迄平和的解決ヲ以テ処理セントスルニ（我）
一ハ戦争ヲ開始スルト否トニ一向ニ頓着ナシ（露）
我ハ速ニ時局ヲ解決セント欲シ
彼ハ勝利ヲ期スル為成ル可ク外交交渉ヲ永続セシメント
又非戦派ヲ以テ充実セシ政府当局者ハ主戦ヲ主張セシ軍部トノ間ニ折衝ヲ惹起ス」
ト現下ニ於ケル日米関係ト全ク軌ヲ一ニス
但シ異ナルハ現下ノ時局ニ於テ海軍ガ非戦派タルノ事ノミ

二、若杉［要］「ウエルズ」会談要旨来電ス
米態度ニ何等ノ変化ナク変化アルハ帝国代表ノ発言態度ガ益々軟弱媚態的トナリツツアルコト是ナリ
蹴ラレ踏ミニジラレ而モ尚平和ヲ欲セントス外務省当局ニ一人ノ硬骨漢モナキヤ

三、護国ノ英霊神静マリマスル夜再ビ極東危機説（政変）

抬頭ス
近衛ヤ豊田、及川等何ノ顔ヲ以テ英霊ニ答ヘントスルヤ
戦争ハ避クベシ陸軍ハ海軍政府ヨリモ対米戦争ヲ欲シアラズ　然レドモ支那事変完遂ノ為ニハ百年戦争モ敢ヘテ辞セザルヲ得ザル陸軍ノ衷情ヲ如何セムヤ
四、軍令部総長ト列立上奏スルノ件（開戦決意ノ時機ニ対スル抱懐）海軍ハ不同意難色アリ上奏ノ内容其ノモノ、外ニ之カ政治的影響ヲ考慮シアルガ如シ
結局軍令部モ海軍省ト同ジ「ムジナ」ノ穴ナランカ軍令部ノ態度不甲斐ナキヲ歎ズ

十月十六日〔木曜〕

一、政変未ダ来ラズ
政戦転機ノ十五日既ニ去ル　近衛総理ノ決心ハ如何
二、総理朝来各閣僚ヲ個別ニ招致シ意見ヲ聴取シタリ
三、両総長ノ政戦転機ニ関スル列立上奏ノ件宮中ニ於テ永野総長ニ相談シタル所不同意ナリ
結局軍令部ハ陸軍ト同意見ナリト云ハルルカ実ハ然ラザルガ如シ　果シテ如何　同ジ「ムジナ」ノ穴ナルコト確実ナリ　腰抜ケノ軍令部語ルニ足ラズ
四、依ツテ総長列立ハ勿論単独上奏モ中止ス　上ノ情勢ハ陸軍ニ不利ナルモノノ如ク総長ハ単独上奏ハ却ツテ逆効果ヲ呈スベシト云フニ在リ
五、夕刻ニ至リ遂ニ内閣総辞職トナルニ至ル
近衛総理決心ツカザルハ一ニ海軍ノ態度煮エ切ラザルニ因ル　海相明確ニ態度ヲ表明セバ総べテハ決ス　可カ否カ一ニ海相ノ一言ニ依ツテ決ス　然ルニ海相ハ不能ト云ハズ能ト云ハズ　海軍ニハ海軍アツテ国家アルヲ知ラズ　日露戦争前夜ト何等変ル所ナシ　噫皇国ノ前途ハ如何スベキヤ
右ノ事情総理ノ真情ナリ　木戸内相ノ真情モ亦然リト
（陸相木戸ト会談セル結果ニヨル）
海相以テ其責任ヲ如何トス
上宸襟ヲ悩マシ奉リ誠ニ恐懼ノ至リニ堪ヘズ
海軍今日迄ノ準備、態度ハ一ニ海軍自体ノ膨張アルノミナリシガ
陸軍ハ今日迄之レアルヲ警戒シ警戒ニ警戒ヲ重ネ駄目ヲ押シテ今日ニ至レリ然ルニ何ゾヤ
六、夜麹町茶寮ニ於テ班長以下三名飲ミ更ニ次官官邸ニ至

リ痛飲ス
軍務課長陸軍出身重臣（林〔銑十郎〕、阿部〔信行〕大将）ヲ歴訪シ陸軍ノ真意ヲ伝ヘ終リテ次官官邸ニ会ス

七、政府ハ午後八時臨時閣議開催終了後総辞職ヲ発表ス
其ノ理由ニ曰ク〔「〕当面ノ国策遂行ニ関シ閣内意見不一致ニ依ル」ト意見ノ対立ヲ国民ハ如何ニ見ルヤ噫
総理ノ心中亦同情スベキモノアリ
富田書記官長軍令部総長ニ「戦争ハ出来ヌト言ツテ呉レ」ト述ベタルガ如シ軍令部総長「ソンナ事ガ云ヘルカ」ト然ラバ何故戦争出来ルト海軍ハ正式意志表示シ開戦ヲ決意セザルヤ
総長、書記官長ノ心中哀ムベキモノアリ
国賊的存在ハ海相其ノ人ニアリ及川其人ノ性格ニ依ルヤ　蓋シ青史ニ特筆スベキ汚点也

十月十七日〔金曜〕

一、午後一時ヨリ重臣会議アリ　右結果ニ関シ午後三時ニ至ルモ情報ナシ
総理ニ宮殿下ヲ載〔戴〕クトカ（東久邇宮〔稔彦〕殿下）ノ情報アリ　決心スル宮殿下ナラバ寔ニ可ナルモ然ラザルニ於テハ陸軍ノ態度ハ窮スベシ

二、天気晴朗神嘗祭ニ方リ次長以下遥〔遙〕拝ヲ行フ
正ニ天高ク馬肥ユルノ秋戦時内閣ノ出現果シテ如何吉カ凶カ　皇国ノ大事ハ将ニ決セントス　如何ナルコトアリト雖モ新内閣ハ開戦内閣ナラザルベカラズ　開戦開戦之以上ニ陸軍ノ進ムベキ途ナシ

三、本夜アタリ両総長召サレ御言葉アルヤモ知レズ　上奏文ヲ起草総長ニ呈シ待機ノ姿勢ニアリ
若シ戦争ヲ止メヨノ御言葉アリタル時総長ノ決心如何
軍令部総長ハ戦争断行スベキヲ上奏シ職ヲ辞スト云フ
当方総長ハ如何
軍令部総長ハ一切海軍省ト連絡スルコトナク断乎信ズル所ヲ行フベシト云ヒアリト　大イニ可

四、重臣会議午後一時ヨリ同四時ニ至ル
大命東条陸相ニ降下ス　遂ニ「サイ」ハ投ゼラレタルカ？〔『杉山メモ』上、参照〕
種村中佐一詩ヲ草ス
　叡慮忝シ聖天子
天運開カレ旭日東天ニ燦タリ

勇戦力闘誓ツテ聖慮ヲ安ンジ奉ラン

五、東条陸相ニ対シ九月六日御前会議決定ニ拘ラズ広ク深ク再検討スベキ優諚賜ハル

六、重臣会議席上ノ空気ハ必ズシモ開戦決意ニ確定セラレタルモノニアラザルガ如シ

一応決意ノ方向ニ在ルモ東条陸相ニ対スル信頼ト陸軍其ノモノ、推進力ニ期待シタルガ如ク察セラル

宮殿下ヲ総理ニ戴ク案モ出タルガ如シ

十月十八日〔土曜〕

一、天皇陛下靖国神社ニ行幸親シク護国ノ英霊ニ御拝アラセラル

細雨アリテ天暗シ　全国津々浦々ノ民草ノ感奮ヤ如何

二、組閣電撃的ニ進捗シ午後二時ヨリ親任式次デ政府声明ヲ発表ス

曰ク支那事変ノ完遂大東亜共栄圏ノ建設ハ確乎不動ナリ之カ為盟邦トノ誼ヲ厚クスト　対米関係一言モ触レズ

三、総理ハ陸、内相ヲ兼ネ陸軍大将ニ進ミ特ニ現役ヲ以テ服務ス

東条大将ノ面目ヤ如何

四、海軍ノ決心　決定セリヤ？

当初豊田〔副武〕大将（呉長官）ヲ海相ニ推シタルモ陸軍之ヲ好マズ　結局島田〔繁太郎〕大将海相トナル

海軍ノ勢力落チタリトセバ其罪ハ自業自得ナリ

而シテ未ダ其態度（決意）明確ナラザルガ如シ

単ニ陸軍ト密ニ協力スベキ旨新聞等ニ発表シアルニ過ギズ　入閣ノ条件如何ナリシヤ知レズ　陸軍省亦之ヲ当班ニ通報シ来ラズ

五、次長、軍令部次長ノ下ニ到リ態度ヲ明ニスベキヲ奨認〔ママ〕セルガ如シ

六、陸軍省ヨリ深ク且広ク再検討スベキ　御心ニモ鑑ミトテ国策遂行要領再検討要目ヲ呈シ研究ヲ要望シ来ル

統帥部トシテハ再検討ノ余地ナキモ一応再検討スルコトトス

七、問題ハ将来ニ再燃スベシ　晴後曇ノ感逐次濃化シ来ル

東条内閣ノ出現米英支ニ対シ大ナル衝撃ヲ与ヘタルガ如シ

米政府沈黙急遽会議開催セルガ如シ

国内及独伊ハ好評ナリ

八、第一部長当班ヲ赤坂ニ招待シ清遊ス

十月十九日〔日曜〕

一、国策遂行要領再検討ヲ始ム
軍令部小野田中佐（大佐進級）再検討トハ如何　陸軍軟化セズヤト不安ヲ述ブ
二、陸軍絶対ニ軟化セズ寧ロ海軍ノ態度如何ト答フ
二、朝来天気晴朗ナリ
部内静閑　総長、次長休ム
三、独ノ「モスコー」攻略稍々進展頓坐〔挫〕ノ傾向アリ

十月二十日〔月曜〕

一、米軟化ノ徴アリ
米武官ヨリ外交目途アリノ電来ル噫カクシテ決意ハ遷延セラルルベシ
米武官強硬外交ヲ以テセバ交渉目途ナシトセズト此ノ一電国家ノ方向ヲ誤ニアラズヤ
二、陸軍省ニ対シN外交一時中止スベキ要望ヲ出サントス
軍務局長、石井中佐必ズシモ同意セザルガ如シ
陸相ハ絶対ニ目途ナシトテ内閣ヲ倒シタルモノナリ
今更目途ナキ対米外交ヲ続行シ決心ヲニブラセルハ国家ノ不為ナラズヤ
陸相ニ節操アリヤト問ヒ度
三、此クシテ天地再ビ晦冥トナルカ
四、午後八時半迄勉強部長会議ニ於テ国策遂行要領再検討ヲナス
総長ニハ武力発動直前米カ我要求ヲ容レタル場合ノ事ニ関シカ、ル情勢ヲ希望スルガ如キ口吻アリ
即チ実質的ニN工作ヲ打切ル決意ナキガ如シ
次長第一部長強硬ニ其ノ不可ナルヲ進言セリ

十月二十一日〔火曜〕

一、昨日ニ引続キ午後部長会議ヲ開キ国策遂行再検討ヲナス
参謀本部ノ判決
「十月末日ニ至ルモ我要求ヲ貫徹シ得ザル場合ニハ対米国交調整ヲ断念シ開戦ヲ決意ス」
総長「対米国交調整ヲ断念シ」ニ疑念アリ
「強硬外交ニ依リ目的ヲ達成シ得レバ可ナラズヤ」ノ気持従来ヨリアリ

是レ不可ナリ　此ノ如キ情勢ハ到来セザルモノト判断シ国家ノ意志ヲ確定スベキモノナリ

二、陸軍省昨日来更ニ外交ヲ行フベシノ案強シ　此クセザレバ海軍ハ乗リ来ラザルベシト云フニアリ　此クテハ近衛内閣ト何等変化ナシ

東条内閣組閣ノ際当然海軍ノ決意ハ確立セラレタルモノト見ルヲ常識トス　然ルニ組閣ニ方リ本件駄目ヲ押シアラザルガ如ク省内ノ空気不明朗ナルモノアリ

陸相ハ然ラザルベシ要ハ武藤局長一人ノ灰色的存在カ然ラシメアルニアラズヤ

三、右ニ関シ統帥部ハ決意確定迄対米交渉ヲ打切ルベシトナシ第一部長ハ局長ニ次長ハ次官ニ強硬申入レヲナセルモ同意セズ

統帥部トシテハ已ムヲ得ズトナシ十月末日迄最後的外交ヲ行フモ致シ方ナシノ結論ニ到達セリ

四、此クシテ国家ノ決意ハ遷延国内ノ動乱ハ如何ニナルベキヤ深憂ニ堪ヘズ

五、判決ヲ陸軍省ニ移ス

六、軍令部船舶ノ損耗戦争第一年八〇―一一〇万ト判決ス

此クシテ決意ハ益々困難トナルベシ

十月二十二日〔水曜〕

一、新外相引続キ外交ヲ行フベシト対米打電ス

右ハ陸海外三局長ノ起草ニカヽル　統帥部ニ何等ノ連絡ナシ　外交中止ノ当部ノ要望ヲ全然無視　武藤局長ノ策ニ過ギテ国家ヲ害スルノ態度人知ルヤ否ヤ

二、参謀本部トシテハ検討スベキ総ベテヲ尽シ今ヤ云フコトナシ　明日ヨリノ連絡会議ニ於テ海軍ヲ「リード」センノミ

総長ニ右信念ト迫力アルヤ否ヤヲ虞ルルノミ

三、第一部長直接総理ト会談セル結果ナルガ総理ハ鞏固ナル決意ヲ有シアリトテ気分朗カナルガ如シ

陸軍省若手連モ亦決心軟化セルニアラズト果シテ然ラバ大イニ可

但シ局長ノ灰色的存在ハ不可解ナリ

四、独ノ対「モスコー」作戦予期ノ如ク進捗シツツアルガ如シ

五、謹ミテ三笠宮〔崇仁〕殿下ノ御成婚ヲ祝シ奉ル

十月二十三日〔木曜〕

一、午後二時ヨリ歴史的連絡会議開催セラル

議事進行ヲ大イニ期待シタルモ第一日顔合セト云フ程度ニテ一向進捗セズ
先ヅ統帥部情報部長ノ欧州戦局ノ見透ニ就キ二時間ニ亘リ説明アリ次デ両統帥部長ヨリ作戦準備ノ概況ヲ説明シ速カナル開戦決意ノ切要ナルヲ述ブ　右ヲ以テ本論ニ入ラズシテ散会ス
二、本格的防空演習開始セラル
三、班長、第一部長ノ努力ニ依リ当分ノ間連絡会議ニ両次長出席スルコトトナル

十月二十四日〔金曜〕

一、総理二十五日ヨリ神社参拝ノ為西下スルノ新聞情報アリ　部内本件ニ関シ大ナル不満アリ　秘書官、陸軍省、総長等ニ総理ノ西下ヲ取止メ至急決意確定セラレ度ヲ進言ス
右ハ総長既ニ同意シアルコトトテ如何トモ致シ難キガ如シ　総長ノ不甲斐ナキ亦如何トモ致シ難シ
二、午後二時ヨリ連絡会議開催
今ハ唯決意ヲ待ツノミ
会議一向ニ進捗セズ　但シ午後九時迄続行セルガ如シ

十月二十五日〔土曜〕

一、午前九時ヨリ連絡会議続行第五問題迄進捗ス　然レドモ未ダ要点ノ審議ニ至ラズ　時日ハ経過スルモ決意ノ審議ハ前途遼遠ナルヲ思ハシム
然ルニ総理及海相ハ親任報告ノ為西下ス
痛心遺〔遣〕ル方ナシ部内一般ノ空気亦曇天ナリ
二、防空演習終了ス
格段ノ進歩気合充実シアリ意ヲ強ウス
三、米陸軍武官ヨリ名ヲ捨テ実ヲ取レバ見込アリト云フ野村ト同ジ「ムジナ」ノ穴取ルニ足ラズ

十月二十六日〔日曜〕

一、総理西下シテ天下泰平ナリ
二、米政情動揺「ルーズベルト」ノ決心如何
三、連絡会議決意確定直後ノ上奏文案ヲ起草ス

十月二十七日〔月曜〕

一、午後連絡会議開催〔『杉山メモ』上、参照〕
夕食ヲ準備セルモ之ヲ取ラズ午後六時散会ス
議事一向進捗セズ

総長、次長至急結論ヲ求ムベキヲ強硬ニ発言ス　総理之ヲ諒トスルモ実行ニ移ラズ漫々的ニシテ作戦的戦機ヲ逸シツツアリ　統帥部トシテハ焦慮ニ堪ヘズ

二、先ヅ決心シテ然ル後国力的能否ニ関シ検討シ出来ル様ニ国家ノ方向ヲ定ムベキ時期ニアルニモ拘ラズ決心ヲ確立スルコトナク出来ルカ出来ヌカテ小田原評定ヲナシアルガ現状ナリ　抑々陸軍省ノ会議指導要領ニ誤リアリ

三、総理ノ決心ニハ変化ナキガ如キモ鈴木総裁ニハ疑念アリ賀屋〔興宣〕ハ真面目海相最モ消極的岡局長ハ非戦論ナリ　独リ総長次長強硬ニ発〔言〕シアルガ如ク軍令部総長及次長ノ発言ハ少シ

此クシテ遂ニ二十七日ニ至ルモ「ラチ」アカズ決意ハ前途遼遠ナリ

十月二十八日〔火曜〕

一、午後二時ヨリ連絡会議続会
午後六時ニ終了ス
未ダ最後的結論ニ至ラズ
賀屋質問多ク議事進行セズ
総理亦発言ヲ控ヘテ「リード」セズ
カクテ春日遅々タルニ似テ小田原評定続ク

二、次長、総長老軀ヲ駆ツテ奮闘シアルハ感謝ニ堪ヘズ

十月二十九日〔水曜〕

一、午後一時ヨリ午後十時迄連絡会議続開
第十問題ノ一部ヲ残シ他ハ全部結論ニ到達セルモ「ポイント」タルベキ目途アリヤ否ヤノ問題ニ至ラズ
今迄ノ所大勢ハ有利、東郷〔茂徳〕、賀屋共ニ熱心ナリ

二、海軍鉄ヲ呉レ予算ヲ呉レノ発言多ク醜キ極ミナリ

三、省部少壮只管会議ノ進捗如何ヲ括〔刮〕目シアリ中ニハ総長、次長ノ活躍ニ対シ不平ヲ云フ者アルモ是レ認識不足ナリ

十月三十日〔木曜〕

一、午前九時ヨリ連絡会議続行正午ニ至ル
問題全部ノ検討ヲ終ル〔『杉山メモ』上、参照〕
結論ハ十一月一日ニ譲ツテ散会　参謀本部引続キ結論ヲ求ムベシト総長次長強硬ニ発言セルモ賀屋、東郷等

考ヘサシテ呉レトテ総理モ之ニ同意ス
参謀本部独リ焦慮シアルモ国家ノ大事故亦已ムナシ

二、対米交渉条件中「南西太平洋」ノ「南西」ヲ遂ニ削除スルニ至ル　又駐兵期間概ネ二十五年ヲ目途トスル旨応酬スルモ可ナリトナル
尤モ右ハ如何程度ニ譲歩シ得ルヤノ問題ニ関スル答解ニシテ之ニ依リ外交ヲ行ハントスルモノニアラズ
何レニスルモ条件堅持ノ一角崩ル　皆海軍ノ発言ナリ
之ニ同調的態度ヲ取レル（之レヲ以テ国策決定ヘノ誘導性ナリトナス）軍務局長及石井大佐等ノ然ラシメタル所ト云フベシ
起草者タル外務東亜局長（山本［熊一］）及其ノ下僚［僚］ニ至ツテハ言語同［道］断ナリ
条件ヲ全面的ニ受諾シタル場合ノ帝国ノ地位如何ノ問題ニ対シ外務省ノ答解ニ至リテハ何モカモ好クナルノ判決ニテ国賊的存在ナリト云フベシ　大イニ糾断［弾］ヲ必要トスベシ

三、次長ノ会議席上ニ於ケル発言或ハ岡海軍軍務局長ヲ叱咤シ或ハ諒［諄］々ト説キ或ハ国務大臣ヲ叱咤スル等正ニ必死的ノモノナリ
若シ夫レ決意確定ニ至ラバ是レ次長（塚田）ノ努力ニ負フ所大ナリト云フベシ

十月三十一日［金曜］

一、正ニ嵐ノ前夜戦争カ平和カ最後ノ決ハ明日ニ於テ判明スベシ少クモ海軍ノ態度ハ判明スベシ
各方面一日ヲ費シ腹ヲ決メルニ営々タリ

二、午後部長会議夜ニ至ル
「即時対米交渉断念開戦決意ヲ十二月初頭戦争発起、今後ノ対米交渉ハ偽装外交トス」ノ結論ナリ
当班各案（自第一案至第七案）ニ対スル意見ヲ附シ第一案（右案）ヲ以テ絶対案トシ他案ニ依ル場合ハ会議決裂ニ導クベシトノ判決ヲ具申ス

三、陸軍省案ハ一面戦争一面外交案ナリ
是レ絶対ニ不可参謀本部ノ第六案ナリ
右ハ局長及石井大佐案ナリ海、外ヲ引摺リ戦争ヘト誘導スル為ノ政治的含ミヲ持タセタル「ダラカン」案ナリ

四、参謀本部右ニ全面的ニ不同意本格的作戦準備ト外交両立セズノ一本槍ヲ以テ右ヲ拒否ス

五、佐藤軍務課長参謀本部案ニ一応同意シ（参謀本部部長会議ニ招致出席セシメ同調セシメタルモノトス）更ニ陸軍省首脳部会議ヲ開ク
右結果ヲ軍務課長返答シ来ル　然ルニ一言ノ明答モナク明朝大臣総長ト会談シ其席上ニ述ブベシト云フ其真意ハ如何
六、本夜大臣ハ各大臣ヲ個別ニ招致シ意見ヲ聞クトノコトナリ
七、軍令部ニ打診セルモ何等反響ナシ

十一月一日〔土曜〕

一、遂ニ十一月一日ヲ迎フ
二、総長大臣ト午前七時三十分ヨリ会談ス〔『杉山メモ』上、参照〕
果然大臣ハ作戦準備ト外交ノ二本建案ナリ　理由ニ曰ク「今決意シ一切ノ外交ヲ断絶スル案ハ御上御許シニナラザルベシ　自分ニハ之ヲ申上ゲ御許ヲ戴ク自信ナシ　統帥部自信アルナラバオヤリナサイ自分ハオ止メハセヌ」ト又「海、蔵、企三相共同意見外相ハ不明ナリ」ト是レ抑々如何ナル意ナリヤ
三、右ハ大臣ノ変節ナリ　大臣ハ「外交カ然ラズンバ戦争両者ハ両立セズ外交ニ目途アレバヤルベシ作戦準備ハ中止スベシ目途ナケレバ外交ヲ断念シ戦争スベシ」トテ強硬ニ近衛ニ迫リ近衛内閣ヲ倒シタルモノナリ
カクシテ近衛内閣ヲ乗取リタル東条陸相カ総理トナルヤ　オ上ヲ云々シテ決心ヲ変更シ近衛ト同様ノ態度ヲ取ルトハ抑々如何　東条陸相ニ節操アリヤ否ヤ総理ハ陣頭指揮宰相ト云ヒ乍ラ他ノ大臣ヲ説得シ所信ヲ断行スルノ誠意ト節操ト努力ヲ忘却セリ　統帥部独リ残サレテ孤軍奮闘ノ已ムナキニ至ル噫
二〔ママ〕、此クシテ参謀本部独リ形勢悪化シ悲観憂愁ノ中ニ午前九時ヨリ会議ニ臨ム
総長次長ハ飽迄外交断念戦争一途ニ邁進スルノ案ヲ強硬主張セントス
其ノ悲壮ナル決心以テ特筆スルニ足ルベシ
三〔ママ〕、昨夜大臣海相ト会談セル結果ニ依レバ果然海軍ハ鉄ヲ呉レ「アルミ」ヲ呉レ「ニツケル」ヲ呉レ　呉レナケレバ戦争出来ヌト云ハンバカリナリ
而モ「ニツケル」ノ如キ国内総供給量僅ニ七六〇屯ナルニ九〇〇〇〇〔ママ〕屯呉レト云フ　鉄一七〇万屯ノウチ海軍

ニ一一〇万屯陸軍ニ六〇万屯トセヨ之ニ印ヲオセト云フ

其ノ心事ノ陋劣唾棄スベキヤ言語ニ絶ス

誠ニ「海軍ハ海軍アルヲ知リテ国家アルヲ知ラザル」ノ言　至言ナルカナ

国内生産ニテ到底充足シ得ザルコト明瞭ナル量ヲ要求スルトハ抑々如何「戦争ハ出来ヌノ責任ヲ政府ガ物ヲ呉レナイカラ」ト云フニ他ナラズシテ何ゾ

陸軍憤激ノ極ニ達ス　海軍ハ武士ナルカ軍人ナルヤ

此ノ重大ナル国家ノ運命ヲ決スル秋ニ於テ乞食ノ如キ物乞ヲスルトハ何ゾヤ　ドサクサニ物ヲ取ルトハ何ゾヤ　而シテ物ヲ取レバ必ズ戦争ヤルト云フナラバ格別物ハ取ルモ決意ハセザルガ海軍ノ常套戦法ナリ

班長海軍主任課長連ト恒例会食席上右ヲ糾断〔弾〕ス

返ニ曰ク物取リニアラズ　斯ク迄必要ナル実情ヲ諒トセラレ度以外ニ他意ナシト　然ラバ他日ノ秋ニ於テナスベキモノ連絡会議ヲ七回開キ最後ノドンヅマリノ前夜国家ノ重大決意ノ直前ニ於テ此ノ提議ヲナスハ如何ナル真意ゾ

三〔ママ〕、而モ海軍ハ外交作戦準備二本建案ナリ　加之戦争（開戦）決意不明瞭ナルガ如シ

四、連絡会議午前九時開始正子〔午〕ニ至ルモ終了セズ激論ヲ重ネアルガ如シ　次長総長大イニ健闘セラレアルガ如シ　其ノ努力其誠心其熱意ニ対シ感涙ナキ能ハズ

十一月二日〔日曜〕

一、午前一時連絡会議終了ス

連続十六時間ノ長時間ニ亘ル正ニ歴史的ノ重大連絡会議ナリ〔『杉山メモ』上、参照〕

遂ニ作戦準備ト外交ノ二本建案ナリ

而モ開戦決意ニ関シ意志不明確ナリ

戦争発起十二月初頭ナル如ク思ハルルモ之亦意味不明確ナル所アリ

二、条件ヲ譲歩セルモノヲ以テ依然真面目ナル外交ヲ行ハントス　噫遂ニ一角ハ崩レタリ南部仏印ヨリノ即時撤兵ヲ譲歩ス

右同意セザレバ外相ハ止メルト云フ　開戦セザルヲ可トスノ如キ態度ナリ

次長総長強硬ニ主張セルモ外相亦強硬ナリ次長之ヲ突

張レハ内閣崩壊ス
大臣譲歩ヲ要求ス次長之ヲ拒否ス
激論ニ激論ヲ重ネ大臣休憩ヲ宣シ大臣、総長、次長、局長、鈴木相集リ譲歩スベキヤ内閣投ゲ出スベキヤ凝議ス
右ノ如キヲ数度繰リ返シ遂ニ条件ヲ譲歩シ兎ニ角開戦決意戦争準備促進ノ措置ヲ取ルコトニ一致ヲ見タリ

三、午前二時次長宮中ヨリ帰リ第一、第二部長及班長ニ結果ヲ説明ス
次長連日ノ奮闘感泣ニ堪ヘザルモノアリ
然レドモ条件ノ譲歩ニ対シ第一部長極度ノ不満アリ相互ニ悲壮ナル情景ナリ
第一部長外交成立セル場合ノ国際地位ヲ憂慮シ統帥部トシテ其ノ状況ヲ上奏スベシト強硬ニ憤激主張ス

四、右上奏ノ件連絡会議ニ於テ同意セル総長、次長トシテハ不同意ナリト云フガ如キ上奏ヲナシ得ザル事情ニ在リ
海軍ニ連絡セル所海軍第一部長亦之ヲ取扱ヒ兼ネルトテ遂ニ沙汰止ミトナル

五、会議席上海軍ハ鉄一一〇万（之ニ対シ陸軍七九万屯ナリ）貰フコトヲ条件トシテ開戦決意ヲ表明セルガ如シ
総長「鉄ヲ貰ヘバ島田サン決意シマスカ」ト尋ネ海相ウナズケリ　海軍ノ決意ハ鉄三〇万屯ノ代償ナリ　哀ムベキ海軍ノ姿カナ　是レ永久ニ吾人ハ銘記スルヲ要ス
軍令部総長戦争第一、第二年確算アルモ第三年以降確算ナシト明言ス
文官大臣確算ナキ戦争ノ決意ハ出来ヌト云フ賀屋、東郷理屈上ドウシテモ決意ハ出来ヌト云フ
軍令部総長ノ戦争第三年以降確算ナシト云フノモ無理カラヌ所東郷、賀屋ノ理屈モ無理カラヌ所　総理日露戦争ノ事ヲ例シ説得スルモ東郷賀屋納得セズ　軍令部総長「確算ナシ」ノ発言ニ関シ所要ノ説明ヲ加ヘントスル態度モ取ラズ
本件陸軍トシテハ大ナル不満アリ情ナキ次第ト思ハザルヲ得ズ　然レドモ永野総長ノ長期戦ニ対スル見透ハ終始一貫「確算ナシ」ノ態度ヲ取リアリ　之レモ尤モト云ハザルヲ得ズ
総理ノ政治力ナシ東郷、賀屋等同志的閣僚ト思ヒシニ豈図ランヤ　閣内ノ結束何等ノ事前工作ナシ　組閣ニ

於テ何等ノ約束ナシ　電撃組閣ヲ誇リタルモ弱体内閣ノ根本ハ組閣ノ軽率ナルニ在リシト認メザルヲ得ス

六、部内東条不信任ノ声澎沸〔湃〕タルモノアリ

東条総理亦如何トモ弁介〔解〕ノ余地ナカルベシ

総長、次長ニ対シテモ不満ノ声アルハ已ムナシ　然レドモ総長次長ハ全力ヲ尽シ斃レテ後已ムノ渾身ノ努力ヲナセルヲ以テ自ラ顧ミテ恥ヅル所ナキガ如ク受クベキ不満不信任ハ甘ンジテ受クベシノ光風霽月ノ気持ニアルガ如シ

実情ヲ知ル当班トシテハ万腔ノ敬意ト感激ノ意ヲ表セザルヲ得ズ

七、午後五時総理両総長列立ノ上連絡会議決定ノ結果ヲ内奏ス〔『杉山メモ』上、参照〕

御上ノ御機嫌麗シ　総長既ニ　御上ハ決意遊バサレアルモノト拝察シ安堵ス

東条総理涙ヲ流シツツ上奏ス　総理ニ対スル　御上ノ御信任愈々厚シ

八、波瀾重畳迂〔紆〕余曲折ノ過去、現在ノ実情将来ノ見透ヲ考フル時感慨無量筆ニ尽キザルモノアリ

過去ハ過去トシ今後ノ一ヶ月ヲ如何ニシテ進メントスルヤ多事多難ナルカナ

此ノ如キ国策ノ憂悩、苦痛、遅滞ハ抑々如何ナル本質的原因ニ基クヤ？

是ニ大ナル疑問敢ヘテ茲ニ特筆セズ

十一月三日〔月曜〕

一、大〔台〕風一過昨日ノ興奮モ醒メタリ

明治節ノ佳節ニ方リ皇国ノ前途ヲ祝福セントス　願ハクバ外交成功セサランコトヲ祈ル

二、午後六時ヨリ非公式陸軍軍事参議官会議ヲ開ク　明日ノ公式会議ニ於テ問題ガ起ラザル様駄目ヲ押サントスルニ在リ〔『杉山メモ』上、参照〕

海軍亦然ルガ如シ

十一月四日〔火曜〕

一、昨日ノ非公式会議ニ基ク質問事項ニ対スル答弁要領ヲ起草シ総長ニ呈ス

二、午後二時ヨリ公式軍事参議院参議会開催　陛下御親臨アラセラル

前例ニナキコトナリ　統帥部ハ国策即チ政戦両略ニ亘

ルコトヲ軍事参議官ニ諮詢アラセラルル筋違ヒトテ陸軍省ニ対シ反対セルモ之ニ依リ国家ノ決意ヲ益々堅メントスル総理ノ切ナル念願ニ依リ遂ニ開催スルコトニ決ス

三、帝国国策遂行要領中国防用兵ニ関スル件ニ関シ諮詢セラルル形式ニテ両統帥部長ヨリ開催方上奏シ　御上ヨリ各参議官ニ御召ノ命下レルモノトス

四、午後五時半ニ至ル迄各参議官ヨリ質問アリ充分質疑応答ヲ尽シ原案ニ意見ナク散会シ適当ナル旨奉答ス

議長ハ閑院元帥宮殿下ナリ

御上ハ極メテ御満足ナリシ由　之ニテ国家ノ決意益々鞏シ　結果ハ良好トナレリ

五、審議ノ細部ハ別冊ニ依ル〔『杉山メモ』上、参照〕

十一月五日〔水曜〕

一、午前十時半ヨリ歴史的御前会議開催セラル　午後三時十五分ニ及ブ途中一時間休憩アリタルモ充分ナル質疑応答ヲ尽シ　御上モ御満足ニテ御決意益々鞏固ヲ加ヘラレタルガ如ク拝察セラレタリ

質疑ハ主トシテ原枢府議長ヨリ政府統帥部ニ向ケラレタリ　原枢相ノヤリ手ナル今更敬意ヲ表ス　但シ彼ハ対米戦不同意陣営ノ一人ナリ

二、会議ノ細部ハ別冊ニ依ル〔『杉山メモ』上、参照〕

三、茲ニ外交、作戦二本建ナガラ帝国ノ対米英蘭戦争決意確定ス

九月六日以来ヲ回想シ波瀾重畳ノ曲折ヲ憶ヒ真ニ感慨無量ナルモノアリ

而シテ問題ハ更ニ十二月初頭ニ残レリ

過去ハ過去トシ不満ハ之ヲ水ニ流シ去ツテ将来ニ努力セン　希ハクバ外交不調ニ終リ対米開戦ノ「サイ」投ゼラレンコトヲ

四、茲ニ更メテ次長、総長ノ連日ノ御奮闘ニ対シ敬意ヲ表ス

五、総長当班及海軍第一部直属ノ各官ヲ築地抑〔柳〕光亭ニ招待シ一夕ノ慰労宴ヲ忝ウス

十一月六日〔木曜〕

一、南方軍ノ戦闘序列令セラル　総司令官ニ寺内〔寿一〕大将親補セラレ勅語ヲ賜ハル

二、南方要域ノ攻略準備ニ関シ大命下ル
此クシテ本格的作戦準備発足ス
各幕僚ノ勇躍任ニ向ハントスルヲ見羨望ニ堪ヘザルモノアリ
三、午後四時ヨリ部内全将校ニ対シ総長ヨリ訓示アリ
曰ク［□］本職ハ老骨ヲ捧ゲテ国難ニ殉ゼントスル堅キ決意ヲ有ス」
右決意ヲ多トス　部内暗黙ノウチニ邁進ノ機運昂ル
四、塚田次長総参謀長トシテ転出ス
一年有余ニ亘ル塚田次長ノ国策推進ニ関シ尽サレタル功績ハ絶大ナルモノアリ　部内ノ統制陸軍省ニ対スル威力ニ至ツテハ茲ニ多言ヲ要セズ
特ニ対米英蘭戦決意確定ニ関シテハ塚田次長ノ滅私必死ノ努力奮闘ニ俟チタルモノ誠ニ多シ　論者アリ塚田次長ハ立派ナル将軍ナルモ迫力ニ乏シ政治的手腕ニ欠クル所ナキニシモアラズト（第二部、第三課又ハ第二課アタリヨリ此ノ言出デ人事局ニハ相当ノ反映アリ日露戦争ト同様ニ総参謀長ニハ統帥部ヨリ責任者トシテ大物ヲ出スベシトノ形ニテ態良ク次長ヲ追ヒ出シタリトノ見方モナシトセズ　是レ或ハ人事属僚ノ企図シタル事実ナルヤモ知レズ）
当班ノ所見ヲ以テセバ右ハ全然的ラズ政治的迫力トハ何ゾヤ　正シキ信念ヲ以テ正シキヲ履ミ邁進スルコト是ナラズヤ　単ニ謀略的ナル手ヲ打ツガ政治的迫力アルト云フモノニハアラザルベシ
次長ガ其一貫セル統帥思想信念ヲ以テ其ノ滅私純一ノ武徳ヲ以テ押スベキヲ押シ正スベキヲ正シ堂々ト且機敏ニ陸軍省ニ又ハ軍令部ニ臨ミタルカハ知ル人ゾ知ル
知ラザルハ第三課第二部等一部ノ我利我利亡者ノミ
補任課ノ下僚等ノ軽挙ナル態度モ亦不可ナリト認ム
五、サモアラバアレ総参謀長トシテ塚田次長ヲ戴ク軍司令部ノ威重誠ニ大ナルモノアリ
参謀本部トシテハ寂寞ノ感少ナカラザルモノアルヲ如何セン

十一月七日［金曜］
一、天気極メテ晴朗秋気濃シ
大［台］風一過天下泰平当班亦閑散ナリ
二、外交措置開戦名義戦争終末促進ニ関スル件昨日主任者ニ於テ決定セルモノニ就キ部長会議開催セラル

三、東郷外相如何ナル外交ヲ打チアルカ全ク不明
来栖［三郎］大使ノ派米モ全然関知シアラズ
茲ニ大ナル不安アリ　ヨモヤ亡国的外交ハナシアラザルモノト信スルモ不安アリ
之ヲ監視スルモノハ陸軍省ナルベク軍務局長ナルベキ所　安心ヲ置キ難シ
若シ夫レ東条総理ニ滅私決意アラバ可ナルモ然ラザル時ハ国家ノ前途ドウナルヤラ全ク不明　願ハクバ東条総理ノ変節ナカランコトヲ
四、日比丸清津沖ニテ「ソ」連機雷ニ触レ沈没　死者百名以上ニ及ブ　誠ニ傷心ノ極ミ
外交ニ依リ之カ打開ノ途目下ノ所ナシ

十一月八日［土曜］

一、左記陸海省部ノ間研究ヲ進ム
1、対米英蘭開戦名目骨子案
2、国策遂行要領ニ基ク対外措置
3、対米英蘭蔣戦争終末促進要領
二、午後遠乗会
二子［ママ］ヨリ鶴見総持寺ニ至ル　曇天ニシテ寒気強ク気勢揚ラズ
総持寺ニ於テ精進料理ヲ食ス　坊サンノ「サービス」モ一興アリ

十一月九日［日曜］

一、南方各軍司令官会同席上ニ於ケル参謀次長口演要旨ヲ起草ス
二、部内閑散トナル　作戦課モ一段落トナリ只管外交ノ進展如何ヲ待ツノミ

十一月十日［月曜］

一、南方軍総司令官寺内大将以下各軍司令官及南海支隊長［第五十五歩兵団長堀井富太郎少将］等ニ対シ中央ノ意図ヲ明示スル為会同ヲ行フ
第一部長次長ニ代リ戦争指導ノ概要ヲ説明スル所アリ
二、対米交渉ノ成否ニ関シ議論百出ス
第六課ハ一二〇％成立スルト云フ　茲ニ帝国国策ノ不安ハ依然トシテ存シアリ
成立シタ場合ノ対策何等構想セラレアラズ寒心ニ堪ヘザルモノアリ

三、外務省ヨリ御前会議決定後ヨリ今日ニ至ル迄ノ対米交渉ノ為採リタル措置ヲ通報シ来ル　大体良シ
乙案ニ就キ軍事的、政治的、経済的援蔣中止ヲ要求スルモノナル旨対米打電セルハ特ニ可　之ニ依リ乙案ト雖モ交渉成立セザルベシ

十一月十一日〔火曜〕

一、新旧次長ノ挨拶アリ
班長以下揃ツテ旧次長塚田中将ニ挨拶ス　塚田中将第二十班ノ功績ヲ激賞ス　陸海省部ノ間今日迄正道ヲ履ミ協力シ来レルハ第二十班ノ存在ニ負フ所多シト
右ハ過分ノ言ナリ　当班トシテハ塚田次長ノ存在ニ負フモノナリト確信ス
塚田中将去ツテ部内一沫〔抹〕ノ寂瀏〔寥〕アリ

十一月十二日〔水曜〕

一、午後一時半ヨリ「国策遂行要領ニ基ク対外措置」ニ関シ連絡会議開催ス〔『杉山メモ』上、参照〕
岡坊主〔岡軍務局長〕ノ発言ニ依リ折角陸海軍間ニ於テ研究シタル案ニ依ルコトナク外務案ニ依リ審議ヲ進メラレ之ヲ決定ス
但シ右外務案ハ陸海軍案ニ対スル対案ニシテ軍ノ意見ハ概ネ通ジアリ
二、野村大使ヨリ「甲案」ヲ「ル」大統領ト会見シ提示シタル旨電アリ　内容別ニ米ノ気持ヲ表ハシタルモノナシ
三、来栖大使米向急ギツツアリ　但シ飛行機故障ノ為予定ノ如ク進マズ
部内来栖ノ飛行機墜落ヲ祈ルモノアリ
曰ク第二課長第六課長等当班亦其気持ハ同様ナリ
四、今ニシテ痛感ス東条首相ノ決意如何ト其変節態度ヲ慨歎ス

十一月十三日〔木曜〕

一、連絡会議開催〔『杉山メモ』上、参照〕
対米英蘭戦争終末促進ニ関スル件ヲ審議決定ス　希望的事項多キモ本戦争ノ終末求メ難キニ鑑ミ予メ連絡会議ニ於テ本件ヲ審議ス　其態度如何ニ熱心ナルカ知ルベク従来ノ如キ戦争トハ面目ヲ異ニス
二、来栖大使ノ飛行機遅々タルハ可

「ル」大統領来栖大使ヲ迎フルノ態度ニ熱意ナキガ如キハ亦可ナリ
乙案成立ヲ恐ル

十一月十四日〔金曜〕

一、乙案成立ノ場合ノ保障条件ヲ研究シ部内意見ヲ求ム　全員同意ヲ表シ来ル以テ如何ニ外交成立ヲ憂慮シアルヤヲ知ルベシ

二、「占領地行政実施要領」陸海意見一致シ明日連絡会議ニ附議セントス
問題ハ陸海軍政ノ分担ナリ地域毎ニ区別シ両者ノ摩擦ヲ未然ニ避ケントス
本件概ネ同意ナルモ香港、「マニラ」「シンガポール」ノ取扱之ナリ　意見完全ニ一致セズ対立ス　陸海是ニ於テ遺憾ナク対立ヲ暴露ス

十一月十五日〔土曜〕

一、乙案成立ニ伴フ保障条件陸軍省ヨリ対案来ル　大イニ可　之ヲ諒トス

二、来栖米到着ニ対シ大統領感謝祭ノ為ノ旅行ヲ取止ムルトノ新聞報アリ
米モ亦誠意ヲ示シ来レリ米トシテモ日本ノ決意ニ畏レヲナシ来レルガ如シ
或ハ乙案ハ勿論寧ロ甲案スラ成立スルヤモ知レズ　石井大佐甲案成立ノ公算アリト私見ヲ電話シ来ル

三、第七十六臨時議会召集セラル
俄然成立ノ公算濃化シ来ル

〔十一月十六日　欠〕

十一月十七日〔月曜〕

一、米野村大使ヨリ電到着
米支那ニ関スル経済無差別宣言ヲ提議シ来ル九国条約ノ再確認要求ニ他ナラズ
支那事変放棄ニ等シ
右宣言ト共ニ日本ハ三国条約ヲ脱退スベシト云フ　条約ヲ空文化スベシト云フ
言語同〔道〕断ナリ

二、右ニ対シ回答ヲ打電スル由其内容ヲ監視セントス
愈々以テ交渉ノ妥結見込薄シノ感強マル

昨ハ妥結今日ハ決裂一憂一喜シツツ時日ハ経過ス　一刻モ速ニ十二月一日ノ来ランコトヲ祈ル

三、総長神宮等参拝ノ為西下ス
陛下ニ申上ケ御許ヲ得タルモノトス
総長ノ呑気ナノニモアキレタル次第一面敬意ヲ表スルト共ニ、一面呑気ナノニ驚ク

四、土曜日ノ連絡会議席上東郷ヨリ陸軍ニ於テ武官ヲ経テ対独交渉ヲ行ハレ度旨希望アリ　第二部長東郷ノ意図ヲ奉ジ内面工作ニ乗リ出ス第一部長喜ブ
東郷対米決裂ヲ予想シアルガ如キハ可

五、交渉妥結ニ伴フ保障措置ニ関シ陸海主任者意見一致シ局長ヲ経テ総理外相ニ移セリ　甲案及乙案両案ニ対スル保障措置ヲ一本ニス

六、歴史的臨時議会開催セラル
総理ノ施政演説東郷ノ外交演説大大的ニ新聞報導〔道〕セラレ国論俄然昂揚セラレタルガ如シ
議会貴衆両院共緊張協力一致シテ政府ヲ鞭撻激励スルノ態度ニ出ヅ
日露戦争前夜ニ髣髴タルモノアルベシ

十一月十八日　〔火曜〕

一、議会臨時軍事予算成立ス
衆議院政府鞭撻決議ヲ可決ス

二、野村来栖「ル」「ハル」ト歴史的会議ヲ交フ　其結果ヤ如何
会談大統領ト一時間以上ニ及ブハ珍シト　但シ悲感〔観〕楽感〔観〕（吾人ニハ楽感〔観〕悲感〔観〕）ハ禁物ナリト

三、独軍ノ対「モスコー」攻略遂ニ交綏セルガ如シ　英国ノ立直リ顕著ナルベキモ其程度果シテ如何

四、衆議院政府鞭撻決議ニ於ケル島田俊夫〔雄〕ノ提案理由説明大イニ可
熱烈ノ言速ニ開戦スベシト云フニ在リ
陸軍ノ言ハントスル所説キ尽シテ余ス所ナシ　吾人ノ過去半年ニ亘ル悲憤梗概〔慷慨〕ヲ全部其儘吐キ出セルガ如シ
然ルニ今更外交ナド東条首相モ省ミテ愧ヅル所ナキヤ
若シ外交成立セバ国民ノ此ノ熱意ヲ総理ハ如何ニスルヤ

十一月十九日〔水曜〕

一、野村電到着（来栖未到着ノ分）

三国同盟ヨリ脱退スルノ意志表示セヨト云フ

一方平和交渉他方軍事同盟ノ存在ハ矛盾ニシテ米一般民衆ノ諒解スル所トナリ得ズト　言語同〔道〕断ニシテ議論ノ余地ナカルベキ所野村大使武官等尚妥結ニ之レ勉ム　其態度全ク帝国ノ自存ト権威トヲ失墜スルモノ後世史家ノ物笑ヒトナルベシ

二、来栖到着第一回会談ノ状況武官ヨリ来電アリ

米ガ三国同盟脱退ヲ再ビ要求シ来レル真意ハ日本ガ支那問題ニ関シ譲歩シタルヲ以テナルベシト武官ハ思惟シアルガ如シ

米ガ斯ク誤解シアルハトモカク武官迄日本ガ譲歩シタルトナスハ不可解至極ナリ

日本ハ表現法ヲ譲歩シタルノミ実質ニ於テハ一歩モ譲歩シアラズ　武官ノ馬鹿サ可〔加〕減アキレタルモノナリ

尤モ中央特ニ陸軍省ニモ其罪アリ　参謀本部ハ表現形式ノ変更ハ結局譲歩ト見ラレ易シトシテ強硬ニ反対セル所然ルニ陸軍省ハ之ニ耳ヲカサズ外、海ニ追随シ表現法ヲ変更セリ

三、右ニ鑑ミ譲歩ニアラザル旨次長電ヲ米武官宛打電スルニ決ス

米陸軍武官啓蒙ノ為第二部ヨリ打電スベシノ件従来当班ヨリ盛ニ述ベアルモ第二部長第六課長之ヲ行フノ勇断ナシ

四、大輸送団南方ニ動キ出シタル情報「サンフランシスコ」ニ於テ放送シアルガ如シ

大々的作戦準備ノ状況米ニ通セバ外交ハ破壊セラルベシ　夫トモ米譲歩スルヤ

前者ノ公算大　後者ナラバ米ハ日本ノ武力ニ屈伏シタルコトトナルベシ

先ヅ妥結ノ見込ハナシ

十一月二十日〔木曜〕

一、来栖到着後第一回会談ノ要旨電到着

会談ノ応酬振リナツテ居ラズ　曰ク東条総理ハ意外ニ平和論者ニシテ三国同盟及通商問題ハナントカナルベシ　唯駐兵問題ハ絶対譲歩不可能ナリ　又曰ク米参戦

シテモ日本ハ背後カラ衝カズ　妥結セバ三国同盟ハ実質的ニ氷解スベシ　又曰ク南部仏印カラ撤兵スルカラ先ツ物ヲ寄コセ等々

二、連絡会議右ニ対シ東郷外相モ憤慨早速別電アル迄交渉中止セヨト打電シ次テ乙案全部ヲ提示シテ折衝セヨト訓電セル旨披露アリ

尚外相ハ野村大使ガ私案トシテ援蔣停止ヲ含マザル乙案ノ一部ノミヲ提議シタルニ対シ甚ダ遺憾ナル旨打電セリ

三、右外相ノ処置ハ大イニ可　好評ヲ博セリ

東郷ノ態度ハ豊田ノ哀訴的ナルニ比シテ毅然タルモノアリ　万腔ノ敬意ヲ表ス

四、此ノ如クシテ遂ニ甲案不成立乙案交渉ニ入ル　夕刻到着ノ野村電ニ依レバ前記私案ニ対シテハ米調印ノ誠意アリト

然レドモ乙案全部ノ提議特ニ援蔣停止ノ要求ニ依リ交渉ハ決裂スベキコト最早疑ヲ入レズ

五、野村ノ只管ナル非戦態度彼ハ果シテ之ニ依リ帝国ノ生存ト権威ヲ確保シ得ルト思考シアルモノナリヤ　外ニ使シテ君国ヲ辱カシメルモノ是レ野村海軍大将ナリ

自由主義的世界観ニ立脚スル野村大将ノ本質的欠陥ニ非ズシテ何ゾヤ

十一月二十一日〔金曜〕

一、昨夕以来種村中佐ノ奮闘ニ依リ帝国ハ絶対ニ譲歩セルモノニアラズ又交渉日時ノ余裕ハ既ニナキ旨大臣総長電トシテ発電ス

又乙案妥結ニ伴フ保障措置モ明日ノ連絡会議ニ於テ正式決定ノ上打電スルコトトナリ次長ヨリ其内容ノ概要ヲ内報ス　右何レモ種村中佐ノ活躍ニ依ル　其労ヲ多トス

二、天野第六課長右ニ勢ヲ得テ在米武官ノ今日迄ニ於ケル陸軍ノ真意不認識ヲ啓蒙スル電報ヲ発電ス

時機稍々遅カリシモ其誠意ヲ多トス

今迄第二部長（先ニ右ノ如キ件ニ就キ大臣ヨリ「シコタマ」叱ラレタルニ依リ）右ヲ許可セザリキ

三、陸海軍中央協定（軍政実施ニ関スル）主任者間ニ於テ難産ニ難産ヲ重ネタル上遂ニ決定ス

但シ第一部長船舶運航統制ヲ海軍ニ於テ行フ件大ナル不満アリ

右部長会議ニ於テ審議セラル

四、前項陸海協定ニ方リ従来ノ如キ陸海内ノ相剋摩擦ヲ避クル為陸海両大臣両総長ヨリ全軍ニ共同ノ訓示ヲ出スベシトテ起案ス

権限（訓示ノ）等ニ拘ラズ四名連署ノ歴史的訓示ヲ出スベシト云フニ在リ

五、野村電到着乙案提示セル所「ハル」ハ援蔣中止ニ関シ之ハ援英中止要求ト同様ナリトテ大イニ不満ノ態タリシガ如シ　サモアルベシ

之ニテ交渉ハ愈々決裂スベシ芽出度〳〵

十一月二十二日〔土曜〕

一、陸海中央協定（軍制〔政〕施行ニ関スル）主任者案ニ対シ部長以上全然不同意ナリ　更ニ研究ヲ進ムルコトトス

二、連絡会議開催〔『杉山メモ』上、参照〕

対泰措置要領決定ス

開戦ニ関スル件ハ決定ニ至ラス更ニ修文スルコトトス

対米交渉ノ保障ニ関スル件ハ外相未ダ事務当局ニ於テ審議不充分ナリトテ審議ニ入ラズ

外相ノ態度稍々増長シアル気味アリ

外相ニ対スル総理ノ政治力甚ダ心外ナリ

十一月二十三日〔日曜〕

一、日曜トテ部内閑散ナリ

米、大使「ハル」会談モ行ハレズ

二、対米交渉ノ峠モ茲数日中ナリ

願ハクバ決裂ニ至ランコトヲ祈ル

十一月二十四日〔月曜〕

一、米英蘭豪ト会談ヲ開始ス　蔣モ之ニ加フ　其真意決裂ヲ決意シタルヤ否ヤ等不明

右会談直後野村「ハル」会談開催米二十四日ニ正式回答（乙案ニ対スル）スベキモノトテ大体ノ意向ヲ述ブ

1、帝国カ平和的意図ヲ明カニセザレバ交渉ニ応ジ難シ

（三国同盟ノ空文化ヲ要求ス）

2、援蔣停止ハ極メテ困難ナリ

3、帝国輿論ノ高圧的ナルニ対シ米国民ヲ納得セシムルハ甚ダ困難ナリ

二、武官電ニ依レバ先ヅ決裂ノ他ナシト云フ野村電ノ空気

必ズシモ然ラズ　先ヅ喜ビタルモ再ビ一憂アリ
援蔣停止ノ要求相手ニヒビキアラザルヤヲ憂フ

三、交渉妥結ヲ念願スル野村来栖ト決裂ヲ念願スル陸軍特ニ参謀本部ト正ニ正反対ナリ当班ノ一喜一憂モ無理ナシ

四、地方長官会議開催
総理例ニ依ツテ訓示セルモ当班馬耳東風ナリ　総理強硬訓示ハ可ナルモ妥結セハ如何ニスルヤ　モウ芝居ハ沢山ナリ

十一月二十五日〔火曜〕

一、米第二次四国会談ヲ行ヒタルガ如シ
野村「ハル」会談ハ行ハレズ　米ヨリ電ナシ
二十五日モ既ニ過ギタリ　東郷外相二十五日迄ニ妥結ヲ目途シアリタルガ如キモ今ヤ駄目ナリ

二、寺内南方軍総司令官飛行不能ノ為汽車ニテ征途ニ上ル幕僚モバラ〳〵トナツテ西下ス

三、モミニモンダル軍政ニ関スル陸海軍中央協定幾多ノ問題ヲ残シテ決定ス

十一月二十六日〔水曜〕

一、米大統領陸海首脳ト会談ス
和戦ノ決意成レリヤ
野村「ハル」会談行ハレズ米首脳苦慮ヲ重ネツツアルガ如シ

二、連絡会議開催セラレ大勢ハ妥結セザルノ空気ナリ
十二月一日御前会議ヲ奏請スルニ決ス
総長保障条件ニ関シ発言シ燃料六〇〇万屯ノ件ハ明確ニ決定セルモ他ハ外相俺ニマカセテ呉レノ態度ニテ依然トシテハツキリセズ〔『杉山メモ』上、参照〕

十一月二十七日〔木曜〕

一、連絡会議開催　対米交渉不成立
大勢ヲ制シ今後開戦ニ至ル迄ノ諸般ノ手順ニ就キ審議決定ス
1、十二月一日御前会議ニ於テ国家ノ最高意志決定事前ニ連絡会議及閣議ヲ開ク
2、十一月二十九日重臣ヲ宮中ニ招キ総理之ト懇談ス
右ニ関シ　御上ハ重臣ヲ御前会議ニ出席セシメテハ如何ノ御意図アリシガ如キモ総理国務ハ責任アル者ニ於

テ決スルヲ可トスル旨奏上ス
3、開戦ノ翌日宣戦ヲ布告ス
宣戦ノ布告ハ宣戦ノ詔書ニ依リ公布ス
右ヲ枢密院ニ御諮詢アラセラル日時ハ機密保持上布告ノ日トスルコトトス〔『杉山メモ』上、参照〕
二、果然米武官ヨリ来電
米文書ヲ以テ回答ス全ク絶望ナリト
曰ク
1、四原則ノ無条件承認
2、支那及仏印ヨリノ全面撤兵
3、国民政府ノ否認
4、三国同盟ノ空文化
米ノ回答全ク高圧的ナリ　而モ意図極メテ明確　九国条約ノ再確認是ナリ
対極東政策ニ何等変更ヲ加フルノ誠意全クナシ
交渉ハ勿論決裂ナリ
之ニテ帝国ノ開戦決意ハ踏切リ容易トナレリ芽出度〳〵之レ天佑トモ云フベシ
之ニ依リ国民ノ腹モ堅マルベシ　国論モ一致シ易カルベシ

十一月二十八日〔金曜〕
一、米ノ回答全文接受
内容ハ満州事変前ヘノ後退ヲ徹底的ニ要求シアリ　其ノ言辞誠ニ至レリ尽セリト云フヘシ
二、米ノ世界政策対極東政策何等変化ナシ現状維持世界観ニ依ル世界制覇之ナリ
三、今ヤ戦争ノ一途アルノミ

十一月二十九日〔土曜〕
一、午前九時三十分ヨリ総理重臣ヲ宮中ニ招集シ開戦決意ニ関シ説明諒解ヲ求ム〔『杉山メモ』上、参照〕
参集ノ重臣左ノ如シ
阿部、林、岡田、米内、若槻〔礼次郎〕、広田〔弘毅〕、平沼、近衛、原
二、更ニ御前ニ於テ重臣ト懇談ス
非戦論少カラス独リ阿部、林、広田ハ首相ノ決意ヲ諒トセルガ如シ
他ノ非戦論者流ニ対シテハ総理、阿部、林、広田カ説得之レ勉メ最後ニ於テ全員同意シ政府ヲ鞭撻スル所アリ

三、国家興亡ノ歴史ヲ見ルニ国ヲ興スモノハ青年国ヲ亡ホスモノハ老年ナリ

重臣連ノ事勿レ心理モ已ムナシ　若槻、平沼連ノ老衰者ニ皇国永遠ノ生命ヲ托スル能ハズ

吾人ハ孫子ノ代迄戦ヒ抜カンノミ

四、午後三時半重臣懇談終了

御上モ充分納得遊バサレタルガ如シ

引続キ連絡会議開催〔『杉山メモ』上、参照〕

全員異議ナク対米英蘭戦争開戦ニ決ス　当班過去一年ノ足跡ヲ顧ミ誠ニ感慨無量ナリ　七月二十六日資産凍結以来苦悩ニ苦悩ヲ重ネテ事遂ニ茲ニ至ル噫

五、開戦企図秘匿ヲ如何ニスヘキヤヲ研究セルモ現状推移ノ外名案ナシ

米未ダ戦争準備全クナシ

独ノ対「ソ」戦争急襲以上ノ対米戦争急襲正ニ成就セントトス

先入主観ノ禍害茲ニ最タリ

「ヤンキー」ノ対日軽侮モ旬日ヲ出デズシテ思ヒ知ラシメラルベシ

六、対独伊強化ヲ正式ニ施策セントトス

十一月三十日〔日曜〕

一、当班事既ニ成リ閑散ナリ

種村中佐原少佐午後銀座ニ散遊シ映画ヲ楽シム　遊行者極メテ多シ

二、「ルーズベルト」ノ回答「アイマイ」ナリセバ当班ハ本夜徹宵スベカリキ所極メテ明確ナル強硬回答ナリシヲ以テ議論ノ沸騰モナク電報ヲ読ムコトモナク悠々最後ノ日曜ヲ送ルヲ得タリ

三、日満華共同宣言ノ一週〔周〕年記念ニ当リ輿論昂揚セラル

十二月一日〔月曜〕

一、午後二時ヨリ四時ニ亘リ御前会議開催

正ニ歴史的御前会議ナリ〔『杉山メモ』上、参照〕

遂ニ対米英蘭開戦ノ　御聖断下レリ

真ニ世界歴史ノ大転換ナリ

皇国悠久ノ繁栄ハ茲ニ発足セントトス

百年戦争何ゾ辞セン

一億国民鉄石ノ団結ヲ以テ勝利ノ栄光ヲ見ル迄邁進セントトス

二、当班既往ヲ回想シ感慨無量茲ニ之ヲ筆ニ尽シ難シ過去一年当班ノ足跡誠ニ迂〔紆〕余曲折波瀾重畳戦ヒ抜キ悩ミ抜キ遂ニ今日ニ至ル

一年間ノ陣痛ヲ経テ国家ノ戦争意志始メテ堅シ　成ルベキ時ニ成ルベキ所ニ国家ノ方向ハ決セラレタリ　是レ天佑ヲ保有スル皇国ノ真姿ナラン哉

十二月二日〔火曜〕

一、支那派遣軍総参謀長ヲ東京ニ招致シ戦争指導及作戦ニ関シ指示スル所アリタリ

二、当班至ツテ閑散ナリ

刻々時去リ時来ルヲ待ツノミ

三、米依然トシテ帝国ノ企図ヲ知ラズ

戦争急襲ノ成功疑ヒナシ

十二月三日〔水曜〕

一、英海軍ノ戦艦「シンガポール」ニ到着セルガ如シ　海軍馬来作戦一部ノ変更ヲ提議シ来ルガ如キモ陸軍之レヲ容レズ

二、米依然トシテ動ク気配ナシ

三、当班閑散　昼海軍ト水曜会大イニ過去ヲ語リ将来ヲ語ル

四、一日広東附近ニ墜落セル飛行機搭乗者中ノ杉坂〔共之〕少佐ハ開戦決意ニ関スル総軍命令ヲ携行シアリシト云フ　開戦企図暴露セルニアラズヤトテ憂鬱トナル

十二月四日〔木曜〕

一、連絡会議開催〔『杉山メモ』上、参照〕

対米英蘭開戦ニ伴フ満州国取扱並対蘭宣戦ノ可否ニ就キ審議ス

二、比島ニ於ケル米潜水艦四〇隻中三〇隻行方不明トナル

潜水セルヤ逃避セルヤ不明ナリ

三、米「ハル」日米交渉ヲ暴露発表ス

米ヨリ決裂ノ姿勢ヲ示シ来レハ対内外指導上却ツテ有利ナリ

四、外相対米最後通牒提出ヲ提議シ来ル　軍令部不同意当部亦然リ

外相戦争終末捕捉ノ為外交打切リヲ正式表明スルノ要アルヲ強調ス

両総長已ムナク右ヲ容レ武力発動直前ニ外交打切ノ申

入ヲナスニ決ス　其案文ハ外相ニ一任シ在米大使宛打電ノ時機ハ陸海部局長ニ於テ決定スルコトニ決ス
五、杉坂少佐開戦企図明示ノ総軍命令ヲ携行シアルコト確実敵手ニ入リタルヤ否ヤ不明　企図ノ暴露痛心ニ堪ヘザルモノアリ

十二月五日〔金曜〕

一、陸大卒業式挙行
天皇陛下当部ニ行幸アラセラル
歴史的開戦ヲ二日後ニ控ヘ咫尺ノ間ニ天顔ヲ拝シ奉ル感激ニ堪ヘズ
天気晴朗開戦前夜ノ気配全クナシ
戦争急襲ノ必成期シテ待ツベシ
二、「ハワイ」比島非常時宣言状態ニ入リタルガ如シ
三、有末大佐神宮等戦捷祈願ノ為次長ニ随行西下ス

十二月六日〔土曜〕

一、第二十五軍ノ大輸送船団ハ既ニ「サイゴン」沖ニ在リ刻々機ハ迫レリ　何時武力衝突惹起スルヤ不明　願ハクバ八日未明迄無事ナランコトヲ神カケ祈ル
二、国民ハ未ダ知ラズ　軍亦然リ　部内ノ一部亦然リ　戦争急襲ハ必至　真ニ世界歴史ニ特筆セラルベキモノナラン
三、野村来栖「ハル」会談行ハル　偽装外交着々成功シツツアリ
*Z作戦部隊ハ既ニ「ハワイ」ニ近カルベシ而シテ竜田丸ハ之ト併航シアリテ戦ヲ知ラズ　正ニ戦争秘史中ノ秘史ナリ
竜田丸船長ノ決心ハ如何ナランヤ
四、連絡会議開催〔『杉山メモ』上、参照〕
対独伊政治協定、国民政府ノ取扱、対泰交渉開始日ノ指示電報、対米最後通牒文ノ交付ニ関スル件等ヲ審議ス
対米最後通牒文ノ交付時期ニ関シ作戦課ハ八日午後三時頃ト主張セルガ如キモ既ニ連絡会議ニ於テ事前ニ交付スル如ク決定セラレアルヲ以テ之ヲ変更スルヲ得ズ
之ヨリ先昨夜陸海両次長（田辺〔盛武〕次長参拝ノ為西下第一部長代理）外相ト会談　右ヲ主張セルモ外相納得スルニ至ラザリシガ如シ
五、宣戦ノ詔書案連絡会議決定戦争発起ノ日タル八日ニ渙

発セラルルコトニ決定ス

＊　ハワイ真珠湾の奇襲作戦。

十二月七日　［日曜］

一、人生五十年最後ノ日曜日ナリ
当班戦争発起ヲ明日ニ控ヘ一同（班長神宮参拝ノ為欠下士官及「タイピスト」ヲ加フ）箱根ニ清遊シ越シ方一年ヲ顧ミ歓ヲ共ニシ且之ヲ尽セリ
生ヲ聖代ニ亨［享］ケ戦争指導ノ重責ニ任ジ今日アルハ洵ニ之レ天佑神助ノ賜ナリト云フベシ
茲ニ心ヨリ感謝感激ノ一日ヲ送レリ
開戦ニ至ル迄ノ機密戦争日誌本日ヲ以テ之ヲ終ル
（原少佐）㊞

機密戦争日誌　其四

自　昭和十六年十二月八日
至　昭和十七年十二月七日

十二月八日 〔月曜〕

一、午前七時臨時「ニユース」ヲ以テ帝国陸海軍ハ本八日未明西太平洋ニ於テ米英軍ト戦闘状態ニ入レル旨大本営陸海軍部発表アリ

二、第二十五軍ノ南泰奇襲上陸海軍ノ「ハワイ」ニ対スル大戦略奇襲成功　茲ニ歴史的戦争急襲成ル

三、早朝ヨリ枢密院会議宣戦布告ニ関スル件十一時三十七分御裁〔裁〕可十一時四十分公布同時「ラジオ」ヲ以テ放送　茲ニ対米英蘭戦争発起セラル

四、右「ラジオ」放送ニ引続キ大詔ヲ拝シテト題シ東条内閣総理大臣ハ全国民ニ対シ勝利ハ常ニ御稜威ノ下ニ在ル旨ヲ述ブ
午後〇時二十分政府声明引続キ日米交渉ノ経緯ニ関スル外務省発表「ラジオ」ニ依リ放送ス
斯クテ全国民ノ血ハ湧キ肉躍ル

五、午後二時陸海軍大臣ヲ宮中ニ召サレ陸海軍人ニ対シ優渥ナル勅語ヲ賜フ
午後二時三十分部内全員集合宣戦ノ詔書及右勅語ノ捧読式終ツテ伊勢神宮ニ遥拝ス　一同尽忠奉公ノ決意茲ニ新ナルモノアリ

六、泰首相「ピブン」ハ逃避セリト言ヒ東部国境ニ在リトモ言ヒ明カナラズ
坪上〔貞二〕大使一時五十分最後的通牒ヲ交付セルニ三時ニ至ルモ回答ナシ　軍ハ三時三十分進駐ニ決セルカ如シ
午後ニ至リ日泰諒解成リ友好的ニ進駐ス

七、三時三十分第三十八師団ハ香港攻撃ヲ開始シ十一時租界進駐ヲ行フ
総テ予定計画通リナリ

八、午後八時四十五分「ハワイ」急襲ノ大戦果発表　戦艦二撃沈同四大破大巡四大破　午後九時比島ニ対スル空襲ノ戦果発表撃墜一〇〇ニ及ブ

九、戦争第一日ヲ送ルニ方リ作戦ノ急襲ト言ヒ全国民戦意ノ昂揚ト言ヒ理想的戦争発起ノ成功セルヲ確認シ戦争指導班トシテ感激感謝ノ念尽キサルモノアリ
然レトモ戦争ノ終末ヲ如何ニ求ムヘキヤ是本戦争最大ノ難事　神人一如ノ境地ニ於テ始メテ之カ完キヲ得ベキ哉

一〇、帝国全土ニ防空下令セラル

十二月九日 〔火曜〕

一、「ハワイ」急襲ノ大戦果新聞ヲ一斉ニ飾ル　海軍ノ得意ヤ推シテ知ルベク衷心慶祝ノ至リニ堪ヘズ

二、本日ハ作戦ノ大ナル進展ナシ

比島及馬来方面ニ対スル航空作戦逐次成果ヲ収メツツアリ

三、日泰諒解完全ニ成リ正午迄ニ予定ノ進駐ヲ完了ス

泰ヲシテ更ニ積極的ニ協力セシムル様今後ノ施策ヲ進ムル要アリ

泰ノ向背ハ最後迄疑問視シアリタル処皇軍武力ノ先制的圧力ノ前ニ遂ニ屈伏シ帝国陣営ニ投ズルニ至ル　自然ノ勢ト言フベキモ現地官憲ノ努力実ヲ結ビ慶祝ノ至リナリ

四、夜十時北部英領馬来ノ要衝「コタバル」ノ占領発表アリ

住〔佗〕美〔浩〕部隊ノ功績ニシテ南方軍総司令官早速感状ヲ授与セルカ如シ

五、独国対米参戦ヲ未ダ正式発表セズ　但シ独軍ニ対シ米艦艇ヲ随時随所ニ攻撃スベキ命令ハ発セシト言フ

「リ」外相参戦ハ勿論ナルモ在大本営「ヒ」総統ト未ダ連絡取レズ

独国民ヲシテ納得セシムル参戦ノ形式ニ関シ研究中ナリト言ヒアリ　其真意果シテ如何

独伊参戦セサル場合帝国戦争ノ前途ハ如何ナルヘキヤ帝国従来ノ水臭キ対独伊態度ニ鑑ミレバ独伊ノ今日ノ態度モ無理カラヌ所ナルモ結局戦争ノ運命ヲ決スルモノハ帝国自力アルノミナルヲ肝銘スルヲ要ス

六、中南米及阿弗利加ノ弱小国対日宣戦セルモノ十数ヶ国ニ及ブ　意トスルニ足ラズ之ヲ笑殺セントス、和蘭亦宣戦セルカ如キモ　暗号電報ヲ差抑ヘアルヲ以テ不明ナリ

十二月十日 〔水曜〕

一、南海支隊ノ「グワム」島上陸　第十四軍先遣隊ノ北部比島上陸本未明成功ス

14A〔軍〕先遣隊ノ一輸送船撃沈セラレタルガ如シ

二、海軍航空隊英戦艦二ヲ撃沈ス

海軍発表ニ曰ク

英極東艦隊主力開戦三日ニシテ全滅セリト

海軍ノ得意ヤ言フニ及バズ国民ノ歓喜沸ク

三、山本連合艦隊司令長官ニ対シ「ハワイ」作戦ノ成功ニ対シ優渥ナル勅語ヲ賜フ
茲ニ衷心ヨリ帝国海軍ノ赫々タル戦果ニ対シ慶祝ノ意ヲ表ス

四、独伊ヨリ回答アリ
日独伊三国間ニ左ノ約諾ヲナサントス
1、三国ハ米英ト最後ノ勝利ヲ得ル迄飽迄戦フ
2、三国ハ諒解ナクシテ単独媾和セズ
3、勝利後ト雖モ三国同盟ノ精神ニ依リ世界新秩序建設ニ協力ス
4、直ニ効力ヲ発生シ有効期間ハ三国同盟ニ同ジ
正午閣議午後三時ヨリ枢密院会議　右趣旨ニ異存ナク之ヲ可決シ至急独伊ニ回答ス

五、「ヒットラー」ハ本夜右ニ就キ国会ニ於テ演説スルモノノ如シ
独軍対「モスコー」作戦ヲ一時中止スル旨発表　愈々独軍モ中近東ニ進出ヲ積極化スベシ
茲ニ日独伊三国ノ鞏固ナル結束成リ戦争ノ前途ニ大ナル光明ヲ認メ得ルニ至ル
真ニ天佑神助ト言フベク慶祝ニ堪ヘズ

十二月十一日〔木曜〕

一、昨十日連絡会議ニ於テ左記決定
1、今次戦争ハ支那事変ヲ含メ大東亜戦争ト呼称ス
2、十二月八日午前一時三十分ヨリ戦時トス

二、「プリンスオブウエールス」及「レパルス」両戦艦撃沈ノ報世界ヲ震駭セシメタルガ如シ
朝刊ヲ一斉ニ飾リ国民ハ今更乍ラ海軍ノ精鋭ニ驚歎ス
独伊大イニ喜ビ「ビスマルク」号ノ復仇成レリトナス

三、十一時日泰攻守同盟成立ス　茲ニ泰国ハ完全ニ帝国ノ陣営下ニ入ル　坪上大使ノ労ヲ多トス

四、「グワム島」ノ完全攻略成リ総督ヲ捕虜トナス
太平洋ニ於ケル米ノ根拠地逐次潰滅「ル」大統領大イニ焦慮ス

五、本夜十時独「ヒットラー」重大宣言（対米宣戦）ノ筈
米英ノ敗戦感蔽フベクモアラズ

十二月十二日〔金曜〕

一、蘭印ニ対スル無血進駐謀略ヲ企図シ
「戦争ノ推移ニ伴フ対蘭印戦争指導要領」ヲ起案シ陸海外主任者ト審議シ意見一致ス　明日ノ連絡会議ニ上

提〔程〕セントス
二、日独伊戦争完遂協定昨夜十一時公表ス
独伊ノ対米宣戦大々的ニ新聞ヲ飾ル
「ヒットラー」「ムッソリニー〔ムッソリーニ〕」共ニ昨夜十時ヨリ国民ニ対米宣戦ヲ告グル所アリ
枢軸反枢軸陣営茲ニ截然タリ　百年戦争敢ヘテ恐レザルノ態勢確立シ戦争発起ハ真ニ遺憾ナキヲ得タリ
三、日仏印共同防衛ノ軍事的強化調印ヲ発表ス
第十四軍先遣隊ノ「レガスピー」上陸成功ス
四、今次ノ戦争ヲ支那事変ヲ含メ大東亜戦争ト呼称スルノ件新聞発表ス

十二月十三日〔土曜〕

一、連合艦隊長官ニ対シ「マレー」沖海戦ノ偉功御嘉賞ノ勅語ヲ賜ハル
海軍再度ノ勅語其光栄ヲ祝ス
二、第三十八師団香港本防禦線ヲ突破シ九竜ヲ完全攻略ス
香港島ノ攻略モ近シ　英軍大ナル抵抗ヲナサザルガ如シ
三、馬来作戦予期シアル所ナルモ作戦ノ進捗神速ナルヲ得ザルガ如シ
四、庶務将校山際〔伝〕中尉着任ス

十二月十四日〔日曜〕

一、市ヶ谷台新庁舎ニ移転ス
二、第五師団ノ北部英領馬来ニ於ケル作戦進展ス　敵機械化一師団ヲ撃滅ス
三、香港攻略軍司令官香港総督ニ対シ降伏ヲ勧告セシモ之ヲ拒絶シ来レルニ依リ武力ニ依ル之ガ攻略ニ決ス
英国魂ノ軽視シ難キヲ知ルベシ
四、昨十三日連絡会議ニ於テ「情勢〔戦争〕ノ推移ニ伴フ対蘭印戦争指導要領」決定ス〔『杉山メモ』上、参照〕
外相成功ノ可能性ハ十分ノ一ナリト言フ

十二月十五日〔月曜〕

一、市ヶ谷新庁舎ニ於ケル業務ヲ一斉ニ開始ス
二、比島ニ於ケル戦局ノ速カナル終結ヲ企画シ「比島ノ措置ニ関スル件」ヲ起案ス
三、両総長及大臣独伊大使ヲ水交社ニ招待ス　有末大佐種

村中佐列席ス

四、右席上南方占領地ノ帰属ヲ中央ニ於テノミ確定スベキ件両軍務局長ヨリ話アリ　午後既ニ研究セル一案ニ就キ審議主任者成案ヲ得タリ

五、将来ニ於ケル対重慶工作ヲ考慮シ諜報通路ヲ作ルベク第八課研究セルモノヲ提示シ来ル

当班トシテモ対重慶工作ヲ如何ニスベキヤハ逐次研究具体化スベキモノト思考ス

十二月十六日〔火曜〕

一、南方占領地ノ帰属腹案及情勢ノ推移ニ伴フ対重慶工作要領ニ就キ陸海省部主任者審議シ成案ヲ得

各々上司ニ通ジ連絡会議決定トナスコトニ決ス

南方ニ帝国領土ヲ大イニ拡張スベキ思想ト民族ノ純血確保及共栄圏思想ヨリ拡張スベカラザル二案アリテ誰モ確乎タル意見ヲ主張スルモノナシ

之カ正式決定ハ尚前途遠カルベシ

二、重慶ニ対シテハ先ヅ諜報路ヲ造ルヲ先決トシ和平条件等実際的工作ハ明春以降トナルベキヲ予期ス

三、英領「ボルネオ」ニ対スル奇襲上陸ニ成功ス

四、戦時臨時議会開催

天皇陛下親臨優渥ナル勅語ヲ賜フ

東条総理戦争目的ヲ達成セザル限リ断乎戈ヲ収メザル旨確言ス

五、山口〔敏寿〕少佐着任ス

十二月十七日〔水曜〕

一、南方占領地帰属腹案上司ノ意図ヲ体シ更ニ陸海省部主任者審議ス

二、比島ノ取扱ニ関シ第二課部員全然不同意ナルガ如ク蘭印ニ対スル措置ニ関シ作戦課ニ無断デ連絡会議決定ニ至ラシメタル点不満アリト思考ス

本件第一部長第二課長ハ予メ意見ヲ取リ全然同意ナリシモノ第二課部員ノ不満ハ筋違ナリ

三、香港島ニ対スル攻撃激化ス

右砲撃ニ於テ「ソ」連船ヲ誤リテ撃沈セシメタルガ如シ

気比丸ト交換トナルベシ

四、臨時議会会期僅カニ二日ヲ以テ本日終了ス

衆議院戦争完遂決議ヲ満場一致ヲ以テ可決シ山崎達之

輔提案理由ヲ説明ス　迫力ナシ

十二月十八日〔木曜〕

一、情報ヲ綜合セル結果「ハワイ」会戦ノ戦果従来ノ二倍ニ達スルガ如シ
米太平洋艦隊ハ茲ニ全滅ス
日米太平洋決戦ハ事実上帝国ノ快勝ヲ以テ青史ヲ飾ルニ至リ真ニ慶祝ニ堪ヘズ

二、日泰攻守同盟締結ニ伴フ泰ノ宣戦ニ関スル件、仏国ヲシテ国民政府ヲ承認セシムル件ヲ研究上司ニ通ズ
泰宣戦ハ泰ノ希望ニヨルモ其時機ハ当方作戦上ノ要請ニ基キ決スベシ
仏国ヲシテ国民政府ヲ承認セシムルハ差当リ不適当ナリト判決ス　第一部長、次長、総長概ネ同意ナリ

三、香港ニ対シ更ニ降伏ヲ勧告セルモ拒絶ス
仍テ本夜上陸ヲ決行スルニ決ス
第二課部員現地軍ノ降伏勧告ハ不適当ナリトノ意見ヲ有シアルガ如キモ当班所見ヲ異ニス
徒ニ血ヲ流スガ戦略ニアラズ

十二月十九日〔金曜〕

一、昨夜半香港島ニ敵前上陸ヲ敢行　成功ス
茲ニ英多年ノ対極東政策ノ牙城遂ニ落ツ　大東亜新秩序ノ曙光始メテ輝ク
計画ニ依レバ三中隊ハ泳イデ渡ルコト、ナリアリト
其意気ノ壮ナル敬意ヲ表ス

二、馬来作戦進捗ス　既ニ「ペナン」附近ニ進出シアルガ如シ

三、連絡会議開催
「情勢ノ推移ニ伴フ対重慶工作」及「南方占領地ノ帰属ニ関スル思想調整」ヲ提案ス
対重慶工作ハ単ニ諜報路線ノ設定ニ止ムルモノナルニ拘ラズ標題ガ対重慶工作トナシアルヲ以テ時機尚早ナリトノ意見大勢ヲ占メ作文ヲ修正シ更ニ連絡会議ニ提案スルコトトス
南方占領地ノ帰属ハ単ニ説明ノミニテ絡〔終〕リ審議ニ至ラズシテ散会ス
「スマトラ」ヲ領土ニシタリ「ボルネオ」ヲ領土ニシタリ之ヲ取止メタリ定見ヲ以テ帰属ヲ主張スルモノ少シ

原少佐本日ヲ以テ光栄アル機密戦争日誌ノ執筆ヲ終ル
茲ニ衷心ヨリ感謝ノ意ヲ表シ光輝アル過去一年ヲ憶フ

十二月二十日　〔土曜〕

一、「重慶工作ニ関スル件」再提出スル如ク陸軍省ト交渉ス　軍務局長ハ幹事トシテ自己ノ面目ニカケテモ大ナル修正ヲ行フコトナク再提出ヲ主張セラル

二、外務省ヨリノ連絡
イ、泰ハ三国同盟ニ加入セシメズ
ロ、泰ハ宣戦セシムルモ可　但其時機ハ統帥上ノ要求ニヨリ定ム（「ビルマ」作戦ノ発起）
ハ、対蘭印謀略ハ瑞西〔スイス〕ヲ通ジテ行ヒツツアリ
右(イ)(ロ)(ハ)ハ参謀本部ノ要求セルトコロニ拠ル

三、午前日泰攻守同盟ニ関スル枢密院会議開カル

四、「日仏共同防衛強化ニ関スル現地軍事協定」本文送付シ来ル　其内容画期的日仏緊密強化ニ価ス
交渉当時現地ニ於ケル長少将ト芳沢大使トノ関係モアリ且外務省ヨリ長少将ノ行動ハ中央ノ命令ニ依ルモノニアラサル旨訓電セル経緯等ニ傾〔鑑〕ミ南方総軍宛次長ヨリ依命祝電ヲ発セラル

五、原少佐第二課長ト同行南方ニ出張、川村大尉陸士予科附転属発令セラル

十二月二十一日　〔日曜〕

一、日泰攻守同盟条約本日正午「バンコック」ニテ坪上「ピブン」間ニ調印終了、午後二時半内閣情報局ヨリ発表セラル
駐日泰公使「セナ」ハ親英米トシテ適当ナラズ、交代ス

二、香港未ダ陥チズ作戦課ハアセルモ「シンガポール」ニ及ボス影響ニ於テ同意

十二月二十二日　〔月曜〕

一、「重慶工作ニ関スル件」容易ニ陸軍大臣ノ了解スルトコロトナラズ　更ニ一案ヲ具シ局長ヨリ大臣ニ説明スルトコロアリ

二、占領地帰属ニ関シテハ先般一案ヲ得局長ヨリ連絡会議ニ於テ説明スルトコロアリ　之ガ取扱ニ関シテハ尚研究ヲ要スルトコロ　総長ヨリハ一応　上聞ニ達シタル

趣ナリ

三、陸海省部戦争指導ニ関スル主任者ノ懇親会ヲ行フ盛大ナリ

出席者　陸軍省（二宮大佐大西［一］中佐松下［勇三］中佐）

参謀本部（種村中佐）

海軍省（柴［勝男］中佐木阪［義胤］中佐吉田［英三］中佐）

軍令部（桧野［武良］少佐）

四、午後五時ヨリ首相官邸ニ於テ情報交換ヲ行フ

十二月二十三日［火曜］

一、皇太子殿下第八回ノ御誕辰ヲ迎ヘサセ給フ、竹ノ園生ノ弥栄ヲ祝シ奉ル

二、午後二時ヨリ外務省南洋局第一課ニ於テ南方占領地帰属問題ニ関スル外務省案ヲ聴取ス、彼等ノ研究相当深刻ナルモノアリ

連絡会議ニ於テ老人連中ニ事実ヲ参考ノ為報告セシムルコトトス　主張ノ相異点ハ「ジヤバ、スマトラ、セレベス」ヲ以テ「インドネシヤ」連邦タラシメントス及香港ハ支那事変処理ト関連シテ定ムルコトトスルニ在リ

又蘭印交渉ニ関シテモ説明アリ成否ヲ問フコトナク年末ヲ目標トシ急速ニ進展セシムル様要求ス

本日南方帰属問題ニ関シ全地域占領案ヲ主張セシ軍令部ガ其ノ主張ヲ極メテ曖昧ナラシムルニ至リシハ奇異ナリキ

「高松宮殿下云々」ガ物言ヒシカ

三、二十二日朝予定ノ如ク渡集団［第十四軍］主力比島「リンガエン」湾ニ上陸ヲ開始ス

十二月二十四日［水曜］

一、十時ヨリ連絡会議ヲ宮中ニ開キ「情勢ノ推移ニ伴フ対重慶屈伏工作」ヲ決定シ十日以来ノ懸案ヲ解決ス

第二部長早速明二十五日南京ニ至リ現地軍ニ所要ノ指示ヲ行フコトトナレリ［『杉山メモ』上、参照］

二、午前外務省ニ於テ対中立国工作中対南米工作ニ関スル外務省意見ヲ聴取ス

三、「情勢ノ推移ニ伴フ対外措置ニ関スル件」一案ヲ得第一、第二部長ノ承認ヲ得愈々関係方面ト交渉ヲ開始ス

ルコトトス
先般来部内ハ勿論陸軍省、外務海軍共内々思想調整中ノモノニシテ概ネ来春早々決定ノ運ビニ至ルベキモノト予想ス

四、本二十四日第十六師団主力比島「ラモン」湾ニ上陸、「ラングーン」爆撃ニ成功前第八課長臼井［茂樹］大佐散華ノ報アリ

五、戦争ノ危機ハ北方ヘノ飛火ト昭和十八年年［ママ］後半期ニ在ルベキヲ各方面ニ説キ一時ノ勝利ヨリ覚醒ニツトム

六、本二十四日第七十九議会成立ス
新議長田子一民、副議長内ヶ崎作多［三］郎、議会ノミ旧態［ママ］制依然トシテ国家躍進ノ躍［驥］尾ニ附ス

七、海軍部隊二十三日「ウエーキ」島ヲ占領ス

十二月二十五日［木曜］

一、大正天皇祭
市ヶ谷台上ニ立チ先帝御苦悩ノ治世ヲ追悼シ奉リ之レ亦今日昭和維新ノ礎石タリシヲ憶ヒテ切ナリ

二、今二十五日十七時五十分香港降伏ヲ申出ズ
遂ニ日満支ヨリ「アングロサクソン」侵略ノ拠点ヲ一掃潰滅ス、感無量ナルモ戦争ノ前途尚々遠シ

十二月二十六日［金曜］

一、第七十九議会開院式アリ
特ニ「外師毎戦ノ捷利ヲ賞マセ給フ」恭シキ極ミナリ

二、「情勢ノ推移ニ伴フ対外措置ニ関スル件」逐次省部ノ思想調整ヲ行フ

三、上下ヲ挙ゲテ香港ノ戦勝ニ酔フ

四、「南方占領地帰属」ニ関スル慶大教授英［修道］氏ノ説明ヲ聴取ス　蘭印処理ハ外務省案ナリ

十二月二十七日［土曜］

一、「北方占領地行政」ニ関スル関東軍池田［純久］少将ノ報告アリ
中央ニ於テ北方処理ニ関シ未ダ定ラザルニ過早ニ現地ガ深入リスルハ適当ナラズ

二、「ヤング」総督ノ取扱ニ関シ硬軟両論アリテ定マラズ

三、現地波集団［第二十三軍］ハ降伏セル俘虜ニ対シ協約ヲ締結ス（波電第一六九号）笑止千万
コレヲ以テ武士道ト解スルカ、オ叱リノ飛電ヲ警告ス

四、「情勢ノ推移ニ伴フ戦争指導ニ関スル件」陸海省部主任者将校集会所ニ会シ一案ヲ得タリ、海軍ハ北方問題ニ触ルルハ依然トシテ嫌悪ス　印度豪州ニ手ヲ拡グルモ其ノ時機ニアラズ

結局現計画ヲ遂行シツツ米蘇提携ノ阻止、印豪ニ対スル謀略施策、対中立国施策ノ強化ニ止ムルコトトス

［十二月二十八日　欠］

十二月二十九日［月曜］

一、日独伊軍事協定ニ関シ現地伯林武官ハ無断訓令要綱ヲ変更シ左ノ如キ請訓ヲ仰ギ来ル　坂西野村［直邦］両中将ハ恰モ対独依存ノ権化ノ如シ

一、独伊ノ対英本土攻撃ヲ取消ス

一、独伊ノ太平洋作戦協力ヲ取消ス

一、印度洋ヲ通ズル南方日独伊ノ提携ヲ海軍ノミトス

一、協定ハ独語ノミトス

二、右ニ対シ悛［峻］烈ナルオ叱リノ訓令ヲ発セラル　時恰モ紐育［ニューヨーク］ニ於ケル「ルーズベルト」「チャーチル」会談ニ対応シ軍事協定ヲ政治的ニ利用セントスル独伊ノネラヒニ乗リタルニ依ル

三、正午陸海大本営ノ幕僚ヲ宮中ニ召サセラレ労ネギラヒ給フ

聖慮有難シ

十二月三十日［火曜］

特記事項ナシ

十二月三十一日［水曜］

特記事項ナシ

昭和十七年

一月一日〔木曜〕

快天

聖戦第一春

瑞雲棚引ク

「ハワイ」快勝ノ写真及手記元旦ノ紙上ヲ埋メ感激ヲ新ニス

一月二日〔金曜〕

一、皇軍「マニラ」ヲ攻略ス

コレニテ東亜ヨリ米ノ勢力ヲ一掃ス

第四十八師団一番乗　部隊長土橋勇逸中将ノ得意ヤ思フベシ

二、開戦日タル八日ヲ以テ大詔奉戴日トナス、可ナリ、右ニ伴ヒ興亜奉公日ヲ廃止ス

一月三日〔土曜〕

一、特記事項ナシ

二、南方出張中ノ原〔四郎〕少佐帰任ス

三、占領地軍政実施上、海軍根拠地、海軍海運地、船舶、港務ニ関スル陸海中央協定成立ス（但シ各地域ハ比島ノミ）

比島ノ高等弁務官邸ヲ海軍ニヤル、ヤラヌニテ参謀本部上司口ヲ出スコト三日間浅間シキ限リナリ

一月四日〔日曜〕

一、特記事項ナシ

二、正午会食総長訓示アリ

「マニラ」陥落ヲ祝ヒテ前途ノ奮闘ヲ期セラル

三、明五日ノ定例連絡会議（月）ハ午後六時首相官邸ノ予定ノトコロ初会議ノ意味ニ於テ総長ノ主張ニヨリ宮中ニ於テ行フコトニ変更ス

一月五日〔月曜〕

一、山口〔敏寿〕少佐南方ニ約二十日間ノ予定ヲ以テ出張ス

二、午前十時ヨリ宮中大本営ニ於テ新年初連絡会議ヲ行フ
政府ノ質問ニ応ジ総長ヨリ作戦予想及謀略ノ経過ニ関シ説明スル予定ノトコロ情報交換ノ為時間ヲ費シ本件発言スルニ至ラズ

三、最近海軍側特ニ軍令部方面ニ於テ首相及外相ノ態度ニ対シ心ヨシトセザルモノアリ
年頭作戦謀略ノ大要ヲ質問ニ応シ答ヘントスルニ対シテモ言下ニ反対ヲ称ヘ来ル、「来栖［三郎］ノ渡米ヲ前以テ通知セザルニ端ヲ発ス［」］ト下僚ハ答フ、狭量哉

一月六日［火曜］

一、支那ニ於ケル租界及敵性権益、経営方策ニ関スル現地総軍案ヲ検討ス
武力ヲ以テ接収セル租界ノ本質ニ関シ稍々モスレバ思想的混乱ヲ来シ過早ニ国民政府トノ間ニ調印ヲ見ントスルガ如キ意見アルヲ以テ大幅修文ヲ要求ス

二、「情勢ノ推移ニ伴フ戦争指導ニ関スル件」ハ戦争指導ノ根本ニ関シ未ダ陸海ノ一致ヲ見ズ茲ニ「対外措置」トシテ更生陸海軍クラブニ於テ陸海外主任者ノ打合ヲ行ヒ一案ヲ得タリ　明七日午後ノ連絡会議ニ附議スルヲ目途トシテ夫々上司ニ報告ス

三、本六日陸海ノ猛鷲一千機帝都上空ヲ圧シ威［偉］観ナリ

四、正午御下賜ノ清酒及鴨汁ニ総長一同感激ヲ新タニス

五、海軍ハ比島方面ノ戦果トシテ敵飛行機三六〇台ヲ撃墜破セリト発表ス　戦前二〇〇ト称ヘ陸軍第一飛行集団ノ活動タルニ拘ラズ此ノ如キ誇大ノ発表ヲ行フ
報導［道］ノ統一今日ヨリ急ナルハナシ

一月七日［水曜］

一、「情勢ノ推移ニ伴フ当面ノ施策ニ関スル件」ニ関シ午後一時半ヨリ集会所ニ於テ夫々上司ノ意図ヲ奉ジ主任者ノ再検討ヲ向［行］フ
外務大臣ハ稍々事前連絡ナク突然ノ提議不満ノ感アリ
陸軍大臣ハ突然大東亜国内諸邦ハ三国同盟ニ加入セシメザル件不同意ヲ称ヘ従来ノ陸軍主張ヲ覆ヘシ陸軍省主任者困却ス
午後五時トナルモ提案ヲ決スルニ至ラズ連絡会議トナル

二、「南方占領地行政実施ニ伴フ第三国関係権益処理要綱」ヲ当方案ヲ基礎トシ逐次陸海外三省間ノ協議ヲ進ム

現地ヨリ各方面ヨリ意見具申アリ　急速ニ取纏ムルコトトス

三、午後五時ヨリ連絡会議首相官邸ニ開催セラレタルモ閣議ノ為遅延シ遂ニ議題提案セラレス十日ニ持越スコトトナレリ

四、比島ノ独立声明ニ関シ一案ヲ提示セシモ海軍側反響ナシ　十五日ノ汎米「リオ」〔リオデジャネイロ〕会議ト関連アラシメントスルニ在リ

一月八日〔木曜〕

陸軍始観兵式

第一回大詔奉戴日

一、夜来ノ曇天一掃　快晴又トナキ戦時下観兵式日和ナリ

払暁以来敵機ノ空襲ニ備ヘテ防空怠ナシ、

龍顔殊ノ外麗シク軍容ヲ閲ハシ給フ　恭ナキ極ナリ

二、香港ノ戦果及開戦一ヶ月ノ綜合戦果発表（大本営陸軍部）匿ストコロナク誇大スルトコロナク可ナク〔リ〕

一月九日〔金曜〕

一、特記事項ナシ

対支、対占領地処理ニ関シ関係方面トノ連絡ヲ密ニス

二、参謀総長ノ紹介ニテ三井鉱山関係者ヨリ「タイ」「マレイ」ノ錫山ニ関シ聴取ス、陸軍省ヨリ来ルモノ一名、軍政区署ノ実権何レニアルヤ不明ナル実情ガ今日ノ結果ヲ生ムカ。

統帥部又反省セザルベカラズ、

一月十日〔土曜〕

一、連絡会議ニ於テ「情勢ノ推移〔進展〕ニ伴フ当面ノ施策ニ関スル件」決定ス〔『杉山メモ』下、参照〕

十二月以来約一ヶ月ニ亘ル難問茲ニ解決ス

二、占領地ニ於ケル第三国権益処理要領陸海外ニ於テ再研究セルトコロ外務省側ニ於テ第三国官憲ノ取扱ニ関シ異論アリ決定スルニ至ラズ

三、「タラカン」上陸ヲ目前ニ控ヘ外務省側ヨリ対蘭印戦争状態発起ニ関スル帝国政府声明案ヲ提示シ来ル発表内容ハ異論ナキモ発表ノ可否ニ関シ第一部方面若干ノ異論アリシガ総長ノ採〔裁〕決ニヨリ「発表スルモノ

トシ其時機ハ大本営連絡スルコトトス」

四、「占領地交通陸軍処理要領」ノ最後的研究ヲ行フ、通信ニ関スル陸海軍中央協定本日成立ス

一月十一日 〔日曜〕

一、近来南方開発ニ関シ経済界方面ヨリ恰モ軍政ヲ誂〔誹〕謗スルガ如キ新聞ヲ散見ス　軍亦三省シ其ノ施策ニ周到万全ヲ期スルヲ要ス

二、蘭印作戦ニ伴フ帝国政府声明問題ニ関シ第一、第二部長間ニ再燃セシモ遂ニ発表スルコトトセリ

三、本日早暁皇軍「タラカン」「メナド」ニ進駐蘭印ニ一歩ヲ印ス

一月十二日 〔月曜〕

一、「情勢ノ推移〔進展〕ニ伴フ当面ノ施策ノ件」部内関係各部課ニ連絡ス

二、午後右施策ニ伴フ対印度豪州施策ニ関スル陸海軍協定（印度ハ陸軍豪州ハ海軍）ヲ水交社ニ於テ打合ス概ネ主任者ノ同意ヲ得タリ

三、占領地軍政実施上航空ニ関スル陸海中央協定ヲ水交社ニ於テ打合シ決定案ヲ得タリ

四、午後六時蘭印進駐ニ関スル政府声明大本営発表アリ従来大本営陸海軍部発表トアリシヲ大本営発表トシ陸海対立ノ感〔観〕念ヲ除去スルコトトセリ

五、占領地ニ於ケル第三国権益処理要領外務省ニ於テ異論アリテ未ダニ決定ニ至ラズ

六、午後六時ヨリ首相官邸ニ於テ連絡会議アリ占領地ニ於ケル帝国外務官憲及其他ノ官吏ハ軍属トシテ取扱フ件本日連絡会議了解ヲ経〔得〕タリ

一月十三日 〔火曜〕

一、特記事項ナシ

二、南方作戦進展ニ伴フ軍政区処ノ陸軍大臣ヘノ移管ニ関シ省部間ニ論議醸成セラレツツアリ期日ヲ以テ明確ニ区分スル如ク主任課ニ連絡ス

一月十四日 〔水曜〕

一、南方政務部発足ス本件第二、第三部ニハ干与セラレザリシトテ相当ノ不満アリ

二、軍政施行地域ニ於ケル外務機関ヲ閉鎖シ其人員ヲ軍政機構内ニ統合セシムル件決定ス

一月十五日〔木曜〕

一、馬来「マレー」連邦ノ首都「クラルランポ〔クアラルンプール〕」陥落　皇軍ノ進撃疾風枯葉ヲ捲クノ感アリ
但シ「バタン」半島方面ノ攻撃ハ意ノ如ク進捗セザルガ如ク其ノ罪科最高統帥部ニ在ルヤ第十四軍ニ在ルヤ後世史家ニ俟ツベシ

二、「シンガポール」ニ対スル航空決戦敵ニ戦意ナク大ナル戦果ナシ

三、議会ニ於ケル総理ノ施政演説中対外措置ニ関スル件連絡会議ニ於テ決定ス〔『杉山メモ』下、参照〕
但シ南方占領地ノ帰属ニ関シ相当思ヒ切ツタル内容ヲ盛ラレアリテ統帥部トシテハ遽カニ同意シ難キモノアリ
修文意見ヲ陸軍省ニ呈出ス　従来南方ノ帰属ニ関シテハ軽々ニ之ヲ発表セザル申合セナリシ所大臣突兀トシテ之ヲ決定シテ連絡会議ニ提案ス
討議会策トシテ政治的効果アルベキモ其態度ハ我儘ナリト言フベシ
大臣ノ言フコトヤル事最近神経衰弱的症状アリト言フモ宜ナリ

四、軍政実施ニ伴フ第三国権益処理要綱陸海外決定次回連絡会議ニ於テ正式決定ノ運ビトナル

一月十六日〔金曜〕

一、班長香港総督府参謀長ニ転出ノ内命下ル
第二十班ニモ流転ノ風ハ吹カントス
班長在職一年有半ノ足跡茲ニ更メテ記スルノ要ナシ
要ハ感慨無量ノ一語ニ尽クベシ
功成リ名遂ゲテ戦争指導班長ノ重職ヲ去ル武人ノ本懐之ニ過グルモノナカルベシ
茲ニ謹ミテ御栄転ヲ祝シ其ノ赫々タル武勲ヲ祝シ在任間ノ御指導ニ対シ深甚ナル感謝ノ意ヲ表シ奉ル

二、天皇直隷ノ香港総督府ヲ設置スルハ支那派遣軍ト少カラヌ摩擦アリ
現地軍ノ意見モ亦道理アリ　然レドモ大臣ノ香港ハ帝国領土タルニ鑑ミ別途処理スベシノ意見ニモ道理アリ

一月十七日〔土曜〕

一、華僑対策ノ研究ヲ進ム
要ハ華僑ヲシテ支那本土トノ政治的経済的連鎖ヲ遮断シ帝国ヲ中核トスル新東亜ノ建設ニ積極的ニ協力セシムルヲ要ス

二、猶太人ノ取扱ヲ陸海外決定シ現地ニ打電ス
猶太人ノ根本的対策ハ更ニ研究国策トシテ之ガ正式ニ至ラシムルヲ要ス
差当リ猶太人ハ特ニ厚遇スルコトナク寧ロ監視ヲ厳重ニシ敵性行為ハ強圧スベキ主旨ニ依ルモノトス

三、第二十五軍軍政部次長渡辺〔渡〕大佐上京軍政施行要領ニ関シ総長次長等ニ報告説明ス
英国ノ行政組織ヲ更ニ簡約化シ少数人員ニテ務〔努〕メテ現状ヲ変化セシメザル如ク軍政ヲ施行セントスル着意ハ可ナリ

一月十八日〔日曜〕

一、陸海作戦及戦争指導主任者ノ角力見物及会食恒例ノ如ク挙行
種村〔佐孝〕中佐、神〔重徳〕大佐等既往ヲ回想シ大イニ気分好シ

二、日独伊軍事協定正式調印ヲ了ス
之ガ発表ニ関シ「ソ」ヲ刺戟セザル為米英ニ対スル軍事協定ナル旨特ニ明確ナラシメントシタルニ駐独武官動々モスレバ独ニ迎合セントスル心理ニ圧倒セラレ東京ノ意図ヲ充分理解シ之ガ実行ニ就キ努力スルノ熱意ナキガ如ク電報ヲ往復スルウチニ独側発表シ帝国已ムヲ得ズ之ニ追随発表スルニ至ル

三、「シンガポール」攻略戦意外ニ急進撃月末迄ニ之ヲ完全ニ攻略シ得ルガ如シ

一月十九日〔月曜〕

一、長〔勇〕少将上京総長次長ニ現地ノ状況ヲ報告説明ス
総長長少将ノ功績ヲ激賞シ其労ヲ犒フ所アリ
仏印ハ米英ニ対シテハ明確ナル態度ヲ取ルニ至レルモ支那ニ対シテハ不即不離ノ態度ヲ取リ以テ北仏ニ対スル重慶軍ノ進入ヲオサヘントスルニ在ルガ如シ　南方軍亦之ヲ黙認セントス　先ヅ然ルベシ

二、香港総督府〔香港占領地総督部〕設置セラル
磯谷〔廉介〕中将之ガ総督ニ親補セラル

之ニ依リ香港ハ名実共ニ帝国領土ト化スベシ

三、夜班長ノ送別会ヲ渋谷○○ニ於テ行フ

過去一年半ヲ回想シ感慨無量歓ヲ尽セリ

一月二十日〔火曜〕

一、香港処理微妙ナルモノアルヲ以テ後宮〔淳〕総参謀長ヲ上京セシムル如ク措置ス

二、南方占領地軍政区処権発動ニ関シ局長第一部長ト議論セルモ意見ノ一致ヲ見ザリシガ如シ　大臣ハ当然区処権発動セルモノト考ヘアルガ如ク参謀本部ノ意見ヲ知レバ激怒スベシト言フ　困ツタモノナリ

三、比島ノ軍政施行要領第十四軍ハ現存行政機構尊重ノ主旨ニ拠リ現地官民ヲシテ新政治組織ヲ造ラントスルニ対シ総軍ハ差シ当リ軍司令官自ラ之ニ当ラントス

両者意見ノ調整ヲ必要トス

四、連絡会議ニ於テ「南方軍政施行〔占領地軍政実施〕ニ伴フ第三国権益処理要綱」及「在支敵性権益処理ト国民政府トノ調整」決定ス〔『杉山メモ』下、参照〕

五、明日ノ首相演説中南方占領地帰属事項ヲ南方総軍ニ打電ス

一月二十一日〔水曜〕

一、帝国議会再開

首相施政演説ニ於テ南方経営ノ大綱特ニ香港、馬来、「ビルマ」ノ帰属ヲ闡明ス　国民拍手喝釆ス

豪州ニ対シテハ敵性継続スル限リ断乎撃砕スル旨強調ス　政治的効果ヲネラヒタルモノ東条〔英機〕総理ノ芝居ノ域ヲ出デズ

二、「ビルマ」首相「ウソー」英官憲ニ監禁セラル　英ノ悪辣巧妙以テ知ルベシ

三、「ビルマ」ノ要地「タヴオイ」占領ヲ発表ス

一月二十二日〔木曜〕

一、「シンガポール」方面果然敵ノ抵抗執拗トナル　軍ハ充分ナル準備ヲ整ヘ紀元節前後ヲ期シ一挙ニ強襲攻略セントスルモノノ如シ

二、南方総軍ヨリ南方ノ帰属ハ過早ニ定メサルコトトナリアリシ所首相演説ヲ以テ急遽発表シタルハ意外ナリトノ電アリ

右ニ対シ経緯ヲ説明スル電報ヲ打電ス　大臣現地ガ決定後文句ヲ言フハ怪シカラヌトテ一本釘ヲサス如ク特

ニ修文セリ
三、桜井、横井転出ニ就キ班員全員ノ会食ヲ行フ
両官ノ過去一年間ノ労ヲ大イニ多トス
四、第二十班第十五課ト改称第一部直属トナル
次長直轄ノ第二十班一年有余ノ寿命ヲ以テ茲ニ発展的解消トナル
第二十班ノ足跡　大東亜戦争ノ歴史ヲ飾ルモノア［ル］ベシ　知ル人ゾ知ルナリ

一月二十三日［金曜］

一、「ビスマルク」島ニ敵前上陸「ラバール」ヲ攻略ス
万里ノ波濤ヲ克服シタル南海支隊ノ労苦ニ対シ深ク敬意ヲ表ス
二、蘭領「チモール」作戦ニ伴フ対葡［ポルトガル］外交措置ノ件研究大体ニ於テ事前ニ外交ヲ行ハザルコトニ主任者間意見一致ス
三、後宮支那派遣軍総参謀長着京ス
四、南方総軍ヨリ総軍ガ中央ノ決定ニ従ハザリシ事実アラバ承リ度ト反撃シ来ル
種村中佐電報合戦トナルヲ慮リ之ヲ配布セシメザル如ク措置ス

一月二十四日［土曜］

一、後宮総参謀長ニ対シ総長次長ヨリ香港総督部設置ノ趣旨等ニ関シ懇談スル所アリ　本件ニ関スル限リ支那総軍ト香港総督部トノ協調ハ円満ニ進メラルベク総参謀長ヲ特ニ招致シタル目的ヲ達成セルモノト認ム
二、対葡外交措置ノ件更ニ陸海外主任者間ニ於テ協議シタル結果単ニ外交ヲ行フヤ否ヤノ問題ニ止マラズ葡ニ対スル帝国ノ根本態度ヲ如何ニ決定スヘキヤノ問題トナリ一案ヲ得タリ
然ルニ大臣ハ葡領「チモール」ニ対スル作戦目的達成セバ兵力ヲ撤収スルノ態度ヲ明確ニスベシト強調ス
大臣ノ意図ハ戦争相手ノ拡大ヲ厳ニ防止セントスルニ在リ　之ヲ諒トス　然ルニ海軍側ハ作戦上葡領「チモール」ノ確保ヲ重視シアルガ如ク　蘭、豪軍ノ在葡領「チモール」中ナルヲ奇貨トシ強引ニ進入シ作戦基地獲得ノ目的ヲ達成セントスルニ在ルガ如シ
更ニ研究ヲ進ムルコトトス

一月二十五日〔日曜〕

一、国際情勢観察第二部ト海軍第〔三部〕トノ間ニ意見一致ス　毒ニモ薬ニモナラヌ常識ヲ集録セルニ過ギズ

二、特記事項ナシ

三、「パリツクパパン」及「ケンダリー」ニ敵前上陸ス

一月二十六日〔月曜〕

一、泰国昨二十五日正午突然米英ニ対シ宣戦ス

宣戦ノ確定時機ニ関シテ現地ノ意見ヲ問合セ中ナリシ処何等カノ手違ニ依ルナラン　尤モ泰側ガ帝国ノ意図ヲ出シ抜イテ宣戦スルガ如キハナカリシナルベシ

二、泰国ガ宣戦シタカラトテ毒ニモ薬ニモナラズ大ナル期待ヲ懸ケ得ズ

三、陸軍省南方総軍トノイザコザヲ清算スベク青木〔重誠〕副長ヲ招致セントシタルモ第一部長近ク出張スベキニ付之ヲ取止ム

一月二十七日〔火曜〕

一、「チモール」処理ニ伴フ対葡措置ノ件陸海外主任者間ニ於テ更ニ研究ヲ進メ成案ヲ得明日ノ連絡会議ニ上提

〔程〕セントス

二、陸軍大臣ノ南方軍政区処権発動ノ件漸ク省部間意見一致スルニ至ル

結局第一部長対陸軍大臣ノ闘争ニシテ両者ノ譲歩ニ依リ省部明朗トナルベシ

一月二十八日〔水曜〕

一、葡領「チモール」問題連絡会議ニ於テ俄然議論沸騰ス

大臣ハ目的達成後ハ撤兵スベシト主張シ軍令部総長ハ依然作戦基地トシテ使用スベキヲ主張シ両者意見ヲ固執シテ一致セズ相当ノ激論アリタルガ如ク軍務局長妥協案ヲ提議セントシタルモ其ノ余地ナシ

大臣ハ御上ニ対シ既ニ撤兵スベキ件ヲ申上ゲアルニアラザルヤ〔『杉山メモ』下、参照〕

更ニ主務者間ニ於テ研究ヲ進ムルコトトス

二、馬来作戦英ノ抵抗相当ニ執拗ナルモノアリ

「シンガポール〔ー〕攻略ハ従来ノ如ク楽観ヲ許サザルモノアリ

「パリツクパパン」上陸ニ方リテモ輸送船四隻ヲ失フ

敵側最後ノ抵抗逐次軽視スベカラザルモノアルヲ感ゼ

シム

三、第一部長南方及支那ニ出張ス

大東亜戦争計画ナル第二課起案ノ一案ヲ携行ス　今日ノ情勢ハ作文ニテハ回転セズ

四、汎米会議本日ヲ以テ終了「アルゼンチン」「チリー」ハ中立ヲ堅持ス

一月二十九日〔木曜〕

一、葡領「チモール」問題陸海主任者間ニ於テ更ニ研究ス

然レドモ元来黒ト白トノ問題ニシテ単ナル作文ヲ以テ解決シ得ベキモノニアラズ　妥協案ノ一案ヲ得タルモ上司ヲ説得シ得ルノ自信ナシ

依テ二宮〔義清〕大佐作戦課ノ井元〔井本熊男〕中佐ヲ帯同シワザ〳〵議会ニ到リ大臣ニ作戦上ノ要求ニ関シ説明説得ニ努ムル所アリ

二、原少佐陸軍大学校研究部主事兼大本営陸軍参謀トシテ去ル

茲ニ謹ンデ万腔ノ感謝ノ意ヲ表ス

一月三十日〔金曜〕

一、甲谷〔悦雄〕中佐着任ス

二、山口少佐一月五日以来南方支那ニ出張中ノトコロ本日帰任第十五課附ヲ免ジ第十四課ニ転ズ　蓋シ櫛田〔正夫〕中佐ノ強引ナル要望ニヨル第一部長ノ命令ニシテ部長自ラ執筆ノ上南方ニ出張セルモノナリ

原少佐昨日ノ発令ニテ陸大研究部主事兼大本営参謀ニ転属　三笠宮〔崇仁〕ノ御輔導ニ任ズ　其ノ任ヤ重キモ彼ヲ今日当部ヨリ離スハ大本営ノ寂〔寞〕莫ヲスラ感ゼラル

三、新鋭課長甲谷中佐ノ驥〔驥〕尾ニ付シ種村ノ駑鈍任全ウシ得ルヤ　大イニ努ムベシ

四、「チモール」問題主任者課長間ニテハ解決ツカズ　両軍務局長ニ一任ス　海軍軍務局長ハ病ヲ押シテ出頭之ガ解決ニ当ル、彼亦尊キ存在ナリ

五、明日ノ連絡会議ハ中止ス（チモール問題未決ノ為）

一月三十一日〔土曜〕

一、大〔台〕風一過陸海局長ノ努力ニヨリ「チモール」問題解決ス。

上司ガ過早ニ意見ヲ発表スルトキハ常ニ此ノ始末トナル　事務当局ノ存在活動ヲ忘ル勿レ。二十八日連絡会議

二、租界ノ移管ノ時機ハ成ルベク速ニ双方宣言ヲ行フコトニ定メラル。

二月一日〔日曜〕

昭和十七年初雪珍シク東都ハ化粧ス

香港総督ノ初門出ヲ祝フガ如シ　旧班長有末〔次〕参謀長ヲ東京駅頭ニ送ル。

切ニ御健闘ヲ祈テヤマズ

二月二日〔月曜〕

一、「対蘭領「チモール」作戦ニ伴フ対葡処〔措〕置ニ関スル件」無修正連絡会議ニ於テ決定ス

軍令部総長一言モ発セズ〔『杉山メモ』下、参照〕

二、井本中佐ヨリ甲谷中佐　種村　原三名作戦室ニ於テ第二課ノ抱懐スル爾後ノ作戦指導ニ関シ聴取ス。当課ノ一月十三日研究結論ト同一帰結ナリ。蓋シ第十五課編成ノ功得〔徳〕ナリ。

〔二月三日　欠〕

二月四日　水曜

一、連絡会議席上総理ヨリ

一、爾後ノ戦争指導

一、大東亜ノ建設ノ具体的事項

一、右ニ関係スル国内指導

等ニ関シ至急連絡会議ニ於テ討議致度旨発言アリ　又「シンガポール」攻略ト共ニ首相放送ニヨリ更ニ「ビルマ」、印度、蘭印、豪州ニ対シ呼懸ケタキ意向開陳アリ

夫々研究スルコトトス

二月五日　木曜

一、前日首相発言ニ基キ検討並首相放送中「ビルマ」、印度、蘭印、豪州ニ対スル要旨ヲ省部主任者ニ於テ検討一案ヲ得タリ

二月六日　金曜

一、終日将校集会所ニ於テ陸海主任者ニヨリ爾後ノ戦争指

導ニ関スル研究議題ヲ討議シ陸海主任者一案ヲ得　明日連絡会議ニ於テ局長ヨリ説明スルコトトセリ
又海軍側ノ提案ニヨリ帝国国防圏ヲ如何ニ定ムベキヤニ付討議之亦一案ヲ得タリ　蓋シ海軍案ハ豪州ニ進出ヲ企図セントシテ提議シ北方ヲ国防圏ニ入ルルヲ忘却ス　自己主義ノ一案ナリキ、
国防圏ヲ核心圏、自衛圏、前哨圏ニ区分シ之ガ国防上ノ指向ヲ明カニス
総長次長又全然同意見ナリ、

二月七日　土曜

一、連絡会議ニ提議予定ノ議題案ハ海軍側（特ニ軍令部）ノ横槍ト外務側ニ未提示ノ理由ニテ延期セラル、
二、「シンガポール」ヘノ最後攻撃開始火蓋ヲ切ラレントス
三、「ジヤバ」沖海戦ニ於テ海軍航空隊蘭印巡艦二、米巡一、及「スラバヤ」ニ於ケル蘭印八〇機ヲ撃破ス
偉功ナリ、

二月八日　日曜

一、第二回大詔奉戴日ナルモ日曜ナルガ故ニ行事ナシ
大本営又アマリニ事務的ナリ、
午前十時ヨリ将校集会所ニ於テ爾後ノ戦争指導ニ関スル研究議題ヲ陸海外主任者ニヨリ検討ス
海軍ハ之ヲ嫌ヒテ豪州ヲ狙ハントス　其ノ意志明瞭ニシテ問題ノ検討中ニ表ハル、
外務ハ如何ニシテ自己ノ勢力ヲ維持セントスルヤニ吸［汲］々タルノミ、
夜甲谷課長、種村、原三名ニテ銀座浜作ニ一杯ヲ傾ク

二月九日　月曜

一、午前〇時四十分「ジヨホール」水道ノ突破ニ成功ス
第五、第十八師団ノ意気ヤ軒昂、山下［奉文］将軍、辻［政信］名参謀ノ風貌ヲ偲ブコト切。
二、午前野原［博起］少佐ヨリ「対蘇作戦資料」ノ説明ヲ聴取ス、
要ハ今春独「ソ」戦ノ推移ニヨリ世界ノ変更ヲ左右ス。
三、土曜会ニ於テ海軍石川信吾大佐豪州問題ヲ正式ニ発言シ服部［卓四郎］大佐同意セズ。

石川大佐仏印ヲ成ルベク速カニ処理スベキ件意見ヲ出ス　研究スルコトトナル

四、連絡会議ニ於テ
爾後ノ戦争指導ニ関スル件〔『杉山メモ』下参照〕
「シンガポール」陥落ニ伴フ首相演説腹案
右決定。首相演説ノ要旨ハ現地軍ニ電報ス

二月十日　火曜

一、「爾後ノ戦争指導ニ関スル件」ノ検討予定表ノ作製（陸海外主任者）
二月十日迄ニ主任者案ヲ夫々マトメルコトトセリ

二月十一日　水曜

紀元ノ佳節
第二十五軍「シンガポール」ノ一角ニ突入戦果拡張中ナリ
士気大イニ揚ル
現地軍ノ善戦善謀感謝ニ堪ヘズ

二月十二日　木曜

一、「爾後ノ戦争指導ニ関スル件」第二問題（印豪遮断ノ影響）ヲ研究ス　漸ク三時間ニシテ一案ヲ得タリ
二、夜第一問題（世界情勢判断）ノ大本営陸海軍部案ヲ甲谷中佐桧野〔武良〕少佐種村中佐ノ三人ニテ十時半迄ニ一案ヲ得タリ、
三、連絡会議（臨時二時半）ニ於テ首相演説草稿ヲ決定ス、近来首相特ニ色気多シ、
四、海軍ハ今ヤ豪州作戦ニ突入セントシテ陸軍ヲ引ヅランドシアリ　我ガ国力ヲ考ヘテ善処ヲ要スベシ　軍令部第三部情勢判断ハ殊更ニ第一部ニ於テ歪曲セントシテ過高断面案ノ提議シ来ル

二月十三日　金曜

一、今後陸海軍集会所ニ於テ「世界情勢判断」ヲ研究ス
概ネ主任者間ノ意見ノ一致ヲ見タリ
二、首相昨夜半　首相演説草稿ヲ現地打電方要求ス
蓋シ先般ノ腹案ト其内容若干異ナルヲ以テナリ、

二月十四日　土曜

一、午後陸海軍集会所ニ於テ
イ、「彼我国力ノ推移」ノ判断ヲ研究ス

帝国国力ノ推移ニ関シテハ企画院ヲシテ海軍ヨリ提出スル損耗見込ヲ基礎トシテ再検討セシムルコトトセリ

ロ、既定計画ヲ以テ充分トスヘキヤ否ヤニ関シ不充分トスル過高断面的海軍意見　即豪州突進論ヲ制スルニ骨折ル

二、連絡会議ニ於テ〔『杉山メモ』下参照〕

イ、「シンガポール」ヲ昭南島（南方ヲ昭カニスルノ意）ト改名決定

竹田宮〔恒徳〕殿下並現地ノ熱心ナル希望推進力ニヨル、

ロ、華僑対策要綱決定　当部ノ熱烈ナル希望ニヨリ華僑ハ国民政府ヨリ切リ離シ之ヲ適宜断圧スルコトトス

二月十五日　日曜

午後七時五十分「シンガポール」遂ニ陥落。

感慨感激、何ヲ以テカ代フベシ。

此ノ日　白皚々天神又帝国ノ前途ヲ祝フガ如シ

聖慮ヲ拝シテ感涙又新ナリ。

二月十六日　月曜

一、第一部長昨十五日帰任ス、

気甚ダ強シ、

二、首相議会ニ於テ吼エル、

吼エルノミニテ戦勝ヲ得ルナラバ何度吼エテモヨシ。

上手ナ夜店商人ハ仲々本音ヲ云ハザルベシ、

三、全市否世界「シンガポール」陥落ニ酔フ、但シ戦争ハ半ナリ　蘇峰翁日々ノ論壇ニ曰ク

陥落星坡絶代功

老獅覇業半成完

日本男子有雄志

更駕南溟万里風

記憶セヨ　既ニアラズ　半バナリ

至言ナリ

四、第一部長南方視察報告アリ

「バターン」問題トナル、現地軍ニハ占領地行政ヲ過重視シアル傾向ニアリ

二月十七日　火曜

一、「シンガポール」陥落陸海統帥部ノ幕僚（両総長以

下）宮城靖国神社明治神宮ニ参拝ス。心アリヤ、ナシヤ。

二、午後五時半ヨリ陸海軍集会所ニ於テ合同祝賀会アリシモ無味乾燥ニシテ味ナシ

三、陸海外企主任者ニ於テ左記ヲ研究ス

イ、国防圏

ロ、帰属問題

ハ、大東亜新秩序範域

概ネ思想ノ一致ヲ見タルモ豪州問題ニ関連シ未ダ十分ナラズ

第三問題（既定計画ノミニテ十分ナリヤ）答解ニ関シテハ参謀総長極メテ御不満ニテ修文ノ上海軍側ニ提示ス、

四、正午「シンガポール」ヲ昭南島ト改名ノ件発表セラル。

二月十八日　水曜

一、第一次戦捷祝賀日

参謀本部ニ於テ午前十一時五十分遙拝式正午会食ヲ行フ。

市ヶ谷台上終日万歳々々ノ国民ノ声ツキズ。

二、午後二時半ヨリ帰属問題、国防圏、大東亜新秩序圏ニ就キ部長会議行ハル。論議沸騰ス。

三、ビルマ蘭印政務最高顧問問題起リ桜井三［兵］五郎ヲ入ル、件第一部長強ク反対、一悶着起ル。

二月十九日　木曜

一、第一部長ヨリ当課ノヤリ振リニ関シ意見御注意アリ。

イ、次長直属トシテノ第二十班ト第一部長直属ノ第十五課トノ差異ヲツケヨ、部長会議ニ出ル前ニハ第一部長ノ決裁ヲ経タルモノヲ要ス。

ロ、第二課第十四課トノ連繫ヲ密ニスベシ、

右御尤ノ次第ニシテ昨日部長会議ノ沸騰ノ如キ種村中佐ノ甲谷課長補佐至ラザリシヲ顧ミテ申訳ナシ。

二、航本原田［貞憲］大佐ヨリ航空燃料問題報告アリ

北方ハ今年ノ八月以降ナラ何トカヤレルト云フモ緊急対策ヲ講ジテ約六、七割出来タトカ　少クモ来年春以後ナラザレバ不可能ト思ハル。

二月二十日　金曜

一、本朝「チモール」ニ上陸

葡領侵入ト関連シ帝国政府声明ヲ発ス

一ヶ月有余ニ至ル紛糾漸ク表面ニ出タリ。午前九時外務次官ニ招致セラレタル葡公使ノ心境思フベシ。

二、爾後ノ戦争指導ニ関スル研究ヲ続行ス。

二月二十一日　土曜

一、爾後ノ戦争指導ニ関スル研究ヲ続行シ概ネ左記ノ結論ヲ得タリ

第一問題　第二問題　第三問題　第六問題（新秩序圏）第七問題（帰属）

二、本日連絡会議ニ於テ第一問題（世界情勢判断）第二問題（印豪遮断ノ影響）ヲ附議セラル、予定ナリシトコロ月曜ニ延期。　参謀総長ハ伊勢大廟ニ「シンガポール」御礼参詣ニ飛行機出発ス

第二課長同行ス。

二月二十二日　日曜

一、爾後ノ戦争指導ニ関スル研究第四問題（結論）ヲ研究ス。

日曜ニモ拘ラズ陸海軍省部主任者集会所ニ会シ激論ヲ闘ハス。

陸軍ノ真剣ナル論旨（国防弾撥力第一主義）海軍ノ陸軍北進阻止、軍備拡充ヲ主体トスル案（豪州進出論）容易ニ一致セザリシモ実行ノ能否論ニ至リテ概ネ参謀本部案ニ意見一致夫々上旨［司］ニ通スルコトトセリ。

二月二十三日　月曜

一、参謀総長御礼詣リヨリ午後三時帰還

本日予定ノ連絡会議議題第一、第二問題説明ノ為甲谷中佐横浜迄出迎ヘニ出張。

二、午後四時ヨリ連絡会議ハ開会ト共ニ大蔵大臣ヨリ「南方諸地域ニ対スル通貨金融制度ノ基本方針並泰国及仏印ニ対スル当面ノ措置ニ関スル件」ヲ提議決定。

又中止セラレタル情報交換ハ事務的連絡不充分ノ為直前ニ第二部長ヲ召致セラレテ情報交換行ハル、等支離滅裂トナリテ遂ニ第一、第二問題ハ審議セラル、コトナク終ル。［『杉山メモ』下、参照］

何ノ幹事ゾヤ、陸海軍務局長ノ統制アル行動ヲ望ミテ

ヤマズ

二月二十四日　火曜

一、「爾後ノ戦争指導ニ関スル陸海軍ノ態度」ナル小冊子ヲ日曜（二十二日）ノ会議ヲ基礎ニシテ印刷シ総長、次長第一部長第二課長大臣局長ニ提示ス、海軍ノ意図ヲ明察セラルレバ幸ナリ

二、陸海軍集会所ニ於テ外務省ノ爾後ノ戦争指導ニ関スル意見ヲ聴取ス。

一言シ度キガ外務省ノ意見カ。呵々。

二月二十五日　水曜

一、午前十時ヨリ連絡会議（宮中）

第一問題(イ)ニ関シテヤツト午前中話マトマリシニ過ギズ、農相、内相、厚相等意見ヲ聴取ス。

二、午後三時ヨリ五時迄更ニ連絡会議（官邸）

第一問題ノ検討ヲ続行ス。［『杉山メモ』下、参照］

三、陸海軍集会所ニ於テ

第十二、第十三問題ノ研究ヲ行フ（陸海外企）

第四問題ニ関シ陸海四名ニツキ討議セシニ現実問題ニ関シテハ同一ナルモ将来ノ企画ニ関シ印豪問題ヲ入ルベキヤ否ヤニ関シ未ダ一致点ヲ見ズ。

陸海夫々所論ヲ繰リ返スニスギズ。

二月二十六日　木曜

一、二・二六満六年、何タル世ノ転変ゾ。此ノ日亦雪アリテ当時ヲ偲ブ。

此ノ日時ノ総理岡田啓介外重臣一同首相官邸ニ集リ重臣会議アリ。感無量。

二・二六ノ死没者ヲシテ何レ志士タラシメ度。

二、第四問題結論ニ関シテ陸軍省ハ妥協案ヲ提議セントスルモ軍事、軍務課長ニ対シ断乎不可ナルヲ説ク。午後甲谷中佐海軍小野田［捨次郎］大佐ト右結論ノ作製［成］ニ着手ス

三、一案作成後第一部長ノ反対ニテ夜又ヤリ直シ、大体陸軍案ヲ抑［押］シ付ク。

四、総力戦研究所大東亜建設要綱発表会アリ意気壮トスベキモ内容突［空］漠。

現実ノ問題ヲ促［捉］ヘテ現実ト遊離ス。

〔二月二十七日　欠〕

二月二十八日　土曜

一、終日宮中ニ於ケル連絡会議アリ
主トシテ第二、第六、第八、第十二、第十三問題ニ就キ研究アリ〔『杉山メモ』下、参照〕

二、第四問題（結論）ニ関シ午前十時ヨリ陸海省部課長連中集会所ニ会シテ一案ヲ得タリ。
山ノ者カ、海ノ者カ？

三、妥協案ハ佐藤〔賢了〕軍務課長ノ案ナルモ海軍側ガヨクモ納得セルモノカナト思ハル、程ナリ。

三月一日　日曜

満州建国十周年記念日
笛吹ケドモ人オドラズノ感アリ。
世界史ノ変転満州事変ニ発ス。
満州建国ノ意義亦茲ニ在リ

三月二日　月曜

一、海軍側ヨリ陸海省部ノ課長案ニ対スル修文来ル
曰ク第一項
「長期不敗ノ態勢ノ確立」ヲ消シテ「対英米屈敵ノ為」ト云フ、
此ノ単ナル修文モ亦現戦争指導段階ニ於ケル思想上ノ最大矛盾ヲ招来スルニ至ルモノトス。
遂ニ意見一致セズ、午後第一部長会見ノ予定ナリシモコレモ亦遂ニ成立セズ。

二、連絡会議ニ於テ第十二、第十三問題ヲ再検討スルモ未ダ成案ニ至ラズ。〔『杉山メモ』下、参照〕
特ニ船舶充当ヲ再決定スルコトニナレリ。
近来問題複雑化シ総長、次長ノ補佐意ノ如クナラズ

三、企画院ヨリ船ノ解傭ニ関シ要求シ来ル。
右ニ対スル陸軍ノ答解容易ニ定マラズ　即チ「当該月初頭返還」トアルヲ「努メテ当該月初旬」ト変更並六月以降百万屯中ニ軍需品十万屯含ムヲ削除参謀本部修正案ヲ陸軍省入レズ昨年九月陸軍大臣ノ上奏文中ニ解傭船舶ノ事アリシトテ容易ニ当時ノ自説ヲ固持シ予定計画中ニハ北方用ヲモ含ミアリトナス等現況ヲ無視シテ詭弁ヲ弄シテ統帥部ニ迫ル。

終日論議シ遂ニ第一部長整備局長間ノ交渉トナリシモ

定マラズ。

三月三日　火曜

一、昨日連絡会議ノ伝達アリ
総長ヨリ会議ノ進行ヲ急グナ　陸海軍側ニ未ダ合ハナイ数字ヲ出スナ、トノ注文アリ補佐足ラザルヲ痛感ス。

二、午後集会所ニ於テ各主任者ノ検討ヲ開始セルモ長期ニ亘ル連絡研究ノ結果議仲々マトマラズ　軍政廃止後ノ南方統治機構ニ関シ陸軍ノ狙ハ将来スマトラ、英領「ボルネオ」ヲ把握スルニ在リ。

三月四日　水曜

一、午前十一時ヨリ陸海軍局部長会議ヲ海軍大臣官邸ニ開催ス、
今後採ルベキ戦争指導ノ大綱ニ関シ遂ニ一致ヲ見タリ。
第一部長所見
「此方ノ云ヒ分ハ先方ニワカリ　先方ノ云ヒ分モ亦ヨクワカツタ」ト　然ルベシ〳〵。
但シソコ迄漕ギツケタル事務当局ノ労苦知ルベシ

三月五日　木曜

一、大東亜経済新秩序建設要綱ニ関シ主任者ノ検討ヲ行ヒ当方ノ意見ヲ徹底的ニ具陳シ企画院側ノ修正ヲ求ム

二、第八課起案思想対策幼稚ナリトテ評判極メテ悪シ　一石ヲ投ズルコトニヨリ結実スベシ

[三月六日　欠]

三月七日　土曜

一、第四問題「今後採ルベキ戦争指導ノ大綱」決定ス、
第三問題ハ再検討トナル。[『杉山メモ』下、参照]
本問題ハ新企図ヲ含マサルヲ以テ適当ナル時機総理両総長立会上奏スル如ク取扱ヲ決定ス。

二、「バンドン」蘭印軍我本隊林支隊　[東海林支隊・歩兵第二三〇連隊主力（長東海林俊成）]ニ投降シ来ル

[三月八日　欠]

三月九日　月曜

一、午後三時ヨリ官邸ニ於テ連絡会議アリ

企画院ヨリ突如　本年度石油配分ニ関シ提議決定。事務的連絡ナカリシコトニ付部内ニ異論アリ　但シ内様［容］ハ異議ナシ。

二、第三問題オ下ケ渡シニテ「緒戦ノ実績ハ予定計画ニ対比シ軍事的外交的経済的ニ如何ナル差異アリシヤ」ト改題主任者ノ研究一案ヲ得タリ。

三、「ラングーン」攻略（八日十時）大本営ヨリ発表予期以上ノ成果ナリ。

三月十日　火曜

一、蘭印全攻略ナリ爪哇［ジャワ］蘭印軍無条件降伏（九日十七時五十分）

二、第三十七回陸軍記念日稍々低調。

三、第二回戦勝祝賀日十二日ト決定

首相又吠エントシテ一案ヲ提議シ臨時議会ヲ召集ス。芝居ノミニテハ戦争ハ結末ツカズ。

四、午前十時半ヨリ部長会議ヲ開キテ昨日連絡会議ノ結果伝達、

第三問題　主任者案ニ関シ甲論乙駁アリテ議マトマラズ、明日連絡会議提議ハ中止トナル。字句ノ末節ニコダワリテ云々スルハ暇人トハ云ヘ（部長曰ク）ヤラザルヲ得ザルガ現状ナルヲ如何セン。

五、記念日日比谷公会［堂］ニ於ケル佐藤軍務課長ノ講演ハ時局ヲ論シテ妙、余ストコロナシ

三月十一日　水曜

一、早朝軍令部主任者ヲ動員シ改訂第三問題ノ軍事ニ関スル件再交渉シ午前十時ヨリノ連絡会議ニ問［間］ニ合フ。

席上第三問題及猶太人対策要綱決定

愈々本次研究モ大団円トナリタルヲ以テ上奏（第四問題ヲ主トス）文ヲ起案陸海軍外主任者間ニ打合セヲ行フ。

陸軍軍務局長自ラ上奏文ヲ執筆課員ニ提示スルモ愚案修正。

三月十二日　木曜

一、第二回戦勝祝賀日

第一回ニ比シ稍々低調

首相臨時議会ニ於テ獅子吼ス。本人ハサゾヤ気持ヨカ

ルベシ。

二、第四問題ノ上奏取扱ニ関シゴタツク。即チ首相ハ已ニ昨日第三、第四問題ヲ内奏セルヲ以テ明日ハ書類ヲ以テ御裁可ヲ仰グベキヲ主張シ（其旨昨日言上ズミ）両統帥部ハ苟クモ戦争指導ニ関スル事項ノ上奏ハ首相ノ私一人ニスベキモノニアラズ三者列立上奏スベキニ在リトナス。参謀本部公私混同シテ其態度ヲ曖昧ニス。遂ニ夕刻ニ至リ書類ヲ以テ連署上奏御裁可ヲ得ルコトニ意見ノ一致ヲ見タリ。

三月十三日　金曜

一、「今後採ルベキ戦争指導ノ大綱」本日午後三時総理両総長連署上奏　御裁可遊バサル（午後三時三十分内閣総務課長ヨリ連絡ス）帝国ハ此クシテノミ戦争指導ノ大綱ハ決セラル、〔『杉山メモ』下、参照〕

御稜威　大権ノ尊キコト無限ナリ

天皇機関説ノ如キ此ノ職ヲ奉ジテ始メテ虐〔虚〕説ナルヲ知ル嗚呼。

三月十四日　土曜

一、午前十時ヨリ連絡会議アリ。〔『杉山メモ』下、参照〕帰属問題ヲ一挙ニ解決スベク東亜局長及武藤〔章〕局長ヨリ説明セルトコロ「爪哇ノ独立」問題ニ関シ全員反対ヲ称ヘ答解ニ窮シテ次回延期トナル。

武藤局長ハ従来事務当局案ニ不同意ヲ称ヘアリシヲ以テ内面工作ノ上賀屋〔興宣〕鈴木〔貞一〕両氏ヲシテ原案ヲ爆撃セシメタルナラント云フモノアルモ余リニ穿チ得タリ。

〔三月十五日　欠〕

三月十六日　月曜

一、対仏処理ニ関シ陸海外主任者ノ研究ヲ行フ。従来仏印ヲ仏本国ヨリ切離シ案ニ関シ主張同意セル外務省ガ忽然ト不同意ヲ称ヘタルハ芳沢〔謙吉〕大使帰任後現地独立運動ノ反影〔映〕セルニヨルモノカ。

正ヲ邪見ヲ以テ蔽ハントスルノ類カ。

二、第九問題大東亜経済建設計画ハ企画院案ニ対シ異論続出シテマトマラズ。

三月十七日　火曜

一、軍司令官師団長会同席上戦争指導ニ関スル参謀長口演要旨一案ヲ得タリ。

二、参謀総長出張ニ関シ　上奏書類特ニ情勢判断ノ取マトメ方第十五課ニ下命アリ第二部ノ存在ナシトスルカ。

三、一ヶ月半振リニ南方開発金庫ニ関スル件陸海蔵間ニ成立ス。

〔三月十八〜二十日　欠〕

三月二十一日　土曜

一、参謀総長南方ニ出張ス、

行カザルニ勝ルトスルカ、服部大佐武田〔功〕大佐甲谷中佐同行ス。

祈平安。

二、日「ソ」漁業暫定条約「クイブイシエフ」ニ於テ調印成立ス。

〔三月二十二、二十三日　欠〕

三月二十四日　火曜

一、香港ニ於ケル現地陸海軍ノ交渉ニ関シ話マトマラズ、イザコザヲ有末参謀長ヨリ中央ニ具申シ来ル。

第一部長、軍務局長ニ御相談シ警備問題ノミヲ取上ケ九龍造船所問題ニフル、コトナク海軍ト交渉スルスル〔ママ〕コトトシ軍令部ニ至リ小野田大佐ト交渉原則的ノ了解ヲ得タリ。

香港総督ハ関東軍参謀長当時駐満海軍部ヲ追出シタル人ナルヲ以テ海軍側ノ総督ニ対スル警戒相当ナルモノアリ、

現地ニ於テ話ノコヂレルノモ其点ニ存ス。

三月二十五日　水曜

一、陸海作戦課相互ニ於テ香港警備ニ関スル陸海軍間ノ協定成立ス。両次長両次官ニテ発電スル如ク処置ス。

二、重慶攻略論、対北方攻撃論再興ス。

三、仏特暗第三三号ニ外務省高級官吏（通商局長）ガ国家機密ヲ仏大使ニ漏シタル疑アリトテ大臣イキマキ元局長ノ斡旋ニテ漸クナダメタリ大人気ナシ

〔三月二十六日　欠〕

三月二十七日　金曜

一、対重慶戦争指導要綱第一案ヲ起案ス
㈠対重慶戦略進攻態勢強化ハ独「ソ」戦ノ推移等ヲ見定メ本年夏秋ノ候ヲ目途トシテ推進ス、
㈡大東亜戦争前ト戦争後トノ帝国ノ対支要求ニ根本的変化ヲ求ムベキコト
㈢支那ノ将来ノ姿ト大東亜戦争遂行間ノ姿トハ之ヲ別個ニ考ヘルコト

二、辻中佐第一線ヨリ着任大本営ニ鉄骨ヲ加ヘタル感アリ同氏ノ善戦奮闘ヲ望ムヤ切ナリ

三、戦争指導ノ方針ニ基ク宣伝報導〔道〕要領ニ関シ第一部案ヲ起草シ第二課ト協議ス
右ハ第二部案「南方宣伝報導〔道〕要領」ガ全般ノ戦争指導上ノ要求ニ欠クルトコロアリシ為特ニ第一部長ノ要望ニヨリ起案セルモノトス。

四、香港ニ於ケル陸海紛争問題ハ警備ニ関スル事項ノミ中央ニ於テ之ヲ取上ゲ陸海軍間ニ妥結之ヲ現地ニ打電セリ、有末参謀長ニ対スル中央ノ好意ノミ。

三月二十八日　土曜

一、辻中佐ノ実戦感ヲ陸軍予科士官学校ニ於テ生徒職員ニ講話セシムル如ク斡旋同氏ノ了解ヲ得タリ。

二、南方海運ニ関シ海務院（即チ海軍）案ノ暫定処理要領ハ軍政治下内地ノ船舶運営会ヲ進出セシメントスルモノニシテ恰モ陸軍軍政ノ足ヲ海軍ニモギトラルルニ等シ。
徹底的ニ爆撃ヲ加フ。
陸軍省整備局今日迄何等ナスコトナク追随セシハ遺憾ニ堪ヘズ。

〔三月二十九日　欠〕

三月三十日　月曜

一、戦争指導ノ見地ニ基ク報道宣伝ニ関スル第一部ノ要望ヲ起案第一部長ノ決裁ヲ経テ省部決定案トスベク交渉ヲ開始ス。

二、二十三日大島〔浩〕「ヒットラー」会談ノ結果ニ基ク大島電第四二三号ハ大イニ含蓄アリ　本年戦争指導上ノ予言的重大発言ナリ　注目ヲ要ス。

機密トシテ第一、第二部長以上ニ於テ披見ス。

三、還都二週［周］年対支処理ノ新方策ハナキカ。一案ヲ草シテ第二課ト協議ヲ始ム。

四、「バタン」再興ニ関シ作戦指導ノ為　辻中佐着任三日ニシテ現地ニ飛ブ　意気壮ナリト云フベシ。

五、「クリップス」本日印度ノ完全自治ヲ認ム、但シ戦争後トシ且英国ハ印度ノ国防ヲ担任スト、体ノヨキゴマ化シナリ。

三月三十一日　火曜

一、戦争指導ノ見地ヨリスル報導［道］宣伝ニ関スル要望（第一部案）ヲ第一部長ニ説明シ部長ノ全面的同意ヲ得来ル四月二日午前十時ヨリ陸海軍集会所ニ於テ第一、第二部長、軍務局長（代理佐藤少将）谷萩［那華雄］報導［道］部［長］吉積［正雄］少将松村［秀逸］大佐ガ参集本案ヲ第二部長ニ於テ提示説明スルコトニ決ス

二、陸軍省燃料課及軍務課主任者ヨリ南方燃料取得予想並中支通過［貨］対策ニ関シ第一部長ヘノ報告ヲ聴取ス燃料問題ニ関シ陸軍省整備局甚ダ無責任ニシテ二月二十八日連絡会議決定ノ数字ヲ一ヶ月ナラズシテ過大ニ変更シ希望的数字ヲ並ベテ物動ヲ満足セシメントス一ツニ海軍ノ術策ニ陥リテ其ノ保有量ヲ減少シ陸軍取得量ヲ増大セシメントス而モ船舶運営会ニヨリ一手運輸セントスルモ海軍ノ魂胆ヲ知ラズ。部長ノ警告ニテ一言ノ弁解ノ余地ナシ。

三、行政機構改革問題ニ関シテハ昨年末陸海企間ニ一応ノ帰結ヲ見タマ、中止ノ状態トナリアリシガ選挙後再燃ノオソレアルニ付部長以上ニ配布シ参考ニ供ス。

四、大東亜経済建設ノ具体的方策（企画院第三案）送付シ来ル、第二案ニ対スル当方案ヲ多分ニ吸収シアルヲ以テ輸［愉］快ナリ。総長帰任後迫水［久常］調査官ヲ召致シテ説明セシムルコトトセリ。

四月一日　水曜

一、「対重慶戦争指導要綱」二週日ニシテ漸ク一案ヲ得第一部長ノ内覧ニ供ス。総長帰任後課外ニ対シ逐次交渉ヲ始ムルコトトシ留保ス。

大東亜戦争後ノ現事態ハ支那事変以来未ダ嘗テナキ対支処理ノ絶好ノ機会ナリ。此機ヲ失セバ英米蔣［介石］ハ一体的体型ノミニ於テ処理シ得ルニスギズ、之ヲ脱落セシムルノ努力コソ其ノ成否ニヨリテ躊躇スベキ事項ニアラザルモノト思考ス。

戦略的成否ハ別トシテ政謀略的成否ノ鍵ハ一ニ条件ニ存スベキハ日米交渉ノ経緯ニ鑑ミルモ歴然タリ茲ニ着意シテ一案ヲ得タルノミ。

二、総長ノ帰京オ出迎ヘ旁々留守中ノ主要事項報告ノ為三日夜発福岡迄第一部長ノ御出張ヲオネガヒスルコトトス。

三、建川［美次］大使ノ離任ニ際スル情勢判断（大使電第一七七号）及「モロトフ」トノ会見録第五課ヨリ回覧ヲ要求ス　此種重要電報ハ「ソ」ニ関スル限リ第五課ニ於テ独占シ第一部ヘハ勿論上司ニモ披見スルコトナカリシハ第五課従前以来ノ伝統ナリ。
私見ニ外務省ヨリ此種電報ヲ受領スルハ可ナルモ戦争指導上重要ナル公電ハ飽ク迄大島電ノ取扱ノ如ク大臣ヨリ総長宛送付スルト共ニ爾他ノ対「ソ」関係電報モ亦正式ニ必ズ庶務課宛送付セシムル如ク処置ス

四、本日午後三時ヨリ首相官邸ニテ情報交換ノ議アリシモ政府側ノ主人公総理九州方面出張中ニ付カヽル場所ニ両統帥部長ガ出張スベキ筋合ニアラズトテハネツケ次長ハ出席スルコトナク第二部長ノミ出席ス。
発案者ハ岡［敬純］坊主ノ由ナリシモ軍令部モ勧誘シ軍令部総長又欠席ス。

五、先般来時局下無能視サレアリシ整備局長以下主［首］脳ノ異動下馬評ハ実現ス

四月二日　木曜

一、午前十時ヨリ陸海軍集会所ニ於テ爾後ノ報導［道］宣伝ニ関スル首脳部ノ打合アリ意見ノ一致ヲ見タリ。思想戦重視ノ見地ニ於テ大イニ喜ブベキ事象ナリトス。

二、大東亜建設審議会ハ其ノ内容相当ニ傾聴スベキ事項アルニ付今後随時統帥部ヨリモ出席傍聴スルコトトシ企画院ヨリ所要ノ書類ヲ提出セシム。

三、「アンダマン、ニコバル」ノ軍政担任ニ関シテト先ニ甲谷中佐ノ報告ニ基キ海軍側ト交渉海軍側ハ「海軍ニ於テ担任致度」旨申洩シアリ且現地ニ於テハ総軍ハ海軍ト協定シ已ニ「アンダマン、ニコバル」ノ警備部隊

引上命令ヲ発令シ海軍側ニ於テ軍政ヲ担任スルハ必然的トナレルモ右決定ハ総長大臣帰任後決定スルコトトシ同意ノ儘保留セリ。

四月三日　金曜

一、第一部長総長出迎報告ヲ兼ネ午後九時発列車ニテ近畿九州ニ出張ス
右ハ船舶防空関係部隊ヲ視察スルト共ニ部長ノ慰労ヲ意味シ下僚ニテオ進メセルモノナリ。
総長報告資料トシテ戦争指導関係事項左ノ如シ
一、大島電第四二三号（独春季企図）
一、建川電第二〇七号（建川「モロトフ」会見「ソ」ノ対日感［観］）
一、戦争指導見地ヨリスル情報宣伝ニ関スル件（省部局部長案）

四月四日　土曜

一、午後二時半ヨリ宮中ニ於テ情報交換アリ
二、三日攻撃再興ノ「バタン」戦況確報未ダニ至ラズ。
聖上　午後総長ノ奏上ニ於テ大イニ軫念遊バサル恭ナシ。
三、南方政務部会報ニ於テ戦備課課員ハ統制会ヲ利用スル企業家ノ南方進出ヲ否定ス　去三十日次官ガ官邸ニ業者ヲ集メ、軍管理工場サヘモ統制会ニ逐次移管セントスル意図アルヲ述ベタル直後此ノ言ナリ　注意ヲ喚起ス。

四月五日　日曜

一、バタン再興ノ公報至ル24／3→24／4　四月三日十五時前進開始、敵第一線ヲ抜ク予期以上ノ戦果〔ママ〕ヲ戦果ヲ収メツツアリ。準備ノ周到ト航空隊ノ増加ニヨリ必勝ノ確信満々タリシニヨルベシ。
二、朝来ノ強風ニ桜散リテ陰モナシ。
本年ハ桜サヘモ異変改新ノ風見エタリ。
三、金鵄勲章功一級雨後ノ「タケノコ」ノ如シ
米内［光政］ノ功一級ニ至リテハ笑止。金鵄ニ対スル軍及国民ノ感激ヲ失フ。

四月六日　月曜

一、先般（四月一日）独蘇和平問題其他ニ関シ外務大臣ニ

対スル「オットー」ノ申入案アリシモ事枢機ニ属スルカ下リテ来ラズ　先般戦争指導ノ大綱ヲ決メタル直後ニテモアリ本件ハ論ズルコト自体ガ微妙ナル関係アルニ付一切下僚ニテフレザルコトトス。

二、印度問題ニ関スル日独伊三国共同宣言ノ外務案来リシニヨリ第二部ヲシテ検討セシム

三、四日ノ情報交換ニ於テ海軍ガ「セイロン」爆撃ノ場合ヲ顧慮シ其際ニ於ケル東条総理ノ談話要旨ノ提案アリ（海軍側ノ希望ニヨル）

「セイロン」ノ爆撃ハ印度ノ独立ヲ容易ナラシムル為印度ニ在ル英軍ヲ爆撃スルモノニシテ印度民衆ヲ敵トスルモノニアラズノ意ヲ加フルコトニシテ可決ス。

（六日午前次長ヨリ伝達）

午後四時大本営発表ト共ニ総理談発表セラル。

四、対閻錫山工作ハ一年振リニ大詰トナリ当初現地軍ノ見透シ通リ不成功ヲ予想セラル。東条陸軍大臣、田中［隆吉］兵務局長ノ思付合作、現地軍集団長以下当初ヨリ見限リアリタルモノナリ。

コレガ支那ゴロノ最後ノ仕事ナルベシ（総参二、第二四三号）

五、海軍昨五日「セイロン」ノ攻撃ニ成功ス

近藤［信竹］前軍令部次長（第二艦隊）ノ活動ニ敬意ヲ表ス。

六、総理総選挙後南方ニ出張スト云フ。南方帰属ノ決定ソレ以後トナス腹ナリ、総理トシテ行クカ、陸軍大臣トシテ行クカ　後者ナルベキモ何モ急ギ行クノ要ナカラン。

七、四月ニ入リテ対米工作ノ機運ナシトセズ陸軍部内ニ其声ヲ聞ク。藁ヲツカマントスルカ、昨年四月十六日岩畔［豪雄］野村［吉三郎］対米交渉ノ生起ト本年又岩畔大佐要務ヲ帯ビテ上京中「井川［忠雄］」トノ間ニ同一種問題ガ東京ニ於テ起ル。謀略又謀略

八、午後五時ヨリ官邸ニ於テ情勢交換アリ。

四月七日　火曜

一、去ル二十七日辻中佐着任ノ第一声ハ「ビルマ」謀略ノ支援即「ビルマ」独立運動ノ助成ニ関スル総軍意見ガ分裂シアルヲ以テ右ヲ支援強化スル如ク中央ヨリ指示スベキ件ナリキ、甲谷中佐現地ヨリ第一部長ヘノ報告モ亦右ヲ示唆スル感アリキ、其後現地ニ果シテ其ノ機

運アルヤ否ヤヲ糾シタル所沓［杳］トシテ返ナシ。岩畔　鈴木敬［司］両大佐ノ角遂［逐］ノ片鱗ノミカ。

二、帝都白雪、天象亦異変多シ

三、印度ニ関スル日独伊三国共同宣言問題再燃ス
右宣言ハ従来独伊側ヨリシバ〳〵提言セラレタルトコロナルモ日本ハ実行ヲ以テ之ヲ表ハスヲ可トシ先ニ「シンガポール」陥落及「ラングーン」攻略ノ際総理ノ宣言トシテ帝国ノ印度ニ対スル態度ハ明示セラレタルモノナリ、然ルヲ最近又外務省側ヨリ提議アリ部内ニ於テモ岩畔大佐ノ上京ヲ機トシ本問題ヲ取上グルニ至リシモノナリ　空宣言ヨリ一ノ実行ニ過ギズ。独伊ニ日本ガ引ズラルルノ愚ノミカ。

四、午前十時ヨリ将校集会所ニ於テ「バーンス」問題ニ関シ陸海外主任者井川氏ヨリ聴取ス。
「バーンス」ノ身元ニ之ヲ紹介スル古屋司教ノ身上モ不明ノママニ陸海外ノ首脳ガ井川ニ引ズラルルハ昨年ノ二ノ舞ナリ　和平運動ニ逆用セラルルヲ以テ宣伝情報的利用ニ限定シ之ヲ謀略的ニ利用セザルヲ可トス　爾後出席セズ。

五、午後三時ヨリ関東軍上野［隆三郎］少佐ノ「東「ソ」ニ於ケル軍（民）内情ニ就テ」講和［話］ヲ聴取ス、甲谷中佐不在ヲ遺憾トス。

四月八日　水曜

一、第四回大詔奉戴日

二、参謀総長三週目ニ亘ル南方視察ヲ了ヘ午後四時半無事羽田着帰任ス。
甲谷中佐同行帰任ス。

三、N機密電第七二号（伯林ニ於ケル三国軍事査問委員会ノ件）ニ対シ意見具申承認方両総長両次官ヨリ発電ス

三［ママ］、大島大使ヨリ左記電話アリ
イ、独「ソ」単独媾和ハ実現性ナシト明快ナル返アリ
（四七五号）
ロ、「ヒットラー」ノ戦争企図打明（四二三号）ニ対スル返事ヲ指示セラレ度即チ日本ノ戦争企図ノ明示方要求（第四七一号）
右(ロ)ニ関シ次回ノ連絡会議ノ話題トナルベキニ付予メ両統帥部間ニ一案相談スベキ旨連絡ス

四、辻中佐「マレイシンガポール」作戦感想紙面ノ第一、三面ヲ埋メタリ

四月九日　木曜

一、印度、西亜ニ対スル三国共同宣言ヲ「クリップス」ノ対印工作失敗セル場合ニ行フモノトシテ其案ヲ外務側ヨリ明十一日連絡会議ニ提案セラルルコトトセリ

二、大島大使電第四二三号及第四七一号電ニ対スル返電ノ研究ス

対「ソ」和平ニ関シ独側ヲ打診スルコト亦不可ナリトノ結論ニ達セリ（主トシテ第一部長ノ熟慮ノ結果ニヨル）

三、大東亜経済建設審議会答申幹事案ニ於テ建設ノ中核ヲ日満北支ニ置ク点ニ於テ海軍側ニ異議起ル、

四月十日　金曜

一、総長南方出張随行幕僚ノ次長ニ対スル報告アリ

帰属問題及大東亜建設要綱ヲ速カニ決定スルヲ要スル件、軍腐敗対策、航空消耗戦対策等胸ヲ打ツモノアリ、

二、大島大使ニ対スル返電案（外相ヨリ取扱ハシム）及独「ソ」和平斡旋不可ニ関スル陸海外主任者ノ研究ヲ行ヒ概ネ意見ノ一致ヲ見タリ、

三、大東亜建設産業配分ニ関スル陸海軍務課長案ハ夫々上司ノ反対（陸軍ハ参謀本部　海軍ハ海軍軍務局長）ニテ暗礁ニ乗リ上グ

此時武藤軍務局長ハイフ。妥協マトメ役ヲ必要トス、

四月十一日　土曜

一、情報交換十時ヨリ宮中ニ於テ行ハル〔『杉山メモ』下、参照〕

1、印度及「アラビヤ」ニ関スル日独伊三国共同宣言ヲ決定ス

「クリップス」失敗セル場合行フモノトシテ提案セラレシトコロ「クリップス」ハ失敗ストノ結論ニテ直チニ発出スルコトトセリ　恰モ本日夕刊「クリップス」ノ失敗ヲ伝フ

2、海軍側ヨリ造船計画（四十九万屯案）ヲ説明ス、本年損耗ヲ八十万屯（四ヶ月ノ結果）ト予定ス、

二、午後総長以下百騎ヲ連ネテ多摩川方面ニ春季遠乗会ヲ行フ　好天ニ恵マレ英気ヲ養フヲ得タリ

四月十二日　日曜

一、午前十時ヨリ次長室ニ於テ支那総軍永井〔八津次〕大

佐及平井〔豊一〕（主）大佐ノ中支通貨対策要綱ニ対スル意見並之ニ伴フ軍票対策ヲ聴取ス、
中央ノ方針遂行ニ関スル熱意乏シ、軍票ノ新規発行停止本年上半期トアルヲ来春四月一日トス意見具申アリ、之ヲ聴取スル次長第一部長共ニ中央ノ方針遂行方要望ニ関スル意志表示ナク現地意見ニ迎合スル如ク不愉快千万ナリ

四月十三日　月曜

一、独「ソ」和平問題ハ参謀本部意見ニ基キ陸軍大臣及外務大臣モ納得ス、但シ独「ソ」カ和平ヲ策スル場合帝国トシテ無関心タリ得サルヲ以テ所要ノ準備ト研究ヲ行フコトトス、

〔四月十四日　欠〕

四月十五日　水曜

一、軍司令官師団長会議開カル
二、午前十時ヨリ重光〔葵〕大使総長ニ対スル報告アリ
イ、切崩シ、和平工作同時実行ハ不可（諜報路線ト対伯工作トノ関係）
ロ、汪〔兆銘〕政権ノ弱体不人気ト之カ育成方法
三、総長汪政権ヲ否認スルカ如キ言辞ヲ弄スルモノアルモ帝国カ承認シ且東京ニ召〔招〕致、陛下ニ対シ奉リ拝謁サヘセシメタルモノヲ否認スルカ如キ言辞ハ断乎抑ヘテ飽ク迄之ヲ育生〔成〕シツツ戦争協力ニ誘導スルヲ要ストテ一案作成方要求セラル
依テ差当リ「国民政府ノ内面指導ニ関スル件」ノ一案ヲ得テ関係各課ノ意見ヲ徴ス
四、岩畔大佐ヨリ印度謀略実行方策ヲ聴取ス　近ク第二部長ヨリ連絡会議ニ於テ説明セラルルコトトス

四月十六日　木曜

一、兵団長会議参謀本部ニ於テ開カル
戦争指導ニ関スル事項ノ総長口演ハ事国家機密ニ属スルヲ以テ兵団長　陸大　船輸司ニ限定出席セシム
二、過日海軍側ヨリ「南方石油開発局設定案」ノ提案アリ軍政ヨリ石油ノミ切離シ「スマトラ」ノ石油ヲ海軍乗取ラントスルニ在リ
企画院ヨリ海軍案ニ対スル一案ヲ提示シ来リシヲ以テ

陸軍ハ絶対不同意ヲ表明シ対案ヲ研究ス
参謀本部最モ強硬
三、教育制度刷新案（文部省案）ニ対シ国防上ノ要求ヲ主トスル第一部意見ヲ陸軍省ハ素直ニ軍務局案トシテ政府側ニ交渉ヲ始ム
四、武藤軍務局長南方視察ニ関スル大臣ヘノ報告書ハ事軍政ニ関スル限リ極メテ具体的ニシテ参考トスルコト極メテ多ク作戦関係者カ各々其ノ立場ヲ異ニシテ現地ヲ観察スルハ極メテ重視スヘキコトト信ス

四月十七日　金曜

一、「ラヴァール」政変ニ伴フ独仏関係ノ緊密化ニ伴ヒ「対仏施策」ヲ至急決定スルノ要アリ
陸海外主任者間ニ於テ協議ス
要ハ独逸ヲシテ東亜ノ仏領土ニ開［関］シ帝国ニ不利ナル取極ヲナサシメサルニ在リ

四月十八日　土曜

一、絶好ノ快晴下ニ午後〇時三十分頃突如帝都空襲ヲ行フ
焼夷弾ノミ
国民ヲシテ始メテ大東亜戦争ノ渦中ニ入ラシメタルカ如キ感ヲ抱カシメタリ、屋上見物　火事数カ所ニ起ルモ大シタルコトナク彼我ノ識別困難、二機ト云ヒ十数機ト云ヒ一〇〇機ト云フ、
二、昨年本日ハ日米交渉開始ノ飛電アリテ上層部ヲ驚カシム
本日ハ帝都空襲セラレテ上下驚駭ス
之ヲ要スルニ本日ハ
民防空ニ成功シ
軍防空ニ失敗カ
三、東部軍司令部午後二時発表九機撃墜、其ノ真偽不明、問題トナル、
四、石油開発問題ニ関シ第一部長ト軍務局長間ニ協定マトマル
1、相互ニ現地ニ連絡員ヲ派遣スルコト
2、海軍ヲシテ過剰油槽船ヲ吐キ出サシムルコト
3、国内軍官民ノ貯油ヲ合法的ニ配分スルコト

［四月十九日　欠］

四月二十日　月曜

一、午後三時ヨリ首相官邸ニ於テ連絡会議アリ

1、湯沢［三千男］内相ヨリ空襲ノ経過説明

2、第二部長ヨリ印度工作ノ進展状況ヲ説明ス

3、陸軍省整備局長ヨリ陸軍担任南方石油ノ開発状況特ニ先般一二〇万屯ヨリ一七〇万屯増加ノ見込ナルモ油槽船不足ノ為輸送不可能ノ実情ヲ説明ス

二、軍務局長交代ス

武藤軍務局長二年七ヶ月ノ健闘ハ顧ミテ感謝スヘキモノ多ク大東亜戦史ニ種々ナル意味ニ於テ特筆セラルヘシ

佐藤［賢了］局長ノ健闘ヲ祈ル、新聞ハ内閣ノ交迭ノ如ク取扱フ

四月二十一日　火曜

一、「当面ノ対仏措置ニ関スル件」省部間意見ノ一致ヲ見来ル廿四日金曜連絡会議ニ於テ外務省側ヨリ附議スルコトトナレリ　特ニ東亜ノ仏領ニ関スル将来ノ措置ニ関シテハ独側ヨリ質問アリタル場合ノ返ヲ如何ニスヘキヲ附加研究方外務省ニ要求ス

本件部内ノ決裁ヲ得ルニ順序ヲ誤マリ第二部ヨリ始メタル為稍々第一部長ノ御機嫌ヲ損シ決定ニ三日間ヲ要シタルハ滑稽ナリ

二、新軍務局長ニ対スル第一部長ノ要望事項中「戦争指導ニ関スル事項」ヲ起案提出ス

三、吉積整備局長ニ対シ大東亜戦争ニ関スル連絡会議決定書類一揃ヲ第一部長ノ許可ヲ経テ呈上ス

局長ノ健闘ヲ祈念スルニ外ナラス

四、陸軍徴傭船七月以降加更ニ二十万屯増徴ヲ決定方陸軍省ニ提議シ之カ取扱ニ関シ軍務局長軍事軍務課長ト甲谷課長トノ間ニ協議ヲ進ム、総長ハ陸軍ヨリノ提案ヲ好マス　企画院総裁ヨリ提案セシムル如ク陸軍省ニ於テ工作ヲ始ムルコトトス

五、八田嘉明ノ豪州事情講和［話］アリ

彼ハ大臣ニアラズ　依然トシテ「エンジニア」ナリ、

六、日泰経済協定成立ス

円・バーツ　等価トナル

東亜共栄圏経済建設ノ第一歩ナリ、

四月二十二日　水曜

一、本土空襲米機ハ一機モ支那奥地ニ到達シ得サリシモノノ如ク支那占拠地ニ三機墜落ヲ確認、俘虜ハ昨日内地ニ送付東京ニ於テ取調ヲ開始セリ第二課無任所大臣岡村〔誠之〕本件ニヤツ気トナル、

二、正午陸海軍集会所ニ企画院毛里〔英於菟〕課長ト会シ船舶二十万屯七月以降増徴ノ件交渉ヲ開始ス軍務局長ヨリモ企画院総裁ニ本件交渉スルコトトス

四月二十三日　木曜

一、招魂一万五千大東亜戦争ヘノ新ナル責任ト勇奮トヲ覚ユ、

二、当面ノ対仏施策中ニ「将来東亜ノ仏領土ハ仏本国ヨリ切離シ帝国領導下ニ入ラシム」件ヲ挿入セントセシカナラス　総理ヨリ軍務局長ニ対シ「本件ハ独「ソ」戦ノ推移カ独ニ有利ニ展開シ日本ノ対仏強硬施策ハ独ニ何等影響ナキニ至リタル時機迄一切保留スル」旨言明アリ

如何トモシ難シ（佐藤軍務局長ヨリノ連絡）

四月二十四日　木〔金〕曜

一、午後三時ヨリ宮中ニ於テ情報交換アリ外務省側ヨリ「当面ノ対仏施策」ヲ提案可決ス、首相ヨリ将来仏領ノ切離シ問題ハ腹ハ正シク然ルモ書類ニテハ書ケヌ旨言明解決ス〔『杉山メモ』下、参照〕

二、第一部長ヨリ佐藤軍務局長ヘノ要望中ニ「陸軍大臣ヲ専任トセラレ度」旨特ニ辻中佐ノ希望ニテ記述第一部長ニ上申セルトコロ抹殺セラル現情勢ヲ以テセハ東条首相ヨリ陸軍大臣ヲ解キタルトキハ彼ノ退陣ニ等シ、但シ組閣ノトキ三長官ノ約束ハ暫定的ナリキ、

三、米機「ソ」連ニ遁入「ソ」側放送ニヨリ明カトナレリ、外交的ニ見ルハ別トシテ戦争指導的ニ見テ犬ノ遠吠ニスキサルヘシ

四、海軍軍令部側ヨリ石油問題陸海軍間ニ未解決ノ理由ハ陸軍カタンカー問題ヲ持出セシニア〔リ〕トナス、正シク然リ

一石二鳥ヲ得ントスルニアリ本件急クヘカラス

五、岡村中佐ヨリ米空襲機俘虜ノ取調状況ヲ聴取ス彼等ノ計画的企図賞スヘシ

六、本年度物動計画閣議決定ス

四月二十五日　［土曜］

一、靖国神社臨時大祭
第一部長井本田中［敬二］両中佐帯同満州ニ一週間ノ予定ニテ出張ス
二、泰国慶祝使節来朝、
三、米機残滓靖国神社境内ニ陳列ス
四、次長釜山ノ演習ニ出張中ノ処帰任ス

四月二十六日　［日曜］

一、「ソ」領遁入米機ニ関シ佐藤［尚武］駐「ソ」大使直ニ「ソ」ニ抗議　其手並良好ナリ　武人建川大使ヨリ優ルコト大ナリ、
二、午後二時ヨリ外務省ニ於テ遁入米機ニ関スル取調ニ関シ関係者ノ会議アリシモ当方敢ヘテ出席セス

四月二十七日　［月曜］

盟友奥野［一雄］中佐、［船舶］課長市田［一貫］大佐ト共ニ「マニラ」ニ於テ飛行機事故ニヨリ遭難ス、嗚呼大東亜戦争発起ノ為船舶ノ構想ト実行ノ影ノ第一人者ナリ
彼コソ今日ノ戦果ノ大柱石ナリ「マニラ」上空ニテ遭難セメテモノ慰ミカ
惜シムヘシ〳〵、

［四月二十八日　欠］

四月二十九日　［水曜］

天長節
大東亜戦争下本日ノ佳節ヲ迎ヘテ一入感深シ
雨天ノ為観兵式取止メラル

［四月三十日　欠］

五月一日　［金曜］

一、前駐「ソ」武官山岡［道武］大佐ノ報告アリ
独「ソ」和平ニヨリ「ソ」ヲ和平陣営枢軸陣営ニ引入レルカ日独「ソ」戦ニヨル「ソ」ノ徹底的覆滅ニヨルカ両者何レカニヨラサレバ大東亜戦争最大最後ノ癌ハ「ソ」ニ在リト然リ

同武官離任ノ際ノ「ソ」ノ抗戦力判断ハ其ノ表現誤マリ其ノ名声ヲ失墜シ如何トモシ難シ。今日ノ佳言名言何ノ効ヤアラン

二、「ヒ」島軍政部産業部長山城［山越道三］氏ノ比島産業ノ現状ヲ聴取ス

稀ニ見ル頭脳明敏ノ士　結論ニ曰ク比島ハ

統制指導的ニ大東亜圏ノ一環トシテ育成スヘシ国家的見地ニ於ケル削取可ナリ

大イニヤルヘシ但シ個人的放任的削取ヲ行フヘカラス

三、南方民族問題ニ関シ陸海軍集会所ニ於テ研究会アリ甲谷中佐聴取ス

五月二日［土曜］

一、総理並陸軍大臣ノ資格ニテ東条総理南方出張予定ニ付其際「ドクー」及「ビ［ピ］ブン」ト会談内容陸海外主任者案ヲ決定シ夫々上司ニ通シ外務省ヨリ提案セシムルコトトセリ

二、海軍兵備局長ノ南方出張ノ際「バレンバン」立寄ノ件次長ヨリ内諾ヲ与フ

三、大臣南方出張ニ伴フ総理及陸軍大臣ノ代理問題ヲ繞リテ政治問題化サ［ママ］ントスル虞アリ

次長次官ニ於テ速カニ決定指示セラル、様上申ス総理代理ハ置ク大臣代理ハオカス。

［五月三日　欠］

五月四日［月曜］

一、朝来警戒警報発令セラル　敵機遂ニ来ラス

二、陸海石油問題両軍務課長間ニ一案成立セルモ海軍部内オサマラス

午後五時宮中情報交換ニ先ンジ両軍務局長間ニ話持越ルモ海軍側「タンカー」吐出シ不可能（FSノ為）ヲ称ヘテ遂ニマトマラス

三、陸海主務者間ニ左記ヲ検討ス

一、泰ノ失地問題ニ関スル件

一、FS*作戦ニ伴フ「ニユーカレドニア」ノ開発ニ関スル件

第一項ハ至急ヲ要スルニ付参本案ニ付外務省ヲシテ至急一案ヲ提出セシムルコトトセリ

四、最近独「ソ」和平問題ニ関シ総長次長ノ関心大ナルモノアリ加フルニ辻中佐ノ進言モアリテ「ヤルナラハ今ノ中」ト云フ考ヘニシテ次長ハ直接鮎川〔義介〕氏ト会談スル等色気ヲ見セ、満州出張中ノ第一部長ニ対シ招電ヲ発ス、

本件主任課タル第十五課長ニ何等ノ内示モナク第二課ヲシテ発電セシメタル上司ノ態度ニ動々飽キ足ラサルモノアリ

第一部長帰任後本件ニ対スル部長ノ態度タルヤ見物ナリ（特ニ四月ノ態度トモ合セ考量シ）

＊ 南太平洋のフィジー・サモア攻略作戦。ミッドウェー作戦の失敗により中止された。

〔五月五日　欠〕

五月六日〔水曜〕

一、俘虜（空襲）取扱ニ関スル件　オ上ノ耳ニ入リ鄭重に〔ニ〕取扱セヨトノオ言葉侍従武官ヨリ次長宛伝達セラル　御仁慈ノ程拝察シテ恐懼ニ堪ヘス（敵地ニ捕ハレタル我赤子ノ俘虜及同胞ノ身ヲ特ニ心ニカケサセ給フ　嗚呼）

二、「泰軍ノ「ビルマ」進撃ニ伴フ対泰措置ニ関スル件」陸海外主任者間ニ一案ヲ得九日連絡会議ニ提案スルコトトナル、

先般右ニ関スル現地軍事協定案（三日認可セルモノニ「ビルマ」進撃ニ伴ヒ対重慶宣戦布告セシムトアリシモ帝国カ対重慶宣戦ヲ行ヒアラサルニ泰カ行フハ不合理トシ之カ取消シ方軍機電報ニヨリ発信ス（五月軍事協定成立ノ旨電報アリタルニ付）

三、本夕第一部長満州出張中ノ処招電ニヨリ帰任ス

四、大東亜建設審議会ノ運用ニ関シ（去四日企画総裁談ハ恰モ審議会ノ答申案ニヨリ国策決定ノ如キ感ヲ抱カシメアリシニ付）陸軍省ニ善処方要望ス

五、本日午後三時宮中ニ於テ情報交換アリ外相ヨリ左記説明ス〔『杉山メモ』下、参照〕

一、英軍「マダカスカル」上陸ニ伴フ対仏回答ノ件

一、三国共同宣言ハ独伊ノ反対ニテ不成立ノ旨

六、五日二十三時「コレヒドール」島ニ皇軍上陸成功ス

七、午前八時突如空襲警報発令アリシモ異変ナシ

五月七日〔木曜〕

一、対泰措置ニ関スル件若干ノ修文ヲ見陸海外間ニ意見ノ一致ヲ見タリ

二、現地軍ハ
「泰国ハ重慶政権ト交戦状態ニ入レル旨声明ス」トアルヲ
「泰国軍ハ重慶軍ト交戦状態ニ入レル旨声明ス」ト訂正セシム
事極メテ些少ナルカ如キモ重慶政権ヲ国際法上ノ交戦団体トシテ認ムルヤ否ヤニ関シ帝国従来ノ方針ニモトルモノナルニ付依命電報セリ

三、船舶問題ニ関シ海軍カ「タンカー」船ノ抽出不可能ナルヲ参謀本部ハ承認セリセヌノ問題ニテ辻中佐軍令部ニ斬込ミ一波瀾アリ

五月八日〔金曜〕

一、大詔奉戴日
昨七日「コレヒドール」島完全攻略シ　御勅語ヲ賜フ

二、「サンゴ」海海戦ニ於テ海軍大勝ス　此ノ日又ビルマ方面ハ恵通橋ニ殺倒〔到〕ス

五月九日〔土曜〕

一、「タイ軍ノビルマ進撃ニ伴フ対泰措置ニ関スル件」連絡会議ニ於テ決定ス〔『杉山メモ』下、参照〕

五月十日〔日曜〕

一、前班長有末参謀長上京課一同ト歓ヲ共ニス

二、大角力参観ノ東条首相ニ対スル観衆ノ拍手ト声援トハ蓋シ未曽有ノ現象ナリキ東条内閣ノ首途洋々〔ママ〕カ自重ヲ望ムコトヤ切ナリ

五月十一日〔月曜〕

一、四月中旬ニ端ヲ発セシ燃料問題ハ一ヶ月ヲ経過セルモ未タニ解決セス　総軍司令官ヨリ総理大臣宛「タンカー」問題速決ニ関スル意見具申来ル中央ノ面目丸ツブレナリ
本件新軍務局長及軍務課長ノ試金石ナルニ拘ラス一進一止容易ニ具体化セス　事務局検討カ後ニナリテ省部ノ挙ケテ一体的努力ニ欠クルトコロナシトセサルカ
本日課長ヨリ局長ニ対シ再考ヲ要求ス

五月十二日 〔火曜〕

一、参謀長会議開催セラル
年中行事ヤラナケレハナラヌヤウニ開カル、ノミ

二、石油未解決ニ対シ総長ヨリ連絡会議ニ附議方要求アリ
陸軍省面目丸ツブレナルモ已ムナシ、

三、馬来軍政部高瀬達氏ノキビ〳〵シタル報告ヲ聴取ス
ツク〴〵中央ノグヅサヲ感セラル、ト共ニ中央決定事
項ノ下達モ亦六ツケ敷キヲ感ス。彼盛ンニ官吏無能論
ヲ説ク軍ニ阿諛スルニ似タルモ真理カ

五月十三日 〔水曜〕

一、正午ヨリ将校集会所ニ於テ陸海軍務局長関係各課長相
会シテ石油問題ヲ討議シテ一案ヲ得タリ
第一部長甚タ不満ニシテ雨カ晴カ、

五月十四日 〔木曜〕

一、石油問題局長案ハ依然第三部長ノ反対ニテ成立セス
一ヶ月有余ニ亘ル課長ノ苦悩察スルニ余リアリ
戦争前今日ノ如キ油ノ開発ヲ予定セサリシヲ以テ今日
ニ至リテ油槽船問題ニ関シ至難ナル立場ニ入ルモ亦已
ムナシ、夕刻ニ至リ第一部長承認ス。

二、次長浙江作戦視察ヲ兼ネ明後南京ニ出張スルコトトナ
リタリ
対重慶方策ニ関シ中央カ真剣ニ動キ如〔始〕メタルハ
心強シ。
先般連絡会議席上大臣ヨリ昆明作戦云々ノ発言アリ之
ヲ一蹴スル意味ニ於テモ統帥部穏〔隠〕密強力ナル推
進ヲ要スルヤ切ナリ
小官愚案（28／3）カ逐次具体化シツツアルハ其
〔甚〕タ愉快ナリ
南方作戦発起前ノ昆明作戦ト今日ノ昆明作戦トハ其ノ
価値雲泥ノ差ナルコトヲ知ラス。

五月十五日 〔金曜〕

一、五・一五満十周年
皇軍進展ノ十ヶ年ハ蓋シ前古未曽有ノ感激新タナルト
共ニ当時ノ少壮将校ヲシテ志士タラシムヘキヤ否ヤニ
関シ其ノ判決未タ到来セサルヲ遺憾トス

二、選挙ニ大勝セル政府ハ「翼賛政治会」ヲ結成阿部〔信
行〕大将ヲ総裁タラシム何等ノ政治的感激ヲ国民ニ与

ヘサルヲ遺憾トス　大政翼賛会ハ依然トシテ政治結社タラシメス表裏一体的立場ニ在ラシム
三、四・一八ノ帝都空襲事件ニ関スル陸海軍当局談発表セラル　捕虜問題ニ関シテ一切触レス

五月十六日〔土曜〕

一、油槽船ニ関スル陸海調整漸次意見一致連絡会議附議ノ段取トナル
迂〔紆〕余曲折陸海軍ノ対立ヲ遺憾ナク暴露ス　寒心ニ堪ヘサルモノアリ、軍令部第四課長ノ頑冥ナル驚キニ堪ヘタリ
二、国際諜報団検挙ニ関シ新聞発表アリ　近衛〔文麿〕元総理ノ責任ヲ如何トナス
重要国家機密細大トナク「ロス」ニ通シアリ
国家国軍ノ損失図ルヘカラサルモノアリ

〔五月十七日　欠〕

五月十八日〔月曜〕

一、ＦＳ作戦ニ伴フ軍政実施ニ関スル陸海軍中央協定案ヲ審議一案ヲ得
「ニューカレドニヤ」ノ資源開発ヲ陸海協力シテ行フコトニ意見一致ス
陸軍省整備局ハ右全然不同意ナルカ如シ
二、「ニューカレドニヤ」作戦ニ伴フ対仏措置ニ関スル件研究ヲ始ム
三、油槽船問題決定セントシテ軍令部第四課長又モヤ不同意ヲ唱ヘ来リモツレ〳〵停止スル所ヲ知ラス

五月十九日〔火曜〕

一、対重慶戦争指導ヲ真剣ニ検討セントス　第二課モ亦研究ヲ進メツツアルカ如シ
二、油槽船問題軍令部第四課長強硬ナリ
備考問題ニ関シ軍務課長ト海軍ノ間ニ課長苦悩シアリ
三、大東亜建設審議会ノ運営ニ関スル件省部意見一致ス
統帥部ノ要求通ル
単ナル参考ニ過キサルモノトシ連絡会議決定ハ改メテ研究審議セルモノニ依ルモノトス

五月二十日［水曜］

一、石油対策問題モミニモンテ遂ニ決定シ連絡会議附議ノ運ヒトナル
陸海ノ対立ヲ遺憾ナク暴露ス　皇国ノ戦争指導亦難キカナ

二、「ニユーカレドニヤ」ノ軍政担任問題ニ関シ辻中佐神大佐ニ対シ海軍カヤルナラハ陸軍ハ兵力ヲ撤収スルトシテオドカス
海軍ハ能否ニ関シ研究スルコトトス

三、第一部長FS作戦ニ伴フ対豪州戦争指導要領ヲ研究スヘキコトヲ命ス
問題ハ豪州政府ヲ直接相手トスル外交交渉ニ依リ之カ単独媾和ヲ策スルニアリ　其可能性ハ別トシテ努力ヲナスヲ要スヘシ

四、種村中佐約一ヶ月ノ予定ヲ以テ南方ニ出発ス
原少佐臨時雇トシテ自今主トシテ参本ニ於テ勤務セントス

五、午後連絡会議石油問題正式解決ス［『杉山メモ』下、参照］
軍令部次長出席相当ニゴテタルモノノ如シ

六、翼賛政治会発足ス　阿部信行大将之カ総裁タリ稍々物足ラナシ

五月二十一日［木曜］

一、米人捕虜問題　御心ヲ体シ更ニ研究ノ上処理セントスル要ハ断乎処分スルニ在ルモ之カ合法性ヲ如何ニ取扱ハントスルカニ存ス
第二課ト協議軍法会議ニ附スル腹案ナリ
御上ノ御心モ必スシモ処断不可ニアラサルヤニ洩レ聞ク

二、大東亜建設ニ対スル各地域ノ応能負担ニ関スル基本方針大蔵大臣ト外相ト意見対立前者ハ本件ヲ国内政策上強調セントスルニ対シ後者ハ対外上之ヲ緩和セントシ譲ラス
将集［将校集会所］ニ於テ陸海外企主任者集リ妥協ヲ図ラントセシモマトマラス
外企（蔵）間ニ於テ演説（議会ニ於ケル）要旨トシテ更ニ接渉［折衝］ノ上マトメテ軍ニ連絡スルコト、ナル

三、株一斉ニアガル　原因ハ郵船カアケタルニ端ヲ発シ思

惑ニアルカ如シ　ＦＳ作戦課知セラレタルニアラサルカ如シ

四、昨二十日ノ連絡会議ニ於テ左記了解又ハ承認ス
1、大東亜経済建設基本方策
2、今後ニ於ケル大東亜建設審議会答申案ノ取扱ニ関スル件
3、南方占領地ノ地名変改ノ件

五月二十二日〔金曜〕

一、南方占領地放送暫定処理要領決定現地ニ示達ス
軍政部ノ外局ニ放送管理局ヲ設置シ放送ヲ強力ニ推進スルコト、ナル

二、「N」〔ニューカレドニア〕ノ軍政担任ノ件辻中佐ノ海軍カヤルト云フナラハ陸軍ハ手ヲ引クノ強硬電話海軍ノ憤激ヲ買ヒアルモノノ如ク山本〔祐二〕中佐来部特ニ井本中佐ト会談オトナシク話シ合フヘシト述フ　海軍作戦課長ハ　イキリ立チ海南島カラ陸戦隊ヲ転用スル等ヲ考ヘアルカ如シ
辻中佐ノ猪突モ時ニ害アリテ益ナシ　依ツテオダヤカニ話合フ方針ニテ進ム

三、元「イラン」武官村沢〔一雄〕中佐ノ帰朝談アリ
印度洋ヲ繞ル英ノ馬蹄型勢力ハ独ノ「イラン」進出ニヨリ日本ノ馬来進出ト相俟ツテ崩壊スヘシ　独伊ノ「イラン」進出絶対必要ナリ
又曰ク「パミール」高原北側ニ大石油資源アリ之ヲ制スルモノ克ク世界ヲ制スヘシ
又曰ク「ロス」ハ中央「アジア」ヲ後方策源地トシテ着々準備ヲ進メツツアリト

五月二十三日〔土曜〕

一、大東亜建設ニ対スル各地域ノ応能協力負担ニ関スル件
財政演説要旨トシテ連絡会議諒解成立ス

二、海軍第八課ニ対シ対印工作実施細目ヲ提議シ来ル第八課施策ノ不統一ヲ理由トシ全面的ニ不同意ヲ回答ス
海軍主担任タル対豪施策何等ノ成案ナキカ如ク而モ印度施策ニ出シヤバルハ心外ナリ

三、「N」ノ軍政担任海軍側ヨリ正式回答未タ来ラス辻中佐ノ電話テ相当モメルナラン

五月二十四日　〔日曜〕

一、陸海作戦及戦争指導主任者ノ恒例ノ角力見学並会食ヲ行フ
　千秋楽ノ熱戦大イニ可

二、情勢ノ推移ニ伴フ対豪戦争指導要綱ヲ研究一案ヲ得
　如何ニシテ豪州連邦政府ト直接交渉ノ筋ヲ求メルカカ問題ナリ

五月二十五日　〔月曜〕

一、近藤〔伝八〕少佐ノ帰任報告ニ依レハ「テナセリナム」地区ヲ第二十五軍ノ作戦地域ニ入レタル件「ビルマ」独立運動助成ノ見地ヨリ重大問題ニシテ第十五軍トシテハ不同意ナリ本件速ニ従来通リニセシムル度意見ナリト第十五軍ト総軍トノ間ニ意見対立シアルカ如ク「ビルマ」独立問題ニ関シテハ中央、総軍、第十五軍間ニ抑々思想ノ統一施策ノ一貫性ヲ欠キアルハ遺憾ニ堪ヘス

二、村沢中佐ノ「インド」工作ニ関スル報告アリ
「イラン」ヲ基地トシ西方ヨリ印度工作ヲ強化スヘシト云フニ在リ

三、泰ヲシテ国民政府ヲ承認セシムル件外務省ハ二十二日以来話ヲ切リ出シタルカ如シ

四、野沢源次郎氏ヨリ麹町宝亭ニ於テ豪州事情ヲ聴取ス
　第一、第二部長第十五課、第八課、第六課長辻中佐杉田〔一次〕中佐出席ス
　当課従来ノ研究範囲ヲ出テス

五月二十六日　〔火曜〕

一、海軍第一部長来訪第一部長ト会談ス
「ニューカレドニヤ」ノ軍政担任ニ関シ作戦協定ヲモ変更セントスルカ如キハ不可　陸軍カ海軍作戦基地ノ設定ニ全面的ニ協力シテ呉レルナラハ陸軍ニ於テ担任スルハ不同意ニアラス、唯海軍省カ資源開発ノ為海軍担任ヲ主張シアルニ付統帥部間ハ意見一致セルモノトシ陸軍省対海軍省ノ話合ニ移スヘシト述フ
第一部長右ニ同意海軍第一部長モ岡軍務局長ヲ説得スヘシトテ別ル
然ルニ午後海軍省柴〔勝男〕中佐ヨリ大西〔一〕中佐ヘノ電話ニヨレハ岡局長ハ陸軍担任ハ不同意ナリト云フ

軍令部交渉ノ表面ニ立ツハ不利ト見タル策略カモ知レス意見ノ一致ハ尚遠シ

二、対豪交渉要領課長数案ヲ挙ケ更ニ研究スルコトトス

三、「N」ニ関スル対仏措置一案ヲ得

「ドゴール」政権ハ対日宣戦シアリ　敵国タルコト現実ノ事実ナルモ仏国ノ主権依然トシテ「N」ニ及ヒアルヤ否ヤ問題ナリ

五月二十七日〔水曜〕

一、海軍記念日海軍赫々タル戦果ノ宣伝ニ勉ム

海軍々々ノ言葉ハ国民ニ陸海対立ノ気持ヲ醸成セシメ苦々シキ次第ナリ

之ヲ調整スルモノハ誰カ？

二、「N」ニ関スル対仏措置関係課ニ意見ヲ求ム

辻中佐ノ突進居士政府ト本件ニ関シ話合ハ全然不同意ナリト強硬ニ反対ス

辻中佐一人テ戦争ヲシテ居ルワケテモアルマイ　本件既ニ両総長ヨリ外相ニ申入レアル所　親ノ心子知ラスノ独善　政戦略ノ協調ヲナスカ戦争指導ノ要諦ナラスヤ

企図秘匿モ必要ナリ今更騒ク必要モナカルヘシ

三、情勢ノ推移ニ伴フ対豪戦争指導要領課長ノ意見ニ基キ第二案ヲ得

四、臨時議会開催翼賛議会ト称シ一国一党的挙国一致成レルカ如キモ溌剌タル真実味無ク総理ノ演説モ既ニ陳腐ニ属シ感激ナシ

五月二十八日〔木曜〕

一、Nニ関スル対仏措置第一部長ハ当課案ヨリ更ニ遠慮シタル案ニシテ寧ロ仏印同様ノ思想ニ近シ　第二課突進居士案トハ大凡意見異ナリサスカニ深ミアル考ヘ方ナリ

二、今後当課施策ノ重点ハ豪州、支那ニ在リ部長ヨリモ支那研究ニ努ムヘキヲ研究セラル

対豪戦争指導要綱第二課ニ意見ヲ求メ第一部長ニモ案ヲ具申スル所アリ

三、辻中佐対支和平工作ニハ大物ヲ派遣スヘシ板垣〔征四郎〕大将適任俺モ一緒ニ行ク　蔣応セサレハ軍刀ニテ殺スト云フ

右意気ハ壮ナリ

四、左記御下問アリタルカ如ク総長近ク一般ニ関シ上奏セントス

1、蘭領「チモール」ニ軍政ヲヤツテ居ルト云フカ如何

軍隊ハ一向討伐ヲヤラヌト云フカ如何

2、比島ノ戡定作戦ハトウナツテ居ルカ

3、「ジヤバ」ノ和蘭人ノ役人一〇〇名ヲ抑留シテ居ルト云フカトウスルノカ

4、米人俘虜ハ外交団交換後処分シ発表シタラドウカ

五、Nノ軍政陸軍担任資源開発ハ共管ト意見一致ス　落着スヘキ所ニ落着ス

六、第十七軍司令部ニ対シ軍政実施要領其他ニ関シ所要ノ説明ヲナス

第十四、第十五課、戦備課、軍務課、主計課ヨリ各主任者参列ス

「N」ノ軍政実施要領ハ未タ不定事項ヨリ至急意見ヲ確定スル必要アルモ企図秘匿上外務ニ移シ得ス

七、駐伊安東［義良］参事官帰朝総長ニ対シ大島大使ノ伝ヘタルモノノ如ク其内容不明ナルモ吾人ノ判断ト変化ナキカ如シ

五月二十九日［金曜］

一、第一部長日独間共同戦争遂行ヲ緊密適切ナラシムル為大物ノ連絡員ヲ独ニ派遣スル件ニ関シ研究ヲ命セラル

二、F作戦ニ伴フ軍政担任ニ関シ課長海軍ニ到［至］リ昨日概ネ意見一致セルモノニ基キ審議シ成案ヲ得至急決定ノ運ヒニ至ラシメントス

三、F作戦*ニ伴フ対仏措置第一部長ノ意図ニ基キ成算ヲ得第二課ニ意見ヲ求ム

突進居士モ遂ニ同意ス

四、情勢ノ推移ニ伴フ対豪州戦争指導ニ関シ第一部長意見ヲ述フ

(イ)宣伝ニ関シ豪州ノ弱点ヲ強調スヘシ

(ロ)豪州応答ナキ場合一方的通告ヲ以テ帝国ヨリ全権使節ヲ派遣スルハ無理ナリ

(ハ)不成立ノ場合逆効果防止ノ対策、及対独伊諒解ニ就キ更ニ研究スヘシ

五、高松宮［宣仁］殿下新京御到着　皇帝陛下親シク新京駅ニ御出迎アリ　日満一徳一心益々鞏シ

六、南［次郎］総督辞任シ小磯［国昭］大将之カ後任タリ

* ニューカレドニア作戦、フィジー作戦、サモア作戦の総合名称。

五月三十日〔土曜〕

一、F作戦ニ伴フ「N」ノ措置、省部間概ネ意見一致海軍ト接渉〔折衝〕ヲ開始ス
結局「ヴシー」派政権ノ「N」駐在ヲ認メサルヲ得サルニ至ル

二、安東前駐伊参事官講話アリ
「ソ」ハ抗戦スルコトニ依リ益々「ス」政権ハ強化スヘク欧「ソ」ノ大部ヲ失フモ「ソ」ハ依然鞏固ナル結束ヲ以テ抗戦ヲ継続スヘク帝国東「ソ」ヲ撃ツモ変化ナカルヘシト云フ

〔五月三十一日　欠〕

六月一日〔月曜〕

一、南方進出業者第二陣乗船ノ熱田丸又モヤ沈没ニ瀕ス海軍駆逐艦直接護衛シアルニ拘ラス遭難ス誠ニ心痛ニ堪ス
昨今敵潜水艦ノ活躍頓ニ盛トナリ撃沈船舶激増シ開戦前ノ予想ヲ凌駕セントトス
海上交通ノ確保ト〔ハ〕戦争遂行上最大ノ要諦タル件愈々現実ノ問題トナレリ

二、「F」作戦ニ伴フ軍政担任正式決定セントシテ岡海軍局長ゴテル資源開発共同管理ノ件「N」ニ限定セス「F・S」ニモ適用シ尚南方全般ニ波及セシメントスル魂胆カモ知レス警戒ヲ要ス

六月二日〔火曜〕

一、F作戦ニ伴フ軍政担任岡局長原案通リ同意ス
但シ「N」ニ対シ実質的ニ軍政ヲ施行スル件国家意志決定セサル今日陸海軍限リニ於テ之ヲ決定スルハ過早ナリトノ陸軍省異論アリ
若干ゴテアルモ大臣ヨリ実質的ニ軍政ノ目的愈々本極リトナラントス

二、海軍小野田大佐ヨリ西「ボルネオ」ノ軍政担任一時陸軍ニ御願シタルモノナルヲ以テ従前通リニ変更致シ度ト申出アリ現地両軍間ノ問題ナルモ研究スヘシト一時逃ケタルモ今更本問題ヲ取り出サレテハ甚タ迷惑ナル次第ナリ

三、企画院ヨリ突然左記連絡会議案トシテ提議アリ
1、物動運営上C船舶腹確保ニ関スル件

2、南方占領地域ニ於ケル屑鉄強力回収実施ニ関スル件

後者ハ研究スヘキモ前者中陸軍徴用船ノ解傭甚シク遅延シアリトノ一項アリ船舶課大イニ憤慨陸軍トシテハ従来大イニ誠意ヲ以テ解傭ニハ善処シアルニ何事ソヤトテ数字的研究ヲ進メ右ヲ反撃スヘク総長次長ニ実情ヲ説明スル所アリ

連絡会議ニハ附議決定セシメサル如ク取扱フ

四、情勢ノ推移ニ伴フ対豪州戦争指導要領　第一部案トシテ決定部長ヨリ第二部長次長軍務局長ニ移ス如ク取扱フ

六月三日〔水曜〕

一、物動運営上C船舶腹確保ニ関スル件遂ニ連絡会議上提〔程〕トナラス将集ニ於テ事務当局者ニ対シ企画院ヨリ説明スル所アリ

要スルニ撃沈船腹予想ヨリ大並解傭時期月初メト月終リニ対スル見解ノ相違ニ原因シ物動運営困難トナルモノトス至急事務当局ニ於テ連絡研究ヲ進メ解傭其他ノ処理ヲ迅速ナラシメC船ノ確保及能率向上ニ勉ムルト共ニ戦争指導上ABC船舶腹ノ調整ヲ大所局〔高〕所ヨリ再検討スルコトニ意見一致ス

二、問題ハ喪失船腹ノ予想凌駕ニアリ

喪失船腹ノ減少ニ関シ強力ナル対策実行ヲ急務トス

戦争規模ノ再検討モ問題トナルヘキモ今更之ヲ変更スルヲ得ス戦局ノ前途多難ナルヲ思ハシム

三、F作戦ニ伴フ軍政実施ニ関スル陸海軍中央協定正式決定ス

六月四日〔木曜〕

一、第十七軍司令官ニ対スルF・S・N攻略ノ大命下ル

万里ノ波濤ヲ蹴テ古今未曽有ノ上陸作戦有史ヲ飾ルヘシ其壮途ヲ祝ス

二、企画院ノ船腹逼迫状況ヲ見ルニ相当深刻ナルモノアリ

内地主要熔鉱炉ノ火モ消エルカモ知レス瓦斯ノ配給モ停止トナルヤモ知レスト而シテ既定戦争規模ハ堅持セサルヘカラス国民ノ精神力ノミ克ク之ヲ解決シ得ヘシ

船舶課企画院主任者ト懇談A船解傭甚シク遅延ノ件解消寧ロ軍徴用ノミ物動物資輸送セラレ度結論トナル

三、海軍特殊潜航艇又モヤ長駆「マダカスカル」及「シドニー」ヲ襲フ

「シドニー」ハ奇襲成功セス三隻トモ撃沈セラレタルカ如シ

六月五日〔金曜〕

一、石油ノ本年度物動ニ関シ戦備課長陸軍一〇〇万屯海軍二七〇万屯民需二五〇万屯ヲ主張第一部長憤激怒髪天ヲツクノ大声ヲ以テ戦備課長ヲ叱咤スルノ状隣室ニテ手ニ取ル如ク感セラル第二課長心配シテ第一部長辞任スルニアラスヤトテ憂フ

二、岡〔南方軍〕部隊ヨリ「パレンバン」ノ油船不足ノ為トウニモナラス至急「タンカー」船派遣セシメ度電来ル
明日第一回石油委員会ヲ開催シ至急之カ対策ヲ促進セントス

三、企画院提案ノ「C」船確保ニ関スル件自発的ニ引込メルコトトナル陸軍傭船ノ解傭甚シク遅延ノ件ハ企画院側ノ認識不足見解ノ相違ニ依ルトテ諒承ス
明日ノ連絡会議席上企画院総裁ヨリ六月分ノ解傭解決ノ件及七月以降更ニ検討スルコトトスル件説明シ本件落着ス

四、第一部長第二部長ニ対シ対支情勢判断ヲ聴取セル所物足ラストテ右記研究方要求ス
(1)支那ノ抗戦ノ支撐ハ何カ
(イ)徹底的抗日ナルヤ
(ロ)反枢軸終局ノ勝利ヲ夢見ツツアルヤ
(ハ)民族ノ独立確保ナルヤ
(2)抗戦ノ主動ハ如何ナル階層カ占メアルヤ
(イ)蔣介石ナルヤ
(ロ)蔣介石配下ノ中堅層ナルヤ
右判断ニ依リ帝国ノ対支処理ニ変化アリ

五、第一部長真剣ニ対支処理ヲ考フル者ナキヲ独リ憂フ皆憂ヘアルモ手カ出ヌカ実相ナランモ上司本件或ハ熱意ナキニアラスヤ
「内地ニ「サーベル」ヲ握レル者功一級ヲモラフ」トテ反軍言辞アルモノアルモ亦他山ノ石アルヘシ

六月六日〔土曜〕

一、軍容刷新、南方兵力整理ハ船腹ノ関係上明年三月迄延ビルノ已ムナキニ至ルカ如シ
陸軍徴傭一二〇万屯ノ件九月末迄ハ一二〇万屯トシテ

物動ヲ組ミアルカ如ク十月以降ハ一〇〇万屯ト胸算シアリ但シ十分余裕ヲ見積リアルヲ以テA船ノ帰路利用ヲ予定通リ実行セハ一二〇万屯ヲ継続スルモ物動先ツ変化ナカルヘシト戦備課長説明ス

二、石油委員会第一日幹事集リ海軍「タンカー」ヲ心好ク融通スルコトトナル「パレンバン」ノ石油先ツ流シ得ヘシ

三、「アリユーシヤン」「ミツドウエー」攻撃作戦ノ報告ナシ

「ミツドウエー」附近彼我海上決戦惹起セラレツツアルカ如ク小野田大佐ノ言ニ依レハ楽観ヲ許サス一本一本ナラント

願ハクハ快勝ヲ祈ル

参謀本部軍令部共開戦以来ニナキ緊張ヲ呈ス

四、独伊両国ニ対シ特派使節派遣ノ件第一部長ヨリ命セラレアル主旨ニ基キ一案ヲ草ス

六月七日 〔日曜〕

一、「ミツドウエー」「アリユーシヤン」ヨリ報告ナシ

海外放送ニ依レハ米ハ大勝利ヲ得アリト盛ニ宣伝シアリ

部内憂愁蔽ヒ難キモノアリ

F作戦延長ノ件ヲモ第二課ハ考慮シアルカ如シ

二、断乎既定計画ヲ遂行スルヲ要ス

六月八日 〔月曜〕

一、「アリユーシヤン」ハ成功セルカ如シ

但シ「ダツチハーバー」ニアラスシテ「キスカ」上陸ナルカ如シ

不安去ラス

「ミツドウエー」未タ決戦中ニシテ彼我共ニ相当ノ損害アルカ如ク上陸作戦ハ延期セリトカ従ツテF作戦ヲ延期セリトカ作戦課当課ニ何等ノ連絡ナシ

朝来作戦課軍令部ト連絡頻繁ナリ

二、第六回大詔奉戴日陸軍ノ綜合戦果紙面ヲ飾ル

三、海軍開戦以来初メテ憂色蔽フ　陸軍トシテモ大勝ヲ切願スルコト変ラス

六月九日 〔火曜〕

一、「ミツドウエー」海戦ハ帝国海軍ノ敗勢ヲ以テ終了セ

ルカ如ク帝国ノ「ミツドウエー」攻略ノ作戦目的ハ遂ニ頓坐［挫］ス
開戦以来最初ノ黒星海軍トシテハ断腸ノ思ナルヘク陸軍トシテモ衷心遺憾ニ堪ヘス
然レトモ光明ノ明滅ハ戦ノ常道ナリ
日露開戦初頭帝国戦艦二隻ヲ失ヘルモ東郷［平八郎］連合艦隊司令長官ハ泰然自若ナリシト言フ航母数隻ノ損傷一時的ニハ致命的打撃トハ言ヘ戦争ノ前途ハ尚遼遠鞏固ナル意志ヲ堅持シ戦争目的ノ完遂ニ邁進スヘキナリ
二、「アリユーシヤン」方面作戦一部ハ成功セルカ如ク詳細不明作戦課ノ独善的機密保持モ時ニ害アリ政略上ノ施策刻々機ヲ失シツ、アリ当課ニ何等ノ連絡ナク「F」作戦モ延期シタルカ如シ
三、宣伝ノ見地ヨリスルモ今次作戦ハ完全ナル失敗ナリ海軍ノ対内的立場モ困難ナラン
四、旧蘭領西部「ボルネオ」州ノ軍政主担任陸海中央協定通海軍ニ移ス件上司決裁シ現地向打電ス
五、葡領「チモール」ノ敵性放棄ニ関スル外交措置ニ就キ政府ヲ鞭撻スル所アリ
六、石油委員会陸軍側初顔合アリ
席上参謀次長ヨリ統帥部ノ要望ヲ陸軍委員ニ開陳ス

六月十日［水曜］

一、「ミツドウエー」海戦「アリユーシヤン」作戦ノ戦果ニ関シ大本営発表ス
海軍苦シイ発表同情ヲ表ス
遂ニ「ミツドウエー」作戦ノ作戦目的達成セス
二、海軍ノ損傷本年末迄ニハ完全ニ恢腹スヘシト言フ
三、何レニスルモ「F作戦」ハ二、三ヶ月遅延スルカ如ク作戦課当課ニ何等ノ連絡ナキハ遺憾トス
対豪州、対重慶戦争指導モ時期的ニ変更ヲ余儀ナクセシメラル

六月十一日［木曜］

「ミツドウエー」「アリユーシヤン」作戦ノ戦果ニ関シ新聞一斉ニ之ヲ飾ル
赫々タル戦果ニ国民ハ歓喜ス何ソ知ラン「F」作戦ハ数ヶ月遅延シ戦争指導ハ茲ニ難関ニ逢着ス
「今後執ルヘキ戦争指導ノ大綱」ノ主眼ハ文面ニハ明示ナ

カリシモ米豪遮断ノ強化徹底ニアリシ筈ナリ
海軍軽率ナル「ミッドウエー」作戦ヲ行ヒ米豪遮断作戦ヲ軽視セサリシヤ
米「ソ」ノ分断モ米豪遮断ニ比スレハ第二義的ノモノナラサリシヤ陸軍作戦課亦海軍ニ追随シ深厚ナル考慮ヲ欠キタルノ識ナクンハアラス
死児ノ齢ヲ算フルノ愚ハ之ヲ排スヘキモ最高統帥ノ追究スヘキハ作戦目的ニ対スル深厚ナル考察是ナリシナリ
米豪遮断ノ大作戦ヲ直前ニ控ヘテ敢ヘテ「ミッドウエー」「アリユーシヤン」作戦ヲ行ハントシタル真意那辺ニ在リヤ
戦果ノミ追究シ戦争ハ終ルモノニアラス作戦目的ヲ達成シ始メテ戦争ハ逐次終末ニ近ツクモノナリ
作戦当事者ハ動モスレハ戦果ニ陶酔シ目的ヲ忘却シ遂ニ軽卒［率］トナリ而シテ失敗ス

六月十二日［金曜］

一、独伊ニ対シ特派使節ヲ派遣スルノ件一案ヲ部長ニ移ス、
部長熱心ニ考慮シアルカ如シ
二、総長、軍令部総長ト恒例懇談ヲ行フ
部長特ニ当課及第二課ニ命シ懇談資料ヲ起案シ総長ニ移スヘキヲ命ス
課長独伊ニ特派使節派遣ノ件船舶損傷防止ノ件、速ニ対支処理ヲ要スル件ヲ具シテ総長ニ申進メタル所総長上奏出発直前ニテ御機嫌悪シ部長ノ真意ハ如何？
三、南方占領敵産ノ処理ニ関シ企業形態ヲ如何スヘキヤニ就キ陸軍省議論シアリ
戦備課、鑑［監］査課等ハ三井三菱等ノ財閥擁護ニ傾キ軍務課、主計課、参本ハ国内大衆擁護ノ主旨ニテ処理セントス

六月十三日［土曜］

一、対重慶戦争指導要綱種村中佐案ヲ基礎トシ肉ヲツケ一案ヲ得
問題ハ駐兵ナルモ一応アラユル手段ヲ討究シヤツテ見ル必要アリ
二、戦争規模ト*四号軍備ト物動トノ調整ヲ如何ニスヘキヤ大問題ナリ
戦争規模ハ拡大コソスレトモ縮小ハセス　結局四号軍備ト物動トニ修正ヲ加ヘサルヘカラス　統帥部ノ要望

ニ対シ軍政当局カ律スヘキ事項ナリ

＊ 昭和十七年発足の陸軍の基本軍備充実計画。

〔六月十四日　欠〕

六月十五日〔月曜〕

一、那須〔義雄〕15A参謀副長連絡ノ為上京「ビルマ」ノ軍政処理ニ関シ報告ス
「テナセリーム」地区ノ帰属調整ノ要ヲ強調ス

二、石油委員会幹事補佐研究ス
弱体燃料課熱意ト努力ヲ欠キ遺憾ニ堪ヘス至急強化スルヲ要ス

三、防諜ハ積極対策ヲ必要トスルニ鑑ミ偽情報機関ヲ設置スル要アリトテ第八課別班ノ新設ヲ提案ス
異存ナシ

六月十六日〔火曜〕

一、英「ソ」及米「ソ」協定掛声ハ大ナルモ実質的効果ナシ
国内民心ノ気安メト第三国ニ対スル神経戦ニ過キサルヘシ
第二戦線構成ノ如キ先ツ不可能ナルヘシト第二部判断シアリ

二、石油委員会幹事補佐会開催
七月分陸軍要輸送量十六万屯ニ対シ海軍ハ精々十万屯シカ輸送ヲ援助シ得サルト言フ
海軍ノ態度ニベモナシ
陸軍輸送処置ニ対スル燃料課ノ研究熱意不足ニシテ海軍モ「ソレデハ」ト云フ気分起キサルカ如シ

三、「ミッドウエー」敗戦ノ結果F作戦ハ如何ナルヘキカ
作戦課ヨリ当課ニ何等ノ連絡ナク昨今中「ダルミ」ノ感アリ
爾後ノ戦争指導ヲ如何スヘキカ独ノ夏季攻勢モ未タ其徴ナク暫シ静観ノ体ナリ　動中静アルノ静観ナラハ甚タ可ナルモ現実ハ必スシモ然ラス
戦局ノ前途誠ニ多難ナル哉
南方建設モ陸海対立中央機構ノ乱脈等々ニ依リ必スシモ敏活果敢ナラサル現状ナリ

四、「バンコック」ニ於ケル「インド」独立連盟大会開催セラル宣伝ノ強化ニ止マラス実際的活動ノ発展強化ヲ

必要トスルモ果シテ如何　但シ岩畔大佐ノ活動ハ「サスガ」ト言フヘシ

六月十七日［水曜］

一、七月以降A船二〇万屯徴傭増並A・B喪失船ノC船ニ依ル補塡ノ件陸、海、企画、外主任者案成立ス　土曜日連絡会議ニ上提［程］セントス

二、葡側ヨリ葡側ニ依ル「チモール」ノ豪州兵武装解除ヲ条件トシ日本軍ノ撤兵ヲ提案シ来ル当方撤兵スヘキヤ否ヤハ帝国軍ニ依ル豪州兵掃蕩後ニ於テ更メテ考慮スヘキ方針ヲ以テ処理スヘシ

六月十八日［木曜］

一、高瀬［啓治］中佐一行ノ南方出張帰任報告アリ

骨子左ノ如シ

(1)速ニ南方統治ノ方針理念ヲ確立シ南方諸域民族ノ政略的把握ヲ促進スルヲ要ス

(2)「テナセリーム」地区ハ第十五軍ノ担任ニ移スヲ要ス

(3)南方華僑ハ漸減抑制ノ方針ニテ進ムヲ要ス

(4)「スマトラ」ハ大和民族ノ進出天地タラシムルヲ要ス

「スマトラ」ハ南方把握ノ根拠タルノ地位ニ在リ

(5)「スマトラ」馬来ハ一括統治トスルコトナク分離スルヲ要ス

(6)中央ニ南方軍政処理ノ強力機構ヲ設置スルヲ要ス

(7)南方軍政遂行ノ隘路ハ船舶ナリ

而シテ人ナリ

軍政要員ノ大量進出刻下ノ急務ナリ

二、米人俘虜ノ取扱国際法上戦時重罪犯トシテ処断シ得ル件研究ノ結果判明之ヲ各軍ニ通牒セントトス

右ハ当然ノコトナルモ指導ノ意味ニ於テ通牒ス

右趣旨上奏スルト共ニ対米宣伝ニ関シテハ別途研究スルコトトス

三、第十四軍軍政部長佐方［繁木］大佐ノ報告アリ

四、久シ振リニ木曜会開催桧野少佐ノ南方出張談ヲ聴取ス

海軍軍政ハ慎重緩慢、陸軍軍政ハ短兵拙速ナリト云フ

六月十九日［金曜］

一、「テナセリーム」地区ノ軍政担任ヲ第十五軍ニ移管ス

ル件省部決定ス
右依命電トシテ大臣、総長決裁セルモ発電ハ保留シ総参謀長上京ノ際総長ヨリ口頭指示スルコトトナル

二、A船二十万屯増徴ノ件軍令部不服アルカ如キモ面ト言ハス企画院ヲ通シ工作シツヽアリ
即チ右二十万屯ノ増徴ハ作戦上ノ必要ナクナレハ速ニ解消スベキ旨企画院ヨリ提議アリ

六月二十日〔土曜〕

一、泰国近ク国民政府ヲ承認ス
右ニ関連スル報導〔道〕宣伝ニ就キ陸海外主任者協議決定ス

二、葡領「チモール」ニ関スル葡側申入ニ対スル応酬要領陸海外主任者ニ於テ協議決定ス
要ハ帝国ハ葡側ノ仲介ヲ排シ断乎豪州軍ヲ掃蕩スヘク現地事態ノ改善ハ葡側現地官憲ノ反日態度是正ニ在ル旨応酬スルニ在リ
撤兵ニ関シ触レサルコト勿論ナリ

三、A船二十万屯増徴ニ関シ企画院ヨリ本件正式連絡会議決定ニ際シ「C」船ノ逼迫状況及之ニ伴フ鋼材生産減予想ヲ説明資料トシテ会議ニ上提〔程〕シ篤ト実情ヲ認識ノ上正式決定シ度キ旨提議シ来ル
右ハ鋼材生産減ノ場合陸軍ノ物動取得減少スヘクソレテモ二十万屯増徴スルカトノ言草ナルヘク鋼材取得量トノ交換ニ船二十万屯ヲ出シテヤルト言ハンバカリナリ
右反対スルワケニモ行カス説明資料出来ル迄連絡会議決定ヲ延ハスニ決ス

〔六月二十一日　欠〕

六月二十二日〔月曜〕

一、独「ソ」開戦一週〔周〕年ニ方リ独軍ノ戦果揚リ「セバストポリ」ニ突入ス
「トブルク」陥落シ北阿ノ枢軸軍優勢ヲ占ム

二、種村中佐南方出張ヲ終リ帰任ス
第十五課俄然活気ヲ呈ス

〔六月二十三日、二十四　欠〕

六月二十五日　〔木曜〕

一、秩父宮〔雍仁〕殿下御誕辰日
殿下御発病以来満二ヶ年
御平癒ヲ祈願シテヤマス

二、造船ヲ管理セシ海軍ハソレタケテ物足リス又徹底的ナル造船掌握案ヲ提議シ閣議決定ヲ迫ル

六月二十六日　〔金曜〕

一、第一部長ヲ中心ニ軍政関係14課15課ノ会食ヲ行フ
時々活ヲ入レテ可ナリ

二、造船ニ関スル陸海企委員会案ヲ陸軍省ヨリ提議ス。造船ヲユズリシ陸軍大臣ノ態度タルヤ見物ナリ　何レニシロ本年ハ駄目ナリ

〔六月二十七、二十八日　欠〕

六月二十九日　〔月曜〕

一、塚田〔攻〕総参謀長以下南方各軍ノ作戦主任者第十四軍参謀長（二十九日正午ヲ以テ切リ離シトナル）ヲ会同シ参謀長会議開催セラル
赫々タル南方軍ノ作戦任務終了ニ際シ中央トシテ当然トルヘキ措置ナリ
此日又塚田中将御栄転、黒田〔重徳〕中将後任ト聞ク
御目出度シ

二、二十七日海軍側ニ提示セシ「造船ニ関スル件」↓船舶委員会（統帥部ヲ含ム）設置↓連絡会議決定
大イニ反響スルトコロアリ海軍側ヨリ委員会制度ノ否定意見来ルモ統帥部ハ之ヲ蹴トバシ佐藤軍務局長ハ岡防〔坊〕主ニダマサレタル向アリ雲行ハイスレトナルカ

六月三十日　〔火曜〕

一、企画院総裁南方出張（2／7）ニ付統帥部ヨリノ要望事項（教育事項）ヲ草シ次長ヨリ説明セシムルコトトセリ

二、「造船ニ関スル件」当方案ヲ強硬ニ主張シアリトコロ昨二十九日軍務局長先ニ岡防〔坊〕主ニタマサレ本日軍務局長第一部長午前中二時間ニ亘ル論議ノ結果第一

部長譲歩ニヨリテ海軍案ノ如ク落付〔着〕ク但シ海軍ハ陸軍案ノ「造船ニ関スル改正勅令案ニ関スル陸海軍諒解事項」ニ対シテハ其ノ大修正意見ヲ撤回シ全面的ニ陸軍案ニ同意シ来ル

問題ハ後日ニノコサレタルモノナルモ開戦ノ経緯ヲ知ルモノトシテハコレ位カ関ノ山カ

甲谷中佐総長宅ニ到リテ説明ス

三、「A船二十万屯七月以降増徴ノ件」大難産ノ結果マトマル明一日連絡会議ニ附議スル直前ニナリテ海軍ヨリ修正意見アリコレ造船問題ニ関スル陸軍横槍ヘノ「シッペ」返シナルヘシ

三吉〔義隆〕中佐（船舶）ヲ軍令部ニ派遣シワザ〳〵説明セシメテヤツトケリツク

七月一日〔水曜〕

一、塚田総参謀長第十一軍司令官ニ黒田〔教育総監部〕本部長其後任ニ発令セラル

塚田中将ヲ失フ南方軍ノ寂寞ヲ思フト共ニ対支処理ノ心強サヲ覚ユ

山下〔奉文〕阿南〔惟幾〕両将軍ノ御栄転此方ノ守リ弥カ上ニ強シ此日ノ塚田中将ノ御喜ヒ一方ナラス

二、本日連絡会議ニ於テ左記ヲ決定ス

一、造船ニ関スル件

二、船舶二十万屯増徴ニ関スル件

勅令改定ニ関スル陸海軍諒解事項ハ全文ヲ陸海軍大臣ノ申合（陸軍）トスヘキハ両局長ノ申合（海軍）トスヘキヤニ関シ論議ヲ重ネタル結果　要旨ヲ大臣細部ハ両局長間諒解トシテケリカツク。トコトン迄ゴテタルモ四月以来ノ懸案油ト船カ一応片付キタルモノト言フヘシ芽出度シ〳〵〔『杉山メモ』下、参照〕

三、第一部長ヨリ新総参謀長ヘノ説明事項ヲ調整準備ス

七月二日〔木曜〕

一、昨年本二日ハ御前会議ニ於テ「情勢ノ推移ニ伴フ帝国国策要綱」南カ北カヘノ準備陣ヲ決定セラレシ日ナリ

其頃ノ北方熱今思ヒ出シテモ深刻ナルモノヲ覚ユ

二、本朝四時二十分伊機包頭〔内蒙古の都市、張家口の西方四〇〇キロ〕ニ安著〔着〕三国連絡始メテ成ル御同慶ノ至リナリ明三日東京シバラク滞在ノ上帰途ニ就ク

俄然本朝以来各方面三国提携特派使節論議起ル時ニ北

阿ノ戦況進展シ「アレキサンドリヤ」危ナ［ウ］シ

三、東欧ノ戦況進展シ独大本営ハ

一、総攻撃ノ開始

二、「セパ［バ］スボール」ノ陥落

ヲ発表ス

［七月三日〜五日　欠］

七月六日［**月曜**］

一、日独伊協力シテ対米英戦争ニ徹底スル為三国「戦争協力」会談ヲ行フ旨第一部長ヨリ提議アリ一案ヲ草ス

九月特派使節ヲ派遣スルヲ目途トシテ準備ヲ進ム之ニ伴ヒ会談ノ戦争指導ニ関シ至急一構想ヲ定ムルヲ要スルニ至レリ

七月七日［**火曜**］

一、事変第五週［周］年

宣伝酣ナリ暑熱砂ヲ焼ク

二、辻中佐自ラ訓令ヲ草シテ自己欧州行ヲ主張ス彼ニシテノミ此ノ行ヲ許スヘシ

三、事変記念日ニ際シ戦争指導一案ヲ草ス

要ハ撃重〔ママ〕慶ノ決意ヲ新ニセルノミ

四、独「ソ」和平問題新ニ発生ス

七月八日［**水曜**］

一、第八回大詔奉戴日

国民感激次第ニ鈍リツヽアルヲ虞ル。

二、甲会報（第二、十五課、軍務課長）ヲ提議シ戦争事務処理ノ敏速ヲ期ス

午後一時半ヨリ参本ニ集合特派使節派遣問題及爾後ノ戦争指導案ヲ説明ス

三、第一部長十五日頃ヨリ南方出張軍務局長十日ヨリ南方出張ノ為戦争指導案ハ明九日定例陸海局部長会議ヲ行フコトトナル。

第一部長熱心ニ主任者案ニ加筆ス

七月九日［**木曜**］

一、午後八時ヨリ軍務局長室ニ於テ陸軍省側ニ戦争指導案ヲ説明ス

大ナル論議ナシ軍事課ハ言オクレテ開イタ口塞ラサル

モノノ如シ

二、陸海局部長会議ニ提議異議ナシ

問題ハ米国カ「ソ」ヲ強要セル場合北方ノ安固ハ大丈夫ナルヤニ在リ

海軍ヨリハ重慶撃滅ヲ希望ス　往昔ノ豪州今何処ニアリヤ。ミツドウエーノ惨カ。

三、局長ノ南方出張取止メトナル。

[七月十日　欠]

七月十一日　[土曜]

一、伊側ヨリ伊機搭乗ノ件円［婉］曲ニ拒否シ来ル。

辻中佐ノ失望ハ勿論戦争指導上ノ勢ヲ殺［サ］レタルノ感アリ。

辻氏十二日発FS後始末ノ為南方ニ向フ。蓋シ彼ノ心境然ルヘシ。

二、海軍側ヘ戦争指導案弐部ヲ交付ス

七月十二日　[日曜]

一、課長以下全課員　小行李若干ヲ混ヘテ十五名江ノ島ニ清遊ス

浩然ノ気　清新ノ気　靄々ノ気満喫シテ帰ル。

七月十三日　[月曜]

一、近来戦争指導活発化セス

「ミツドウエー」以来海軍ノ海軍本位的威勢ヨキ積極論ヲ聞カサルモ亦寂寥。

二、総長九州ニ参謀旅行ヲ視察ス　見ルコトニ不同意ナキモ果シテ国ノ大事ナリヤ。

[七月十四、十五日　欠]

七月十六日　[木曜]

一、独伊ニ特派使節派遣問題ニ関シ海軍主任者トノ間ニ思想ヲ調整ス

準備事項ニ関シテモ概ネ意見一致シ先ツ急速ニ国策、訓令、人選等ヲ進ムルコトトセリ海軍飛行艇ニテ飛行可能ナリト聞キ稍々意ヲ強ウス

二、正午石油委員会補佐会ニ出席セルモ春日遅々トシテ論議進マス

ソレテモ委員会トシテハ上々ナリト聞ク嗚呼
三、先般大臣ニ第三課ヨリ重慶問題ヲ説明セル際大臣ノ質
問アリ
一、対重慶決意ノ時機
二、作戦ニ伴フ政謀略
三、作戦一段落後対支処理
四、特派使節ニ与フル訓令ノ一案ヲ得タリ
五、昭南軍港拡張現地海軍案ハ不同意ナル旨正式通達ス
右ハ已ニ当方ニ於テ準備セルトコロニ基キ海軍側ヨリ
ノ催促アリタルニヨリ直チニ通セルモノナリ
現地総軍ヘモ通達ス

七月十七日〔金曜〕

一、海軍八木〔秀綱〕大佐来部午前十時ヨリ造船計画ニ関
シ説明アリ
明年度　貨物船　　一一〇万屯
　　　タンカー船　四〇万屯
右案可ナルモ之ニ伴フ造艦及軍備充実トノ調節ヲ如何
ニスルヤニ関シ大イニ考慮ノ要アリ
荒尾〔興功〕十課長ノ活動賞シテ可ナリ
二、佐々木〔克巳〕中佐ノ在蘇報告アリ漫談ヲ混ヘテ低調
ノ中ニ面白シ

七月十八日〔土曜〕

一、今後戦争指導方策ニ関シ陸海主任者ノ第二次会合ヲ行
フ
イ、重慶実行ニ伴フ国力上ニ及ホス影響如何
ロ、主義トシテ南方ニ於テ日独伊提携ノ策ヲ講シ其ノ
余力ヲ以テ重慶ヲヤルヲ可トスルヤ
等海軍側課長以下ノ意見開陳アリ
結果落付〔着〕クトコロハ船ニシテ造船ノ増強策ニ関
シ会議ス　然ルニ本年度造船計画五十二万屯ハ已ニ実
行不可能ナリト聞ク、理想ト現実造艦ト造船トノ折合
ヲ如何ニスヘキヤ

〔七月十九日　欠〕

七月二十日〔月曜〕

一、大島大使ヨリ独蘇戦ノ推移ニ伴フ帝国ノ対「ソ」攻勢
要望ニ関スル「リツペン」ノ申入電来ル

右電報ニ対スル返電ノ取扱ニ関シ海軍側及外務側ニ至急研究方申入ヲ行フ

二、第一部長ノ意向ニヨリ昨年七月二日ノ対独通告文及十二月六日援「ソ」物資ノ停止ニ関スル対独通告文ヲ基礎トシ一案ヲ草ス

七月二十一日〔火曜〕

一、対独回答文案海軍側ニ提示ス

二、最近日銀総裁重任説アリ

経済新体制確立セラレ金融新体制確立セラルルト雖モ旧体〔態〕依然トシテ結城〔豊太郎〕カ日銀総裁タル限リ大蔵大臣ハ番頭ニスキス。任期満了ヲ期トシ合法的ニ交代方各方面ニ提議ス

第一部長之ニ同意シ企画院毛里方面ヘモ連絡ス

七月二十二日〔水曜〕

一、正午日比谷満州会館ニ於テ企画院毛里氏ト会談日銀総裁問題ハ昨日重任ト決定ノ旨聞テ落胆ニ堪ヘス彼ヨリ支那ノ軍政問題提議アリ全面的ニ具現方努力スル旨誓フ

二、午后五十一号作戦*ニ関スル陸軍省側検討案ヲ官邸ニ於テ聴取ス

断ニ関シ省部未タニ決定ニ至ラズ

明廿三日陸海局部長会議ニ於テ局長ヨリ左記虫ノヨキ案ヲ海軍側ニ提議スルコトトス

イ、油五万屯（当方万一ノ場合）

ロ、鉄五万屯（直チニ）

ハ、八月一日迄船十万屯

右海軍ヨリ陸軍側ニ譲ルコト。議六ツケ敷ク佐藤局長第一部長トノ交代論ヲ言ヒ仲々ノ困難性ヲ思ハシム。

三、来年度物動ノ前途極メテ暗胆〔澹〕

満州物動ノ重要性ヲ感セラル

四、午後四時軍神加藤建夫少将ノ二階級進級発

感激ニ堪ヘス、

* 四川省の重慶・成都などの占領作戦。

七月二十三日〔木曜〕

一、石油委員会ニ於テ

八月分ノ輸送二三万屯決定

来年度「タンカー」船四〇万屯建造ノ必要性ヲ決定セ

ルモ其可能性ニ関シ大イニ疑念アリ
二、午後五時ヨリ外務省ニ於テ対独通告文ニ関スル研究アリ甲谷中佐出席ス
前日陸軍省ヲ通シ当方案ヲ提示シアルヲ以テ難ナク一案ヲ得タリ。
三、「アルゼンチン」ノ汎米会議ヨリ離脱厳正中立堅持ノ飛電アリ　真カ偽カ

七月二十四日［金曜］

一、総力戦研究所ノ戦争史研究発表セラル
部長課長共官邸ニ至リ聴取ス
二、対独回答文一応マトマリシモ此種戦争指導的事項ハ大綱ハ大本営ニテ決定スヘキモノナリトノ主旨ニテ「対独回答文ニ関スル件」一案ヲ得　上司ノ決裁ヲ受ク
三、午後課長集会所ニ於ケル「戦争終末ニ関スル件」軍事研究発表ヲ聴取ス
四、対支宣戦ニ関シ周仏海ヨリ度々申込レアリ
宣戦ノ可否論議アリシモ議マトマラス
「貴意ヲ諒トシ研究スヘシ帰任後ハ現地日本側官憲トヨク相談スヘシ」ト返答スルコトトス
第十五課案トシテ条件付宣戦即チ敵産ノ処理共同租界ノ軍政、敵国人ノ監禁等ヲ提議セシコトハ軍務局ヲシテ宣戦案ヲ撤回スル動機タラシメタルモノト認メラル。
五、対独回答文ニ特派使節派遣ノ事申入方参謀本部ヨリ提議外務ハ説得セルモ海軍側容易ニ同意セス其儘明日ノ連絡会議ニテ討議スルコトトス
六、来ル二十七日大阪ニ於ケル大政翼讃［賛］会戦争完遂運動講演会ノ首相演説ニ統帥部トシテノ修文ヲ要求ス
〈上欄〉
暑熱焼クカ如ク豊年ヲ思ハシム

七月二十五日［土曜］

一、午前九時ヨリ宮中ニ於テ連絡会議アリ
左記決定ス［『杉山メモ』下、参照］
一、対独回答ニ関スル件（決定）大本営ヨリ
二、対独通告大島大使宛回訓（了解）外務省ヨリ
二、二十四日「ロストフ」陥落ス　独「ソ」戦推移ノ一転機也
独「ソ」戦ノ推移、北阿戦争ノ推移ニ関シ第二部ノ情

勢判断ヲ聴取ス

三、軍務局ニ対シ第十五課私案「今後採ルヘキ戦争指導ノ方策」ヲ提示シ陸軍省側ノ迅速ナル回答ヲ催促ス

七月二十六日〔日曜〕

第一部長日曜午後ヲ利用シ甲谷中佐、種村、原ヲ引具シテ目黒茶寮浜川ニ大イニ英気ヲ養フ、其生気タルヤ神州ノ正気トナリテ溢ル、敬スヘシ

七月二十七日〔月曜〕

一、「今後採ルヘキ戦争指導ノ方策」

「遣独伊使節派遣ノ件」（訓令ヲ含ム）

右第十五課案（第一部長加筆ス）ニ付各方面トノ交渉ヲ始ム

二、陸軍省ヨリハ土曜夜研究ノ結果ニ基キ軍務局案来ル

当方内面指導案ニ同シ

七月二十八日〔火曜〕

一、東京市長大久保〔留次郎〕氏辞任シ後任ニ岸本〔綾夫〕大将（前技術本部長）説アリ　軍自ラアキレ返ル

二、第一部長戦争遂行上国内問題ニ対スル要望ヲ起案方命セラル

検討スヘキコトハ已ニ尽キタリ、要ハ実行ト実力ニ在リ

「ルーデンドルフ」回想録ヲ再読ス

但シ当時ト軌ヲ一ニスヘカラス

三、海軍側ニ独伊ニ使節派遣ノ件（訓令共）第二案ヲ提示ス

四、国策ニ関シテ重慶遂行ノ為ノ海軍側ヘノ希望ノ返海軍ヨリ来ラス　容易ニ決定ノ運ヒトナラス。

本日モ亦無為ニテ過ス

七月二十九日〔水曜〕

一、昨夕行政簡素化（第一次勅任ハ九名減）並ニ之ニ伴フ各省内編成改正発令セラル、外務省ニ総務局カ出来タルカ第一ノ出色カ

国民観〔歓〕迎大ナリ

一、午前十時ヨリ宮中情報交換ニ於テ外務大臣ヨリ「支那参戦ニ関シ周仏海ニ対スル回答要領」ヲ提案可決ス　即チ研究中ニ付現地機関ト相談研究ス

ヘシトナスニ在リ　不可解ニモ陸軍省ノミ参戦ヲ急キ
他ハ之ニ同和セス

〔七月三十、三十一日　欠〕

八月一日　〔土曜〕

一、近来国事遅々トシテ進マス要ハ省部間意見ノ一致ヲ見
サルニ在リ
独裁者ノ下ニハ鈍物シカ集ラス困リ入リタル事ナリ

二、原少佐三笠宮殿下ニ随従シテ満州ニ出張ス

〔八月二日　欠〕

八月三日　〔月曜〕

一、対「ソ」態度ニ関スル意見ヲ交換スヘク目下来部中ノ
関東軍奏〔秦彦三郎〕中将及第五課松村〔知勝〕大佐、
林〔三郎〕中佐第二課服部大佐、井本中佐ヲ加ヘテ築
地花月ニテ会合要談ス

〔八月四日　欠〕

八月五日　〔水曜〕

一、南方帰属問題ニ関シ陸海外主任者会同研究近日中ニ連
絡会議ニ附議スヘク一案ヲ得タリ

一、大島大使ヨリ帝国対独回答文ニ伴フ「リ」トノ会見模
様報告シ来ルニ
右報告ハ要スルニ帝国ノ国内事情ヲ速カニ大使以下ニ
説明スルニアラサレハ氷解セス
連絡者派遣ノ議再燃シ外務省側ニ右席上当方ノ意図ヲ
通報ス

八月六日　〔木曜〕

一、第五課林中佐ヨリ第一部長ニ対シ第二部ノ見地ヨリス
ル帝国ノ対「ソ」態度ニ関スル報告アリ
概ネ現国策ト一致シ傾聴ニ価スルモノアリ

二、独伊ニ使節派遣問題ヲ速急ニ陸海取纏メ方努力セルモ
陸軍軍務局長動カス如何トモシ難シ

八月七日〔金曜〕

一、藤塚〔止戈夫〕中〔少〕将ノ「ルーマニア」事情ノ報告アリ

二、午後三時ヨリ総長ニ対シ杉田中佐ノ「最近ニ於ケル米国ノ動向」ニ関シ報告シ蘊蓄ヲ傾ケ一同ヲシテ敬服セシム

特ニ談偶々対重慶問題ニ及ヒ警世ノ感ナキニシモアラス

三、第一部長ノ要望ニ依リ物的国力徹底拡充方策ニ関シ民間人ノ言ヲ聞クコトトシ野崎、佐倉、西崎氏ヲ訪ヒテ委嘱ス

四、使節派遣問題ニ関シ陸軍省定マリタル如ク定マラサルガ如ク頼ミ甲斐ナキコト甚シ

爾今外交班長加藤〔丈夫〕中佐ヲ督促スルコトトシ彼一文ヲ草シテ上司ヘノ申達ヲ誓フ　此ノ朝

「独伊トノ提携強化ニ関スル具体的措置」ヲ詳細ニ亙リ交付セルモ何等ノ反響ナシ　夕刻独機ニ購入問題起リシモ軍事課耳ニ入レス

〔八月八日、九日　欠〕

八月十日〔月曜〕

一、「バタビヤ」ニ海軍武官府設置ノ件左記条件ノ下ニ中央ニ於テ円満ニ妥結ス

一、駐満海軍武官府ノ二ノ舞トナラサルコト

二、直接軍政ニ干与セサルコト

三、支那ニ於ケル武官府トハ趣キヲ異ニスルコト

二、大島大使電ニハ「リッペン」ヨリ

独伊ハ全「コーカサス」ヲ占領ストアリ

坂西〔一良〕、野村〔直邦〕武官電ニハ「ヨードル」曰ク

独軍ハ北「コーカサス」ノミ占領ストアリ

何レカ真カ、独国内部ノ訌争ナキカ。

〔八月十一日、十二日　欠〕

八月十三日〔木曜〕

一、坂西、野村電ニヨル東京ニ大使ヨリ独立セル独側武官府ヲ設定致度意見ノ件

東京及本国ニ於ケル独側国防軍外務省ノ対立訌争ニアラサルヤヲ思ハシムルアリシヲ以テ海軍側ト相談シ之カ返電ヲ起案ス

二、「アフガニスタン」ヨリ其対印対蔣失地恢復協力等ヲ前提トシテ対日独協力方申出アリシモ　統帥部トシテ対蘇問題ニ触ルヘカラズトノ条件ノ下ニ外務提案ニ同意ス

即チ当分情報ノ収蒐ニ協力セシムルニ過キス

三、上海共同租界ニ於ケル英人ハ未タニ一掃シ得サル実情ニアリ、之ガ一覧表ヲ先般大臣宛参考ニ供セントスルヤ軍務局方面ヲ刺戟シテ之カ対策ハ一段ノ進展ヲ見ントシツツアリ

四、甲谷中佐先般（八月一日附）軍令部ヨリ提案アリシ当面ノ戦争指導要綱ニ関シ軍令部小野田大佐ト討議懇談ス

五、陸軍省ハ五十一号作戦ニ関スル軍政的検討ヲ終へ大臣ニ報告ス

其ノ結果

㈠五十一号間北方情勢ハ大丈夫ナリヤ

㈡占拠後ノ処理ヲ如何ニスルヤ

ニ関シ大臣ヨリ参謀本部ニ対シ説明ヲ求メラレシ筈

六、新南方軍総参謀副長岡本［清福］少将ニ対シ第一部関係者ノ連絡ヲ行フ

［八月十四日　欠］

八月十五日［土曜］

一、昨十四日

陸軍大臣、次官、局長

参謀次長、第一部長

官邸ニ於ケル会談席上陸軍省ノ五十一号ニ関スル細部意見（物動ヲ中心トスル）通達セラルルニ至ラス

本日主任者ニ対シ正式書類ヲ以テ伝達シ来ル

物的見地ニ於テ殆ント不可能ニ等シキ答解ナリ

参謀本部ノ態度ヤ如何

二、物的困窮ニ立入レル陸軍省ハ遂ニ独逸ヨリ鉄一〇〇万屯　船五〇万屯購入申込ヲ議スルニ至ル

窮通カ、番町皿屋敷ノオ化ケカ？

三、斯クシテ大東亜戦争ハ逐次深刻化シツツアルヲ確認ス

〔八月十六日　欠〕

八月十七日　〔月曜〕

一、今後ノ戦争指導ニ関スル陸軍省ノ反〔返〕答来リシモ陸海軍案トスヘキモノニ対シ第一部長反対ノ為成立セス即チ対重慶企図ヲ各種方法ニヨリ拘束セントスルモノナリ、依テ連絡会議提案一本槍ニテ進ムコトトセリ

二、第二部長岡本少将南方総軍参謀副長ニ転出有末〔精三〕少将後任ニ補セラル

三、帰属腹案ノ理由ヲ外務省案ヲ基礎トシテ主任者ノ研究ヲ行フ

腹ヲ決メテカラ理由ヲ書クコト

故益々六ツ敷〔ママ〕シキ次第ナリ

四、敵国及敵国人財産処理方策ヲ決定スヘク陸海企案ヲ外務省側ニ提示ス

五、既定ノ大東亜建設審議会、連絡会議報告閣議条件付決定トナスコトニ定ム

八月十八日　〔火曜〕

一、大東亜戦争ノ前途未タ見透シツカサルニ参謀本部ハ画家和田三造氏ニ托シテ「大東亜戦争ノ前夜」ト題シテ総長室ニ於テ記念写真ヲ撮ル

総長、次長、第一部長、岡本第二部長

若松〔只一〕総務部長ニ対シ服部第二課長

竹田宮殿下ノ作戦説明ノ図ナリト

陸軍大本営カ此種記念撮影ヲ必要トスルハ戦後カ、早クモ戦争見透シツキタル（早クモ明後年）後ヲ以テ可トスヘシ　今日何ヲカ企図スルヤ

一部ノ画家ブローカーニ利用セラレアルノミ

暗澹タルモノアルモ聞クコト遅ク如何トモ仕難シ。稚心撮ルトセハ陸軍測量部ヲシテ行ハシムヘシ、

此ノ事些事ナリト雖モ後世ノ笑事トナルヘシ、

二、午前十時ヨリ陸海軍集会所ニ於テ「今後採ルヘキ戦争指導ノ方策」陸軍案ヲ海軍側ニ説明ス

三、午後四時ヨリ総長ニ対シ軍務局長以下ノ五十一号ニ関スル報告アリ結局ハ五十一号ト物動トハ切離シ物動ニ関シテハ万全ノ努力ヲ払フコトニ決定セラル、

八月十九日　〔水曜〕

一、松井太久郎中将上京報告アリ

総軍ハ影佐〔禎昭〕少将ノ転出ヲ機トシ最高顧問ノ任務ヲ限定セルモノノ如ク松井中将何等カノ意見具申スルモノノ如シ

二、午後一時ヨリ陸海軍集会所ニ於テ世界情勢判断ヲ研究ス（陸海外主任者）海軍側ヨリ物動中心ノ対策第一主義ヲ強調ス

八月二十日〔木曜〕

日米交換船帰ル

帰ヘリシ人、迎フル人共ニ感深カルヘシ

八月二十一日〔金曜〕

日独連絡機ノ到着一日モ早キヲ希望セルニ拘ラス戦争指導上本件要望独武官ニ通セサルモノノ如ク更ニ本日次長次官電ヲ以テ之カ要求ヲ再電ス

〔八月二十二、二十三日　欠〕

八月二十四日〔月曜〕

一、午前九時ヨリ午後五時迄世界情勢観察第二案ヲ検討ス

二、大東亜省問題ヲ検討シ陸軍省主任者山田〔成利〕中佐ヲ召致シテ参本ノ意見（支那ニ於ケル軍政一致内閣令トノ問題）ヲ第一部長ヨリ示ス

八月二十五日〔火曜〕

一、正午水文〔交〕社ニ於テ海軍側ヨリ造船事情ノ陳情アリ、次長課長出席ス

海軍側ニテハ十八年度計画（九〇万屯）案ヲ説明スル予定ナリシモ部内ノ意見纏ラス遂ニ説明ニ至ラス

二、午後三時ヨリ官邸ニテ磯田〔三郎〕中将、西〔義章〕大佐、宇都宮〔直賢〕大佐ノ報告ヲ聴取ス　傾聴スヘキモノナシ

三、正午赤坂鶴ノ江ニ於テ外務省杉原〔荒太〕書記官ト種村中佐会食陸軍ノ抱懐スル戦争指導ノ外貌ヲ説明ス

独「ソ」和平問題ニ関シ両者間ニ意見一致ヲ見サリシ外ハ外務側ノ意見概ネ我ニ同シ

二〔ママ〕、「ラングーン」ニ関スル陸海軍中央協定決定ヤツト最後ノ尻ヌグヒヲ当課ニテ行フ

現地ニ示達ス

八月二十六日 〔水曜〕

一、独逸ニ対スル乞食電報及貨物船改造ニ関スル件
二案連絡会議ニ於テ決定ス 〔『杉山メモ』下、参照〕
乞食電報成功セハ金鵄勲章ナリ、海軍ハ船ノ事ヲ陸軍カラ発案セラレテ負ケタ気ノ如ク一週間カカリテヤット纏ル

二、原少佐三笠宮ト随行満州旅行ヨリ不平ダラ〳〵帰ル気強シ

三、正午大臣総長官邸ニ野村大使ヲ招宴ス

八月二十七日 〔木曜〕

一、陸軍省戦備課富塚〔誠〕少佐ヨリ鉄、アルミノ生産状況85％ニ振ハサル件聴取ス
彼恰モ資本主義擁護者ノ如シ賃銀、就業時間ノ制限ヲ解ケハ生産向上スヘシトノ見解ニハ同意シ得ス　陸軍省ニ此ノ醜態アリ
恐ルヘシ

二、第二部ヨリ連絡会議ノ情勢判断ヲ当課ニテ取扱フコトニ関シ異議アリ連名抗議アリ
之ガ軍令部ニ反影〔映〕シテ軍令部又内騒動アルカ如シ
天野〔正一〕大佐ヨリ第二部ノ水平運動ナリト　然ルヘシカ

三、独「ソ」和平問題急速進展ニ関シ第二課ヨリ熱烈ナル要望アリ省部主任課長高等官集会所ニテ会シ一案ヲ得タリ

四、辻中佐ノ推進ニヨル

五、民心　指導ニ関シ特ニ留意スヘキ事項一案ヲ草シテ軍務課ニ提示ス　最近特ニ浮付キタル感アルニ付。

八月二十八日 〔金曜〕

一、日独連絡機問合セニ関シ独坂西武官ヨリ何等ノ返ナシ在京独武官ヨリ伯林ニテハ何等ノ交渉ナシトノコトニテ又再ヒ督励電ヲ発ス

一、第二部トノ間ニ情勢判断問題一応解決ニ達ス

一、「ソロモン」方面一木〔清直〕支隊ノ悲報至ル戦争指導方策ニ関シ海軍応セサル筈ナリ

八月二十九日 〔土曜〕

一、「ソロモン」方面ノ戦況楽観ヲ許ササルモノアルニ依

リ第十七軍ニ第二師団ヲ増加シ断呼［乎］米軍ヲ覆滅スルニ決ス一時悲報アリシモ川口［清健］支隊等ノ上陸ハ逐次成功シツツルアルカ如シ
「ソロモン」会戦ノ帰趨ハ昭和十七年ノ戦争指導ヲ左右スヘシ当課トシテモ深甚ナル関心ヲ有ス
二、独武官ヨリ日独連絡飛行ニ関シ返電アリ
独ハ九月下旬南方「コース」ニ依リ飛行実行ノ準備ニアリト
伊側ノ北方「コース」採用ニハ大臣尚難色アルカ如ク従ツテ伊ハ当分抑ヘ独ノ南方「コース」ニ依ル飛行実現ヲ促進セシメントス
三、世界情勢判断陸海外主任者研究続行決定ニ至ラス
海軍側綜合判断トシテ茲昭和十七、八年内ニ米英ヲ屈伏セシメサルニ於テハ米ノ物的戦力増強ニ伴ヒ昭和十八年後期以降枢軸側苦境ニ陥ルヘシノ判決ヲ提案ス
五十一号作戦牽制カ海軍第一主義ノ露骨ナル主張ト云フヘシ陸軍側之ヲ蹴ル

八月三十日［日曜］

一、稀ニ見ル大雨沛然トシテ至ル
二、「ソロモン」方面ノ不況物動ノ悲況共ニ統帥部ノ重圧タラントス
五十一号作戦ノ帰趨逆睹シ難ク戦争指導亦多難ナリ
三、穐田《あきた》［弘志］中佐独「ソ」単独媾和仲介不同意ヲ唱ヘ第五課第十六課共同シテ再考ヲ求メ来ル
其害ハ充分之ヲ知ル然レトモ戦争全局ノ観黙［点］ヨリ其必要性ハ之ヲ認メサルヘカラス

八月三十一日［月曜］

一、「ソロモン」方面戦況必スシモ不況ナラサルカ如シ
明日次長連絡ノ為沖部隊［第十七軍］司令部ニ到ル井本中佐竹田宮殿下随行ス
其可否ハ後世史家ニ俟ツヘシ
二、第十四課明年度物動ノ見透ニ就キ説明ス鋼材生産僅カニ四六五万ニ過キス国力ノ低下停頓恐ルヘシ但シ数字ハ数字トシテ聞クヘク国力ノ判価《ママ》ハ主観ニ依リ大ナル差異アリ
三、独「ソ」和平問題ニ関シ安東［義良］欧亜局長陸海主任者ノ意見ヲ聞キ度トテ参集ヲ求ム好意ヲ以テ之ニ応ス

九月一日〔火曜〕

一、第二次欧州大戦勃発三週〔周〕年記念日
関東大震災十九周年記念日ニ方リ俄然政変ノ風雲巻キ起ル
種村中佐昨夜外務省ニ到リ外務省内ハ上ヲ下ヘノ騒動ナルヲ知ル東亜省設置問題ナリ
政府ハ東亜省設置ニ関シ本日閣議ニ緊急上提〔程〕セントス先週末来総理ヨリ各閣僚ニ対シ書記官長ヲシテ個別ニ意見ヲ徴セシメタル所外相以外ハ全員全然同意ヲ表ス依ツテ総理ハ政変ヲモ辞セサル決意ヲ以テ閣議上提〔程〕ヲ決意シタル如シ

二、午前十時ヨリ閣議午後一時半ニ至ルモ決セス一時休憩此ノ間書記官長及両軍務局長外相ヲ説得スル所アリ外相同意セス
午後四時頃ノ情勢ハ政変必至戦争指導課トシテハ政変カ内外ニ及ホス影響軽視スヘカラサルモノアルニ依リ今次政変ノ意義ニ関シ在外武官及外征軍将兵ニ打電方準備スル所アリ
午後六時外相ノ単独辞職ニ依リ円満落着スル事トナルカ如シ

九月二日〔水曜〕

一、外相辞職東条総理兼摂大東亜省ノ設置遂ニ決定ス
政変ノ風雲遂ニ内閣改造ヲ以テ終ル戦争完遂ノ途上澎湃タル輿論ニ対シテハ外務省亦如何トモシ難シ
本異変総長第一部長夙ニ陸軍省ヨリ連絡アリタルカ如ク無事終末シ得ヘキヲ確信シ敢ヘテ動セサリシハ可

二、大東亜省ノ新設輿論ノ好評ヲ得アリ

九月三日〔木曜〕

一、海軍軍務第一、第二課長等陸軍省ニ来リ
来年造船ハ最大限六八万屯ナリトテ種々其理由ヲ述ヘタルカ如シ
「タンカー」ヲ含メ僅カニ六八万屯テハ到底戦争ノ遂行不可能勝敗ノ帰趨逆暗〔睹〕シ難シ種村中佐海軍小野田大佐ト電話論争ス海軍ハ造船ト造艦ノ板「バサミ」トナリ困惑シアルカ如シ
海軍造船ヲ一手ニ引受ケ苦シカルヘシ

二、関東軍参謀長支那派遣軍総参謀長召集セラル、＊五号作戦ノ準備ニ関シ大本営ノ意図ヲ明示スルヲ主眼トス
対重慶積極方策ノ採否ハ国家トシテ未タ白紙単ニ作戦

準備ノ一部ヲ進メントスルニ過キス

＊ 西安作戦（五十号作戦）と四川進攻作戦（五十一号作戦）を合わせて五号作戦と称したが後中止された。

九月四日［金曜］

一、北白川宮永久王殿下御二周年祭ニ方リ国民斎シク宮殿下追慕ノ情ヲ新ニス

二、大東亜省設置決定後ノ外務省ノ情勢大ナル波瀾アルヲ認メラレス
外務省結局泣寝入リトナルカ

三、米ノ対日戦争目的ヲ無意義ナラシメ且大東亜諸民族ノ政治的把握ヲ確実ナラシムル趣旨ヲ以テ比島「ビルマ」ニ確定期限後完全独立ヲ附与スヘキ旨声明スル件辻中佐ノ意見モアリ当課之ニ同意シ一文ヲ草ス　機ヲ見テ施策ヲ進メントス

四、独「ソ」和平仲介ニ関シ研究ヲ進ムル為第一部長甲谷課長ヲ滞同シ宝亭ニ於テ密カニ外務省安東欧亜局長ト会談ス
自今局部長間ニ於テ話ヲ進ムルコトトス

五、日独航空連絡ニ関シ其ノ準備ハ主トシテ海軍之ニ任シ概ネ九月中旬以降随時飛行実施可能ナル旨独ニ打電スル所アリ

九月五日［土曜］

一、第一部長戦争指導及作戦準備ニ関シ関東軍参謀長及支那派遣軍［総］参謀長ト個別懇談ス

二、米海軍「ソロモン」方面ニ主ナル攻勢ヲ企図シアルカ如ク日米英海軍ノ決戦「ソロモン」海方面ニ惹起スルニアラサルヤヲ思ハシムルモノアリ
第二師団ノ「ソロモン」方面ヘノ輸送沖部隊［第十七軍］「ガダルカナル［島］」島上陸ハナントカシテ逐次成功シアルカ如シ

三、大東亜省ノ現地機構ニ関シ研究ス統帥部ハ軍司令官大使二位一体ノ実現ヲ強硬主張セントス

四、陸軍省戦備課ヨリ省部関係課長以下ニ対シ本年度物動実績予想ニ関シ説明スル所アリ
現状ヲ以テ進マハ鋼材四三六万屯対策ヲ講セハ四六五万屯トナルヘシト云フ
五〇五万屯計画カ知ラヌ間ニ四三六万屯トナル国家ノ大事戦争完遂ニ大ナル暗影ヲ投スヘシ

一体之レ誰ノ責任ソヤ、戦備課主任者我関セサルノ態度ヲ以テ説明ス其ノ無責任ナル憤慨ニ堪ヘス

減産ノ原因輸送力不足モサルコト乍ラ労務ノ不良ニ在リト云フ　言語同［道］断ナリ　職工ノ欠勤率四%ノモノカ八月ニハ二八%ニ激増スト　之ヲ放任シ現在ニ至レル一体誰ノ責任ソヤ

統帥部ハ政府ノ実行可能トシテ計画セル物動ヲ唯一ノ国力判断トシテ作戦用兵ヲ律シアリ　無力ナル政府、無責任ナル政府ヲ相手ニ戦争指導ヲ行フ統帥部ノ立場亦難シト云フヘシ

五、夕刻ヨリ宝亭ニ於テ生産力緊急拡充方策ニ関シ先般作業ヲ依頼シタル民間人ノ意見ヲ聴取ス

現状ヲ以テ進マハ来年鋼材生産僅カニ三〇〇万屯ナルヘシト、軍需ト生拡トノ至当ナル調和、鉄「アルミニウム」等ニ対スル徹底的重点形成ヲ強調スル所アリ

熟々案スルニ現下ノ政情ハ政府ト国民ト遊離シアルヲ真相トス　而シテ其原因ハ真相ヲ知ラシメサルニ在リ民ヲシテ知ラシメサルニ在リ、従ツテ国民ハ五里霧中政府ノ苦衷ヲ知ラス非常ノ事態ナル認識ヲ欠ク

九月六日　［日曜］

一、外務省ヨリ独「ソ」和平仲介、対独特派使派遣ニ関スル一案提示シ来ル

和平仲介打診ハ全般戦争指導方策ニ関スル協議ニ織込マントスルニ在リ

右ニ関シ明日陸海外局部長会議ヲ開キ至急話ヲ進メントス

本件第一部長極メテ熱心　課長先遣者トシテ内命ヲ受ケアリ本施策ノ促進ニ関シ大イニ考慮ス

二、独ヨリ船、鋼材ヲモラフ件拒絶電来ル　サモアルヘシ

九月七日　［月曜］

一、独「ソ」和平仲介ノ件海軍側ヨリ局部長会議開催不同意主任者間ニ於テ更ニ検討スルヲ要スヘキ意見アリテ中止ス

午後種村中佐出席外海主任者ト研究ス　然ルニ偶々大島大使ヨリ独ハ日本カ独「ソ」和平ニ関シ画策シアルカ如キモ甚タ不迷惑ナリトノ趣旨ノ電報アリタル訳ニテモアリ海軍側特派使節派遣ニ極メテ冷淡ナリ

派遣スル以上日本ノ腹ヲ決メサルヘカラス

独ニ保障ヲ取ラレテハ困ル　日本ノ確タル方針ヲ先決セサルヘカラス等々海軍消極的ナリ

二、独「ソ」和平モ之ニ依リ前途逆睹シ難シ
企図ノ漏洩　官ヨリ出テタルモノニアラサルヘク国内情勢ヲ「オツトー」独大使打電シタルモノナルヘシ

三、尚大島電ニ依レハ「リ」曰ク捕虜ノ言ニ依レハ極東「ソ」領ヨリ西送セラレタルモノ最近五師団　独トシテハ五師団位ノ西送ヲ問題トセサルモ然ラサル場合独トシテハ重大関心ヲ持セサルヲ得ス　独ハ日本カ過度ニ保障ヲ与ヘアルニアラサルヤヲ疑フト
其ノ言甚タ強硬辛辣ナリ
日独ノ冷却ヲ憂フ
或ハ独ノ対日打診ニアラサルヤ

四、右大島電ニ対シ返電ヲ打ツヘキヤ否ヤニ関シ議論アリ
板［坂］西武官ヨリモ特派大使派遣ニ関シ大臣級ヨリモ少壮有為ノ人物ヲ希望スル旨電アリ

五、「ソロモン」方面所期兵力ノ「ガダルカナル」島上陸成功セルモノノ如シ

六、第一部長大臣ト面談シ現下ノ物的国力情勢ニ鑑ミ生拡ノ徹底的施策ニ関シ大臣ヲ鞭撻スル所アリ

九月八日［火曜］

一、大詔奉戴日　靖国社頭参拝者特ニ多シ

二、独「ソ」和平仲介特使派遣ニ関シ更メテ主任者間ニ於テ特使ニ対スル訓令案ノ研究ヲ行フ外務省比較的熱意アリ
一案ヲ呈出シ之ヲ審議ス
昨日ノ大島大使電ニ対シテハ申訳的電報ヲヲ［ママ］打タサルコトニ主任者意見一致ス

三、大東亜省ノ現地機構ニ関シ省部ノ研究進ム統帥部ハ大使軍司令官ノ二位一体ヲ強調ス
尤モ作戦課辻中佐ハ作戦軍司令官ハ大使ヨリ高所ニ立チテ大使ヲ鞭撻スルヲ可トス　畑［俊六］司令官カ汪サンニ信任状ヲ呈スルカ如キハ絶対不可トテ二位一体ニ対シ強硬ニ反対ス　作戦課長之ニ渋々同意セルカ如シ
辻中佐ノ突進居士ニハ黙シテ語ラサルヲ可トス
陸軍省二位一体ヲ強調シ海軍ト折衝セルカ如キモ海軍不同意遂ニ本日大臣ハ二位一体絶対不同意第二ノ満州タラシムヘカラス　支那方面艦隊司令官ノ体面ヲ如何ニスルヤ等ノ反対理由ナルカ如シ　若シ二位一体実施

センカ海相ヲ辞セサルヲ得スト
海軍ノ右強硬意見ニ遇ウテハ陸軍トシテハ如何トモス
ル能ハス　二位一体ノ実現不可能ナリ　防御ハ強シ
海軍大臣ハ尚現役武官ノ大使モ絶対不同意ナリト　海
軍ノ水平運動ノ今更乍ラ驚嘆ス

四、大東亜省設置セラルルモ結局対支施策ノ一元化ノ実現
ヲ求メ得ス
他ノ問題ハ末梢ニ於ケル軍ノ内面指導ヲ如何ニスルヤ
ニアリ　現状ノ如ク特務機関ヲ存置スルヤ、総領事ト
特務機関トヲ二位一体トスルヤ特務機関ヲ廃止シ総領
事即チ大東亜省ノ出先機関ヲシテ任セシムルカ
第一案ハ末梢ニ於テ施策ノ一元化ヲ破ル
第二案ハ総領事タル人格ノ場合ハ公使ヨリ指揮セラレ
　特務機関タル人格ニ於テハ軍ヨリ指揮セラレ政
　令二途ニ出ツルノ弊アリ
第三案ハ末梢ニ至ル迄日本文官カ内面指導スルコトト
　ナリ支那ノ面子ヲ毀損ス

五、「スターリングラード」ノ陥落近キカ如クシテ陥落ノ
報ナシ　「レニングラード」「モスコー」正面遂ニ独軍
ノ作戦ナシ　独軍ノ本年度攻勢モ既ニ山ハ見エタリ
「ス」政権依然靭強　独「ソ」戦争遂ニ持久消耗戦ニ
入ラントスルカ
予想セルトハ枢軸ノ前途多難ナルカナ

六、種村中佐夜鈴木企画院総裁邸ヲ訪問シ現下ノ戦争指導、
物動、造船、生拡等ニ関シ長時ニ亘リ論談鞭撻スル所
アリ

九月九日〔水曜〕

一、海務院ヨリ陸軍三〇万屯海軍十数万屯ノ徴傭船ヲ解傭
セハ来年度船舶建造可能ナリトノ提議アリ　船舶課長
陸軍徴傭絶対不可能ナリトノ第一部長ニ説明スル所ア
リ

二、大東亜省現地機構参本意見決定セス第二部長特務機関
存置案ヲ第一部長ニ提議シ執拗ニ説得シ部長主任者ニ
花モ実モアル案ヲ考ヘヨト却下ス　部長稍動揺有末部
長ノ舌ニ敗レタルカ

三、永井総軍参謀報告アリ
総軍ノ意見ハ大使軍司令官二位一体ナリ　時既ニ遅シ
早クトモ海軍ノ強硬意見ニハ如何トモシ難シ
総軍ハ後宮前参謀長二位一体不同意説ト新参謀長河辺

〔正三〕中将ノ二位一体案ト矛盾シアル件ニ関シ司令官以下困惑セルカ如シ　後宮大将ノ気儘者ニハ困ツタモノナリ

永井大佐尚支那儲備券ノ「インフレ」防止策ニ関シ中央ノ援助ヲ懇請スル所アリ

支那ノ経済建設尚遼遠多難ナルヲ痛感ス

四、航空総監航空ニ関シ総長ニ報告ス

総監土肥原〔賢二〕大将ハ本年度飛行機生産六千機ニ充タサルトキハ引責辞職スト云フ　其ノ決意責任感ニ対シ万腔ノ敬意ヲ表ス

五、次長、殿下一行「ソロモン」方面連絡ヲ無事終了帰還セラル

九月十日〔木曜〕

一、連絡会議ニ於テ海軍側ヨリ油、造船ニ関シ商工大臣ヨリ鋼材ニ関シ生産実績等ノ報告アリ

報告ノ内容ニ就キ予メ主任者間ニ於テ検討シ対策ハ報告ト切リ離シ別途至急研究決定スル如ク打合セヲナシ連絡会議席上主任者不知ノ間ニバタ〳〵ト重要事項ヲ決定スルカ如キコトナカラシムル様措置スル所アリ

二、右検討ノ結果海軍ハ昨今油ノ需給逼迫ニ鑑ミ民需特配分四八万屯ヲ取リ止メ南方取得ニテ充当セシメントスル意図アルヲ知リ石油委員会ニ掛ケ其可否ヲ審議ス

南方ヨリ四〇万屯ノ取得カ可能ナルヤ否ヤカ先決ナリトテ其ノ能否ヲ至急研究スルコトトス

三、海軍勝手ナ作戦而モ拙劣ナル作戦ヲヤリ不経済油ノ使用ヲヤリ今更油カ足ラヌ故民需特配ヲ中止スルカ如キハ無責任モ甚タシ

海軍モ充分右責任ヲ感シアルカ如キモ現実ニ石油ナキヲ如何セン「ソロモン」海戦尚逆睹シ難ク連合艦隊主力未タ「ラボール」ニアル現状ニ於テ特ニ然ルヘシ

海軍今日ノ苦境総ヘテ「ミツドウエー」海戦ニ起因ス軽卒〔率〕ナル「ミツドウエー」作戦航母主力ヲ失ヒ、油ヲ失ヒ、人ヲ失ヒ、必勝ノ確信ヲ失ヒ、太平洋戦局ノ主動〔導〕権ヲ失ヒ　得タルモノハ唯基地航空ノ偉大ナル威力ニ対スル教訓ノミ、

四、海軍最近ニ於ケル国家ノ物的窮状打開ニ対スル極メテ可　陸軍之ニ及ハサル遠キモノアリ　陸軍省ノ迫力不甲斐ナキヲ感ス

九月十一日〔金曜〕

一、「ソロモン」方面川口支隊ノ攻勢開始迫ル
其ノ攻撃ノ成否ハ今後ノ戦争遂行ニ及ホス影響軽視ヲ
許サルモノアリ

二、造船、油、鋼材等物的窮状ニ関スル論議昨日ノ連絡会
議報告者ニ依リ大〔台〕風一過ノ感アリ

三、「スターリングラード」未タ陥落スルニ至ラス
独軍ノ「レ」〔レニングラード〕市「モ」〔モスクワ〕
市攻略本年モ遂ニ実現スルニ至ラス戦争ノ前途多難ナ
ルヲ痛感ス
不敗態勢ノ確立国力ノ培養ノ急務ナルヲ知ルヘシ

九月十二日〔土曜〕

一、独ヨリ多少ノ物、船ヲ融通シ得ヘシトノ色ヨイ返電来
ル　拾物ナリ　但シ之ニ依リ気ヲ緩メテハ不可

二、今後採ルヘキ戦争指導方策、対独使節派遣ノ件共ニ昨
今停頓ノ体
南方ヨリノ出張者期セスシテ東京ハ昭南ヨリ暑イト云
フ
戦争指導モ暑サ敗ケノ感アリ

九月十三日〔日曜〕

一、乃木〔希典〕大将殉死三十年記念日ニ方リ
現下ノ世局ヲ観シ軍神乃木大将ノ偉大ヲ痛感ス

二、「ソロモン」方面戦況ノ詳報ナシ

九月十四日〔月曜〕

一、大臣対独第一次連絡者派遣ノ件漸ク同意ス　連絡者ノ
構成陸海外ヨリ各一人トシ之カ統轄ハ陸軍ヨリ出スコ
トトナル
陸軍省大臣ノ独裁良シ悪シ
昨今局長ノ地位低下セルノ感強シ

二、大東亜省現地機構ニ位一体ニ関シテハ大臣直接海相ト
盛ニ折衝シアルカ如シ
海軍ニ位一体ニスルナラハ中支公使ヲ海軍トシ其ノ範
域ヲ中支全域ニ及ホシ且大使ノ参謀長格タル公使ヲ海
軍トスル等其他七ヶ条ノ交換条件ヲ提示シアルカ如シ

九月十五日〔火曜〕

一、満州建国十周年記念日ナルモ大雨ノ為気勢揚ラス

二、遣欧特使ニ与フル訓令起案ス

陸軍ヨリ出スヘキ長ノ人選問題ナリ

第一部長説アルモ屋根骨揺ク故不可、総務部長説逐次濃化ス

三、「ソロモン」方面川口支隊ノ夜襲奏功セス

大隊長以下多数ノ死傷者ヲ出セリト云フ、彼我血ミドロノ航空作戦続行中ナルカ如ク戦局ノ決定的支配未タ我手ニ入ラス

作戦課ノ深慮果断ヲ期待スルヤ大ナリ

九月十六日〔水曜〕

一、「ソロモン」方面川口支隊ノ十三日及十四日ノ二回ニ亘ル夜襲一部ハ敵第二線陣地ヲモ突破セルモ敵ノ火力熾烈ニシテ遂ニ成功セス

井本中佐ヨリ周到ナル準備ノ下ニ断乎タル作戦ヲ遂行スルノ要アル旨飛電アリ

作戦課遂ニ在「スマトラ」第三十八師団ノ第十七軍転属ヲ決意シアルカ如シ

戦局ノ重心「ソロモン」ニ集中セラル

右38Dノ転用之ニ伴フ船、延イテハ物動ニ及ホス影響軽視ヲ許サス

二、大東亜省対支現地機構二位一体ニ関スル陸海ノ論争未タ結着セス

巷間右ヲ知レルヤ　塚本〔誠〕憲兵中佐ノ情報ニ依レハ昨今政変説横行シアリト

東条内閣ノ頽勢モ東郷〔茂徳〕外相ノ辞職、生拡ノ不振、戦局ノ不況等ノ累積ニ依リ逐次濃化セルノ感深シ

三、海軍小野田大佐来部戦争指導方策ヲ至急決定スルノ要アル旨提議ス

小野田大佐依然敵戦力撃滅ノ積極企図ヲ放棄スヘカラサル旨ヲ強調ス

気持トシテハ正ニ然ラン

然レトモ現実ノ大勢、戦争指導ノ大勢トシテハ不敗態勢ノ確立ニアルハ異論ナカルヘク積極々々カ「ミッドウエー」ノ敗戦ヲ招来スル様テハ甚タ心外ナリ

九月十七日〔木曜〕

一、大東亜省対支現地機構、陸海間紆余曲折ヲ経テ大使、中支公使共ニ文官トスルコトニ意見一致ス

大東亜省ノ眼点タル二位一体遂ニ海軍ノ頑強ナル抵抗ニ遇ヒ成功セス

二、朝鮮鉄道ニ対スル鉄道大臣ノ監督権確定ノ件ニ関シ作戦課此際鮮満鉄道ノ一貫輸送ヲ強化セントシ強硬ニ反対シ辻中佐内閣ノ投出シヲモ介意スルコトナク閣議決定ヲ御破算ニスヘシト怒ル
今更主張スルモ既ニ遅シ第三部長軍務局長ト妥協シアルカ抑々ノ誤リナリ、先ツ〳〵対策ヲ講シテ我慢スヘシ

九月十八日［金曜］

一、満州事変勃発十周年記念日ニ方リ
世界歴史ノ転機ヲ画セシ当時ノ先覚者ニ対シ満腔ノ敬意ヲ表ス

二、谷［正之］外務大臣、青木［一男］国務大臣昨夕親任セラル
東条総理ノ鼻息ノカカリタルモノノミ　此ノ人事東条内閣ノ頽勢ニ拍車ヲカケサレハ幸甚ナリ　外務省少壮官吏ハ一致シテ重光ヲ期待セリト云フ
陸軍ノミ策動ニ我物顔トナルハ避クヘキナリ

三、「チモール」ニ関スル対葡交渉ノ件遂ニ暗号電報打電容認ニ付作戦課ノ同意ヲ得ルニ至ラス
作戦上ノ要請トアリテハ如何トモシ難ク当分ノ間破局トナラサル様適宜応酬スルヨリ他ナシ

四、遣欧連絡使ニ与フル訓令案陸海外審議第二案ヲ得
海軍省柴中佐故意カ偶然カ出席セス海軍側熱意ナキヲ遺憾トス

五、南方民族指導要綱第三案成ル　至急連絡会決定ノ運ヒニ至ラシメントス

九月十九日［土曜］

一、一日中豪［豪］雨ナリ

二、土曜会席上来年度造船七十五万屯ニ過キサル旨海軍側ヨリ説明アリ
七十五万屯テハ問題トナラス海軍之テ責任ヲ持テルトモ云フノカ、困ツタモノナリ

三、海軍作戦課長ノ説明ニ依レハ「ソロモン」方面敵航母数隻ヲ撃沈セリト云フ
真ナラハ誠ニ結構、但シ米増援軍ノ「ガ」島上陸ヲ阻止シ得サリシハ遺憾ナリ

九月二十日　〔日曜〕

一、第三回航空日

昨日ノ大雨ノ為諸行事取止メノモノモアリ気勢揚ラサルカ如シ

二、部内日曜日トテ珍ラシク閑散ナリ

特記事項ナシ

九月二十一日　〔月曜〕

一、海軍側ヨリ爾後ノ戦争指導方策ヲ至急決定スヘク之カ基礎トナルヘキ諸条件ノ研究ヲ提議セルモ総ヘテ物カ基礎トナルヘキヲ以テ目下研究中ナル企画院ノ物的情勢判断判明スル迄暫ラク見合スヘク種村中佐個人意見トシテ桧野少佐ニ回答ス

二、昨今無策大策ノ静観ヲ以テ推移ス　伊側ヨリ連絡飛行ノ実施困難ナルヤノ旨電アリ

独側カラハ早急ノ実現望ミ難シトノ通報アリ

対独伊連絡使派遣モ此ノ所行悩ミノ状況ナリ

三、「ボルネオ」守備軍司令官ノ行方遂ニ不明戦死セラレタルモノト認定、山脇〔正隆〕中将後任ニ親補セラレ第一部長所要ノ懇談ヲナス

四、山田〔清一〕南方燃料廠長現地事情ヲ総長ニ報告ス

五、物的情勢判断及之カ対策ニ関シ企画院徹夜シテ研究立案中ナルカ如シ　大イニ可

九月二十二日　〔火曜〕

一、整備局長「ソロモン」方面兵力増強ノ為A船ノ帰路利用ニ依ル物資輸送不能トナリ本年度鋼材生産四〇〇万屯ニ低下スヘシト云フ　真ナルヤ否ヤ疑問ナルモ「ソロモン」ノ影響愈々表面化セントス

38D転用ノ決心セルトキ既ニ本件ハ当然予想シアルヘキ所今更驚クヲ要セス

二、政治ト統帥ノ協調現下ノ急務ナリ

統帥ノ横暴カ帝国従来ノ実情ナリ　今後ノ戦争指導ニ於テハ統帥ヲ至当ニ抑制シ政治ノ活発ナル進展ヲ助長スルノ段階ニ在リト云フヘシ

三、軍事課ノ造船施設調査ノ結果ニ依レハ帝国ノ造船能力二〇〇万屯アリト云フ　海軍二〇〇万屯中一五〇万屯ヲ独占セントスルニ在ルカ如ク来年度造船七十五万屯カ精々ナリト云フ

是レ亦政治ト統帥トノ調節ヲ必要トスル事項ナリ海軍

ノ統帥ヲ抑制スルニハ陸軍省ヨリ海軍省ヲ通セサルヘカラス　陸軍省ノ活動ヲ期待セントス

四、敵産処理要領、外務省ハ対敵刺戟ヲ考慮シ戦争終末利導ノ含ミヲ以テ何テモ彼テモ没収ハ不利ナリトナス思想ナリ　所要ニ応シ没収スルコトアリ位ニ緩和セントスル意向軍特ニ陸軍ト根本的ニ理念異ナルモノアリ更ニ研究ヲ要ス

五、軍神加藤少将ノ陸軍葬施行セラル　茲ニ謹ミテ敬弔ノ意ヲ表ス

九月二十三日〔水曜〕

一、作戦課ヨリ部長以上及第一部内課長ニ対シ陸軍作戦ノ現況、特ニ作戦能力ニ関シ詳細説明アリ

作戦能力ハ結局船腹ニ制扼セラル　船舶ノ現状ヲ以テセハ帝国ハ将来ニ亘リ大ナル作戦ヲ遂行シ得サルヲ判決トス

二、海軍側ヨリ海軍潜水艦一隻カ太〔大〕西洋ニ進出シ独ヨリ所要資材ノ取得輸送ニ成功シアル件ヲ　共同作戦遂行ニ当レル旨大々的ニ宣伝シタキ提議アリ

実効ヲ伴ハサル空宣伝不同意ナルモ海軍カ発表シタイト云フノヲ抑制スル程ノコトモナク一部ノ政治的効果モアルコト故同意セリ

三、部長ヨリ輿論指導強化ニ関シ施策ヲ進ムヘキヲ示サレ先日来起案シアリシ「民心指導強化ニ関スル件」ヲ連絡会議決定ノ運ヒニ至ラシムル如ク促進セントス

課長本件ニ関シ私的ニ報道部長ト会談スル所アリ

報道部長ヨリ松村情報局第二部長ヲ推進セントスルモ松村部長ニハ昔日ノ如キ政治力ナシト云フ

四、敵産処理ニ関スル件主任者審議ス

外務省主任者前案以外ニ考慮ノ余地ナシトシテ出席セス已ムヲ得ス外務省ノ趣旨ヲ入レ成案ヲ得

来週月曜連絡会議ニ提案ヲ促進セントス

九月二十四日〔木曜〕

一、秋季皇霊祭　部内閑散ナリ

二、関東軍参謀副長ヨリ五号作戦ニ伴フ満州ニ及ホス影響ニ就テ説明アリ

大ナル影響ナシト云フ判決ナルカ如キモ相当ノ影響アリト判断ス

九月二十五日　［金曜］

一、石油委員会幹事会補佐会

ドウシテモ本年重油約八十万屯不足ス

来年度繰越ヲ使用スルカ作戦ノ抑制ニ依ル節約カ何レカナリ

海軍ノミナラス国家ノ重大事　重油ナクシテハ作戦遂行不能ナリ

明日ノ幹事会ニハ作戦課長同高級部員ヲ出席セシメ実情ヲ充分作戦主任者ニ認識セシメツツ之カ対策ヲ決定セントス

二、山田燃料廠長ヲシテ南方石油ノ現況ニ関シ御前講演ノ形式ヲ以テ　陛下ニ上奏スルコトトス　国務大臣、統帥部長以外上奏ハ不可能ナリ

三、藤原［岩市］少佐ノ対印施策ニ関スル報告アリ

帝国対印処理ノ根本方針ヲ速カニ決定スルノ要アル旨強調スル所アリ

印度東北部進攻作戦モ既ニ中止ノ運命ニアリ

当分印度ハ静観以外策ナカルヘシ

九月二十六日　［土曜］

一、石油委員会幹事会開催特ニ作戦課長及同高級部員ヲ出席セシム

悲壮ナル決心ノ下ニ作戦ノ抑制ニヨリB、C重油約五〇万屯節約繰越使用三〇万屯ヲ以テ差当リツジツマヲ合ハスコトニ決定ス

右案海軍側ヨリ呈出ス　海軍ノ英断ヲ多トス

一応解決セルモ来年度ハ更ニ困窮ヲ加フヘシ

二、独ヨリ物ヲ貰フ件結局特殊鋼一万屯ノ外ハ不可能ナリト　先般来ノ電モヌカ喜ヒニ過キス　頼ムヘキハ自力ノミ

三、大島大使電ニヨレハ日独連絡飛行当分ノ間実現不可能ナリト　独軍部ハ作戦以外ニ航空資材、人員ヲ使用スルニ同意セサルモノノ如シ

四、南方軍藤原参謀仏印ノ敵性芟除要領案ヲ提示シ仏印ノ利敵行為芟除ノ要ヲ強調スル所アリ

「ドゴール」派ノ策動ナルヘク至急中央ノ方針ヲ決定スルノ要アリ

九月二十七日〔日曜〕

一、午前九時三十分ヨリ構内将集ニ於テ省部主任部局長、課長及高級部課員ニ対シ明年度造船量ニ関シ軍事課主任者ヨリ説明アリテ懇談ス
海軍ノ明年度六十八万屯計画ニ対シ陸軍トシテハ戦争遂行上大幅増量ヲ要求セサルヘカラス而シテ要求セハ鉄ヲヤラサルヘカラス
其結果陸軍ノ鋼材取得ハ激減スヘク果シテ可ナリヤノ問題議論ノ焦点トナル

二、部長懇談終了後当課ニ来リ「ウイスキー」ヲ飲ミ乍ラ情勢ノ逼迫ニ苦笑ス
然レトモ昭和十三年頃ノ国内情勢ハ更ニ甚シカリシト云フ
課長落胆懊悩部長之ヲ慰舞〔撫〕ス

九月二十八日〔月曜〕

一、大島大使ヨリ「リ」ト会談セル結果ニ基ク今後ノ戦争指導ニ関スル意見打電シ来ル
要ハ戦争ハ一九四四年ニ終結セシムヘク日独伊各個ニ長期不敗ノ態勢ヲ強化スルト共ニ積極的ニ印度洋ヲ通スル日独ノ連絡ヲ完成シ枢軸全般トシテノ不敗態勢ヲ確立スルノ要アリ　而シテ帝国ハ明年春以降随時「ソ」ヲ打チ又独ヲシテ対英上陸ヲ行ハシムル如ク施策スルヲ要ス　ト云フニ在リ
所論至当ナルヘキモ遺憾ナカラ帝国々力ノ現状ニ対スル認識不充分ニシテ稍々希望的方策ニ堕シアリ

二、尚大島電ニ依レハ独ノ南方物資ノ取得意ノ如クナラス特ニ食物、油ノ取得僅少ナルハ独国民ノ食糧問題延イテハ士気ニ影響ヲ及ホスヘク共同戦争完遂上何分ノ援助便宜アツテ然ルヘシトノ事ニシテ独相当ニ嫌味ヲ述ヘアリ
独大島電ニ依レハ「ヒ」「リ」共ニ戦争完遂ノ為日本ト心中スルノ底意アルカ如キモ果シテ真ナリトセハ意ヲ強ウスヘク南方取得物資取得ノ便宜供与ノ如キ十分ナル好意ヲ以テ処理スヘキナリ

三、独海軍武官電ニ依レハ遣欧連絡使派遣ハ大使不同意武官亦同意ナリト
依ツテ午後主任者会同シ協議ス

四、対支特派大使帰京ス　汪主席再ヒ参戦要望ヲ開陳セルカ如ク平沼〔騏一郎〕大使ハ其ノ時機ニ関シ研究中ナ

リト応酬セリトノ事ナリ
至急本件、上海租界移管敵産処理等ト睨ミ合ハセ研究決定セントス

［九月二十九日　欠］

九月三十日［水曜］

一、「支那ノ参戦並ニ之ニ伴フ措置ニ関スル件」第二課及第二部ノ同意ヲ得タルヲ以テ私見トシテ陸軍省ニ呈示ス
二、連絡使節ニ関スル話シ逐次進展具体化シ愈々土曜（三日）ノ連絡会議ニ附議決定スルコトトス　方針ヲ決定スルニアラサレハ人選交渉其他一モ進展セサルニヨル
三、陸軍省整備局主任者ヨリ省部主任者ニ対シ「十七年度下半期物動見透シ」ノ報告アリ（企画院案）
之ニヨレハ
十月四〇万屯
一月二〇万屯（計六〇万屯）ノ徴傭船解傭スルモ
鉄鋼ハ四三八万屯ヲ出テス　此ノ儘放置セハ四〇〇万屯ヲ割ルヘシトノ結論ナリ
今日突如此ノ事ヲ聞ク而モ一ヶ月前ニハ軍務局長以下総出ニテ来年度五五〇万屯（陸軍一一〇万屯）ヲ説明ス　最近ノ陸軍省ハ恰モ市ケ谷台上ニテ一人躍リヲシアルニ過キス、政治経済ノ実体ヨリ遊離シアルニアラスヤヲ懼ル、コト大ナリ、
国家ノ前途正ニオソルヘシ、
船ノ解傭、即政略ニヨル戦略ノ制肘以外手ナキモノノ如ク換言スレハ開戦前ノ如キ真面目ナル戦争指導部面ニ突入シツツアルモノト云フヘシ

十月一日［木曜］

一、在「ソ」武官ヨリ独「ソ」戦長期化必至、独「ソ」和平ノ如キ望殆ントナシトノ情勢判断ヲ報告シ来ル、本冬ニ於ケル「ヒ」総統ノ悩ミタルヤ如何
二、海軍側ハ小野田大佐ニ対シ連絡使出張ヲ内命ス三国提携ニ関シ漸ク軌道ニ乗リツツアルハ喜フヘシ
三、日独経済協定ハ漸ク大団円ニ入ラントシツツアリ日本ハ条件付ニテ独側第七条ヲ呑ムコトトス、後害ハ茲ニ発スルモ現下ノ三国関係上蓋シ已ムナシ
四、午後三時ヨリ高等官集会所ニ於テ

陸軍省側ヨリ
イ、海軍造船計画ニ対スル陸軍ノ意見
ロ、十七年度下半期物動ノ見透シ（企画院案）
ニ付説明アリ物動ニ関シテハ
海軍ハ已ニ其対策ヲ立テ
海軍　五万屯
陸軍十五万屯 ノ船ヲ解傭スヘシト提議シ来ル陸軍ノ船ノ実情ヲモ知ラスシテ無礼至極ナリ　最近何カラ何迄陸軍ハ海軍ニ引ズリ廻サレ遺憾至極千万ナリ

十月二日〔金曜〕

参謀総長御就任満二ヶ年ノ記念ノ日　感特ニ深シ、

一、陸軍省ヨリ海軍省ニ対シ海軍造船計画ニ対スル陸軍ノ意見（総船五十一、タンカー三〇万屯　計八十一万屯）ヲ伝達
彼等主任者トシテハ概ネ同意セルモノノ如シ

二、物動見透シ現状ヲ以テ推移セハ四〇〇万屯ヲ割ラントシ又陸海軍ノ現状ハ船舶解傭ノ余地ナシ　依テ四〇〇万屯ヲ前提トシテ先ツ物動改訂ヲ改〔ママ〕ヒ之ニ対スル陸軍軍需ヲ決定企画院ニブツケル要アリ陸軍省関係方面ヲ激励ス

三、本日朝刊一斉ニ米国ノ雑誌載スルトコロノ東京空襲状況ヲ報ス、カクシテ国民ヲ真剣ナラシム
本日ノ社説「大東亜戦トハ何ソ」ハ大イニ可ナリ民心輿論ノ指導逐次良好ニ向ヒツツアルハ喜フヘシ

四、「チモール」問題ニ関シ局一部長間ニ妥協成ラントス（暗号使用）

五、第二部ト共ニ世界情勢判断再検討ヲ始ム

十月三日〔土曜〕

一、仏印ノ敵性排除ニ関スル件省部間ニ概ネ一案ヲ得海軍及外務省トノ交渉ヲ始ム　静中動ヲ求メサルニ在リ

二、「遣独伊連絡使派遣ニ関スル件」連絡会議ニ於テ決定ス〔『杉山メモ』下、参照〕
二ヶ月ニ亘リ手ヲカヘ品ヲカヘヤット海軍ヲ納得セシメタルモノ軍令部総長席上アマリ将来ニ亘ルコトヲ考究スルナト一言アリ北ヲオソレタルモノナルヘシ

三、児玉〔秀雄〕伯爪哇ノ政治運動ニ就キ説明ス　総理ニ報告セシトキイカニモ「インドネシヤ」独立運動者ノ如クアリシヲ以テ陸軍省主務者ヨリ警告ヲ与ヘシトコ

ロ本日ノ結論ハ
独立反対
統一統治高度自治
ニシテ動々迎合セル感アリ

四、下半期物動緊急対策陸軍省主務者案ニ対シ特ニ満支、物動増強方策ヲ強調ス、

五、海軍側ヨリ陸海軍集会所ニ於テ省部局部長造船計画ヲ聴取ス、席上陸軍造船計画ニ対スル陸軍ノ意見ヲ呈示ス、
陸海ニ意見ノ一致ヲ見ス、更ニ主務者間ニ於テ研究スルニ決ス

六、南方占領地統［治］ニ関シ省部何レカ主務管庁ナリヤ
年末ノ懸案部局長以下省部議論沸騰シ夜半ニ及フ
震源地ハ東条陸相ノ独裁欲ニ在ルナランカ
右明確ナル判決ヲ得ルニ至ラス
結局軍政会議（十二日開催）ニハ占領地ノ帰属モ南方民族指導要綱モ之ヲ決定示達セス　占領地要綱モ改訂セス単ニ懸案事項ノ解決ヲ主眼トスルコトニ決定ス
第十四課数カ月来ノ努力モ水泡ニ帰シタルニ等シク同情ニ堪ヘス

［十月四日　欠］

十月五日［月曜］

一、支那総軍ヨリ大東亜省現地機構ニ関スル意見具申電来ル　総軍ノ思想中央ト稍々相反ス　依ツテ総参謀副長ヲ招致スルコトニ決シ打電ス

二、国民政府ノ参戦ニ関スル件及仏印ノ敵性芟除ニ関スル件省部間意見概定シ海相トノ交渉ヲ開始ス　共ニ陸軍省ヲシテ表面ニ立タシム

［十月六、七日　欠］

十月八日［木曜］

一、第十回大詔奉戴日
戦局愈々多事多難ヲ加ヘ前途暗澹タルモノアリ

二、石油委員会幹事会開催燃料物動ニ関シ幹事補佐決定ニ対シ第一部長整備局長ノ意見ニ依リ燃料課長異見ヲ強調稍々エゲツナイ事迄云及ヒ遂ニ海軍□燃料一万屯ヲ吐キ出ス　海軍本件ニ関シ感情ノ虫収マラサルモノアルカ如シ

十月九日〔金曜〕

一、午前中昨今ニ於ケル情勢判断ニ関シ第一部第二部合同研究ヲ行フ両部長出席ス
第一部長ヨリ日「ソ」戦回避乃至ハ遅延ノ方途ニ関シ研究方第二部ニ要望スル所アリ

二、午後企画院次長ヨリ本年度下半期物動ノ見透並之カ対策ニ関シ説明明日之カ連絡会議提案ヲ提議ス　陸海主任者間ニ於テ更ニ徴傭船解傭ニ関シ研究スルヲ要ストナシ明日ノ連絡会議提案ヲ差控ヘシム

三、国民政府ノ参戦ニ関シ陸海主任者間意見一致成案ヲ得

四、伊太利武官ヨリ伊太利機ノ飛来十五日以降随時可ナルモ搭乗往復共不可能ノ趣来電アリ　甲谷中佐ヨリ小野田大佐ニ対シ潜水艦ニヨル出発ノ件申入ル

十月十一〔十〕日〔土曜〕

一、省部間ニ陸軍徴傭船舶ノ現状ニ関シ説明ヲ交換ス
物動上ノ要求如何ニ拘ラス陸軍船舶ノ現状ハ「ソロモン」ニ遮ラレテ「ニッチ」モ「サッチ」モ行カサル状態トナリアリ
午後引続キ陸海軍間ニ船舶情報ノ交換ヲ行フ予定ナリシモ遂ニ成立ニ至ラス　海軍側準備不充分ニ付

二、午前情報交換ニ於テ第二部長日独提携ノ必要ヲ説キ潜水艦ニ依ル使節派遣方高唱ス　第二部長ヨリモ更ニ軍令部第一課長ニ申入ル

三、午後軍令部桧野少佐ト種村中佐ニテ情勢判断ノ研究ヲ行ヒ八月末一応ドロップトナレル案ヲ修文（参本案）一案成ル、海軍モ時勢ノ波ニテ変リタルモノナリ

十月十一日〔日曜〕

一、「ミッドウエー」航空戦隊司令官トシテ水没戦死セル山口多聞中将ノ葬儀アリ　感慨深ゲナル島田〔繁太郎〕海相米内元首相ノ容相ヲ見ル、

二、日曜ナルモ第一部長第二部長出勤第十五課長室ニ於テ「ウイスキー」ニ花カ咲ク、
施策ヲ伴ハサル情勢判断ハ不可ナリト田中〔新一〕中将説キ第一、第二部長ノ混然一体タル感ヲ見心強シ

三、午後四時ヨリ陸海軍集会所ニ於テ支那総軍野田〔謙吾〕参謀副長　甲集団〔北支那方面軍〕西村〔敏雄〕参謀ト大東亜省新設ニ伴フ現地機構ニ関シ次官、軍務局長ヲ中心ニ懇談ヲ行フ　参本ヨリハ主任課長出席ス

十月十二日〔月曜〕

一、軍政会議第一日参謀本部ニ於テ主催セラル
内容アルカ如クナキカ如シ

二、昨日野田副長ト懇談ノ結果ニ基キ海軍省ニ交渉シ海軍側ヲシテ大使館ニ経済関係課長一治安関係課長一ヲ入ラシムルコトヲ承認
海軍側ヨリモ治安課ニ中少佐一ヲ入ラシム

三、午前十時半ヨリ陸海軍船舶情報交換ヲ行フ彼我共スベテヲ現状サラケ出シ効果大　結局之カ捻出ハ困難ナルヲ予想セラル
解傭ヨリモムシロ全船舶ノ陸海軍徴傭実現ヲ可トスヘシトノ一案ニ到達ス
右ニヨリ彼我共対手ノ状況ヲ知ラス憶測ヲ逞ウセル時代ハ去レリ喜フヘシ、

十月十三日〔火曜〕

一、第一部第二部合同ノ情勢判断研究会ヲ行フ
独「ソ」和平ニ花カ咲キ論議進マス
第一部ヨリ三月頃以来ノ作戦ノ経緯ヲ井本中佐カ説明ス

二、軍政会議陸軍省ニテ行ハル

十月十四日〔水曜〕

一、昭和十七年度造船計画ノ修正、昭和十八年度造船計画ニ関シ陸海軍ノ意見概ネ一致セルニ付連絡会議提議案（海軍案）ヲ審議ス　海軍ハ之ニヨリテ海軍軍備計画ヲ陸軍側ニ確認セシメントスルヤニアルヲ以テ海軍案ニ大修正ヲ加フ、本来連絡会議主任者間ニ於テ審議スヘキ性質ノトコロ両軍事課間ニ於テ話合ヲ進メシタメ内容杜撰ナルモノ多シ、軍務課カ大東亜省ト軍政会議ニ浮身ヲヤツシアル間ニ軍事課ニ本株ヲ奪ハレタル感アリ

二、軍政会議最後ノ懇談会アリ
永田〔秀次郎〕顧問ハ長期戦ニ伴フ南方民心把握ノ困難性ヲ見ヌキ　黒田総参謀長戦争完遂上小破綻ニ悲観スル勿レ民心指導ノ強化ヲト説ク
共ニ流石大物ノ言ナリ　之ニ対スル第一部長軍務局長ノ答弁又可ナリ
カクシテ大成功裡ニ会議ヲ修了ス　特ニ最高顧問ヲ列セシメタルハ可ナリ

三、「仏印ノ敵性芟除ニ関スル件」陸海外ニ於テ決定シ現地ニ打電ス
静中好ミテ嵐ヲ生セシメスノ方針ナリ
右ニ関シ「現地陸海外間ノ連絡及自衛的措置」ノ適用解釈ヲ併セ打電間違ヒナカラシメタリ
四、招魂ノ儀粛トシテ取行ハル

〔十月十五日　欠〕

十月十六、十七、十八日　〔金、土、日曜〕
三日間連続休暇ノ為諸事休止ノ状態ナリ、

十月十九日　〔月曜〕
一、本日午後造船計画ニ関シ海軍側ヨリ企画院ニ説明スル為左記ヲ研究ス
(イ)本年度及明年度陸軍軍需ヲ内定スルコト
(ロ)下半期ニ於ケル船舶解傭ニ関スル態度ヲ定ムルコト
二、午後陸海外主任者ニ於テ世界情勢判断及独伊連絡派遣ノ具体的問題ヲ研究ス

十月二十日　〔火曜〕
一、午前陸海外主任者ニ於テ「支那参戦ニ関スル件」ヲ研究ス　主トシテ陸海軍案ニ対スル外務省ノ修正意見ヲ加味セルモノナリ
外務省「イニシヤチユーブ」ヲトラントシテ四月一日研究ノ租界処理要領ヲ提案ス
滑稽至極ナリ
二、辰見〔巳〕〔栄一〕少将ノ英国事情ノ報告アリ

十月二十一日　〔水曜〕
一、午前「造船ニ関スル件」陸海企間交渉ノ経緯ヲ陸軍省ヨリ聴取ス　造船ニ要スル所要資材ノ附表陸海企研究ノ上納得セルモノヲ附スルコトニシテ上司ノ決裁ヲ受ク、
二、午後陸軍省ヨリ物動現状陸軍軍需ノ影響ヲ昭和十七年下半期、十八年度ニ付説明ヲ受ク
物動ハ名ノミニシテ政治力之ニ伴ハス無力ナルヲ知ル、本件ノ如ク重要ニシテ戦争指導ニ関連ヲ有スル事項局部長間ニ於テ決定スルヲ要スルコト切ナリ、
事務当局ニテ如何ニ論議スルモツキス

下半期船舶ノ解傭問題ニ関シ明日陸海省部局部長間ニ於テ決定スルコトニ定メラル喜フヘシ

上司カ責任ヲ採ルヲ要スルコト今日ヨリ急ナルハナシ

十月二十二日〔木曜〕

一、午後陸海軍集会所ニ於テ左記陸海局部長相会シ下半期ニ於ケル船舶解傭問題其他ヲ議ス

陸軍　軍務局長　第一部長　第三部長

軍事、軍務課長　第十、第十五課長

海軍　軍務局長　第一部長　第三部長

第一、第二課長　第四課長　小野田大佐

其結果海軍九万屯即時解傭ニ決ス

陸軍ハ「ソロモン」海戦後考慮スルモノトシ陸海合シ二〇万屯ノ解傭ヲ行フ

海軍側ハ一致シテ其ノ船使用ノ「ゼイタク」ヲ容認、遂ニ九万屯ヲ吐キ出シタルモノ陸軍トシテハ大成功国家ノ為喜フヘシ、

兎角難問題ヲ下ノ方ニ押シツケテオイテハ解決ノ道ナシ

其後造船ニ関スル陸海軍申合セニ関シ軍令部次長反対ノ理由ヲ以テ異議ノ申立テアリ　両次官申合セトシ沈没拿捕沈船引上等ノ件両局長申合セニ切下ケ海軍側ノ責任回避的行為アリ、一昨日夜軍務、第一課長ヨリ泣キヲ入レ来リタルコトトノ由ナルモ軍事課当事者ノ不徹底ナル海軍側トノ交渉ヲ追及スルヲ要スヘシ

二、午後一時半ヨリ第一会議室ニ於テ第二部長主催ニテ企画院商工省農林省ノ関係局課長ヨリ物動其他国内経済事情ヲ聴取ス、

相〔柏〕原〔兵太郎〕企画院第二部長ノ気魄大イニ賞スヘシ

船舶解傭問題ニ触レタルヲ以テ種村ヨリ最近憲兵ヲシテ一斉　調査セシメタル民船舶ノ実情ヲ列挙シテ其ダラシナサヲ詰問シ先ツ政府ハ之ヲ是正セサルヘカラサル所以ヲ説ク

十月二十三日〔金曜〕

靖国神社例祭

一、遣独伊連絡使ニ与フル三国共同ノ対米英戦争完遂ニ関スル相互協力強化ノ方策腹案ヲ研究第二案ヲ得テ部外ノ交渉ニ移ルコトトス

井本中佐ヨリ三国戦争指導ノ根本方針トシテ英屈伏ノ可能性ニ関シ疑問的修正意見アリ　本件ハ一ニ独ノ対英上陸ノ可能性ニ存スヘク戦争指導上三国協議ノ上修正セラルヘク日本トシテハ自力不可能ノ事ニ存ス、

二、政府明年度重要国策（予算ニ関連ス）実施要目ヲ、又十二月八日開戦一周年紀念指導要綱ヲ発表ス

此日総理伊勢神宮ニ組閣一周年及豊年御礼参拝ス

十月二十四日　〔土曜〕

「ソロモン」攻撃予定又々一日延期ヲ見ル、本朝予定セシ快勝報告又果シテ明日可能カ、

必勝祈願アルノミ総理ノ神宮参拝ノ心境奥深ク此辺ニ存スヘシ。

十月二十五日　〔日曜〕

「ソロモン」攻撃頓挫セルモノノ如ク

昨夜半迄ニ至ル朗報ハ逐次ケシ飛バントシツヽアリ

憂色ナキ能ハス、

十月二十六日　〔月曜〕

一、「ソロモン」方面陸軍戦況全ク頓坐〔挫〕セリ

然ルトコロ海軍作戦ハ意想外進展シアリテ同慶ニ堪ヘス

第一部長開戦以来未タ曽テナキ屈辱ヲ感スト述懐セラル、

総長ノ　陛下ニ対シ奉ル心中ヲオ察シ陸軍統帥部ノ苦衷言ハン方ナシ

二、「世界情勢判断」軍務局長説明資料陸海外企主任者間ニ於テ研究ス

三、大本営政府事務当局ノ騎乗会ヲ提議、十一月二日トシ参本ニテ計画ス、

十月二十七日　〔火曜〕

一、「ソロモン」海戦ノ発表アリ

世界ヲ震撼シ枢軸側ノ士気頓ニ上ル、

二、世界情勢判断及説明資料事務当局間ニ意見ノ一致ヲ見タリ

三、第一部第二部間ニ独「ソ」和平　独英和平ニ関シ協議シ概ネ一案ヲ得タリ

十月二十八日〔水曜〕

一、「今後ノ戦争指導方策」ヲ決定スルカ三月ノ方策ヲ踏襲スルヤニ関シ疑義アリシトコロ重慶ニ対スル見透シ等モアリ上司ノ意向ニヨリ新ニ決定セサルコトニ決メラレ海軍側ト甲谷中佐トノ間ニ話合ヲ進メ意見ノ一致ヲ見タリ

二、大東亜省設置行政ノ簡素化、内外地行政一元化ニ関スル枢密院本会議アリ

御前ニ於テ前古未曽有ノ論議ノ結果無修正ニテ決定セラル、

殊更ニ大東亜省ノ設置ニ反対ヲ称ヘントスル旧式外交官上リノ顧問官ノ質疑ニ対シ総理痛撃ヲ加ヘタルモノノ如シ、

十月二十九日〔木曜〕

一、本日臨時連絡会議ニ於テ

「支那ノ参戦並ニ之ニ伴フ措置ニ関スル件」可決セラル〔『杉山メモ』下、参照〕

抑々平沼使節ノ帰還ヲ機トシ参謀本部ヨリ提議シテ一ヶ月最後ニ昨日ニナリテ企画院総裁ヨリ修正（戦争協力ニ関シ）意見アリ　ヤツトモミニモミテ本日提議議論百出ノ後本日又満州国ハ参戦セシメサルコトヲ更ニ追加シテ可決セラル、

永野〔修身〕軍令部総長支那参戦延期ヲ提議シテ引込メル、

香港還付問題カ話題ニ上ル、

二、軍令部主任者ト会食シテ連絡使ニ対シ与フル「三国共同戦争遂行要領」「世界情勢判断」ニ対スル上司ノ最後的修文等協議意見ヲ交換ス

三、本日連絡会議席上総理ヨリ海軍ノ戦果ニ感謝シ「ソロモン」方面陸軍ノ不成功ヲ詫ヒルノ言アリ　政治的ニハヨカランモ参謀総長ノ面子ヲ〇〔ママ〕ニスルモノナリ但シ我総長一向ニ感セサルモノノ如クコ、ニ総長タルノ所以アリトナスカ、

四、北京及張家口ノ公使ハ当該地軍司令部附トスルコトニ意見一致シアリシトコロ　総理ハ御用掛トシテ勤務セシムル旨口頭ニテ上奏済ミトテ之ヲ撤回現地ニ電報スオ上トナレハ何トモ二枚舌ヲ使ヘヌコトナルカ此ノ如キ重要ナル問題ヲ上司ニ通シ置カサル陸軍省軍務局ノ態度モ亦不満ナキ能ハス

総理カ陸軍大臣兼任ナルカ故ニ此ノ如キコト迄一々陸軍カ後退シ統帥部迄カ黙認セサルヘカラサルニ至ル恐ルヘシ、

五、十七年度後半期改訂物動並十八年度物動見透シニ関スル企画院側説明ヲ聴取ス

(イ)十七年度A+BC合計一九〇〇万屯トスルニアリ（総量四〇五万屯トス）

(ロ)十八年度ハ四一二万屯

(ハ)右共ニA+Bトシ其ノ内訳ハ陸海軍ノ話合ニ一任ス、企画院ノ責任回避モ甚タシ、

造船決定モ亦進展セサルヘシ、企画院ハ当部ノ査定ヲ取消シ海軍ノ言フマヽトナル、

十月三十日〔金曜〕

一、甲谷中佐連絡使ノ自分ヲ「ブルガリヤ」公使館附武官トシテ「ビサ〔ザ〕」ヲ請求セル為在京武官ヨリ招待ヲ申込マレ困窮ス、

二、下半期物動問題ニ関シ陸海軍間ニ意見ノ一致ヲ見サル為明二〔三〕十一日ノ造船ニ関スル件連絡会議決定ハ延期、情報交換モ亦中止セラル

三、大東亜省設置ヲ機トシ連絡会議及情報交換ノ運用ニ関シ左ノ如ク陸軍省ニ意見ヲ提示ス、

連絡会議ハ　月及水（又ハ水ノミ）　宮中

情報交換ハ　土ノミ　官邸

情報交換ニハ外務省政務局長ヲモ出席説明セシム軍務局長之ヲ諒トシ関係方面トノ交渉ヲ約ス、

十月三十一日〔土曜〕

一、有末大佐　沖部隊参謀トシテ急遽香港ヨリ招致上京セラル

此ノ人　一人ニテ武運ヲ漾フカ如シ

十一月一日　〔日曜〕

一、昨年ノ此ノ日ハ連続開催セラレタル連絡会議打切ノ日、陸海軍大臣間ニ物動ノ申合セナリ　午前一時迄ニ至リテ十一月五日御前会議案決定ス、午後十時ニナリテ突如乙案ヲ出シタル東郷外相コレト渡リ合ヒシ塚田次長等昂奮ノ場合今見ルカ如シ、

二、此ノ日大東亜省誕生ス

三、竹田宮殿下御来臨ニテ第一部長主催有末大佐ノ送別宴

ヲ星岡茶寮及築地小松ニ於テ行フ

十一月二日〔月曜〕

一、午前九時ヨリ十時迄午後四時ヨリ五時迄「世界情勢判断」ノ連絡会議ヲ行フ、七月以来ノ懸案ヤツト此処迄漕キ付ケ思想ノ統一ナル、最大ノ戦争指導ト申スヘキカ、説明ハ海軍岡軍務局長行フ

此日彼中将近頃得意満面ナルヘシ

二、聖上　神宮外苑国民錬成大会ニ行幸遊サル

聖戦下此ノ大御心恭キ極ナリ

三、陸軍主催ニテ大本営政府事務当局遠乗会約三十名ノ出席ニテ盛大成功裡ニ行ハル、

十一月三日〔火曜〕

一、菊花薫ル明治節ノ佳節

快晴一点ノ雲ナク聖戦ノ前途ヲ祝福スルモノノ如シ

二、今ヤ西南太平洋方面波荒ク彼我ノ決戦ハ茲ニ再ヒ展開セラレントシ　方面軍各軍主脳部ノ陣容モ逐次決定寧ロ悲壮ノ決意溢ル、

三、参謀総長中食ニ星岡茶寮ニ於テ明日出発ノ有末大佐ヲ送宴セラル　此ノ殊遇前班長トシテ殊ノ外感深シ　原少佐亦同行　出征内定当課万々歳、種村ノミ残留髀肉嘆ニ堪ヘス、

十一月四日〔水曜〕

一、午後一時半ヨリ四時ニ至ル間宮中ニ於テ前回ニ引続キ世界情勢判断ニ関スル連絡会議開催

総理企画院総裁外相大蔵大臣ヨリ質問百出シ幹事之ニ答フル能ハス　オ下ケ渡シトナル、説明事項迄附シテ具申セルモ其内容ニ触ルルコトナシ、幹事頼ミ甲斐ナキコト甚タシ、

連絡会議ニ説明役トシテ参本第二部長軍令部第三部長臨時出席ス

二、第一部長ヨリ大臣ニ対シ十七時ヨリ官邸ニ於テ「ソロモン」方面ニ対スル措置ニ関シ所要ノ説明ヲ行フ

十一月五日〔木曜〕

一、昨四日連絡会議ニ於テオ下ケ渡シトナリタル世界情勢ニ関シ事務当局ニ於テ更ニ再検討所要ノ修正ヲ加フ、

海軍ハ物動決定ヲ直前ニシテ物取ノ根性ヨリ敵反抗ノ

重点ヲ太平洋トシテ過大視スルノ態度ニ出ルコト再三ナリ

〔十一月六日　欠〕

十一月七日〔土曜〕

一、午前十時ヨリ連絡会議ニ於テ「世界情勢判断」ヲ決定ス〔『杉山メモ』下、参照〕

約三ヶ月ニ亘リモミニモミタル結論ナリキ

二、午後両統帥部ヨリ右世界情勢判断ニ基ク帝国ヲ中心トスル作戦上ノ判断ヲ上奏シ次ヘノ措置ノ前提トス、

三、第八方面軍ノ内命発令原少佐参謀トシテ出征スルコトトナル　武運長久ヲ祈ル

〔十一月八日　欠〕

十一月九日〔月曜〕

一、米英連合軍地中海沿岸「アルチエリヤ」ニ上陸ス　枢軸ヲナメタルコトコレヨリ甚シキハナシ　伊海軍死シタルカ、

二、果然仏遂ニ対米断交ノ報至ル、欧州ノ風雲如何、東亜ニ於ケル仏印ノ処理如何、桃色解消喜フヘシカ、

十一月十日〔火曜〕

一、第八方面軍発令セラル、

方面軍司令官　今村均

第十七軍司令官　百武晴吉

第十八軍司令官　安達二十三

対米決戦ノ第一線ナリ

武運ノ全勝ヲ祈ル

二、仏印駐屯軍発令

司令官　町尻〔量基〕中将

三、泰仏印紛争再燃ニ関スル憶説頻々タルニ鑑ミ右ニ関スル中央ノ態度ヲ決定指示セラル

一犬虚ヲ吠エ万犬之ニ和スルニ似タリ、

四、大東亜省ノ開店執務開始漸ク始マラントスルニ際シ総務課長杉原荒太氏ニ対シ大東亜省執務上ノ準拠タルヘキ重要国策ヲ通報支援スルトコロアリ、彼コソ大東亜省ノ中心人物タレハナリ、

十一月十一日〔水曜〕

一、本日ハ第一次欧州大戦ニ於テ独軍降伏ノ日也再ヒ此ノ忌ムヘキ時機絶対到来セサルヘキコトヲ誓ツテ已マス、

二、海軍ノ損傷航空母艦ヲ陸軍側ニ参観セシム、折シモ物動決定ノ前夜ナリ、

三、本日大本営政府情報交換ニ於テ北阿仏領ニ米英軍上陸ニ伴フ措置ニ関シ議論百出スルトコロアリ、帝国トシテハ仏本国ノ態度如何ニアリテハ仏印施策ニ重大影響アルヘキニ付大イニ関心ノ要アリ研究ス

四、最近国内政治力ニ関シ動々モスレハ東条内閣ノ脆弱性ヲ問フモノアルニ付政治力強化ニ関シ赤松〔貞雄〕秘書官宛意見ヲ陳ルトコロアリ　即チ十七年度後半及十八年度物動決定及造船ノ発進決定ニ存ス

五、仏印駐屯軍司令官町尻中将ニ対シ第一部長ヨリ詳細ニ政戦略ニ亘リ説明スルトコロアリ

六、服部第二課長南方「ソロモン」方面出張中ノ処帰任ス、雨カ晴カ、要ハ大本営ノ責任アル作戦指導ニ存ス　三度失敗四度許サルヘキニアラス、

十一月十二日〔木曜〕

一、午後一時ヨリ陸海軍集会所ニ於テ左記ノ件ニ関シ連絡会議事務当局ノ会合アリ

一、「今後採ルヘキ戦争指導」ヲ決定スルヲ要スルヤ否ヤ、

陸軍省方面ノ熱意（大臣ノオ上ヘノ関係大）海軍省部ノ同意ニテ研究立案スルコトトス

二、遣独伊連絡使ニ与フル「共同戦争遂行要領」

三、北阿ノ情勢ニ応スル対仏施策、

右何レモ結論ニ至ラス近日中ニ研究再会スルコト、スルヲ可トシ独伊武官ニ紹介電ヲ発ス

二、北阿ノ情勢ニ関シテハ独伊ノ外仏ノ意向ヲ尊重協力ス但シ独軍ノ非占拠地域ノ進駐ニテ大勢決シタリ

十一月十三日〔金曜〕

一、下半期物動決定ノ陸軍省熱度未タ定ラス下僚ノ審議已ニ二ヶ月ニナラントス　政治力トハ何レニ存スルカ

二、地方長官会議十三時間ニ亘リ行フモ物動ニ断ヲ行ヒ得サルカ如キニテハ百ノ説法ニスギズ、

三、午後軍令部小野田大佐来部当面ノ戦争指導方策ニ関シ

両統帥部ノ一案ヲ得タリ、
全ク下ラヌ努力ニ精力ヲ消耗スルニ似タリ、
四、今後ノ南太平洋作戦ニ関シ第二課ニ対シ私的意見ヲ具陳ス
イ、必勝確算アル作戦計画ニ関シ大本営自ラ責任ヲトルコト
ロ、万一不幸ニシテ不成功ニ陥レル場合ノ方策ヲ今日ヨリ決定スヘキコト

十一月十四日　〔土曜〕

一、午後主任者間陸海軍集会所ニ於テ左記ニ関シ研究会ヲ行フ
イ、当面ノ戦争指導方策
ロ、現下ノ情勢ニ応スル対仏施策
何レモ結論ニ達セス引続キ日曜会食スルコトニシ散会ス
二、在支敵産処理ニ関シ最後的打合ヲ行ヒシモ統帥部側出席セス

〔十一月十五日　欠〕

十一月十六日　〔月曜〕

一、午後五時ヨリ連絡会議ニ於テ国民政府参戦ニ伴フ在支敵産ノ処理要領決定ス〔『杉山メモ』下、参照〕
昨日曜第一部長修正意見四ヶ所アリ本日十一時ヨリ緊急事務当局ヲ召集シ最後的打合ヲ行ヒ殆ント全部ヲ容認セシメシモ其ノ結果「軍管理委託経営者」ノ取扱ニ関シ第一部長未タ満足セス　甲谷中佐東奔西走事前工作ヲ十分ニシ本席上若干修文決定ス
最近陸軍省ハ総理ノ立場ヲ尊重シテ陸軍ノ立場ヲ顧ミサル点多ク参謀本部ヨリ苦言ヲ呈スルヘカラサルニアルハ甚タ遺憾ニ堪ヘサル所ナリ
本件海軍側ニ於テハ又軍令部側ニ本朝ニ至リテ連絡スル等事務当局ノ措置適当ナラサルモノアリ
二、午後二時ヨリ陸海軍集会所ニ於テ事務当局間ニ
(イ)当面ノ戦争指導方策
(ロ)三国共同戦争遂行要領
(ハ)対仏印施策
ニ就テ概ネ意見ノ一致ヲ見タリ

其後最近重要事項ニ関シ意見ノ一致ヲ見サルモノアルヲ感知ス

陸海分離モサルコトナカラ海軍省部ノ分離ノ傾向アルハ陸軍部内ノ実情トモ合セ考ヘ戦争指導上ノ危機ニ逢着スルハ憂慮ニ堪ヘサルトコロナリ

三、本日政府間ニ下半期物動決定

鉄　四二七万屯

A　一一〇
B　九四　計二〇四万屯

明後水曜連絡会議ニ決定ノ予定ノトコロ本夕統帥部ヨリ「ソロモン」方面戦況ニ鑑ミ船三十二万屯必要ノ件陸軍省ニ申入レアリタル為中止、オ流レトナル、

十一月十七日〔火曜〕

一、陸軍船舶増徴問題ニ端ヲ発シテ省部ノ間ニ大命賛否問題ニ及ヒ相当ノ議論紛糾ス

之ヨリ先企画院側ニ説明セルトコロ事態已ムナシトシ企画院総裁ノ同意スルトコロトナル、

二、船舶増徴ノ結果ハ国内問題コノマ、ニテハ進マス転把ノ切換ヘ時ナリ右機会ヲ失セサル様企画院側ニ進言ス、

三、北支軍参謀長大城戸〔三治〕中将及第十六軍司令官原田〔熊吉〕中将ニ連絡ス

四、川南〔豊作〕造船所長ノ新奇抜造船案ヲ次長以下聴取ス

今ヤ話シヲ聞クトキニアラス断行アルノミ

十一月十八日〔水曜〕

一、陸軍増徴三十七万屯案ニ基ク企画院案（鉄、アルミ現状維持）昨夜半成立セントスルトキ海軍側ヨリ二十五万屯増徴申出アリ（企画院ニ対シ）万事更ニ「ストップ」ス、

今ヤ強力ナル政治力ニヨル裁断以外何物モナシ首相何処ニアリヤ、

二、本日第八方面軍ニ対スル大命御允裁遊サル、

第十八軍ハ頭ノミニテ胴体ナシ此ノ打開ハ船舶ノミ

十一月十九日〔木曜〕

一、海軍第三次「ソロモン」会〔海〕戦ノ成果ヲ発表ス

戦艦二喪失ハ暗意ヲ催サシム、昨夜陸海主任課長船舶談義未タニ進マス今ヤ陸軍三七万屯海軍二五万屯計七

二万屯ノ船舶増徴ニアリテ（而モ十八年度ヲ通シテ減少ノ見込ナシ）国家戦力之ニ追随スルヤ否ヤニ存ス、牛刀カ小刀、大炬火、小炬火カ、茲ニ大本営政府一致ノ断ヲ要ス、

開戦以来未タ嘗テナキ国家重大ノ竿頭ニ立チアルヲ思フ、

宜敷ク眼ヲ瞑リテ断行スヘシ、両統帥部ノ思想混乱不統一ヲノミコレ恐ル、其ノ憂果シテナシトスルカ、

十一月二十日〔金曜〕

一、本日原少佐横浜ヨリ「ソロモン」ニ向フ大任ナリ、武運ノ長久、必勝ヲ祈願ス、

二、船舶問題ニ関連シ近来大本営政府間ハ勿論省部内ニ解ケ切ラサルモノアリ、

十一月二十一日〔土曜〕

一、昨夜船舶徴傭問題ニ関スル政府側ノ意見決定ス、不取敢陸海計二九万屯徴傭ス、

総理両次長ヲ呼ヒ付〔ケ〕テ右言渡シアリ、統帥部ヲ踏付ケタルヤリ方ニ両統帥部共激昂スルトコロアリ

特ニ今後ノ船舶需要ニ関シ緊縮方ヲ要請シ作戦ヲ拘束セントスルノ態度ニ出テタルハ近来ノ不快事タリ、

但シ第一次分トシテ陸軍一七万五千屯決定シテ本日午後発足、後カ問題ナリ、

十一月二十二日〔日曜〕

一、明年度物動四〇〇万屯ヲ維持スル為ニハ造船計画更ニ八〇万屯ノ増加ヲ要スル第十四課報告アリ、カクテハ川南式造船ニヨルノ外ナシ

二、午後四時ヨリ麹町宝亭ニ於テ大東亜省、総務局長、総務部長経済課長トノ懇談ヲ行フ

当方ヨリ第一部長第十四、第十五課長出席高瀬種村陪席ス　極メテ有意義当方ノ意向ヲ十二分ニ反影〔映〕セシムルコトヲ得タリ

十一月二十三日〔月曜〕

一、新嘗祭新穀ノ感謝更ニ新タナリ　全国民新白米ノ配給ヲ受ケ首相全国農民功労者ヲ表賞〔彰〕ス

二、午後陸海外東〔大東亜省〕主任者国民政府参戦ニ伴フ諸対策ヲ研究ス

十一月二十四日〔火曜〕

一、辻中佐丸二ヶ月振リニテ「ガダ〔ガタルカナル〕」方面ヨリ帰還声涙下ル悲痛真面目ナル報告ヲ聴取ス

二、船舶徴傭問題ヲ中心トシテ事ハ既ニ事務当局ヲ離レタルノ感ヲ深クス

西浦〔進〕軍事課長服部作戦課長ニ対手ニセラレス、今ゾロ当課ニ顔ヲ出ス、ナメラレタルカ。

〔十一月二十五日　欠〕

十一月二十六日〔木曜〕

一、昨年本日ハ米国カ対日最後通牒ヲ発シタルノ日ナリ、午後一時ヨリ帝国ホテルニ於テ栗栖大使帰朝以来第一声ヲ放ツ

淳々説イテ誤マラス其ノ国民ニ対シ与ヘタル効験近来ニナキ名演説ナリ

二、参謀長会議

廿五、六、七日開催セラル　先般ノ地方長官会議ノ後詰ノ感アリテ志気アカラス、

三、敵産処理ニ関スル現地軍参謀トノ懇談陸軍省ニ於テ行フ、中央方針確立シアルニ付難ナク取運ヒツツアリ

十一月二十七日〔金曜〕

一、参謀長会議最終日懇談ニ於テ総長ヨリ軍練成ニ付厳重ナル要望アリ　右ハ「ソロモン」ノ結果ニ基ク切実ナル総長ノ腹ノ中ヨリ出テタル御要望ナリ

二、国民政府参戦ニ伴フ日支取極中ニ日支連絡協議会ヲ設クル件並ニ其ノ内容ニ関シ陸軍省部上司ニ於テ異議アリ　午前九時大東亜省ニ会シテ訂正削除ス、尚昨日大東亜省大臣外務大臣陸海軍務局長間ニ於テ取マトメタル参戦ニ関スル準備要領ノ件並之ニ伴フ内報要領等整理一案ヲ得

本日午後四時ヨリ連絡会議ニ附議ス

席上大東亜相及企画院総裁大蔵大臣ヨリ参戦ヲ機トシ新支那建設処理方策ニ関シ観念調整的理想論ノ開陳アリテ具体的問題ニ進マス「国民政府参戦ニ伴フ諸準備ニ関スル件」ノミ決定ス〔『杉山メモ』下、参照〕

爾他ノ諸問題ハ先「新支那建設ノ諸方策」ヲ決定シ之ニ伴ヒテ逐次処理スルコトニ定メラレタリ

之ヲ要スルニ本問題カ斯クモゴテタル最大ノ理由ハ賀屋鈴木ニ対シ事前諸工作ナクシテ突如トシテ提議セルモノニヨル

此ノ機会ニ於テ支那事変処理要綱ニ代ルヘキ新支那対処要綱ヲ決定スヘク諸準備ヲ開始ス

［十一月二十八日　欠］

十一月二十九日［日曜］

一、「ソロモン」方面第八方面軍司令官以下現地ニ向フモ船舶問題未タニ決定セス　加フルニ参本間ノ意見亦区々タルモノアリテ陸軍省ニ確実ニ反影［映］スルコトナク徒ラニ時日遷延策ノ具ニ供セラル、コトアリシヲ以テ午前九時ヨリ作戦室ニ次長以下会シ今後ノ船舶運営増徴ニ関スル参謀本部ノ態度ヲ決定シ午後陸軍省ニ正式内報要望ス

爾今本件ニ関スル参謀本部ノ窓口ハ第十五課トセリ

十一月三十日［月曜］

一、陸軍大学校卒業式ニ方リ　聖駕ヲ大本営ニ奉迎シ　龍顔殊ノ外麗シク拝シ奉リ感激尽忠ノ念ヲ更ニ新ニス

此日快晴市ケ［谷］台光栄感激ニ満ツ

二、船舶増徴問題ニ関シ午後一時半ヨリ陸軍省軍務局長以下ニ対シ参本主任者ヨリ説明ス

軍務局長曰ク

1、来年度鉄三五〇万屯ハ絶対確保スルヲ要ス

2、右保持困難ナルカ如キ作戦ハ御免蒙ル、

3、本徴傭量ヲ以テスレハ鉄二〇〇万屯トナルヘシ

意中言外ニ「ガ」島作戦ノ中止ヲ要求スルカ如シ

参謀本部側トシテハ政府ノ川南式等アラユル画期的方策ニヨリ船腹ノ増加ヲ図ルヘキコト

「ガ」島ヲ遂行スルモ中止スルモ船舶所要量ハ同様ニシテ中止スルコトニヨリテ爾後ノ作戦ハ益々困難ナルヘキヲ主張シ両者意見ノ一致ヲ見ス

省部間ニ左ノ喰ヒ違ヒアルヲ明ニセリ

一、「ガ」島ニ対スル大命完遂ニ関スル熱意

◎一、「ガ」島攻略ニ対スル必勝ノ確信ニ対スル認識

一、縦ヒ「ガ」島攻略成レリトスルモ其後ニ於ケル方略ノ差異

一、「ガ」島攻略ノ国力ニ及ホス影響

◎一、国力補填ノ為船艦増強ノ見透
◎ノ点ノ相異カ両者ノ意見一致ヲ見サル最大ノモノタルヘシ
三、午後軍令部ニ対シ陸軍船舶増徴要求ヲ提示シ海軍側モ亦速ニ四月迄ノ見透ヲ確立企画院ニ通報方要求ス
四、午後三時半ヨリ陸海軍集会所ニ於テ川南造船方式ニ対スル海軍ノ意見及甲造船*計画ニ対スル改良進捗状況ヲ聴取ス　彼モ亦熱心ナリ今ヤ造船ノミカ国ヲ救フトイフカ、
五、総理ハ昨日右ト同時ニ首相官邸ニ於テ海軍側ノ説明ヲ聴取シ直チニ明日九州ニ飛ヒ川南造船所ヲ視察スルコトトシ船舶増徴問題ヲ五日ニ控ヘアルヲ以テ参謀本部ノ抑止ヲモ聴カス彼亦愛スヘシ、

＊　長さ五〇メートル以上の鋼船は海軍大臣の所管となりこれを甲造船と称した。

十二月一日〔火曜〕

一、「新支那対処要綱」ヲ立案シ関係方面ノ意見ヲ聴取ス
二、船舶増徴問題愈々省部ノ次長次官軍務局長第一部長間ニ於テ明二日陸軍大臣官邸ニ会シ決定スルコトニセリ
海軍側亦概ネ陸軍意見ニ同意ヲ表シ来ル
三、支那現地参謀ト省部主任者会同シ支那ニ於ケル物資統制、封鎖、支那人ノ活用ニ関シ意見交換シ新情勢ニ応スル中央ノ意図ヲ十分伝フルトコロアリ

十二月二日〔水曜〕

一、企画院検討ニ基キ午後六時ヨリ大臣官邸ニ於テ省部局部長次長次官会議ヲ行ヒ午後十二時ニ至ルモ結論ニ到達セス　再検討問題二三ヲ残シテ問合ヲ切ルコトニセリ、

〔十二月三、四日　欠〕

十二月五日〔土曜〕

一、陸軍船舶第二次徴傭期五日ニ至ルモ容易ニ決定ニ至ラス午後八時臨時閣議ヲ開キ午後十時前ニ至リ決定スルトコロアリ、
其ノ内容ハ差当リ九万五千屯ノ徴傭ニハ応シタルモ爾後ノ作戦ヲ拘束不可能ナラシムルモノニシテ次ノ二点ニ関シ相異点ヲ発見ス

一、一二三月ノ損耗見込十六万五千屯トアルヲ八万五千屯トス

二、四月以降A百十万屯ノ確保ヲ認ムルコトナク十八万屯ノ解傭ヲ要求ス

右決定ヲ軍務局長ヨリ甲谷中佐伝達ヲ受ケ次長官舎ニ於テ次長第一部長（第二、第十課長、種村中佐同席ス）ニ報告スルヤ次長特ニ第一部長激怒、無法ノ統帥干渉傲慢無礼ノ閣議決定ニ至ル間ニ於ケル陸軍大臣以下ノ態度ニ対シ嫌キ足ラサルモノアリ次長官舎ニ軍務局長ヲ招致シテ事情ヲ聴取激論アリ、第一部長激昂シテ軍務局長トノ間ニ夫々二ツ宛ノ鉄拳飛フ　軍務局長ノ返撃冷静ナルモノアリ

種村ハ軍務局長ヲシテ其席ヲ去ラシム

次官官舎ニ至リ次官局長ニ対シ第一部長ヨリ懇々説明陸軍省ノ善処ヲ要望スルトコロアリ

激論数刻午前三時ニ至ルモ遂ニマトマラス　此ノ間第一部長大臣トノ面談ヲ強要スルモ陸軍大臣ノ消息不明ヲ理由トシテ面接セシメス、但シ右諫言ハ秘書官ヨリ大臣ニ間接的ニ通シ明日以後ノ発展ヲ希望スルヤ切ナリ、

十二月六日 〔日曜〕

一、本日陸軍省ハ昨日参謀本部側苦言要望ニヨリ終日之カ打開策ニツキ協議スルトコロアリ、

二、参謀本部ヨリハ陸軍省ニ対シ昨夜ノ要求ヲ書類ヲ以テ送付伝達ス

三、午後次長ハ企画院総裁ヲ訪問シ善処打開方要望シ午後五時ニ至リ企画院陸海軍主任課長案ヲ得タリ

右案ハ一月—三月ノ損耗補填ハ八万五千屯ナルモ之ヲ著シク超ユルトキハ大本営政府間ニ於テ協議協定スルコトトセリ、而シテ統帥部亦右案ニ概ネ同意ヲ表シアルトコロナリ、

四、然ルニ陸軍大臣ハ昨日ノ閣議決定ノ主旨ニ鑑ミ如何ナル場合ニ於テモ八万五千屯ヲ超ユルコトニ同意セス

其旨官邸ニ於テ種村中佐軍務局長ヨリ聴取ス

五、右大臣ノ決心ハ作戦中止ヲ命スルニ等シク事極メテ重大ナルヲ以テ種村ハ先次長ニ報告次テ次長ト共ニ総長官舎ニ於テ報告シ直チニ第一部長ヲオ迎ヘス

第一部長ノ決意牢固タリ

一、統帥ノ尊厳確守

一、「ソロモン」方面第一線将兵ニ対スル中央統帥部

ノ義務遂行
一、参謀総長次長及部下一同ニ一切ノ迷惑ヲカケス自己一身ニ引受ケテヤルコト
右主旨ニヨリ大臣ニ対スル諫言ニヨリ最後的ニ其ノ反省ヲ求メ戦争完遂ニ資スルニアリ
六、総理官邸日本間ニ於テ次長次官ヨリ総理ノ反省再考ヲ促スモ同意セス午後十一時半ヨリ約三十分大臣次官軍務局長人事局長次長ヲ前ニ第一部長ノ大臣ニ対スル諫言再考要望ハ至誠至情腑俯［腑］ヲツキ余ストコロナシ　言タマ〳〵荒々シクナルトコロアリトスルモ蓋シ重盛ノ父清盛ニ対スル忠言ニ等シク一座粛トシテ声ナク　室外ニ待期［機］スルモノ赤松、二宮秘書官　真田［穣一郎］西浦課長種村ノミ、
七、午前一時第一部長次長ハ総長官邸ニ帰リ時余ニシテ帰宅セラル、
種村第一部長ヲ自宅迄オ送リス泰然平素ト変ルトコロナシ
八、此ノ日総長次長ノ心痛ハ蓋シ「ソロモン」方面ノ現下ノ情勢ト共ニ言語ニ絶セルモノアルヲ察シタリ、
次長ノ決意亦牢固タルアリ　種村ニ対シ但シ本件始末迄現職ニ止マル旨洩サル、

十二月七日［月曜］
一、本日早朝大臣総長会見ス
昨夜第一部長ノ激論忠言ニ対シ大臣ハ軍人軍属統督ノ立場ヨリ第一部長交［更］迭ヲ総長ニ要求シ船舶徴傭ニ関シ再考ヲ約ス
二、総長ヨリ参謀本部各課長ニ対シ第一部長ノ個人的立場ヨリ他ニ転出ノ件並ニ課長以下ノ冷静戦争任務完遂ニ努力ノ件要請セラル、
三、次長鈴木企画院総裁ヲ訪レ大臣再考ノ斡旋役ヲ要請セラル
四、今後本件ヲ打開スルハ
一、鈴木企画院総裁ヲシテ斡旋セシム
二、海軍大臣ヲシテ行ハシム（本件ハ陸軍トシテ採ルコト不可）
右成ラサルニ於テハ惟幄上奏アルノミ、冷静最善策ヲ講究シテ陸軍省ニ再考ヲ促ストコロアリ
五、戦争第一年ノ大晦月ニ大本営陸軍部ニ此ノ悲シムヘキ大変動ヲ生シタルハ今後戦争完遂ニ寂寥ヲ感スルヤ切

ナリ、感慨無量当課一同第一部長田中中将閣下ノ最高絶大ノ御武蹟ヲ仰慕シ御殊遇厚カリシニ感激シ切ニ皇国ノ為御奮闘大ヲ成サレンコトヲ希［祈］念ス

六、夕刻ニ至リ大臣ハ「［ママ］損耗量増加ノ場合大本営政府協議決定ノ旨ヲ承諾シ之ニ基ク陸軍省案ヲ次長携行シ第一部長ノ自宅ニ至リ其ノ成功ヲ喜フ、後ハ事務的接捗［折衝］ノミ、帰途大臣ニモ翻意ヲ謝スル所アリ共ニ次長ノ誠意ナリ

七、此クシテ戦争第一年ヲ意義アル結末ニテ送リ戦争第二年ニ突入スルコトトナレリ、

種村中佐手記

機密戦争日誌　其五

自　昭和十七年十二月八日
至　昭和十八年五月三十一日

十二月八日〔火曜〕

一、戦争第二年　決戦ヘノ総進軍開展セラル、全国ヲ挙ケテ感激ニ埋マル、

二、船舶問題ハ昨日大臣カ爾後ノ問題ヘノ約束ヲ翻意シタルニヨリ本日ハ単ニ事務的検討ニ於テ相当ノ紛糾アリシモ夜半ニ至リ省部ノ意見一致ス

三、対支処理要綱ニ関シ主任者ノ研究逐次進展、第一部長ニ報告、部長ヨリ大臣ニ説得セラル、コト、トナレリ（転出後モ尚大臣ニ諫言セラル、トコロ大臣感謝スヘキナリ）

四、田中第一部長　南方軍総司令部附ニ
綾部〔橘樹〕少将　第一部長へ

十二月九日〔水曜〕

一、船舶問題ニ関シ陸海企各方面ノ意見一致シ明十日午後御前会議ヲ奏請スルコトトナレリ、

二、御前会議次第総理両総長各大臣ノ説明ニ関シ事務的検討ヲ了ス、会議ハ御前ニ於ケル大本営政府連絡会議即チ　御前会議ナルモ従来　御前会議トシテ正式奏請スル場合ハ特旨ヲ以テ枢密院議長ノ参列ヲ例トシコレノ事前説得議場ニ於ケル説明ニ翻弄セラレアルカ従来ノ御前会議ノ通例ナリ、此度ハ特旨ヲ以テ枢密院議長ノ参列ヲ避クル為総理ヨリ明十日午前十一時宮中ニ参内シ本日大本営政府連絡会議ヲ開催シ事極メテ重大ナルニ付親臨ヲ仰キ度旨奏請スルコトトシ形式的奏請ハ之ヲ省キ会議ヲ「御前ニ於ケル大本営政府連絡会議」ト命名スルコトニ意見一致セリ
コレニヨリ軽易ニ屢々御前会議ヲ開催真ニ御親裁ノ実ヲ挙クルコトニセラレタリ

十二月十日〔木曜〕

一、午後二時ヨリ約一時間三十分宮中ニ於テ大元帥陛下ノ親臨ヲ仰キ奉リ　御前ニ於テ大本営政府連絡会議ヲ開催「当面ノ戦争指導上作戦ト物的国力トノ調整並国力ノ維持増進ニ関スル件」ヲ決定　御裁可遊サル、〔『杉山メモ』下、参照〕
直チニ南太平洋剛部隊〔第八方面軍〕ニ電報ス（御前会議決定ニ至リタル深刻ナル経緯ハ第二課長ノ配意ニヨリ伝達ヲ取止ム）
問題ハ左記三点ニ於テ悲壮化スヘシ

一、空中勢力ノ確保不可能ニ陥リタル場合（一月下旬）

一、損耗予想量ヨリ超過セル場合（二月上旬）

一、「ガダル」ガ枯渇セル場合（一月下旬）

靖国神社ニ宮中ヨリ帰路詣テ必勝ヲ祈ル、コレアルノミ、

二、第一部長御前会議後陸軍大臣ト会見夫々衷情ヲ披瀝シ惜シミ且謝シツツ邦家ノ為忠誠ヲ誓フ、御前会議御決定ノ意義亦深シ

部長亦喜ンテ立ツヘシ、

十二月十一日〔金曜〕

一、聖上伊勢神宮御親拝ノ為発御遊サル一億ノ感激茲ニ集中スヘシ

二、三国協定成立記念日ニ方リ益々三国共同戦争完遂ヘノ決意ヲ新ニス

三、対支処理要綱

右ニ基ク具体的方策
右ニ基キ参戦ヲ機トシ取極ムヘキ事項
従来ノ対支問題ヲ整理ス
ニ一括シテ

十二月十二日〔土曜〕

一、汪主席日本訪問ノ為二十日来朝ノ旨申越シ来リタルニ付支那総軍ニ於ケル軍司令官会議ノ関係モアリ　対支処理要綱ハ十六日（水）御決定ヲ奏請シ得ル如ク諸準備ヲ進ムルコトトス

二、井本中佐第八方面軍参謀発令赴任（十二月二日）以来現地実情手ニトル如ク中央ニ報告シ中央ノ決意資料ハ〔下〕ナリツツアリ　第二課長ハ十五日発現地ヲ視察ス

海軍側最近弱腰アラワレ昨十一日及本日ニ亘ル二回作戦情報交換ハ其ノ内容深刻ナルモノアリシカ如シ、

先般来次長ニ対シ両統帥部ノ作戦情報交換ニ於ケル作戦上ノ施策ノ検討論議ハ須ラク部長以上ニ行ハルヘキ旨ヲ具申ス、最近上司ハ深ク決意シアルモノノ如ク南太平洋各種ノ不吉ナル情況ノ具現ニ際シ採ルヘキ態度ニ関シテモ次長総長間ノ決意定マリタルモノアルカ如シ、

此ノ際ニ於ケル明断コソ次長総長ノ任以外何人ニモナシ、

十二月十三日〔日曜〕

一、日曜ニモ拘ラス午前九時ヨリ部長会議ニ於テ「対支処理要綱」其他ヲ審議セラル　甲谷種村両名説明、第二部長ノ意見開陳　総長ノ明断アリ、香港問題ハ明朝迄決定ヲ延期スルコトトシ殆ント事務当局案ヲ可決セラル、此時第一部長ナキコト寂寥感特ニ深シ、対支処理ハ一大段階ニ到〔達〕シ得タリ今後ハ実行ノ人ヲ得ルノミ、

十二月十四日〔月曜〕

一、対支処理要綱ニ関スル修文ヲ陸軍省側ニ通告ス、然ルニ陸軍大臣ノ意図明白ナラス　且之カ取扱ニ関シテモ疑義アル等最後ニ至リテ帰属問題ト同様腰崩レトナラントシツツアリ　発言者タル陸軍ノ面目丸ツブレカ、

二、第二課長服部大佐更迭陸軍大臣秘書官ヘ
軍務課長真田大佐第二課長ヘ、
陸軍大臣秘書官二宮大佐軍務課長ヘ、
右何レモ本朝突如発令セラル
昨日来辻中佐次長及総長ヘ第二課長交〔更〕迭ヲ遶リテ激昂意見具申スルトコロアリ　辻亦職ニ在リ難キヲ称フ、
軍人ハ私論私見ト公事ト区分スルヲ要ス、此ノ際総長次長ノ厳乎タル存在ヲ熱望ス
次長涙ヲ呑ンテ此度ノ人事ハ「予ノ発意ナリ又如何ニ人ヨリ言ハレヤウトモ此ノ事態落付〔着〕ク迄ハ現職ニアリテ任務ヲ完遂スヘシ」ト甲谷中佐ニ答フ、「一番困難ナルコトヲ引受ケルノカ俺ノ任務タ」ト考ヘラレル次長ノ心事誰カ知ル

三、午後　天皇神宮御親拝ニ伴フ統帥部決意ニ関シ総長訓示スルトコロ在リ、

十二月十五日〔火曜〕

一、総長ヨリ甲谷中佐ニ対シ「第一部長申言ニヨリ服部大佐ヲ更迭セル旨」伝ヘ且辻始メ下々ノ者盲動スルコトナキ様申渡サル、
総長次長第一部長共ニ各々異ナル立場ニテ苦衷察スヘシ

二、第一部長綾部少将午後四時羽田着第一部ヲ代表シテ甲谷中佐出迎自宅ニ送リテ所要事項ヲ説明ス

三、日満支企団三四十名ヲ宮中ニ召サセラレ拝謁ヲ賜ヒ生産増強ヲ督励シ給フ　聖慮忝シ何人カ奮起セサルヘキカ、

四、「対支処理要綱」ヲ「大東亜戦争完遂ノ為ノ対支処理根本方針」ト改メ

1、御前会議ニスヘキヤ否ヤ

2、香港ヲ如何ニスヘキヤ

3、海南島ヲ如何ニスヘキヤ

ニ関シ再検討スルコトトス

十二月十六日〔水曜〕

一、前第一部長田中中将本日出発ニ方リ最後ニ当課ヲ訪レ左記ヲ申述ヘラル

一、対支処理ノ徹底ニヨリ在支兵力ヲ逐次集結シ北方情勢ノ変化ニ備ヘヨ、

二、内地ニ於テ帰還予定ノ部隊ノ留守隊ヲ以テ新師団ヲ編成シテ北方情勢ノ変化ニ備ヘヨ、

三、南太平洋方面ハ其ノ成否ニ拘ラス三月ヲ以テ打切レ、（敵カ許スカ否ヤ）

四、南太平洋ノ如キハ帝国ニトリテ二階カラ目薬ノ分、最モオソル、ハ北方問題ナリ

右蓋シ至言ナリ

二、新第一部長ノ挨拶アリ

其ノ苦衷察スルニ余アリ

三、対支処理要綱ノ中　対重慶方策ニ関スル解釈ニ就キ第二部ト激論シ概ネ意見ノ一致ヲ見タリ

四、国府顧問浜田〔弘〕大佐、武官落合〔甚九郎〕少将ノ報告ヲ聴取ス、後者ハ可ナルモ前者ハ不可ナリ、

十二月十七日〔木曜〕

一、現地海軍「ガ」島補給ヲ拒否シ来ル、一月下旬予想セシ悲報已ニ来ルカ、

両総長両次長両第一部長ノ心カラナル懇情以外何者モナシ、而モ断スルニ躊躇スルコト勿レ、

真田第二課長此日瀬島〔龍三〕少佐ヲ伴ヒテ現地ニ飛フ　其任ヤ重シ、

総ヘテノ責任ハ中央之ヲ採ルモノトシ「センチ」ニナル勿レ、

十二月十八日〔金曜〕

一、午後二時半ヨリ宮中大本営ニ於テ
「大東亜戦争完遂ノ為ノ対支処理根本方針」
「右ニ基ク具体的方策」
「右ニ準拠シ国民政府参戦ヲ機トシ国民政府トノ間ニ取極ムヘキ事項」
ヲ夫々連絡会議決定ス〔『杉山メモ』下、参照〕
本席上
(1)本決定ヲ二十一日御前会議ニ於テ御決定ヲ願フコト
(2)香港ニ関シテハ九龍ト共ニ今直チニフレサルコト
（海軍側ノ主張ニヨル　辻中佐慨嘆シテ曰ク片目落チタリト）
(3)対重慶方策ニ関シテハ「ヤラヌ」トイフコトニ念入リノ注文アリタルコト
(4)経済封鎖ニ関シ大東亜大臣ヨリ注文アリテ新ニ「占拠地域内物資交流ヲ阻害スルコトナシ」ヲ挿入セルコト
(5)海南島ニ関シ現状ニ従ヒ秘密交換公文（甲）ニヨリ調整スルコトヲ海軍側カヤツト本朝ニ至リテ折レタルコト　但シ陸軍ヨリ「現状ニ従ヒ」ヲ削除方要請セルモ成ラス
等約三時間ニ亘ル大論争ノ結果芽出度決定ヲ見ルニ至リタルモノナリ
一ヶ月間ニ亘ル連日ノ辛苦カ御前会議ヨリ結実スルハ戦勝感ト同一ノ感激ヲ思ハシム
二十四日支那派遣軍各参謀長ヲ召集伝達ノコトニ定メ参謀本部ヨリ夫々処置スルコトトス

十二月十九日〔土曜〕

一、御前会議ニ於ケル諸準備ヲ了ス
二、外務省ニ於テ大島電ニ伴フ独「ソ」和平ニ関スル研究ヲ行フ
(一)来年三月迄ニ独「ソ」和平結実スル如ク外務大臣ノ責任ニ於テ果敢ニ推進スルコト
(二)連絡使一行ノ件ハ十二月末迄ニ「ビサ〔ザ〕」来ラサルトキハ取止ム
(三)従来本件ノ進捗セサリシハ大島大使ノワルキニアラス東京ノ決心決ラサリシニヨル、詳細我方ノ企図ヲ現地ニ電報スヘシ
以上ヲ参謀本部意見トシテ種村ヨリ発言ス

三、日独経済協定未タニナラス其理由ハ事務当局ノ「ケチ」臭キ修文競争ニ起因セルヲ以テ独側ノ意見ヲ全面的ニ呑ム如ク陸軍省及外務省ヲ推進ス、

十二月二十日〔日曜〕

一、昨日御前会議議題ニ関シ原〔嘉道〕枢密院議長ニ対シ青木〔一男〕大東亜大臣説明セルトコロ　原議長ハ満腔ノ賛意ヲ表シ未タ嘗テナキ立派ナル御前会議内容ナリト激賞ス

大東亜省ヨリノ通知ニ接シタルヲ以テ総長ニ報告、質疑応答資料ノ準備モ二三件ニノミトシテ中止ス、

日支基本条約改訂ニ関スル統帥部ノ意見ノミハ之ヲ明瞭ニスル為総長ニ申言ス、

二、汪主席来朝ス

対支処理ハカクシテ活溌ニ展開セラル、

十二月二十一日〔月曜〕

一、聖上御風気ニ渡セラルルニ拘ラス午前十一時ヨリ宮中ニ於テ御前会議ヲ開カセ給ヒ「大東亜戦争完遂ノ為ノ対支処理根本方針」ヲ御決定遊サレ対支処理ニ関シ帝国ノ嚮フ所ヲ指示セラレ給フ　聖慮宏大深遠感激ニ堪ヘス〔『杉山メモ』下、参照〕

陸海軍大臣両総長御前ニ於テ本施策完遂ノ固キ決意ヲ誓フ、

原枢府議長病ヲ押シテ出席大賛成ヲ述ヘ且之カ現地ニ於ケル強力ナル実行ヲ要望ス、

二、御前会議御決定ノ主旨ヲ総長ヨリ関係課長以上ニ伝達シ之カ実行ヲ要望セラル

三、右ニ基キ大陸指示ノ改訂示達ニ着手シ省部ノ間終日論議シテ午後八時ニ至リ成案ス

実行ハ先ツ之ヨリ始マル、

四、第三部長ハ総務部長ヲ転置ノ趣キ決定シ其ノ機会ニ総長ヨリ各部長ヘノ訓示案ヲ起案方次長ヨリ甲谷中佐ニ命セラルルトコロアリ「苟クモ各部長ヘノ訓示」ノ如キハ文章ニヨルコトナク熱ト誠意ヲ以テ遺憾ナク総長次長ノ所懐ヲ述フレハ足ルヲ以テ之カ訓示ノ文化ハ適当ナラストシテ意見ヲ具申スルトコロアリ、

五、田中中佐来任ス、

大増援来ルノ感深シ、

自今機密戦争日誌ノ記載ハ田中中佐ノ責任トス、

（種村　記）

十二月二十二日　火曜　晴

一、廿日来訪セル汪精衛氏ハ本日宮中ニ参内ス、同苦同甘大東亜戦争完遂ノ為全力ヲ挙ケテ協力スヘク覚悟ヲ新ニシ誓フトコロアリシナラン、

二、重光大使本日参謀総長ヲ訪問ス

其ノ会談内容ハ不明ナルモ「大東亜戦争完遂ノ為ノ対支根本方針［ニ］ニ関シ軍ノ決意ト責任ノ分界ヲ明ニシ大使ノ画期的尽瘁ヲ要望セラレタルモノト思推［惟］ス、

三、「対支根本方針」ノ伝達方式ハ最モ重キ型［形］式ヲ採用シ厳粛ナラシムル為大臣総長連名併記トシ次官立会ノ下ニ総長ヨリ総参謀長ニ手交スルコトニ決定ス

本件ニ関シ軍務課ハ次長次官ノ連名式ヲ主張シタルモ遂ニ我カ意見ニ同意セリ

四、荒尾大佐ヨリ左ノ説明アリ

木造船建造ニ関シ逓信大臣ハ昭和十八年度五十万屯ヲ目標トシ已ムヲ得サルモ最少［小］限四十万屯トシ研究セシメタルモ海務院ノ答弁ハ三十六万屯ナリ、軍ハ木造船ノ所要屯数ヲ研究決定シ之カ達成ノ為方途ヲ案出シ努力スヘキナリ

十二月二十三日　水曜　曇

一、総力戦研究所ニ於テ総力戦机上演習研究会開催セラル現情勢ヲ以テ想定トシ対豪対「セイロン」島作戦ヲ実施スルモノトシテ国内綜力戦指導ヲ主題トシテ研究セラル、

戦争指導的問題トシテハ独「ソ」調停問題日「ソ」国交調整問題論議セラレタルモ南方占領地ノ経営ニ関シテ触レサリシハ奇異ノ感ヲ抱カシメタリ

研究成果ノ数的根拠ノ信依性ハ不明ナルモ民需ヲ極度ニ圧縮セハ昭和十八年度ニ於テ対豪作戦昭和二十年度ニ於テ対「ソ」作戦亦強行シ得ルカ如キ印象ヲ得タルモ戦力ノ消耗ト培養トノ関係ヲ考量シ作戦間隔ヲ如何ニ律スヘキヤハ重大ニシテ慎重ニ研究ヲ要スルトコロナラン、

二、外務省門脇［季光］課長来訪左ノ意見ヲ開陳且質問セリ

1、国民政府ノ参戦問題ハ既ニ外部ニ漏洩シアルカ如キ

虞アルヲ以テ成ルヘク早期ニ参戦スル如ク取計ヒ度
2、対「ソ」交渉ヲ実施スヘク準備致度モ陸軍ハ本交渉間口実ヲ捉ヘテ対「ソ」作戦ヲ実施スル意欲アリヤト
当方ハ第一項ニ賛意ヲ表シ第二項トニ関シテハ武力行使ハ極力避ケ度旨回答シ対「ソ」交渉ノ決意ト之カ迅速ナル着手ヲ督促セリ

十二月二十四日　木曜　晴

一、支那派遣軍総参謀長、甲［北支那方面軍］、戊［戊］［駐蒙軍］、呂［第十一軍］、波［第二十三軍］各集団参謀長会同ヲ被命、参謀総長ヨリ御決定事項及大陸指ヲ伝達シ且右ニ関シ大臣総長訓示並次長次官ノ口演アリテ之ヲ徹底的ニ実施スヘキ熱意ヲ披瀝セラル
斯クテ「対支根本方針」ハ歴史的一線ヲ画シテ転換期ニ入リ其ノ実施ノ第一歩ヲ踏ミ出シタリ
二、議会召集セラル、

十二月二十五日　金曜　晴

一、国民政府ノ参戦問題ニ関シ泰国大使ハ徐良ヨリ聞込ミトシテ情報ヲ本国ニ打電シタルヲ以テ総理ハ午後六時四十分急遽汪主席ヲ訪問会談スルトコロアリ　尚本件ハ総理ト青木大臣ト善処スルコトトシ参戦ハ一般情勢上成ル可ク速カニ実現セントノ意見強シ
国民政府ニハ機密ヲ保持スル能力無キハ幾多ノ例証アリ機密事項ヲ取扱フ上ニ於テ深甚ノ考慮ヲ要スヘシ
二、ダルラン暗殺セラル、

十二月二十六日　土曜

一、対「ソ」並ニ独「ソ」国交調整ノ件ニ関スル種村案ヲ検討ス
対英米戦争ニ徹スル為ニハ「ソ」問題ヲ解決シ北辺ノ安定ヲ得ルヲ要スルハ自明ノ理ナリ、能否ヲ論シテ実践ヲ躊躇スヘキニアラス、寧ロ遅キ感アリ、断行スヘシ、
二、中部軍防空部隊視察報告（第四課主催）アリ、素質劣悪、訓練不充分ニシテ将来ノ米空軍ノ来襲時果シテ軍ノ威信ヲ保持シ得ルヤ思ハハ慄然タルモノアリ
防空戒厳令施行ノ論出タルモ先ツ軍ノ強烈ナル指導行ニヨリ地方長官ヲ実質的ニ把握スルカ如ク努ムヘキナリ

三、帝国議会ニ親臨遊サレ優渥ナル勅語ヲ賜フ

十二月二十七日　日曜　晴

一、日「ソ」国交調整案ニ対スル意見左ノ如シ
1、趣旨ハ諒トスルモ一般情勢上必成ヲ期シ難シ、寧ロ斯ル提議ニヨリテ帝国ノ足許ヲ見透サルヘシ―第二部長―
2、本案ハ提議ノ時機ヲ考量スルヲ要ス―総長―
二、右ニ関シ当課ノ意見左ノ如シ
1、本案ハ戦争指導上喫緊ノ要請ナリ、第二部ハ如何ニシテ如何ニシテ［ママ］之ヲ結実セシムヘキカ打開方策ヲ研究スヘキナリ、
2、現下ノ難局ヲ打開スルコトカ本案ノ狙ヒ所ナリ、荏苒トシテ時ヲ空ウセンカ何時ノ日ニカ好機アランヤ
（田中中佐記）
三、第二部ニ対シ右ニ関シ研究アリタキ旨申込ム

十二月二十八日　月曜　晴

一、第二部長主催ニテ支那派遣軍及其ノ隷下各軍謀略主任参謀ノ会同アリ　其ノ目的ハ過去ノ謀略施策ヲ検討シ之カ促進強化ヲ図ルト共ニ今後ニ於ケル謀略計画案ヲ提示シ中央ノ抱懐スル企図ノ徹底各軍主任者ノ思想統一ヲ期スルニ在リ
二、昼食事ニ参謀総長ヨリ年末ノ辞アリ、明年ハ決戦ニ入ルヘク予想セラルルヲ以テ各員ハ一致団結益々職務ニ邁進スヘキヲ要望セラレタリ

十二月二十九日　火曜

一、第二課長南太平洋方面ヨリ帰還後連日海軍側トノ深刻ナル研究ノ結果遂ニ本日午前該方面ニ於ケル作戦指導ニ関スル結論ニ到達、午後第二課長ヨリ各部長及第三、第十、第十五課長ニ対シ戦況ト併セ説明アリ
言辞切々事ノ深刻ナル果シテ想像ノ通リ、而シテ本日到達セル結論ノ極メテ堅実妥当ナルヲ聞キ衷心感激、当事者ノ血ヲ吐ク想ヒト努力ニ対シ満腔ノ謝意ヲ捧ケサルヲ得ス、上司ノ明断稍々遅キニ失シタルモ尚可ナリ、是レニテ戦争ノ前途盤石
「局部ノ問題トシテ皇軍ノ歴史ヨリ見ルモ事ハ極メテ深刻ナリ、従テ之ニ関スル凡テノ措置ニ万遺憾ナキヲ

期セラレタキハ勿論ナルモ問題ハ戦争指導ノ大局ヲ失ハサルニアリ、申ス迄モ無キコトナカラ此上トモ凡有毀誉褒貶圧迫等ヲ度外視シ飽ク迄冷静ニ大局ヲ見テ御決意ノ上断乎所信ヲ断行セラレ度」旨議場ニ於テ第二課長ヲ激励シ置ク、

本日ノ決心ハ恐ラク戦争史上重大ナル「ポイント」トシテ残ラン

（甲谷中佐記）

十二月三十日　水曜

一、午前十一時ヨリ大東亜省ニ於テ関係各主任者会同シ

1、諸取極締結ニ関スル事務的進度ノ件

2、対支根本方針及同具体的方策ヲ閣議決定トスル件

3、枢軸国（独、伊、満、泰）ニ国府参戦ニ同意内報ノ件

4、国内指導ニ関スル件

5、日支間新局面打解ノ為ノ対支宣伝要領ノ件

6、対支新政策ノ実施計画ノ件

ニ関シ検討シタル結果、1、2、3、4ハ決定シ5、6項ハ改メテ立案シ次回ノ研究ニ譲ルコトトナレリ、

尚参戦ニ関スル同意内報ハ成ルヘク速カニ実施スルモノトシ軍ハ各関係軍並ニ外国駐在ノ武官ニ対シ次長ヨリ打電セリ

別ニ大東亜省ハ重光大使ニ対シ「参戦ハ澎湃タル民衆ノ声ニ基ケルモノナル如ク輿論ヲ事前ニ指導アリ度旨」打電スル如ク軍ヨリ要求ス

参戦ニ伴フ帝国政府声明案（当課調製）ヲ提示説明シタルトコロ「将来基本条約並ニ諸取極ノ修正ヲ考慮シアル件」ヲ宣示スルノ可否ニ関シテハ全的意見ノ一致ヲ見ルニ至ラス次回ニ研究スルコトトス

（以下田中中佐記）

十二月三十一日　木曜　晴

一、南太平洋方面ニ於ケル作戦指導（機密戦争日誌十二月二十九日参照）ニ関シ御前会議アリ

龍顔麗ハシク御決裁遊ハサレシ由洩レ承ルタニ畏キ極ミナリ

二、午前九時半ヨリ陸海軍集会所ニ於テ甲造船建造ニ関スル件報告（海軍）アリ、改*E型九〇〇屯級ノ多量生産

ニ依リ約二十万屯ヲ増産スル計画ニシテ之ニ因リテ来年度ノ造船量ハ百万乃至百五万屯ニ達スル筈、斯クテ我カ戦争遂行上ニ於ケル隘路ノ打開モ不十分ナカラ向上シツツアルハ喜ハシキコト哉

三、国民政府トノ共同宣言案、諸取極ノ修文ニ関シ条約局第一課長ヲ午前十一時頃招致シ当方ノ意見ヲ開陳ス

其ノ要旨

1、共同宣言案ノ前文ヲ修正スルカ然ラサレハ対満州措置ヲ考慮スルヲ要ス

2、租界還付及治外法権撤廃等ニ関スル協定案中「日華両国間ノ関係ニ新局面ヲ打開セント欲シ」ヲ削除スルヲ要ス

四、前項ニ関シ一四〇〇陸軍省及大東亜省ヨリ同意ナル旨通報アリ夫々重光大使ニ打電セル由

五、部長会報時ニ対外問題ニ関スル主任者間ノ打合セ事項ヲ課長ヨリ報告シ上司ノ承認ヲ受ク

＊　量産のため製造・規格を簡易化した戦時標準船のうち、八三〇屯基準の貨物船。

昭和十八年

一月一日　金曜　晴

一、新年ニ方リ聖寿ノ万歳ヲ寿キ奉リ皇国ノ弥栄ヲ祈願ス、緊張裡ニ過去ヲ反省シ本年度ノ多難ヲ想ヒ勇気凜々戦争指導ノ大綱ヲ熟慮ス

一月二日　土曜　晴

一、午後二時ヨリ大東亜省ニ於テ関係各省主任者集合シ「大東亜戦争完遂ノ為ノ対支関係ニ関スル宣伝及指導方針（案）」ヲ審議ス、当課ヨリモ一案ヲ呈出シ軍ノ主張ヲ悉ク採用セシム
四日ノ「政治始」ノ当日、連絡会議、閣議ニカケル手続ヲ迅速ニ処理ス、

一月三日　日曜　晴

一、昨日主任者決定ノ「宣伝及指導方針」案ヲ上司ニ報告シ認可ヲ得タリ、尚本案ハ閣議並ニ連絡会議共ニ「諒解」ノ型［形］式ヲ整フルコトニ意見一致ス

二、重光［葵］大使ヨリ「議事抜萃」ノ型［形］式ハ左記理由ニ拠リ不適当ニシテ「往復書翰」案ヲ採用サレ度旨意見具申アリ、
(1)東条［英機］総理ト汪［兆銘］主席ノ意見一致トシテ其ノ会談ヲ引用シ其ノ最主要点トシテ「議事抜萃」ヲ確認セハ遙ニ大ナル政治的意義ヲ与ヘ得ルコト
(2)「往復書翰」ハ「議事録抜萃」劣ラサル拘束力ヲ有スルコト
(3)秘密協定ヲ絶無ニシ得ルコト
(4)全然一方的ニ我方ノ好意的措置ヲ内容トスルモノアルニ依リ之ヲ彼我対等ノ立場ニテ署名スル文書ニ盛ル要ナシ
統帥部ハ右ヲ至当ト認メ同意ナル旨外務省ニ通報セリ

一月四日　月曜　晴

一、旧臘三十一日ニ於ケル御前会議ハ南太平洋方面作戦ニ関スル統帥部ノ研究ニ親臨ヲ仰ク

型［形］式ヲ採用「ガ」島放棄論ヲ各観点ヨリ深刻ニ検討シ爾後ノ対策ヲ研究セルモノナル趣ナリ、右「爾後ノ対策」ニ関シテハ「ガ」島ノ情勢ト同様ナル推移ヲ辿ルヘキ素因ヲ含ム点アリテ当方トシテモ異意アリ

二、午後川南［豊作］造船所長ノ造船界改造論ヲ聞ク
米国ノ造船能力ハ一人宛二十屯ナルニ反シ日本ハ二・五屯程之ヲ米国並ニ釣上ケントスル方策ヲ聞キ熱意ヲ以テ有スル障碍ヲ突破セハ可能ナル実情ヲ聞キ意ヲ強ウセリ

三、「スターマー」ノ駐日大使ニ新任ノ件新聞発表アリ、陸軍大臣ヨリ対「ソ」問題ニ関シ過早ニ触レサル様要望アリ

一月五日　火曜

一、「宣伝並ニ指導方針」ハ昨日ノ閣議並ニ連絡会議ノ諒解ヲ得タルヲ以テ軍ハ各関係方面ニ打電ス
但シ総理ヨリ備考トシテ「満州ノ参戦問題ハ顧慮セス」ヲ末尾ニ添加方提議決定シタル外原案通リニテ内容修正ナシ［『杉山メモ』下、参照］

二、国民政府ノ参戦並諸取極締結発表ニ伴フ帝国政府声明案ヲ関係省主任者間ニ於テ研究審議シ一案ヲ作製［成］セリ

三、緬甸［ビルマ］独立案ニ対シ第二課ハ異存ナキモ其ノ時機ハ英米ノ反攻時機以前ヲ可トスル旨通報アリ是非トモ議会ニ於テ決定シ得ル如ク事務的進捗ヲ図ルヘク努力セントス
尚独「ソ」並ニ日「ソ」国交調整案ニ対シテハ「三月説」ハ不同意ニシテ独逸ノ春季攻勢頃提案スルヲ可トスル意見申込ミアリ総長モ同意見ナルカ如シ

一月六日　水曜

一、「対支新国策」ニ関スル連絡ノ為、南京、北京、満州方面ニ種村［佐孝］中佐出張ス

二、陸海外主任者集合シ独「ソ」国交調整問題ニ関シ研究セリ外務省ハ「調停成功ノ可能性極メテ尠ク且失敗セシ場合ニ於ケル幣［弊］害多シ」ト判決セルモ結局本件ハ独リ日本ノミナラス国際戦争指導上緊急要請事項ナルヲ以テ兵棋的ニ具体的ニ折衝手段方法等ヲ仔細ニ研究シ外務省ニテ一案ヲ作製［成］シ之ヲ次回会議ニ

於テ検討スルコト［ト］セリ

三、駐泰軍司令官中村［明人］中将ニ関［対］シ対泰施策ニ関シ課長ヨリ詳細説明ス

尚軍司令部新設ニ関シ動々モスレハ泰国側ヲシテ無用ノ誤解ヲ生セシメ延イテハ意外ノ政治的悪影響ヲモ派生スル虞無シトセサルニ付帝国ノ真意ヲ予メ泰国首脳部ニ説明シ置クヲ必要ト認メ駐泰武官並ニ岡部隊［南方軍］参謀長ニ打電ス、又駐泰大使ノ権限ニ何等ノ変化ヲモ招来スルモノニアラサル旨同電ニ依リ明ニセリ

一月七日　木曜

一、米国ノ支那ニ対スル治外法権撤廃ニ関シテ米支両国間ニ調印ノ行ハレタル条約及附帯的交換文書ハ「米［」］特暗第七号ニ依レハ相当広汎ニ亘ルモノニシテ近ク上院ノ審議ヲ経テ効力ヲ発生スルモノノ如シ

本情勢ニ因リ我カ対支施策ヲ如何ニ処理スヘキカ正午関係省主任者集リテ協議シ左ノ案ヲ得、夫々上司ノ決裁ヲ仰ク事トシ第二案ニ対スル声明案ヲ念ノ為共同作製［成］ス

1、調印公表ヲ十日頃ニ繰リ上クル案

2、調印公表ハ十五日トスルモ租界還付治外法権撤廃等交渉中ニシテ近ク完了スル旨速カニ宣明スル案

3、諸協定取極ニ批准条項ヲ附シ署名ノミニテ速カニ実施スル案

4、既定方針ヲ断行スル案

午後四時三〇分佐藤［賢了］局長ハ第一案ニ同意シタル報告アリ別ニ殆ント同時頃統帥部ハ第一案ニ依ルヘク意見一致シ上司ノ決裁スルトコロトナリタルヲ以テ関係方面ニ其ノ次第ヲ通報ス

二、午後四時三〇分頃連絡会議至急開催ノ報ニ接シ次長ノミ参席セラレシカ　其ノ結果国民政府ノ参戦ヲ一月九日ニ繰リ上クル旨決定セリ

三、午後八時外務省ニ於テ関係各省主任者会同シ左記案件ヲ決定シ午前二時開［解］散ス

1、帝国政府声明案

2、国民政府参戦ニ伴フ八日、九日行事予定表案

尚総理談ハ対外、対内的宣伝効果上重要ナルヲ以テ予テ内閣ニ於テ起草方打合セ済ミナルモ準備時間ノ関係上流産ノ虞アルヲ以テ更メテ左記件ヲ申込ムコトニセ

リ

1、政府声明案及一月四日閣議決定ノ宣伝及指導方針ヲ斟酌シ調整スルコト

2、国民政府政治力強化ノ為帝国ノ採ルヘキ諸施策説明中ニ在支敵産処理関係ヲ添加スルコト

3、満、独、伊、泰国ニ対スル挨拶ノ辞ヲ加フルコト

4、趣旨ヲ国民ニ広ク且深ク徹底普及セシムルコト

四、中村軍司令官ニ対シ参謀総長ヨリ「泰国駐屯軍司令官中村中将ニ対スル参謀総長ノ要望」ヲ下達セラル、説クトコロ懇切ニシテ核心ニ触レ軍司令官ハ諒トシテ勇躍退下〔ママ〕ス

一月八日　金曜

一、代々木練兵場ニ於テ陸軍観兵式アリ空陸皇軍ノ威様〔容〕四囲ヲ圧ス

二、昨七日夜半重光大使ハ汪主席ヲ訪門〔問〕シ米国情勢ニ基ク帝国ノ意見ヲ申入レシトコロ左記ノ通国民政府側ハ決定セシ旨重光大使ヨリ電報アリ

1、参戦及調印ヲ九日トス

2、中国ノ宣戦布告及国防会議ノ設置ヲ同時ニ発表ス

3、其ノ他ノ行政機構改革ハ間ニ合サルヲ以テ後ニ実施発表ス

一月九日　土曜

一、国民政府トノ共同宣言、協定取締ニ関スル調印ハ一一〇〇〇南京ニ於テ終了シ一二〇〇国民政府ハ所要事項ヲ公表ス帝国ハ一二三〇政府声明、首相談、共同宣言、協定、取極等ヲ公表セリ

緊張裡ニ清新ナル感激横溢シ対支処理モ画期的発展ヘノ巨歩ヲ踏ミ出セリ

所期ノ結果ヲ得ヘク将来ノ努力ヲ誓フ

二、「米」特暗第七号ニ関シ其ノ内容ヲ判断事項トシテ保秘ニ注意シテ公表シ米国ノ対支殊種〔特殊〕権益放棄ニ関スル発表ノ政治的効果ノ減殺ヲ企図シ然ル可ク措置ス

三、国民政府ノ参戦ニ伴ヒ仏国ノ在支租界等ヲ国民政府ニ還付方慫慂スル件ニ関シ関係省間ニテ協議ス

仏国政府ニ之カ通達ニ伴ヒ

1、国民政府承認問題ノ惹起

2、右ニ伴ヒ重慶軍ノ広州湾並ニ仏印ニ侵［進］駐スル虞アルヲ以テ政治的ニハ速カニ申込ムヲ効果的且好機的ナリト雖モ一ニ統帥部ノ作戦的対処準備如何ニ係ル所多シ而シテ作戦課ハ「速カニ慫慂ニ着手」スル案ニ同意シタルヲ以テ明日部長会議ヲ開催シ諮ル運ヒトナレリ

対仏関係ハ複雑微妙ナルモノアリ

帝国トシテハ対仏問題ハ静謐ヲ主旨トシ不必要ノ波乱ヲ惹起スルハ不得策ナルニ鑑ミ本件ノ交渉ニ方リテモ能々情勢ノ推移ト睨ミ合セ其ノ進展ヲ慎重ニ律スル要アラン

一月十日　日曜

一、緬甸独立ニ関スル一案ヲ草ス

米英ノ反攻時機以前ニ内ヲ堅メ外ニ対スルヲ要スルヲ以テ緬甸ノ独立ハ早急ニ決定セサルヘカラス、明日ノ部長会議ニ呈出シ判決ヲ得ル如ク手続ス

一月十一日　月曜

一、緬甸並ニ比島独立ニ対シ部長会議ノ結果若干ノ修文ノミニテ全員ノ同意ヲ得タリ即チ緬甸ニ対シテハ晩クモ本年中ニ独立ノ栄誉ヲ与ヘ比島ニ対シテハ協力ノ実ヲ挙ケ治安確立スルニ於テハ努メテ速カナル時機ニ於テ独立ヲ与フル旨議会ニ於テ首相ノ声明ヲ行ハントスルモノナリ

当部ノ企図ハ緬甸ニ対シテハ本年八月一日緬甸行政府成立一週［周］年記念日ヲ目途トシ比島ニ対シテハ少クモ米国ノ公約時期ニ先チ勉メテ速カナラシメントスルニ存ス

二、午後各省関係者集合シテ南方占領地ノ帰属問題ヲ研究セシカ其ノ際当部案（緬甸比島独立声［明］案）ヲ呈示説明シ概ネ同意ヲ得タリ

但シ大東亜省ハ二月ニ緬甸ヲ独立セシムル案ヲ軍務課ハ比島ヲ緬甸ト同時ニ独立セシムル案ヲ披露セシカ論義［議］ノ結果当部案ニ傾キタルモ未タ全面的同意ヲ表スルニ至ラス

三、三谷［隆信］大使ヨリ「独逸ノ在仏支那外交機関引揚方慫慂ニ関スル件」報告アリ即チ「ラバウル」ヨリ本

件ハ其ノ交渉ノ進展ニ伴ヒ仏支国交断絶、仏印、広州湾ニ於ケル重慶軍ノ侵入延イテハ南京政府ノ承認等日本ノ対重慶施策ニ重大関係アルヲ以テ日本政府ノ意向ヲ承知致シ度旨申込アリ

四、本日ノ連絡会議ハ「在支仏租界等ヲ国民政府ニ返還方慫慂ニ関スル件」ヲ審議中ナリシカ三谷大使ヨリノ報告ヲ得テ更ニ慎重ニ研究スルコトトナリ何等決定スルニ至ラス

一月十二日　火曜

一、仏政府ト重慶側トノ国交変化ニ伴フ作戦的措置トシテ第二課ヨリ左記主旨意見書呈出シ来レリ

「帝国カ主動役トナリ仏政府ト重慶トノ国交ヲ悪化シ之カ為新ニ帝国軍カ仏印其他ニ於テ重慶軍ト戦線ヲ構成スルカ如キ事態ハ全軍ニ亘ル作戦ノ現況上勉メテ之ヲ避クルヲ要ス

帝国軍トシテハ前項ニ拘ラス最悪ノ場合ニ応スル為ニ所要ノ措置ヲ講ス」

本件ハ至当ナルヲ以テ当面ノ対仏措置ニ関スル施策ハ帝国ノ既定方針ニ基キ仏印雷州半島方面ノ静謐ヲ保持スルヲ主旨トシ左ノ如ク措置スル如ク参謀本部ノ意向決定セリ

1、在支仏租界返還等慫慂方ニ関シテハ取敢ヘス仏ニ対シ帝国ノ方針ニ同調ヲ希望スル旨並ニ其ノ具体的事項ニ関シテハ改メテ協議スヘキ旨申入ル

2、在仏重慶側外交機関ノ退去ニ関スル独ノ対仏申入ハ之ヲ諒トス

但仏印ニ対スル帝国ノ既定方針ニ鑑ミ独ニ対シ急激ナル措置ヲ差控ヘシムル如ク施策ス

3、帝国ハ速カニ仏印ニ於ケル戦勢ヲ確立ス広州湾ニ関シテハ既定方針ニ拠ル

各省主任者会議ニ於テ当方ノ意見ニ一同同意セリ但修文ノミ協議ス尚第三項作戦準備ニ関スル件ハ既ニ連絡会議ニ呈出スル要ナキ事ナルモ元来作戦準備カ対独対仏処置ノ根基ヲナスヲ以テ軍務課ハ連絡会議呈出書類中ニ第三項挿入ヲ希望セシヲ以テ修文ノ上之ニ同意ス

二、中華民国ノ国旗改定（反共和平ノ小旗除去）ノ件ハ国民政府ノ参戦ヲ機トシ其ノ正統政府タルコトヲ明カニシテ政治的効果ヲ大ナラシムル為極メテ重要ナル事項ナルヲ以テ各部ノ意見ヲ徴シタルトコロ第二課ハ「軍

隊ノ士気ニ悪影響アルヲ以テ同意シ難キ旨、第二部長並ニ七課ハ「現ニ重慶ニテ使用中ノ旗ヲ南京政府地区ニ使用スルハ反ツテ政治的逆効果アルノミナラス敵側ノ謀略ニ乗セラル虞アルヲ以テ遽カニ同意シ難シ、新国旗創造ハ南京政府亦賛成セサルヘシ故ニ現下ノ要請ハ現用国旗ヲ北支、蒙疆地区ニ迄使用セシムル如ク施策スルニ在リ」ト通報アリ

三、「米」特暗第七号「（英米在支治外法権等撤廃ノ件）」ノ趣旨ニテ十一日調印ヲ了シタル旨本朝「ラジオ」放送アリ

帝国ノ迅速ナル処置ニ依リ米英ニ先制スルコト僅カ両三日茲ニ於テ調印十五日案ヲ九日ニ変更セシ政治的効果ハ明確ニ獲得シ得テ我カ方ニ凱歌挙ル

一月十三日　水曜

一、本朝陸軍大臣、参謀総長会シ「帝国ハ北部仏印及広州湾方面ニ対スル重慶側ノ侵攻ヲ考慮シ之カ対策ヲ促進ス」ヘキ旨決定セリ

二、午後関係各省主任者会同シ左記件ヲ審議ス

1、占領地帰属腹案

2、占領地帰属腹案理由

3、占領地帰属ニ関スル総理演説案

（第八十一回帝国会議ニ於ケル内閣総理大臣演説案）

4、大東亜戦争完遂ノ為ノ対緬甸施策方針案

5、当面ノ対仏措置ニ関スル件

第一項ニ関シテハ旧蘭領東印度ノ帰属ニ関シ参謀本部ノ意見ハ陸軍省ノ夫レト異リ遂ニ一致セサルヲ以テ単ニ比島並ニ緬甸ノ帰属ノミ決定シ他ヲ削除シテ連絡会議ニ呈出スルコトトナレリ

二、〔ママ〕山形〔清〕公使ヨリノ十日附報告ニ依レハ智利〔チリ〕大統領ハ対枢軸断行ノ心算ニテ近ク上院ニ諮問スヘク準備ヲ進メ居リ事態ハ絶望ニアラサルモ十五日乃至二十日頃カ危険ナルモノノ如ク、政府ハ「モラレス」ニ対スル米国ノ武器供与及借款応諾ノ約束ニ藉口シテ断交ノ挙ニ出ツルモノナルニ真ノ理由ハ米側ノ実質的経済圧迫ニシテ「モ」ハ亜国〔アルゼンチン〕政府ニ対シ智利ト共ニ断交方ヲ申出タルモ亜国ハ之ヲ峻拒セルカ如シ

一月十四日　木曜

一、午前十時ヨリ連絡会議アリ
1、当面ノ対仏措置ニ関スル件
2、大東亜戦争完遂ノ為ノ緬甸独立施策ニ関スル件
3、同右説明
4、帰属及印度独立問題ニ関スル総理演説修正案
5、占領地帰属腹案
6、同右説明
第一項第四項ニ関シ当部原案ノ通リ若干修文ノ上決定セラル［『杉山メモ』下、参照］

二、陸海軍関係主任者会同シ海軍省軍務局提案ノ「石油委員会第三分科会設定案」ヲ協議ス
本分科会ノ処理事項ハ産油製油方針、産油、製油計ニシテ其ノ執務要領ハ陸海民各種石油需要状況ヲ勘案シ主トシテ南方油ヲ取扱フモノナルヲ以テ当然第一分科会ノ任務ニ属スヘシ、若シ海軍側ノ説明ノ通リ、大本営陸海軍戦争指導課ヲ主体トシ以テ油問題取扱ノ地位ヲ向上シ且権威アラシメントセハ宜敷シク共栄圏内悉ク包含セシムルヲ要セン兎ニ角当課トシテハ本分科会ノ如キハ陸軍省主体トナリ、要スレハ第十四課之ニ参加スルヲ至当トスル意見ヲ述ヘ概ネ其ノ通リ落付［着］ケリ

一月十五日　金曜

一、伊太利大使館ニ於テハ十四日午後国民政府ニ対シ伊国モ亦日本ノ例ニ倣ヒ租界還付及治外法権ノ撤廃ヲ行フニ決定セル旨不取敢口頭ヲ以テ通報アリタリ

二、日伊連絡第二次飛行ヲ南方「コース」ニテ二月後半ニ於テ実施致度旨伊空軍官長《ママ》ヨリ申込アリ

三、「緬甸」独立ニ関スル件ヲ現地軍ニ通報ノ件ニ関シ陸軍省ハ主トシテ政治的首相談発表後（二十一日）又ハ十九日打電説ヲ執拗ニ固執シテ譲ラス予テ現地軍ヲシテ緬甸独立ニ関シ云々セサル如ク指導シ来レル経緯モアリ中央ノ重大決定ヲ事前ニ承知セサルニ於テハ統帥上面白カラサルヲ以テ当部ハ成ル可ク速カニ打電スルヲ要スル旨強張［調］スルトコロアリ陸軍省ノ面々血ノ通フ統帥ヲ忘レシカノ感ヲ深ウス

四、昨日連絡会議ニテ決定セシ事項ハ総理両総長連署シテ本日上奏御裁可ヲ仰キタリ

一月十六日　土曜

一、広州湾進駐ニ関シ第二課、第十五課、軍務課主任者集合シ「陸海軍中央協定案」ヲ中心問題トシ外交的措置ノ具体的研究ヲ行フ主トシテ企図秘匿ノ為結局支那領地ニ敵前奇襲上陸シタル後、仏国租借地ニ進駐スル案ヲ当課ヨリ呈出シタルトコロ本案ヲ第一案トスルニ決シ上陸点等ニ関シ本案実行ノ能否ヲ検討スルコトトナレリ

一月十七日　日曜

一、緬甸独立準備ニ関スル行事予定表ヲ研究ス
「バーモ」ヲ中心トスル独立準備要員会ヲ二月十一日ノ佳日ヲ朴シテ創立スル事ニ内定セリ

二、広州湾進駐要領ニ関シテハ昨日主任者間ニ決定セル案ヲ総長並ニ陸軍省方面ニモ認可セラル
「軍ノ進駐準備ナルヤ支那領ニ奇襲上陸シ上陸後外交的措置ヲ講シ仏国租借地ニ平和進駐ス」カ其ノ骨子ナルカ既定方針ト相異スル点アルヲ以テ再ヒ連絡会議ニカケル必要アルヤ研究ヲ要ス、但シ情勢変転ニ依リ重慶軍カ南下シ広州湾ノ戦雲漸ク急ナラントスル徴候カ事前ニアレハ何等手続上ノ問題ハ生起セサルヘシ

一月十八日　月曜

一、国民政府ノ参戦ヲ機トシ其ノ国旗ヲ改定シテ反共和平ノ小旗ヲ除去スル件ハ曩ニ現地出張中ノ種村中佐ヨリ意見具申アリ本日総軍ヨリ同様ノ電報アリ汪精衛ハ総軍司令官並重光大使ニ対シ「反共和平」ノ文句ハ参戦ノ今日ニ於テハ環境ニ即応セサルヲ以テ大東亜戦争ニ協力スル意味ニ変更シ度旨ノ意見ヲ述ヘタルモ国旗、年号、国歌等ノ変更スルノ意志ハ全然無キモノノ如シ蓋シ汪主席ハ宣戦布告並中山陵参拝ニ依リ孫逸仙ノ意志ヲ継持スル旨明カニ為シアルヲ以テ国旗ノ改編ハ不可能ナルヘシ

二、次長次官ヨリ昭和十八年度南方資源取得ニ関スル指示アリ本邦物動期待額約一四一万屯、枢軸向輸出予定量十六万八千屯ニシテ現地予定供給力五百六十万屯ニ比スレハ極メテ尠［尠］シ、本資源ノ輸送ハ配当船腹並陸軍徴傭船腹ニヨリ之ヲ確保スルニ在ルモ一月頃ニ於ケル船腹将来増減ノ予想ヲ基礎トシアルヲ以テ情勢ノ激変アル場合ハ改訂セラルヘシ

船舶建造ハ本年度ヨリ本格的戦時増産時期ニ踏ミ入ルヲ以テ之カ予期以上ノ成果ヲ獲得センコトヲ冀願スルヤ切ナルモノアリ

三、外相ノ第八十一回議会ニ於ケル施政演説ノ草稿送付シ来ル該演説ノ外交上ニ於ケル重要性ニ鑑ミ戦争指導的見地ヨリ多少用語ニ積極性並ニ謀略性ヲ附与スル如ク意見ヲ附ス

四、緬甸独立ニ関スル計画並ニ之ニ関スル首相ノ演説要旨ヲ関係現地軍ニ対シ十九日発電スル予定ナリシモ首相ハ目下風邪気味ニシテ施政演説モ一週間程遅ルル筈ナル由ヲ承知シ打電ヲ見合スコトニス

五、種村中佐本日満州ヨリ直路飛行ニテ帰京ス、之ニテ当課モ再ヒ生気ヲ加フルコトトナル

一月十九日　火曜

一、甲方［北支那方面軍］参四電第四〇号ニ依レハ華北政務委員会ハ五色旗（新民会旗）ニ代フルニ一率［律］ニ青天白日旗ヲ掲揚スル如ク一般ニ指令セリ

昭和十七年二月八日ノ記念日ヲ天津市ニ於テハ典亜入達日ト称シ国旗ヲ門毎ニ掲揚セシ際モ北支方面軍ハ「禁止モセス奨励モセス」ト言フ態度ナリシヲ以テ敢テ他地方ニ国旗ヲ掲ケル者ナシ予テ南京政府側ノ有識者ハ華北ニ国旗ノ掲揚セラレアラサルヲ遺憾トシ悲憤慨シアリシモ今ヤ全支ニ同様ノ国旗翩翻トシテ全支統一ナルノ感激ヲ与フ

一月二十日　水曜

一、南方甲地域＊ニ於ケル発券機構及財政協力ニ関スル件ハ本日大本営政府連絡会議了解ノ取付ケ並ニ閣議決定ヲ得タリ［『杉山メモ』下、参照］

二、船舶建造量増強ニ関スル件（昭和十八年度ニ於テ更ニ二十万総屯E改型貨物船ヲ生産ス）ハ主任者間ニテ検討ノ結果所要資材中A、Bノ負担量ノ変更ノ分同追加ノ分尚研究ヲ要スル所多キヲ以テ本日連絡会議ニハ上呈［程］セサルコトニ決ス

三、帝国ノ対仏方針及在仏重慶側外交機関退去ニ関スル件ニ就キ「帝国ハ仏印ノ静謐ヲ望ムコトヲ根基トシテ対独申入ヲスルハ鼎ノ軽重ヲ問ハル所以ナルヲ以テ此ノ際対仏印施策ノ根本方針ヲ速カニ樹立スルヲ要ス」ト意見具申アリ

即チ帝国ノ対独申入ハ帝国ノ作戦準備ノ完了ヲ見ル迄
延遷策ナルコトヲ大使ハ知ラサルナリ
之ヲ説明セハ釈然タルモノアランモ企図秘匿上明瞭ニ
電報シ得サルトコロニ苦心ト誤解ト存ス

四、三谷大使電ニ依レハ十八日午後仏国ハ在支租界治外法権撤廃ニ関シ帝国ノ方策ニ同調スル旨回答セシカ重慶政府トノ関係ハ愈々悪化スヘキヲ以テ機微ナル関係ヲ如何ニ律スヘキヤト苦衷ヲ訴ヘタル由ナリ
帝国ノ仏印並広州湾ニ対スル作戦準備完了モ近キ将来ニ在リ仏ノ考慮スルカ如キ件ハ既ニ研究済ナリ
仏国ノ牽制的泣事ヲ気ニスル必要ナシ宜シク仏ヲシテ特種［殊］権益ヲ国民政府ニ返還スル件ヲ矢［天］下ニ声明セシムヘシ

五、智利遂ニ枢軸国ニ対シ宣戦ヲ布告ス亜爾然丁［アルゼンチン］モ目下中立ヲ厳守シアルモ早晩同一ノ軌ヲ踏ムナラン

＊「南方経済対策要綱」により甲地域は蘭印・英領マレー・ボルネオ・フィリピン、乙地域は仏印・泰とされた。

一月二十一日　木曜

一、坂西［一良］中将ノ独逸ニ関スル帰朝報告アリ「独逸ハ長期持久戦ニ入ルモ不敗ノ態勢既ニ整ヒタルヲ以テ断シテ敗北スルコト無シ、帝国ハ独乙ノ実力ヲ信頼シ東亜経倫［綸］ノ企図ヲ遂行スヘシ」ト判決セラル

二、「イラク」ハ瑞西［スイス］ヲ通シ対独宣戦ヲ通告セシ由然ルニ独逸ハ尚「ガイラニー」ヲ首相ト認メアルヲ以テ現政権ノ宣戦布告ハ受理セサリシ趣ナルモ帝国ハ昭一六・一一・一六「イラク」ノ外交関係断絶通告ヲ正式ニ受理シタル経緯アルヲ以テ現政権カ帝国ニ宣戦通告ヲナシタル場合ハ「現政権ハ行政ノ能力ナク英ノ傀儡政権タリ対日宣戦ハ「イラク」人ノ意志ニ出テタルモノニアラサルモノト認ムルヲ以テ受理スル限リニアラス」ト応酬スルコトニ省部間ニ意見一致ス

一月二十二日　金曜

一、南京政府ノ国旗改定（三角小旗除去）ハ重慶トノ対立観念ヲ減衰セシムトノ理由ヲ以テ第二部反対シアリシモ種村中佐ノ説得ニ依リ本日遂ニ同意ス

二、第二部ヨリ対仏領印度支那施策及大東亜民衆結集運動

指導要領案送付シ来ル前者ハ印度支那ヲ仏本国ノ覊［羈］絆ヲ脱逸セシメ独立国家トシテ大東亜共栄圏内ノ一環ヲ負担セシメントト企図シ先ツ土着民衆ノ啓蒙運動ト印度支那総督ノ権限拡張工作ニ着手セントスル案ナリ、当課トシテ考慮中ノ案ニ概ネ符一シアルモ目下ハ国策トシテ仏印ノ静謐ヲ保持スル方針ヲ採リアルヲ以テ第二部カ直ニ本案ヲ提ケテ秘密工作ヲ開始スルハ百害アツテ一利ナシ故ニ第二部案ハ却下ス後者ハ南方占領地帰属問題ノ先決カ前提条件ニシテ其ノ決定ニ依リ各民族指導ノ大綱定マリ自ラ大東亜民衆結集運動指導要領モ成案ヲ得ラルヘシ然ルニ帰属問題昨年夏頃ヨリ研究ニ着手シアルモ比島及緬甸ノミ本年決定ヲ見タルノミナリ故ニ第二部案ハ妥当性ヲ欠キ徹底性ヲ欠ク感アルヲ以テ返却セリ

三、第一部長ヨリ各課長ニ対シ昭和十八年度作戦計画案ノ説明アリ耳新シキ着想モ無ク戦争解決ヘノ計画的前進ト謂ハンヨリ寧ロ戦略的防勢計画ナリ

是非共将来ヲ達観シ数年間ニ亘ル戦争指導計画ヲ樹立シ一歩、一歩、否半歩、半歩ニテ可ナリ戦争終末ヘト解決ヘノ前進ヲ計画的ニ敢行スヘキナリ

一月二十三日　土曜

一、本日ノ連絡会議ニ於テ「船舶建造量増強ニ関スル件」連絡会議ニ上提［程］シ決定ス、既定計画ニ依ル他［外］、本案ニ依リテ二十五万総屯二五〇隻ノ改E型ノ大量生産ヲ見ルコトニナリ、逼迫セル船舶問題モ解決ノ曙光ヲ見ルニ至リ戦争完遂ノ為自信ノ一因ヲ獲得セルヲ喜フ、資材中A、Bノ負担量ハ殆ト皆無ニ近シ

［『杉山メモ』下、参照］

二、連絡会議終了後ニ於ケル総長、青木［一男］ノ談話要旨

総長「対支新施策実施ノ行過キニ因リ北支ノ重要国防資源ノ取得ニ悪影響ヲ及ホスコト無キ様注意アリ度」

青木「名義ハ支那人ニ与フルカ重要ナル件ニ就キテハ実質的ニハ帝国之ヲ把握スヘキヲ以テ重要国防資［源］ノ取得ニ遺憾ナシ」

尚総長ハ当課長ニ「青木ハ中支那ノミ認識シアリ、又大東亜省ノ出先機関ハ外務省出身多ク外交的ニ事件ヲ処理シ北支那ノ重要性ヲ没却スル虞ナシトセス統帥部トシテ監視ヲ要スヘシ」ト説明セラレシ由

三、上海租界ノ措置要領ヲ草シ関係課ニ配布シテ意見ヲ求ム
近ク治外法権撤廃ノ事務的段階ヲ研究シ関係省ヲ鞭撻スルヲ要スルモノト思惟セラル
四、広州湾進駐準備ハ着々進捗中ニシテ二月一日乃至三日ニ乗船ス外交々渉ニ遺憾ナキ様戦、政略ヲ律スル為愈々機微ナル段階ニ入ラントス

一月二十四日　日曜

一、議会ニ於テ各分野ニ亘リ相当突込ミタル質門〔問〕ノアル空気看取セラルルヲ以テ政府ハ予算委員会ニ於テ秘密会ヲ開催シ積極的ニ機先ヲ制シテ重要問題ヲ説明スルコトニ方針決定シ
1、外交問題
米英「ソ」ノ国内情勢ト生産力ノ実情独伊ノ国内情勢ト生産力ノ実情
仏国ノ国内情勢ト仏印トノ関係
近東諸国特ニ「トルコ」ノ政情ト将来ノ見透シ並ニ近東「ルート」ノ現状
印度独立運動ト我カ国トノ関係
重慶政権最近ノ動向ト実情
南京政府ノ参戦実情ト其ノ戦力等満州国境ノ実情
2、戦況
我国ノ戦況特ニ「ソロモン」方面等
枢軸国ノ戦況特ニ北阿東印並ニ「コーカサス」方面等ニ関シ統帥部トシテノ説明資料ノ〔ママ〕作製〔成〕ニ着手ス之カ為主任部ハ第二部トシ本日中ニ草稿ヲ当課ニ提出スル如ク要求ス
二、支那派遣軍総司令官ハ十九日上海ニ吉田〔善吾〕方面艦隊司令長官ヲ訪問偶々来駕セル重光大使ヲモ加ヘ今回ノ対支施策ニ関シ会談セリ、其ノ席上艦隊司令長官ハ根本方針ノ実現就中上海租界ノ返還ニ就テハ現地ノ実情ニ即シ段階的ニ進ミ且租界日支人ノ気持ヲ考ヘ民心把握ニ遺憾ナキ如ク立案スルノ必要アルヲ陳ヘ大使ハ国民政府ニ感銘ヲ与フル如ク大乗的ニ手ヲ打ツヘキヲ強調シ約一時間ニ亘リ意見ヲ交換シタリ
全般問題ハ兎ニ角トシテ上海ノ処理ニ関シテハ今後相当ノ波乱錯節ヲ予想セラレ現地ニ於テハ列座意見ノ一致点ヲ見出スハ不可能ニ近キヲ思ハシム
速カニ中央ニ於テ具体問題ヲ決定セサレハ現地ニテハ

徒ラニ議論ニ時間ヲ空費シ対支根本処理方針ノ実現ハ何レノ日ニカアラン

一月二十五日　月曜

一、我カ瑞典［スウェーデン］武官ノ報告ニ依レハ駐瑞典洪牙利［ハンガリー］武官ハ諜者ニ依リ駐瑞典米国公使カ本国ヨリ受領セル電報ノ内容ヲ偵知シタルモノノ如ク其ノ事項左ノ如ク相当注意ヲ要スルモノアリ

1、英米ハ目下「ソ」ニ対シ執拗ニ対日開戦ヲ強要シアリ

2、「ソ」連ハ南部ノ作戦ノ成果十分ナル場合英米カ欧州大陸ニ二正面ノ作戦ヲ保障スル条件ニ於テ本年春迄ニ之ヲ決行スル用意アリト回答ス

3、以上ノ回答ニ接シ英米ハ更ニ本年春第二［戦］線ノ構成ヲ約束シ且対日開戦ニ方リテハ有力ナル米空軍ヲ以テ沿海州方面ノ作戦ニ協力スヘキ旨約束セリ尚確度不十分ナルモ「チャーチル」「ソ」連ノ対日開戦ニ関スル重大要務ヲ帯ヒテ華盛頓［ワシントン］ニ在リトノ情報並ニ洪牙利武官カ「本春迄ニ連合国側ハ吾人ト関係ナキ遠キ処ニ於テ一大奇襲作戦ヲ為スヘシ」ト意味アリ気ニ耳打チシタル情報等ニ基キ「ソ」連ヲ中心トシ英米カ何等カ画策アルハ判断ニ難カラサルトコロ対「ソ」判断ノ正鵠ハ一ニ対米判断ノ正否ニ関連スルモノナルコトヲ痛感スルト共ニ之カ監視ヲ益々厳重ナラシムルヲ要スヘキ機微ナル情勢ニ既ニ立至レル感アリ

二、荒尾［興功］大佐ノ「ラバウル」方面出張報告アリ「海洋ノ陣地戦」ノ様相ヲ呈セル南太平洋戦ニ於テ航空戦ト補給戦ガ其ノ主体ニシテ予想外ニ航空勢力尠［尠］キ我カ軍トシテハ海運資材ニ画期的改革ヲ加ヘ大量的ニ整備スルト共ニ南方海上交通体系ヲ改メ恰モ陸路兵站線ノ如ク船種ニ依ル区間輸送ヲ実施シ大型船舶ノ損耗ヲ避ケツツ補給ノ確実ヲ期スル要アリト結論ス惟ウニ敵ノ戦法ハ航空勢力並ニ海上勢力ヲ以テ我補給線ヲ遮断シ孤立疲弊ニ陥ラシメツツ蚕食西進スルニ在リ又小スンダ諸島モ赤［亦］豪州ヲ基地トスル敵ノ航空勢力圏内ニ在リ我方ニ於テ施策スルコト無カランカ「ガダルカナル」島ト同様ノ趨勢ヲ辿ルヘキハ明カニシテ若シ小「スンダ」諸島ヲ敵ニ与フルカ如キ事態生起セハ其ノ以東太平洋地区ノ保持モ難カラン

一月二十六日　火曜

一、友好及文化的協力ニ関スル日本国「ブルガリヤ」国間条約ノ件本日閣議ニ於テ決定ス

内容ハ原則論ノミニシテ両国間ニ存在スル友好及相互的信頼ノ関係ヲ茲ニ再確認スト云フ程度ノモノナリ

二、国民政府ノ国旗改定ニ関シ電報案ヲ第二課及軍務課ニ交渉ス

第二課ハ軍隊ノ用フル国旗ニハ原則トシテ重慶軍トノ混識ヲ避クル為一律ニ適宜ノ標識ヲ附スルコトヲ主張シ軍務課ハ之レト正反対ニ国旗ノ尊厳ヲ保持スル為ニ国旗ニ識別法ヲ附加スルハ絶対ニ不同意ナル旨ヲ称ヘテ譲ラス当課ハ政治上国旗ハ極メテ重要ナル地位ニ在リ且之カ改定ハ政治上ノ効果顕著ナルヘキニ鑑ミ主義トシテ軍務課ト同意見ナリ茲ニ於テ原則的ニ「反共和平」ノ小旗ヲ除去スルコトヲ認メ国旗ニ識別法ヲ附加スルハ避クルヲ一般トシ戦闘等必要ニ際シ已ムヲ得ス国旗ヲ使用スル場合ハ所要ノ措置ヲ講スルコトヲ得ル如ク主任者間ニ意見一致ス

一月二十七日　水曜

一、塚田〔攻〕大将、藤原〔武〕少将、久門〔有文〕大佐ノ葬儀ハ生前ノ威徳ト武勲ニ相応シ極メテ盛大裡ニ青山儀場ニ於テ挙行セラル

陸軍トシテ否国家トシテ名実共ニ推進力タリ指導力タリシ英幹〔幹〕ノ霊ヲ送リ惜別ノ情禁シ得サルモノアリ

二、対仏措置ニ関スル件、広州湾進駐ニ伴フ対仏交渉要領ニ関スル件ヲ陸海外主任者間ニ於テ協議シ終日ヲ費シテ成案ヲ得タリ、帝国陸海軍ハ重慶軍進入ノ虞アル場合機ヲ失セス広州湾ニ進駐スル件ハ曩ニ連絡会議ニテ決定セラレアルトコロナリ、然ルニ我カ対支処理根本方針ノ実施ニ伴フ仏国政府ノ在支租界等ノ返還、治外法権ノ撤廃並ニ駐仏支那武官ノ強制撤去要求等ハ仏支国交ヲ断絶セシムルル公算至大ニシテ斯ル外交措置ノ結果ハ重慶軍ノ広州湾進入企図ヲ刺戟スルハ当然ナリ而モ我カ作戦準備完了次第積極的ニ作戦行動ヲ自主的ニ発起スルヲ好都合ト判断セラルルヲ以テ対仏措置ノ変更ヲ要請セラレシ当然ノ帰結トシテ連絡会議ヲ開催スル案トナレリ

広州湾進駐ニ伴フ対仏交渉要領ハ至短時間ニ妥結ヲ見

ルヲ主義トシ仏本国ニ於ケル交渉ハ原則的ニ止メ細部ハ総テ現地軍ニ於テ協定スルコトニ方針ヲ決定シ其ノ協定案ヲモ作製〔成〕セリ

一月二十八日　木曜

一、第三課ヲ総務部ニ編入スル件ハ本日上司ノ決裁ヲ得タル由編制動員ヲ総務部ニ編入スルハ差支ナカランモ総動員並ニ軍需動員等ニ関スル事項ハ第一部ニ残置セサレハ、第一部ノ業務遂行ニ支障ヲ来スノミナラス其ノ権能減殺ノ結果ヲ招来シ権能ノ分割各部平等トナリ参謀本部ノ推進力タルヘキ基幹部ハ喪失スルニ至ルヘシ従ツテ事件ノ迅速処理ハ困難ニ〔ママ〕トナリ時勢ニ遂〔逆〕行スルモノト云フヘシ

二、帝国軍隊ノ広州湾進駐ニ伴フ細部事項ハ広州湾進駐日本陸海軍最高指揮官ト直接広州湾州長官トノ間ニ協定セシムル如ク陸海外ニテ決定シアルトコロ、支那総軍参謀ハ海軍トノ紛争ヲ虞レ仏国側トノ協定ハ陸軍最高指揮官ニ一元化アリ度旨強硬ニ主張セルヲ以テ現地軍ノ能力上已ム無シト認メ改メテ海軍ト協議シ「広州湾共同防衛ニ関スル現地協定案」ノ第四項細部協定ノ実施ハ駐屯陸軍最高指揮官カ陸海軍ヲ代表シテ仏国側ト交渉スル旨決定シ書類ヲ作製〔成〕ス

三、大島〔浩〕大使ヨリ「ヒ」総統トノ会見録電報シ来ル目下ノ東部戦況並ニ爾後ノ企図、全般的戦争指導方策、対日要望事項等相当ニ突込ミタル事項ヲ話シタル趣ナリ、本報告ニ依リテ「ヒ」総統ノ真意能ク了解シ得タリ（大島電第一〇三号乃至第一一〇号参照）

一月二十九日　金曜

一、上海租界処理要領第二案ヲ作製〔成〕ス

二、第十四課ニテ物動関係ノ説明アリ

十八年度初頭ニ対「ソ」作戦生起セハ鋼材取得量七五万屯トシ航空資材ハ三分ノ一年作戦ニ追随シ得ルノミナリ

而シテ十万屯ヲ必要トシ十九年度追随ノ一部ヲモ考慮セハ百三十五万屯ヲ要ス

三、大東亜戦争ヲ完遂スル為ニ船舶ノ緊要ナルコト右ノ数字ニ依リ明カニシテ亦南方作戦ノ一段落ヲ得ル迄ハ対「ソ」作戦ハ絶対ニ避クルヲ要スルハ我カ国力上如何トモ致シ難キ要請ナリ

茲ニ於テ再ヒ日「ソ」国交ノ調整問題ハ真剣ニ考慮ヲ要スル事項ナリ
駐「ソ」大使ハ病気中ナリトノ噂アルモ緊迫セル現情勢下ニアリテハ真ニ「スターリン」ノ信任ヲ得ヘキ有能達眼ノ士ヲ「ソ」ニ送ルヘキニアラス
四、昨日ノ議会ニ於ケル総理ノ施政演説中緬甸ノ独立問題ハ内外ニ相当ノ反響アリ政治的効果大ナルモノアリト認メラル

一月三十日　土曜

一、久シ振リニ曇天ニテ稍々陰気ナリ
種村中佐厳父ノ病相当ニ重態ナルモノノ如ク三日間ノ予定ヲ以テ休暇帰郷セリ
二、本日一六〇〇ヨリ連絡会議アリ〔『杉山メモ』下、参照〕
1、国民政府ノ国旗改定〔新支那ノ国旗〕ニ関スル件
2、対仏措置ニ関スル件（広州湾進駐ニ伴フ処理）
原案通リ通過セルヲ以テ国旗問題ニツキ予テ準備セル所ニ基キ打電セリ
本件ヲ杉山参謀総長ヨリ内奏セルトコロ左ノ如キ意味ノ御下問アリ
○戦闘ニ際シテ国旗ニトンナ識別法ヲ講スルカ
△決定シタルモノハアリマセン、現地軍カ国民政府ト協議シテ適宜決メ報告シテ来ルト思ヒマス
○北支ニハ国旗カアツタノカ
△五色旗カアリマシタ
○今直ク五色旗ヲ止メサセルノカ
△具体的ノコトハ現地軍カ実情ニ即シテ適当ニ処理スルコトト思ヒマス
○倫敦〔ロンドン〕ニモ市旗アリ斯ウ云フ意味テ五色旗ヲ使フナラ残シテ置イテモ良イ
御聖慮ノ程恐懼ニ堪ヘサルモノアリ
蒙古旗ニ関シテモ聖明ノ御意ヲ体シテ処理スル要アラン
三、駐伊葡〔ポルトガル〕国公使来電ヲ森島〔守人〕公使カ秘密裡ニ入手シタルトコロニ依レハ『一般戦局カ枢軸側ニトリテ日一日ト不利ナルト「トリポリ」ノ陥落トハ全伊太利国民ヲ極度ノ悲観ニ陥レ国民ノ士気著シク沮喪シ来レリ、他方反独運動ハ伊国各地ニ現ハレ政府部内ニテハ結局敗戦ハ不可避ト見ルニ傾キ且伊太利

ハ本年中ニ休戦スルモノト見居レリ』ト

英米攻勢指向ノ重点カ伊国ニ在リ右情報ハ真実ナラサル迄モ一般ノ趨勢ト見ルヲ至当トスヘク枢軸側ノ弱点ハ伊国ニ在ルヲ以テ何等カ補強措置ヲ講スルノ要アラン

一月三十一日　日曜

一、参謀本部各主任者集合シ昭和十八年度綜合作戦指導研究ノ為ノ情勢（敵情）判断アリ

畢竟、独「ソ」戦線ハ昨年度ノ程度ニ独ハ戦勢ヲ挽回シ「バクー」ノ喪失如何ハ「ソ」連ノ戦争遂行能力ヲ左右スヘク英米ノ反攻ハ本年末頃ヲ最高潮トシテ圧力ヲ逓増シ来ルヘシトノ結論ニ達セリ

従ツテ帝国ハ敵ノ反攻ヲ随所ニ撃砕シツツ十九年度以降ニ於テ独逸トノ連繋ヲ確保シ埃及［エジプト］、印度ヲ英国ヨリ脱落セシムル為西進ヲ今日ヨリ含ミテ之ヲ準備スルヲ要シ之カ為ニ印度洋方面並太平洋方面ニ於ケル敵ノ連絡線破壊ノ為潜水艦戦ハ強化スルノ必要ヲ痛感ス

二月一日　月曜

一、対支施策根本方針ニ基キ大陸命並ニ指示ヲ改メ下達スル必要（治安ニ関スル件、対敵封鎖ニ関スル件）ヲ認メ主任者間ニ協議ス

(イ)占拠地域内ノ治安ノ責任者ハ終局ニ於テ総司令官ナリヤ否ヤノ問題ニ関シテハ

1、総司令官ハ帝国ノ現地当事者トシテ全責任ヲ負フモノナルコト

2、国民政府ハ統治ノ責任者トシテ全責任ヲ負フヘキハ当然ナルコト

ヲ明確ニ認識シ治安ノ確立ノ為ニハ国民政府ヲ支援シ協力シ且利導スルヲ至当トスヘキヲ明瞭ナラシムルヲ要スルコト

(ロ)総司令官ノ行政統監権ヲ全面的ニ一時ニ廃棄スルハ実情ニ適セサルモ陸軍大臣ノ政治区処権ハ攻［政］戦分離ノ原則ニ基キ政務ハ大東亜省ノ管轄ニナルヲ以テ主義トシテ存続ノ必要ナシ

少クトモ陸軍大臣カ直接甲［北支那方面軍］、戊［戊］［駐蒙軍］、波集団［第二十三軍］司令官ヲ区処スルハ穏当ヲ欠クヲ以テ改ムル要アルコト

(ハ)軍司令官以上ノ治安ニ関シ現地大（公）使ニ対スル区処権ハ参謀本部ト大東亜省ト協議シ大東亜省ノ諒解ニ依リ大東亜大臣ヨリ訓令発セラレシニ基礎ヲ置キアルヲ以テ本件ニ関シ法的根拠ヲ附与スル如ク研究シ事務的処理ヲスルヲ要スルコト

以上ノ見解ニ拠リ各主任課ニテ研究立案スル如ク申合ス

二、山路［章］公使ヨリ独英和平説カ勃国ニハ相当ニ流布セラレアル旨具体的事例ヲ引証シ報告シ来ル

蓋シ

イ、独逸ノ立場ハ欧州態度ニ関シ複雑ナルコト

ロ、欧州ハ枢軸国ハ勿論反枢軸ニ於テモ「ソ」国ノ企図スル赤化ニ対シテハ一様ニ反対ナルモ枢軸小国ハ必スシモ反英米ナラサルコト

ニ、独逸亦反「ソ」ヨリ反英程度低キコト

ホ、伊太利ニ和平説相当抬頭シアルコト

等ノ根拠ニ立脚スル当事国一部ノ希望的情報ニシテ何等支配的勢力アル與［輿］論ニアラサルハ明カナリ

三、泰国軍ハ予テ「シヤンステート」雲南ノ南部ニ進駐後軍政ニ［ヲ］布キ来レル地域ヲ「サハラツトダーム」（原泰族圏ノ意）ト改称スト泰国防軍最高指揮官ハ告示セリ（石井［康］代理大使報告）

右ハ緬甸ノ独立声明ニ刺戟セラレ焦慮ニ基ク泰国ノ処置ナランモ帝国ハ泰国トノ連絡ヲ愈々密ニシ泰国ノ越軌的行《ママ》ヲ監視スルト共ニ「シヤン」地方ノ帰属明確ニ決定セラルル迄ハ泰国ノ本次ノ処置ニ対シ知ラヌ顔ヲ持続スルヲ適当トスヘシ

二月二日　火曜

一、第一部編制改正ニ関スル件

第三課ヲ総務部ニ編入スル件ハ第一部ノ反対ニ係ラス数日前ニ総長決裁セラレシカ軍需動員ニ関スル事項並ニ人的総動員ニ関スル事項ハ第三課ノ担任トスル件、第十四課、第十五課ヲ一課ニ統合スル件ヲ命令セリ第一部長ハ第三課ヲ総務部ニ編入スル件ハ致シ方ナシトスルモ第一部ノ編制ハ現状維持ヲ至当トスル旨主張セシモ総長ハ頑トシテ聞入レサルヲ以テ一夜研究ノ余祐［裕］ヲ乞ヒ本日再ヒ現状維持論ヲ提ケテ総長ニ迫リシモ原案ヲ飽クマテ固執シテ譲ラス遂ニ其ノ決心ノ変更ヲ来スコト能ハサリシヲ以テ第二案ヲ呈出シ第十四

課ノ業務中、総動員ノ基本ニ関スル事項ハ第二課ニ占領地統治ノ基本ニ関スル事項ハ第十五課ニ分轄分担スル如ク意見ヲ具申シ第三課ノ軍需動員ニ関スル事ヲ第二課ノ総動員関係事項ニテ制約シ以テ遠心運動ノ幣［弊］害ヲ限定セント企図セリ之カ為第二課ノ総動員主任者ヲ第十五課ニ兼勤セシメ連絡会議ニ関シ第十五課トノ連繋ヲ密ナラシメント第一部長ハ意志表示サレシモ第一部内ニ於テ兼勤ヲ設クルハ適当ナラスト第二課長主張シ本件解消ス、而シテ総兵站ト云フ見地ヨリ総動員事項ハ第二課担任ヲ至当トスルモ之レニ関スル外部トノ折衝ハ従来通リ第十五課ノ担任トシ第十五課ニハ占領地統治ノ基本ニ関スル事項処理ノ為部員一名ヲ増加スルヲ要スヘシト第一部長第二、第十五課長ノ間ニ一応意見ノ一致ヲ見タリ

第十五課長ノ意見ハ戦争指導ノ為ニハ全般ヲ公平ニ睨ムヲ要スルヲ以テ細部ニ亘リ処理ヲ要スヘキ事項ヲ担任スル時ハ之ニ牽引セラレ平衡ヲ失スル虞アルヲ以テ極力煩雑事項ヲ回避スルコト当課ノ業務遂行上ノ特質ト迅速処理トノ為部員数ヲ勉メテ少数ニスルコトニ在リ従ツテ編制改正事項処理ニ方リ甲谷［悦雄］中佐ハ右ヲ堅持シ終始一貫同主旨ヲ主張シ来レリ

其後総動員ニ関スル事項ト作戦ニ関スル事項ハ矛盾スル実体ヲ有シ互ニ制約シ合フ性格ヲ具ヘアルノミナラス戦争遂行上、最モ重大ナル作戦ト物的戦力トニ関スル責任ヲ第二課長ニ負担セシムルハ過重ナリトノ異論出テ総動員ニ関スル事項ハ第十五課担任スルコト第一部ニ於テ意見一致ス茲ニ於テ甲谷中佐ハ総動員ノ基本ニ関スル事項（課ノ編制七名）ヲ背負ヒ込ムハカネテノ主張ニ鑑ミ不適当ナリトテ総動員ノ大綱ニ関スル事項ニ改メテ担任スルコトトシ課ノ編制ハ従ツテ最大限五名ニスルヲ可トスル意見ヲ印刷シ関係者ニ配布セリ

二、対仏外交措置ニ関スル連絡会議決定事項ヲ支総、南総並ニ仏印軍ニ打電ス

尚広州湾進駐帝国軍指揮官ト広州湾州長官トノ現地協定ノ件ニ関シ仏国側ノ措置ヲ迅速ナラシムル為ニハ其ノ結節点タル仏印総督ヲ適宜適切ニ指導スル必要ヲ認メ且場合ニ依リテハ仏国軍政機構上仏印ニ於テ「進駐ニ関スル現地協定」ヲ協議スルノ已ム無キニ至ルヘキ場合ニ顧慮シ仏印駐屯軍参謀ヲ連絡ノ為招致スルニ決シ電報ス

三、駐日仏大使ハ本国外務大臣宛ニ左ノ件ヲ打電シアリ
1、日本ハ近ク対「ソ」攻撃ヲ開始ス
2、国民ノ不平不満ハ甚大ナリ
3、東条首相ハ近ク辞職スヘシ
右ハ流言蜚語ニ属スル事項ナルモ対外宣伝上ハ極メテ面白カラサル事項ナルヲ以テ取敢ヘス仏大使ノ周囲ヲ憲兵ニ調査セシメ其ノ結果ヲ待ツテ適宜処置スヘク軍務課ト協議セリ

二月三日　水曜

一、独逸政府ハ「スターリングラード」附近戦闘ハ三日ヲ以テ終了セル旨並ニ六日迄三日間歌舞音曲ヲ停止スル旨公表シ第六軍ノ功績ヲ讃ヘ第六軍ノ消失ヲ悼ミ悲痛ナル音楽ヲ奏シテ放送ヲ終レリ精鋭ナル第六軍ノ全滅ハ独軍ノ爾後ニ於ケル作戦遂行上ニハ大ナル痛手ニ相違ナキモ彼我ノ志気ニ及ホス影響ハ大ナルヘシ
然レトモ独逸現下ノ空気ハ長期戦争下ニ於ケル一局部的波乱トシテ認メ居リ之カ為ニ志気ノ著シキ沈滞ノ微[徴]ハ無キモノノ如シ
赫々タル戦捷ノ伝統ヲ有スル帝国ノ精鋭ニモ今後ハ時ニ蹉跌アルヘク幸ニモ敗戦ノ非運ニ慣レサル国軍ハ誠ニ有難キ次第ナルモ曩ニ「ノモハン」ノ類似事例アリ戦争長期ニ及ヒ戦面拡大ナル現勢ニ於テ局部ノ波乱錯節ハ免レサルトコロナルヘク斯ル事態ニ処スル対策特ニ国民ノ心的準備ヲ整フルト共ニ歴史ニ汚点ヲ残スヘキ一些事ニテモ生起セシメサル如ク統帥部ハ万全ノ考慮コソ肝要ナリ
二、倫敦放送ニ依レハ「チヤ[ー]チル」首相ハ北阿会談後ニ土耳古[トルコ]ヲ訪問セシ由、英土秘密条約締結セラレタリトノ情報モアリ、土国ノ動向ハ注視ノ要アルノミナラス英国ノ戦争指導一般ヨリ「チ」首相ハ次回ハ西班牙[スペイン]ニ其ノ姿ヲ現スヘシト予想セラル

二月四日　木曜

一、国民政府ノ国旗改訂[定]ニ関スル件ハ当方電報通リ二日重光大使ト汪主席ト協定シ特例事項ハ総軍軍事委員会ノ両総参謀長間ニ諒解ヲ取付ケ五日ヨリ実施ニ着手スル旨報告アリ
曩ニ国旗改定ニ関スル上奏ニ際シ御下問アリシ経緯モ

アリ本日戦況上奏ノ折本件モ併セ上奏セラル

二、レンネル会戦ノ件、島田〔繁太郎〕海相議会ニ於テ発表シ国民ニ大ナル感激ヲ与フ

二月五日　金曜

一、二日以来、関係各省主任者間ニ於テ対支新施策ニ伴フ具体的問題ヲ研究中ノトコロ本日総軍並ニ大使館関係者ヨリ支那経済機構ニ関スル説明ヲ聞キ全国商業連合総務会、中支貿易統制委員会物資運用委員会ノ性格ヲ承知ス

1、作戦用並物動物資ノ取得ヲ確実ニシ且其ノ手続ヲ簡易化ス

2、土着資本並ニ要人ノ吸引ノ利用ヲ企図ス

3、物資ノ蒐荷配給価格調整等経済的運営ヲ合理化ス

4、帝国ノ戦争能力ヲ判断シ得ヘキ経済的資料ヲ支那側ニ呈〔提〕供セサル如ク留意ス

ノ諸点ニ着意シ立案サレシモノナルモ運用委員会ハ国際管理ナル如キ印象ヲ与フルヲ以テ帝国ノ連絡委員会ノ如キ性格ヲ与フルヲ可トセン

二月六日　土曜

一、第一部編制改正ニ関スル件

第一部編制改正ニ関シテハ複雑ナル経緯アリ此ノ間ニ於ケル部長苦衷察スルニ余ルモノアリシカ第二課ヨリノ通報ニ依レハ第十四課ヲ解消シ第十五課ニ占領地統治並国家総動員ノ基本ニ関スル事項ヲ担任セシムルコト更メテ上司決済サレシ趣ナリ

之カ為感情的疎隔ヲ来シ参謀本部ノ業務遂行ニ支障ヲ来スカ如キコトアランカ由々敷問題ナルヲ以テ上司ノ決定ニ服シ此上ハ第一部結束シテ鉄陣ヲ敷キ各課業務ノ関連ヲ調整シテ間隙ナカラシメ而モ各課ノ性格ヲ遺憾ナク発揮シ以テ第一部長ヲ補佐シテ統帥部ノ中核体トシテノ実力ヲ昂揚スヘキトス

二、各省主任者間ニ於テ日支合弁会社ノ調整ニ関スル件ヲ協議ス本件ハ租界ノ処理、華北ノ特殊性調整物資統制治外法権撤廃問題ト共ニ今次対支施策中最モ重要ナル部問〔門〕ナルヲ以テ極メテ慎重ナル態度ヲ持ツテ審議セリ従来合弁会社ハ資本ニ於テモ人的組成ニ於テモ日本側主体ヲ占メ独専〔占〕権ヲ有シ為ニ支那人ノ積極自主的経済活動ノ分野ヲ著シク制限シアリシヲ以テ

之カ適当ナル調整ハ影響スル所至大ナルモノアルヘシ相当具体的ニ研究シ一案ヲ得タルモ重要国防資源ノ取得、交通、通信機構ノ把握ノ為ニハ軍トシテ諸因ヲ深刻ニ研究［ノ］上意志表示ヲナスノ要アリ

二月七日　日曜

対支新政策ニ伴フ大陸命並ニ大陸指ノ最後案ノ研究ヲ行フ、種村中佐ノ意見ニ依リ「治安」ナル文句ヲ「安定」ニ総テ改メ新鮮味ヲ与ヘ政策変換ノ事実ヲ統帥関係方面ニモ如実ニ反映セシムルコト［ト］ナレリ
陸軍省方面モ訂正案ニ異議ナキモノノ如ク明日晴気［慶胤］少佐ハ本案ヲ提ケテ支総ニ連絡ニ赴ク事ニナレリ、晴気少佐ノ支那出張ハ有害無意義ヲ種村中佐ハ主張サレシモ遂ニ第二課長ノ素志ヲ変更スルニ至ラス兎モアレ種村中佐ノ実行力威大ニシテ統帥部ヲ引キ摺リ回ス実力タルヤ感嘆ノ他ナシ

二月八日　月曜

一、「ガ」島ノ撤退作戦ハ極メテ成功裡ニ終了セル旨本八日報告ニ接ス、三回ニ亘リ遠距離ノ船舶輸送ナリシニ係ラス敵ハ日本軍ハ積極的作戦企図アリト判断シ特ニ豪州ノ如キハ悲鳴ヲアゲ米国ニ援助ノ急務ヲ訴ヘアリシ事実等ニ鑑ミ最後マテ我カ真企図ヲ察知シ得サリシモノノ如シ　之レ一ニ我カ卓越セル統帥指揮ト撤退準備並ニ撤退ニ伴フ勇猛果敢ナル作戦ニ基クナルモ偶々大詔奉戴日ニサシモニ困難ヲ予想セラレ大部ハ帰還シ得サルモノト判断サレタル作戦カ予想ニ反シ成功セシ事ハ一ニ天祐神助ニ拠ルモノト云フヘク誠ニ有難キ極ミナリ
斯クシテ「ガ」島ノ消耗戦ハ茲ニ終了シ船舶ノ消耗モ次第ニ減少スヘク予想セラレ大東亜戦争ハ再ヒ常道ニ乗リタル感アリ

二月九日　火曜

一、租界接収委員会、治外法権撤廃委員会ノ中国側委員ノ顔振レ内報アリ
委員会成立ノ日モ目睫ノ間ニ迫レリ中央案ヲ速カニ決定シ現地ニ訓令スルヲ要ス
二、支那方面ニ出張セル森［丙］少佐ノ報告ニ依レハ今般ノ「対支根本方針［に］ノ発足並ニ軍ノ進展振リハ蘇

〔鮮〕カナルモ大東亜省出先機関ノ全員ニ趣旨未タ徹底シアラスシテ南京ノ大使館ニ於テモ新政策ニ完全ニ転向シ得サル者多ク為ニ重光大使ハ人事異動ヲモ顧慮シアルカ如シ
果シテ然ラハ軍ノ準備速度ニ大東亜省並ニ支那側追随シ得ス茲ニ間隙ヲ生シ不慮ノ事態発生ノ虞アリ大東亜省モ亦軍部ト同様中央ヨリ人ヲ派シ指導ニ任セシメ現地ヨリ人ヲ招致シテ是正ニ努〔力〕スルヲ要スヘク此ノ旨大東亜省幹部ニ注意ヲ喚起ス

三、総軍ヨリ上海共同租界ノ措置、研究上基本条約ト新対支施策トノ関係ヲ明瞭ニ説明アリ度旨照会アリ
固ヨリ秘密交換公文甲ニ記述セラレアル事項ハ英、米等第三国勢力カ上海ニ根強ク存在シアルコトヲ前提トシアルヲ以テ対支新施策ノ根本精神ト今日ノ情態トニ鑑ミルニ秘密交換公文ハ当然所要ノ修正ヲ要スヘシ但シ上海共同租界措置ニ方リ帝国ノ対支要求度ハ交換公文甲ヨリ低位ナルヘキハ明カトス

四、在支日本人ノ取締ハ目下軍律ニ拠ルモ対支新施策ニ基キ邦人関係ハ大使館ニ業務ヲ全部委譲スルヲ至当トスルヲ以テ該軍律ニ代フルヘキ規則規定ニ関シ研究アリ度旨大東亜省ニ申入ル

二月十日　水曜

一、特暗ニ依レハ徐良ハ租界問題ニ関シ連日駐仏大使ト会談シアルモノノ如ク南京ニ対シ「駐支仏大使ニ仏国政府ハ租界措置ヲ一任シアリ」ト報告シアリ別ノ情報ニ依レハ仏国政府亦南京ニ於ケル交渉ニ悪影響ヲ及ホス虞アルヲ以テ駐日大使ニ対シ徐良ト会見セサル如ク注意ヲ喚起シアリ　当課ハ東京、南京両地ニ於テ対仏交渉ヲ為スハ不適当ナリトノ見解ニ拠リ徐良ニ所要ニ注意ヲ与フルヲ至当トスル旨附言シ外務省ニ情報ヲ通報ス外務省ヨリ次官ニ於テ処置スヘシト電話アリ

二、省部関係主任者間ニ於テ緬甸ノ独立指導要綱ノ第一次審査会ヲ実施ス
議論ノ焦点ハ日本人ヲ緬甸国籍ニ入ラシムル件、印度人ヲ外国人トシ内国人ニ準シテ取扱フ如クスル件、現地ハ軍司令官兼大使ノ二位一体トシ、中央ニ於テ決定セル重要事項ハ総テ軍中央部ヲ経テ一元的ニ示達シ其ノ際統帥系統ヲ尊重スル件ニ存ス、終日研究セルモ省部意見ヲ異ニシ意見対立ノ儘解散ス

陸軍省側ハ準印度人ハ緬甸国籍ニ編入スルコト、日本人ハ二重国籍ヲ取得セサルコト陸軍大臣ハ大使ニ対シ総司令官ヲ省略シテ直接命令通報等ヲ下達シ得ル如クスルコトヲ固執セリ

当課ハ印度人ヲ緬甸国籍ヨリ除外スルコト命令等ハ総テ総司令官ヲ経由スヘキコトヲ主張ス

斯クテ議論ヲ生ミ尽クルトコロナシ

二月十一日　木曜

一、対支処理根本方針ノ改正ニ伴フ修正案ハ本日決定ス修正点ハ(1)総司令官ノ行政統監権ノ縮減(2)陸軍大臣ノ政治区処権ノ修正(3)兵站交通ニ対スル区処権ヲ総司令官ニ一元化スル件(4)参謀部第四課廃止ノ件ニシテ過般種村中佐支那ニ出張シ電報ヲ以テ意見ヲ具申セル諸件ハ殆ント総テ結実セリ、種村中佐ノ達見ト実行力トハ省部ノ推進力トシテ遺憾ナク実績ヲ収メ得タリ

二、唐川［安夫］総参謀副長、樋沢《トイサワ》［一治］参謀上京シ対支処理根本方針ニ基ク昭和十八年度支那派遣軍処理要領案ヲ報告セシカ、日本軍隊ノ支那側ニ対スル関与権ニ就テハ中央部ト著シク見解ヲ異ニシアルヲ以テ一大修正ヲ加ヘ新方針ノ理解徹底ヲ図リ総軍ノ運転ヲ軌道ニ乗セル必要アルヲ痛感ス

総長ハ唐川少将ニ対シ（新方針ニ伴フ総司令官ノ訓示ニハ満足セシカ本案ハ後退シアリ急速ニ新方針ニ転換セサレハ政治的効果ナク断乎トシテ新施策ニ徹セヨ）ト意見ヲ用［開］陳セシ由至極尤モナリ

三、昨日連絡会議終了後宮中ニ於テ総長ハ青木大臣ニ対シ「新政策ハ速カニ具現ノ要アリ帝国議会終了セハ支那ニ出張セラルルヲ可トセン」ト意見ヲ述ヘラレシトコロ青木ハ「陸軍ハドシ〳〵ヤルカ海軍カトウモ」ト応酬セシ趣ナリ青木ノ斯ル言辞ハ海軍ト大東亜省トノ感情ノ疎隔ヲ来ス虞アリト思ハル

二月十二日　金曜

大陸命ノ下交渉ノ為

一、支那ニ出張セル晴気少佐ノ報告ニ依レハ総軍ニ於テハ

(1)安定ノ定義ヲ説明アリ度

(2)総司令官ノ行政統監地域ノ報告ハ非治安治［地］区準治安地区錯綜シアルヲ以テ区分報告ハ不可能ナリ

(3)治安、警備ヲ支那側ニ委セル件ヲ達セルノミニシテ

共産党並ニ遊撃部隊ハ跳梁ノ徴アリ故ニ新方針ヘノ転移ハ慎重ニ実施スル要アリ

トノ趣旨ノ意見ヲ有スト

二、右ノ実情ニ鑑ミ新方策ノ実行ニ関シテハ絶ヘス監察シ方向ヲ誤ラサル如ク是正指導ノ要アルヘシ

三、岡本清福少将以下遣独伊連絡使ノ「ヴィサー」問題ハ幾多ノ経緯ヲ踏ミ一喜一憂ノ過程ヲ経タリト雖モ本日漸ク「蘇側」承諾セル旨入電アリ

連絡使モ愈々本腰ヲ据ヘ本格的準備ニ着手ス

四、独「ソ」調停方策、日「ソ」国交調整案ヲ曩ニ種村中佐起案シアリシカ一度総理ノ「口止メ」ニ会ヒ永ク伏セアリシモノニ最近修正ヲ加ヘ個人ノ責任ニ於テ総理ニ送付セシトコロ昨日ノ軍事参議官会議ニ於テ総理ハ総長ニ対シ「参謀本部ニハ斯ル思想ヲ有スル者アリ」トテ極メテ不機嫌ナル面持チニテ抗議セシ由総長モ亦予テヨリ対「ソ」問題ハ軽々ニ取扱フヲ厳ニ戒メアリシ際ナリシヲ以テ本日ノ部長会議ニ於テ右経緯ヲ議題トシ「種村案カ部下ニ散逸シアラサルヤヲ虞ル」ト最後ニ注意セラレタリト、本件ハ甲谷課長カ種村中佐ニ幾度モ耳打セラレタル際ノ断片ヲ綜合シ何レカノ日ノ参考ニモト思ヒ敢ヘテ記録ニ留ム

二月十三日　土曜

一、南京ノ好富〔正臣〕総領事上京シ関係省部主任者ニ対シ支那ノ通信自主権ノ恢復ニ関スル措置案ノ説明アリ新施策ニ伴フ極メテ妥当案ニシテ宣伝ノ重要ナルニ鑑ミ成ルヘク速カニ実現セシムル要アリ恰モ自国内ニ於ケルカ如ク自由ニ通信、宣伝網ヲ有セシ列国特ニ独逸「ソ」連ノ宣伝網ヲ弾圧整理スルモノナルヲ以テ其ノ順序方法等ハ手心ヲ加ヘ施策宜シキヲ得サレハ不必要ノ摩擦ヲ起ス虞ナシトセス

二、「ラバウル」カ積極的ニ国民政府承認ヲ申シ出シ場合ニ於ケル三谷大使応酬要領案ヲ研究ス仏国ノ国民政府承認ハ単ニ時間ノ問題ニシテ帝国ノ対支根〔本〕方針既ニ明確トナリ仏国ニ対シテモ帝国ニ同調方希望シアル際ナルヲ以テ終局ニ於テハ国民政府承認迄進展スヘキモ仏国カ本件ヲ恩ニ被〔着〕セ反対報酬ヲ受ケント スル下心ハ警戒致度意見ヲ当方ハ有シアリ

三、重光大使ノ報告ニ依レハ陳公博ハ本年初頭上海特別市ノ施政要領ヲ改メ事変後編入セラレタル地区ニ対シテ

政治上広汎ナル権限ヲ附与シ従来ノ市区ハ従来ノ如ク直轄区トシ強力ニ把握スル如ク処置セリト右ニ関シ重光大使ハ「租界返還ニ伴ヒ上海特別市ノ管轄区域ヲ旧市域ニ縮少［小］セントスル企図ナラン」ト観察シアリ

上海共同租界措置要領等ヲ研究スルニ方リ注意スヘキ事項トス

二月十四日　日曜

一、第十五課ノ新編成決定ス直ニ種村中佐ノ指揮ニテ室ノ移動並ニ整理ニ着手シ一応ノ体様ヲ整ヘタリ

上司ニ対スル挨拶ハ明日実施スルコトニ決定ス

二、純兵団［独立混成第二十三旅団］ノ「ヨ号」*ハ十五日〇六〇〇上陸ノ予定ナリシカ十六日早朝ニ延期スヘキ旨報告アリ而モ主力ヲ以テ二十日頃遂渓附近進出ヲ企図シアルヲ以テ外交［交］渉ノ余裕［裕］ハ十分アルコト確実トナレリ

一方外務省ヨリ「ラバウル」ハ目下巴里ニ出張中ニシテ十四、十五日ニアラサレバ「ヴィシー」ニ帰還セサル予定トノ報告アリ

統帥部ハ外務省ヲシテ駐仏大使並ニ駐独大使ニ対シ対仏交渉開始日ハ「ラバウル」ノ都合ニ依リ一日延期スルハ已ム無キトコロニシテ十六日トスルモ可ナルヲ以テ然ル可ク処置スル如ク訓令セシム

此処ニモ天佑アリテ作戦ト外交ハ都合ヨク吻合セリ

＊　雷州半島要地攻略と広州湾仏国租借地進駐作戦。

二月十五日　月曜

一、十四日二二〇〇泰国ハ特別放送ヲ以テ「ビ［ピ］ブン」首相ノ辞職ヲ報告シタルカ十五日〇九〇〇右放送ヲ取消シセリ

義部隊［タイ国駐屯軍］ノ報告ニ依レハ北部六県華僑退去問題ニ関連シ閣僚ノ強硬ナル反対ヲ受ケ十四日一二〇〇辞表ヲ呈出セリ「ビ［ピ］ブン」ノ企図スルトコロハ議会ヲシテ再任ヲ要請セシメ一層鞏固ナル内閣ニ改編セントスルニ在ルモノノ如シ

「ビ［ピ］ブン」ハ泰国ヲ托シ得ル唯一ノ人ナルモ国是ノ貧弱ハ全民衆ヲ率キ［イ］ルニ足ラサルモノアルモノノ如シ　帝国ハ「ビ［ピ］ブン」ニ極力援助ヲ与フル要アルトコロ駐泰軍ノ「ビ［ピ］ブン」トノ連絡

カ血カ通フ程度ニ密実ナラサルハ遺憾トスル所ナリ

二、上海処理ニ関スル海軍案ハ従来ノ工部局、公薫局ニ代フルニ日本側カ進出セントスル権益主義其ノ者ナリ

本日大東亜省ハ案ヲ呈出シ審議スル予定ナリシカ海軍案カ呈出サレタル矢先キテアリ海軍案ト余リニ懸隔甚シキヲ以テ徒ラニ感情ヲ刺戟スルヲ虞レ本日ハ上海措置ハ研究セサルコト大東亜省ハ陸軍側ニ秘カニ連絡セルヲ以テ之ニ同意セリ

二月十六日　火曜

一、純兵団カ雷州半島ニ上陸作戦ニ［ヲ］敢行スル当日ナルヲ以テ早朝ヨリ電報班ニ詰切リタルモ一七三〇総軍ヨリ「ヨ」号成功スト報告アリ、之レヨリ先〇八三五海軍側ヨリ本日〇五三〇頃着岸スト通報アリタルヲ以テ外務省ニ「措置開始」ヲ指示スルト共ニ軍モ亦仏印河村［参郎］参謀長ニ交渉開始ヲ打電ス

二、特情ニ依レハ仏国政府ノ在支特権廃棄ハ十五日宣言スル予定ナリシカ我方ノ指導ニ依リ之ヲ延期セルモノノ如ク其ノ声明文ハ単ニ「廃棄ス」ト言フニ在リテ仏国ハ重慶、南京両政府ニ対シ同時通告ノ腹ナルカ如シ

帝国ハ弱者仏国ノ児戯的外交ヲ矯メ南京政府ニ対シ租界等ヲ返還シ治外法権ヲ撤廃スル様措置セシメントシ外務省ヲ指導シ在外使臣ニ所要訓令ヲ発セシム

二月十七日　水曜

一、陸海軍集会所ニテ研究会アリ

1、泰国施策

「ビ［ピ］ブン」弱体ノ原因ヲ究明シ「ビ［ピ］ブン」ヲシテ完全ニ泰国ヲ掌握セシメ泰国ノ戦争協力態勢ヲ強化スル為ニハ泰国ニ戦争目的ヲ明識ニ与ヘ且具体的方策ヲ樹立スヘシト大東亜省外務省主張ス

具体的方策トハ、サルウイン河以東ノ失地ヲ与フ、敵産処理放送所ヲ増設スル三点ヲ掲ケアルモ泰国ノ失地回復問題ニ関シテハ尚細部ニ亘リ研究ヲ要スヘキモノアリ

陸海軍共ニ主旨ニハ同意ナルモ何レモ明答ヲ避ケタリ

「ビ［ピ］ブン」ハ政治力ヲ強化シ其ノ政治力ノ浸透カ容易ナル如ク還［環］境ヲ整備スル事ニ関シテハ外務省大東亜省提案ニテ既ニ十分ナリヤ或ハ帝国ヨリ与フル方法以外ノ分野ニ考慮スヘキ点アルニアラスヤ等

疑問多々在ス

2、上海共同租界措置要領ノ研究

海軍案ハ陸軍案大東亜省案ト異常ノ間隔アリ本日ハ原則論ヲ討議ス　海軍ハ共同租界ヲ特別区トシテ存置シ工部局ニ日本側カ取ツテ替ラントスル考ヘナルカ如シ海軍ハ対支新施策ノ根本義ヲ認識シアラス例ニ依ツテ把握癖カ出タモノト言フヘシ

二、栗山〔茂〕大使ハ十六日一八三〇頃河村参謀長、大熊〔譲〕海軍大佐ト同道シ仏印総督ニ対シ予メ準備セル処ニ基キ申込シトコロ総督ハ直ニ雷州半島仏租界州長官ニ対シ不慮ノ事態発生ヲ戒ムル如ク打電シ次テ州長官ニ現地細目協定調印ノ権限ヲ附与スルト共ニ河村参謀長提出ノ協定案ヲ打電セリ、仏本国ニ於ケル交渉結果ハ夜半ニ亘ルモ報告ナク全然不明ナルモ仏印ニ於ケル措置適切ニシテ広州湾平和進駐問題ハ之ニテ解決セルモノト謂フヘシ　本件第一部長、第二課長、第十五課長ニ電話報告シ（夜十一時）明日進駐ニ関スル命令ノ手続ヲナスヘキヲ意見具申ス

二月十八日　木曜

一、三谷大使ヨリ「仏国政府ハ承認セル」旨入電アリ直ニ上司ニ報告シ第二課ヨリ広州湾進駐ニ関スル指示ヲ電報スル様要求ス

案スルヨリ生ムカ易シ今般ノ対仏施策ニ方リテハ四案迄準備（第一案広州湾長官ニ現地協定ノ権限ヲ附与第二案州長官ニ仏国側軍指揮官ヲ加フ、第三案仏印ヨリ総督ノ代表者ヲ派遣、第四案仏印ニ於テ総督ト諸取極ヲナス）シアリシカ第一案ノ通リ実現シ平和進駐ノ型〔形〕式ト為リタルハ同慶ノ至リニシテ双肩ノ重荷軽クナリシ感深シ

駐独駐仏印帝国使臣ノ統一アル積極的攻撃カ奏効〔功〕ノ一因ヲ為シアリト判断ス

二、高橋〔坦〕副長ヨリ緬甸独立ニ関スル措置要領（現地案）ノ説明アリシカ参謀総長ヨリ総括的意見ノ開陳アリ

(1)緬甸ハ大東亜戦争ノ主戦場ニアリ我軍ノ右翼拠点ナリ即チ作戦地域ヲ彊域トスル独立指導ナルヲ以テ作戦上ノ要求ヲ没却スヘカラス

(2)印度人ノ取扱ハ対印施策ト睨ミ合セ考量スヘシ

(3)英国ノ採用シ来レル分離政策ハ百年ノ歴史ヲ有シ根強ク扶殖セラレアリ
日本ハ「バーモ」ヲ中心トスルカ如キ指導者国家ヲ想定シアルヲ以テ分離政策ヲ変シテ集中（統一）政策ニ徹［徹］スル要アルヘシ

三、副長ノ報告ニ依［リ］英国ノ分離政策ハ奏効［功］シアリテ「バーモ」ニ対シ相当ナル反対勢力アリ特ニ「バーモ」ヲ首相トスルハ異存ナキモ元首トスル件ニ就テハ閣僚中ニモ反対論者アル由緬甸独立ニモ却テ微妙ナル機微アリ此ノ消息ヲ律シテ戦略並ニ大東亜戦争指導上ノ政略ノ要請ニ答フヘク研究並ニ措置ニ慎重ヲ期スヘキナリ

二月十九日　金曜

一、企画院ヨリ陸海軍次官宛ニ一月ヨリ三月ニ至ル損耗船舶八万五〇〇〇屯補填ヲ取リ止メトセラレ度旨通牒ニ接ス
其ノ理由トスルトコロハ「ガダルカナル」島方面ノ戦況一応落着セルヲ以テ船舶ノ補填ハ其ノ必要ナカルヘシト言フニ在リ
種村中佐ハ企画院ノ余リニ情勢ニ暗ク、南方ノ苦戦ヲ知ラサルノミナラス、且陸軍ニノミニ関係アル事項ヲ海軍ニモ同文通報セシコトニ対シ奮慨シ書類ヲ直ニ破棄スルト共ニ陸軍省企画院ニ抗議シ企画院ノ関係責任者ハ陸軍ニ対シ不始末ヲ陳謝スル様要求セリ

二月二十日　土曜

一、遣独伊連絡使ニ与フル訓令ハ本日ノ連絡会議ニ於テ決定ス［『杉山メモ』下、参照］
連絡会議ニ於テ防牒［諜］上書類等ハ一切携行セサルコト並ニ連絡使ノ携行スヘキ世界情勢判断ヲ速カニ作製［成］スルコトヲ決定セシヲ以テ直ニ第二部ニ於テ作業ニ着手シ月曜日部長会議ニカケルコトニ手配セリ

二月二十一日　日曜

本二十一日一一三〇「ヨ」号作戦ニ関スル現地協定調印ヲ終了セル旨ノ入電アリ、極メテ友好裡ニ三十分間ニテ完了セル由
仏印ニ於ケル河村参謀長ノ総督ニ対スル交渉ハ極メテ的確ニシテ仏本国ヨリ何等ノ訓令ニ接セサルニ先立チ

総督ヲシテ独断、日本軍トノ不慮ノ衝突防止ニ関スル件、現地協定調印ノ全権能ヲ広州湾州長官ニ附与スル件ヲ措置セシメ帝国ノ企図ヲ全面的希望ノ通リ達成セシメタリ茲ニ於テ次長、次官電ヲ以テ河村参謀長ニ深甚ノ謝意ヲ表ス

尚広州湾進駐ニ伴フ対仏交渉ニ方リ仏印総督ニ独断権限ヲ大幅ニ振舞ハシメタル此ノ前例ハ今後ニ於ケル対仏印施策ニ便益ヲ与フル機会多カルヘキヲ予想セラレ帝国ノ為同慶ノ至リナリ

二月二十二日　月曜

一、「世界情勢判断」ニ関シ各部長以上第二第十五課長ヲ加ヘテ会議アリ多少ノ修正意見アルモ修文ノ範囲ニシテ思想上ノ改変ナシ

一、水曜日連絡会議ニ提出スヘキ議題ノ研究会アリ

上海処理ニ関シ大東亜省ハ陸軍省〔ママ〕ハ陸軍ト同意見ナルモ海軍ハ共同租界ヲ実質上ノ特別区トシテ強圧〔ママ〕ニ帝国ニ於テ把握セントスル思想ニシテ海軍ノ説明ヲ聞ケハ海軍ハ日本工部局ヲ設置スルヲ理想トシテ企図シアルカ如キ印象ヲ受ク

陸軍ハ帝国臣民ニ最モ密接ナル関係ヲ有スル旧共同租界ヲ重視スルコトハ勿論ナルモ主義トシテ特別市政府ノ把握ニ重点ヲ置キ従来英米ノ取リ来タル権益主義ノ統治関与型［形］式ヲ表面上一掃セント主張ス

斯ル根本的意見ノ対立ハ存スルモ具体的問題ニ詳細ニ立入ルト正面衝突ノ点勘［尠］キヲ以テ一応修文ノ上成案ヲ得タル次第ナリ

但シ政治機構問題日本側指導機構問題、公共事業ノ処理問題、特別市ノ管轄ノ問題等研究問題残リアリ

上海措置要領中ニ上海特別市トアリシヲ上海市ニ改ムル件ハ関係省部同意セリ

但シ市格ヲ低下セシムル意ニアラス特別市タル称呼ハ日本ト特別権益的ニ関係アルカ如キ印象ヲ直感的ニ与フルヲ以テ書類上ヨリ削除セルモノニシテ上海市ノ称呼ハ支那側ニ選択ヲ委セントスル意ナリ

勿論海軍ノ主張スル特別区設置ノ思想ヲ封殺セントスル予防的意図ヲ陸軍ハ含ミアルモノトス

二月二十三日　火曜

一、遣独伊連絡使ニ対スル訓令下達セラル

二、連絡使ニ与フル［ニ］三国共同ノ対米英戦争完遂ニ関スル相互協力強化ニ関スル件」ハ曩ニ研究シ既ニ上司ノ決裁ヲ得アリシモ

1、「独伊ハ為シ得ル限リ対「ソ」消耗ヲ避ケツツ対英、米戦争ニ徹底ス」ニ改メ

2、「日本ハ極東「ソ」軍ヲ牽制（拘束）ス」ノ項ハ「ソ」軍ノ西送ニ際シ独伊カ牽制攻撃ヲ帝国ニ要求スル口実ヲ与フル虞アルヲ以テ「日本ハ対「ソ」戦備ヲ益々厳ニス」ニ改ム

二［ママ］、三月一日開催ノ参謀長会議ニ於ケル次長口演内容ニ関シ総理ノ意見トシテ陸軍省ヨリ通報ス

1、対支新施策ニ基キ軍ノ集結後ニ於ケル訓練課目ニ対「ソ」作戦準備ヲ加フルコト

2、作戦警備ニ関スル定義的説明ハ其ノ意尚明瞭ヲ欠キアリ

三、本日仏蘭西ハ租界、治外法権等在支特種［殊］権益ノ廃棄ヲ声明ス仏国ノ本心ハ重慶トノ摩擦ヲ避ケ概ネ現状ヲ保続センカ為仏国ノ治外法権並雲南鉄道等ノ権益ハ重慶政権治下ニモ存スル理由ヲ以テ、南京、重慶両政府ヲ相手トシテ権益廃棄ノ声明ヲ手交セント企図セシモ帝国ノ指導圧迫ニ依リ重慶側ニハ何等触レサルコトニ同意セルモノナリ

二月二十四日　水曜

一、馬来「スマトラ」分離統治ニ関スル件省部間ノ意見一致ス

二、本日ノ連絡会議ノ議題左ノ如シ［『杉山メモ』下、参照］

1、上海［共同］租界回収実施措置要領（了解）

2、厦門特別市ト国民政府トノ関係調整要領（了解）

3、厦門鼓浪嶼共同租界回収実施［措置］要領（了解）

4、治外法権撤廃委員会ニ与フル訓令ノ件（報告）

5、大島大使ニ対スル返電案了解（外務電第一一二号）

三、本朝種村中佐ノ発案ニテ「共同租界進駐以来帝国陸海軍ニテ発シタル佈告等ニシテ本要領ニ抵触スルモノハ所要ノ措置ヲ講ス」ヲ備考ニ挿入スルコトヲ蒸シ返シ総長ノ同意ヲ得テ軍務局長ヨリ会議提案スル如ク交渉ス

本件ニ関シ海軍側ハ頗ル乗気薄ナリシカ如キモ総長カ純作戦、警備ニ関スル事項ハ除ク旨ヲ附加説明シ一同

異議ナク決定セル由

四、連絡会議ノ席上総理ハ青木大臣ニ対シ

「現地大東亜省機関ノ特ニ下層者ニ於テ対支新方策ノ大精神ヲ弁ヘス未タニ権益主義ニ捉ハレアル者アリ」

ト指摘シテ之カ善処ヲ要望セラレル、真ニ至言哉、軍ノ新政策転換進度ノ急ナルニ対シ大東亜省ノ追撃ハ緩漫［慢］ニシテ既ニ相当ノ間隔アリ、斯クテハ新政策ノ結実顕現過程ハ漫々的ニシテ既ニ巷間ニ批評アル通リ「既ニ歴史的経験ニ於テ無為無策、無能ナル外務系統官憲ニ軍ハ何故ニ政務指導ヲ委譲セシヤ」ノ問題カ早晩組上ニ上［ル］

二月二十五日　木曜

一、支総ノ樋沢参謀ヨリ陸軍大臣ノ総司令官ニ対スル政務ニ関スル区処権ノ存在ニ就キ質疑アリ即チ政戦分離ノ原則ヲ明確ニシタル新方針ニ依レハ政務ハ大東亜大臣ノ主管スルトコロニシテ陸軍大臣ニ区処ヲ要スヘキ政務責任ハ無キ筈ニシテ且勤務令改正ニ依リ参謀部業務中政務ニ関スル事項削除セラレタル理由ト併セ考察シ主旨一貫セスト言フニ在リ

純理論ヨリセハ樋沢参謀ノ意見ハ真ニ正当ニシテ当課モ略々同意見ナリシモ総理ノ主張ニ依リテ政務区区《〔ママ〕》処権ハ削除スルコト無ク残置スルコトナリタル経緯アリ

蓋シ外務省、大東亜省主管事項ヲシテ直接密接ニ軍ニ関係アリ軍ノ援助協力ヲ必要トスル事項ニ関シ陸軍大臣ノ政務区処権ヲ発動スル必要存続スル理由ニ拠ルモノナラン

然レ共斯ル事項ハ当然統帥系統ニ従ヒ大本営ニ於テ処理スルヲ至当ト認ムル意見モアリ今回ハ既ニ決定セラレシコトナルヲ以テ議論外トシ実務執行ニ方リ調整スルヨリ他ニ方法ナキモ必スヤ将来再ヒ「区処権廃止」ノ声ハ揚ルヘシ

二、「世界情勢判断」ニ就キ各省部主任者ニテ研究会ヲ開催ス陸海軍以外ニ於テハ特別修正意見ナシ専ラ陸軍省ヨリ総理ノ意見トシテ修正意見アリ

元来情勢判断ハ止水明鏡ノ心境ニテ私心ヲ挿マス施策ニ捉ハレス公明正大俊敏ナル頭脳ヲ以テ神ノ如キ立場ニ於テ為スヘキナリ　従ツテ施策ヲ担任シアル者ノ判断ハ施策ニ捉ハレ情勢ノ真姿ヲ把握スルコトスラ困難

ニシテ況ンヤ将来ノ推移ヲ判断スル邪道ナル感想ヲ抱ケリ

二月二十六日　金曜

一、「世界情勢判断」ニ関シ昨日ノ関係省主任者会議ノ経過ヲ報告シ上司ノ意見ヲ徴シ再ヒ軍務課ト交渉ス

1、独逸ノ高架索［コーカサス］作戦ヲ本年企図スルモ之カ達成ハ至難ハ当然ナルヲ以テ削除意見ヲ有セシモ総理ハ挿入説ヲ主張セシヲ以テ其主張ヲ入レシモ高架索攻略ヲ高架索作戦ニ改メテ同意ス蓋シ独逸トシテ石油資源獲得乃至ハ西亜進出ヲ目的トスル高架索作戦ヲ本年企図スルモ之カ達成ハ至難ナルモ「ソ」軍撃滅作戦ノ為、高架索一部地方ヲ戦場ニ利用スヘキ事ハアリ得ヘキヲ以テナリ

2、「米国ノ戦争遂行能力ハ今後一両年中ニ其ノ項［頂］点ニ達スヘシ但海軍力ハ更ニ上昇スヘシ」ニ関シ当部原案ハ「二十一年初頭一応頂点ニ達スヘシ」ナリシモ余リニ限定ニ過クトノ部長会議ノ意見ニテ「更ニ上昇スヘシ」ト訂正、海軍側ハ「海軍ノ既定増勢計画ハ二十年末其ノ大部ヲ完成スヘシ」ト修正意見ヲ呈出セシモ遂ニ「更ニ上昇スヘシ」ニ同意セリ、軍務課ハ之ニ対シ米国海軍力カ無限ニ上昇スル印象ヲ与フルハ今後ニ於ケル対海軍諸折衝ニ方リ海軍側ニ常ニ有利ナル口実ヲ与フル結果トナル旨ノ理由ニ依リ「二十年頃迄更ニ上昇スヘシ」トスルヲ主張当課モ之ニ同意ス

二、「昭和十九年同二十年ニ於ケル世界情勢判断」ヲ第二部ヨリ呈出アリシモ研究ノ結果、特異ナル事項ノミヲ摘録シテ簡単ナルモノニ改メ「世界情勢判断附録」トシテ遣独伊連絡使ノ含ミ事項ニスルニ決シ関係省部課並ニ海軍ト交渉シ之ヲ取纏ム

二月二十七日　土曜

一、「世界情勢判断」ニ関シ連絡会議アリ
○九〇〇ヨリ一二〇〇迄慎重ニ審議セラレシ模様ナルモ修正セラレシ点ハ「印度ニ対スル判断」ノ一部分ナルモノノ如シ［『杉山メモ』下、参照］

二、現地軍参謀長会議ニ於ケル次長口演ニ「大東亜戦争完遂上ニ於ケル支那事変ノ地位」ヲ挿入スルコトトナリ原稿ヲ作製［成］ス

帝国ノ戦争指導根本方針ハ既定ノ書類ニ依レハ「帝国ハ自存自衛ノ為独伊トノ提携ヲ強化緊密ニシツツ英米ノ反攻企図ヲ随所ニ撃砕シ以テ先ツ英国ノ屈伏ヲ図リ米国ヲシテ戦争意志ヲ放棄セシムルニ在リ」モノノ如シ

惟フニ今日ノ情勢ニ基キ将来ヲ推断スルニ英国ヲ先ツ屈伏セシムルコトハ至難ナルヘク茲ニ至ル段階トシテモ「ソ」ト支那ノ反枢軸陣営ヨリノ脱落ヲ図ルコトカ十億民心ノ把握ト豊富ナル資源ノ開発利用トニ依リ国力ノ増進ヲ図リ新秩序ヲ堅確ニ建設シ既成事実トシテ如何トモ為シ難キヲ認識セシムルコトカ反枢軸側ヲシテ戦争意志ヲ放棄セシムル基礎的条件ナラスヤ

斯ル観点ヨリ支那事変処理ノ大東亜戦争完遂上ニ於ケル地位ハ極メテ高キモ既ニ緊迫セル方面ニ国力ヲ挙ケテ指向セサルヲ得サル状況ニ於テ一時支那方面ニ対スル国力ノ負担ヲ軽減セントスルハ蓋シ止ムヲ得サルトコロナリ

三、緬甸独立ニ伴フ大使ヲ文官大使トスヘキヤ、軍司令官ノ兼務トスヘキヤニ関シ外務省ト大議論アリ、型〔形〕式的ニテモ可ナルヲ以テ文官大使派遣致度トノ説ヲ固執シテ譲ラス

二月二十八日　日曜

一、上海共同租界措置要領ニ関シテハ、政治機構、日本側指導機構ノ細部ニ亘ル占〔迄〕陸海完全ニ意見ノ一致ヲ見タルニアラスシテ昨日ノ連絡会議ニ於テハ原則的ニ決定セラレタル〔ニ〕止マルヲ以テ現地ニ於テ具体案ヲ作製〔成〕スルニ方リテハ尚解決スヘキ幾多ノ問題存在シアリ

之カ指導ノ為当課並ニ軍務課ヨリ主任者ヲ現地ニ派遣スル論アリシモ総軍第四課長永井〔八津次〕大佐上京セシニ付同大佐ニ十分説明スルコトトシ支那出張ノ件ハ沙汰止ミトナル

二、昨日ノ連絡会議ニ於テ一般ノ空気ハ帝国ノ戦争指導方針ニ再検討ヲ加フル要アルヲ認メタルモノノ如シ本件ニ関シ総長ハ部長会報ニ於テ左ノ趣旨ノ意見ヲ開陳ス

即チ

(1)対英本土上陸作戦ヲ敢行セサル限リ英国ハ屈伏セサルヘシ米国ハ精神的方面ニ脆弱性ヲ有シ労働問題選挙問題等亦等閑ニ附スルヲ得サル事情ニ在リ故ニ先

ツ英国ヲ屈伏セシメ次テ米国ヲシテ戦争意志ヲ放棄セシメントスル従来ノ戦争指導方針ヲ改メ米国ノ精神的破綻性ヲ重視シ之ヲ促進セシムル如ク施策ヲ集中スルヲ可トセスヤ

嘗テ「ゲツペルス」ハ陸海空軍カ一体ニナルニアラサレハ対英本土上陸ハ不可能ナリト言ヘリ、連絡使ハ宜敷シク独逸ノ対英本土上陸作戦ノ能否ヲ研究スヘシ

(2)物動計画カ改善セラレサル限リ武力戦ニ期待ヲ掛クルハ過望ナリ、独伊ト連繋シ政謀略ヲ最大限ニ発揚スヘキナリ

三、総長ノ意図ヲ体シ種村中佐研究シ一案ヲ作製［成］スルコトトナレリ

四、支総ノ天野［正一］大佐、永井大佐ヨリ中華民国武装団体ノ整理並ニ指導要領対敵封鎖要領敵方物資取得要領ノ説明ヲ省部関係主任者集合シ聴取ス

対支根本方針ヲ軌道ニ乗セルヘク綿密仔細ニ亘リ強硬ニ総軍ヲ指導シ来レルモ既ニ十分其ノ目的ヲ達成セルヲ以テ今回総軍案ヲ大体其ノ儘呑ム一般方針ヲ採用シ両三日中ニ省部ノ意見ヲ取纏ムヘク申合ハス、然シテ対支封鎖要領案ハ極メテ杜撰ニシテ尽スヘキ条件ノ大部ヲ落漏シ要領トシテノ体ヲナシアラサルヲ以テ総軍ノ面子ヲ重ンシツツ若干ヲ修正スヘク当課ハ決心シ朱筆ヲ振フコトトセリ

三月一日　月曜

一、支那派遣軍、関東軍、南方軍総参謀長会同自一日至三日間開催セラル支那派［遣］軍ニ対スル奉勅命令ノ伝宣ヲ動機トシ各方面軍ヲモ会合セシムルコトトナリタルモノニシテ此機会ニ昭和十八年度綜合作戦指導ノ大綱、昭和十八年度兵備実施要領等本年度ニ於ケル中央ノ抱懐スル企図ヲ説明アル筈ナリ

二、岡本少将一行ノ遣独伊連絡使二三〇〇東京駅ヲ出発ス任務達成ニ十分ナル自信ヲ有スルモノノ如ク意気揚々トシテ西下セリ

省部陸海関係者首途ヲ祝シ成功ヲ祈リテ万歳ヲ斉唱シテ壮途ヲ盛ンニス

三月二日　火曜

一、大東亜省案ニ基キ陸海関係者モ集合シ日支合弁会社調

整措置要領ヲ研究ス統帥部トシテハ鉄道通信航運関係調整ヲ重視スルヲ要スルヲ以テ意見ヲ開陳シ然ル可キ処置ヲ要望ス其ノ要旨ハ北支、中支ノ此等会社ヲ統合整理シ一元的運営ニ依リ軍ノ要請ヲ遺憾ナク充足セシメントスルニ在リ

日支合弁会社調整案ニ対スル田尻［愛義］公使電第五〇〇号ハ真ニ妥当ニシテ其ノ言フカ如ク作戦上ノ要求支那側ノ要請経済界ノ実情生産力治安問題等ヲ睨ミ合セ緩急順序ヲ誤タス慎重ニシテ性急ナラサル如ク措置スルヲ要セン

財政部長ノ意見ハ現下一般経済情勢ノ改善（収［集］荷配給移動制限緩和等）ニ重点ヲ置クニ在ルモノノ如ク共栄圏思想ニ疑義ト不安ヲ抱ク国権恢復主義者ハ合弁会社ノ調整ヲ熱望シアルモ経済人ハ無関心ナリト言フ

我カ方ノ積極的指導ニ支那ハ能力上追随シ得サル憾アリ

二、昨日支那派遣軍ニ対シ奉勅命令ヲ伝宣セラレシカ本日総軍側ヨリ「我占拠地域ノ確保安定ニ関スル支那派遣軍総司令官ノ統帥上ノ責任ニ就テ」質問アリ

当課ニ於テハ「安定確保ノ内作戦警備ノ責任ハ総軍ニ在リ支那側ハ作戦警備ノ一部責任ヲ含ミテ政治経済部門等行政部面ニ於テ当然責任アリ」トノ見解ニテ課長ニ説明セシモ議論ハ紛糾シ最後ニ第二課長ハ「大命ニアリマス様ニ安定確保ノ全責任ハ総司令官ニ在リマス」ト明言セシ趣ナリ

本件ニ関シ書類ヲ調整シ明瞭ニ説明シ中央、現地トモ思想ヲ統一シ置ク必要ヲ認メ第二課ニ於テ起案シ当課ニ於テ一部修正シ軍務課ト交捗［渉］セシモ「安定確保上国民政府ハ行政ヲ担任シ云々」ハ本説明ニ於テハ不必要ニシテ敢テ支那側ノ責任ヲ制限スル要ナシトノ持論ニテ修文意見ヲ呈出シ遂ニ意持［見］不一致ノ儘持越シトナレリ

三、船舶課カ新タニ五万五〇〇屯ノ船舶ヲ徴用セントシ其ノ理由ハ「兵力増加ニ在リ」トシ軍事課ニ申入レシトコロ直ニ一蹴セラレシ由船舶課カ当課ヲ通セス処理セシ点ニ事務的過誤存セシハ勿論ナルモ更ニ連絡会議ノ決定事項ヲ忘却セシ点ニ重大ナル過失アリ即チ右決定ニ依レハ損耗補填トシテ一月乃至三月間八万五〇〇屯ノ徴用ヲ認メ且四月中ニ十八万屯ノ徴用解除ヲ約シア

リ

故ニ船舶課カ新徴用ヲ必要トセハ其ノ理由ノ根拠ハ右ニ立却セサルヘカラサルモノトス　船舶課長ノ連絡ニ依リ爾今本問題ハ統帥部トシテハ当課カ責任ヲ以テ折衝ニ当ルコトトナレリ

四、十六・十一・十五決定「対米英蘭戦争終末促進ニ関スル腹案」十七・三・七決定「今後採ルヘキ戦争指導ノ大綱」ヲ基礎トシ新情勢ニ基キ所要ノ修正ヲ加ヘ「世界戦争指導要綱」ヲ種村中佐脱稿シ印刷ノ上関係課ニ意見徴収ノ為ニ配布ス

三月三日　水曜

一、泰国外征軍ト重慶軍トノ和平交捗［渉］説ノ情報アリ、本件ハ去ル二十六日蔣介石カ泰国ニ対シ「メッセージ」ヲ放送シ対日抗戦ノ為泰国ノ反省ト奮起ヲ要望セル事件ト関連アルモノノ如ク現地ニ照会セルトコロ「ピブン」ハ「和平交捗［渉］説」ハ全然事実無根ニシテ泰国側ノ対日態度ハ依然変化ナク従来ヨリ益［増］シテ協力セント語レル旨回答ニ接ス、対泰施策上「サルウイン」河以東地区ノ処理方針並泰緬鉄道ノ帰属等ハ成ル可ク速カニ中央ニ於テ決定シ泰国ヲシテ一定ノ国是ノ下着実ニ発展シ得ル如ク指導援助ノ要アリ

二、総軍ヨリノ報告ニ依レハ波集団［第二十三軍］司令官、第二遣支艦隊長官ハ去ル二十五日広州湾ニ至リ現地協定ノ調印ヲ実施セリト

右ヲ以テ皇軍ノ広州湾進［駐］ニ伴フ対仏交捗［渉］ハ総テ円滑ニ、而モ帝国ノ希望通リニ進展終了ス

三、栗山［茂］事務総長ヨリ「日仏印間諸条約ハ大東亜戦争ニ即スル如ク調整ノ要アリ通商関係条約ハ目下交捗［渉］中ナルモ日仏印共同防衛ニ関スル議定書ハ更ニ能動化セサルヘカラス」ト意見具申アリ至極尤モニシテ仏印ヲ仏本国ヨリ脱逸セシメ大東亜共栄圏ノ一環トシテ戦争完遂上完全ニ協力ノ実ヲ挙ケシムル如ク施策セントスル帝国ノ意図ニ基キ外務省ハ仏印軍ノ粛正、賞罰、任免権ヲ総督ニ附与スル件、並ニ安南［ベトナム］人ヲ啓蒙教育シ政治能力ヲ向上スル件ヲ駐仏印外交官憲ニ訓令シ陰《ひそ》カニ仏印ノ独立性附与ノ方向ニ施策スヘク処置シアリシモ栗山ノ意見ハ速カニ採用シ具体化スル要アルヘシ

四、陸軍大臣ヨリ関東軍、支那派遣軍、南方軍各総参謀長ニ対シ示達アリ
軍容整備、軍紀風紀ノ振粛ヲ強張［調］セラレシ他対支新政策ニ関連シ若干ノ説明アリシノミ

五、支那派遣軍総司令官ノ安定確保上ノ責任ニ関スル説明書ハ本日総長、大臣ノノ《ママ》決裁ヲ経タリ之ニテ総司令官ノ責任ハ明瞭トナリ今後総軍モ着実ニ進行セン

三月四日　木曜

一、緬甸独立ニ関シ駐緬軍司令［官］ト駐緬大使トノ任務分解ニ関シ関係省主任者間ニ於テハ遂ニ意見一致ニ到達シ得サリシヲ以テ本日局部長会議ヲ開催シ審議ノ結果「軍事及現在軍政ニ依リ処理シアル事項ハ駐緬陸軍最高指揮官、其ノ他ノ事項ハ駐緬大使之ヲ行フ」ト決定ス
緬甸独立スト雖モ大東亜戦線ノ右翼トシテ作戦ノ焦点ニアリ右ノ如ク決定セシハ真ニ当然ニシテ罔［敬純］海軍々務局長モ、「大使ヲ置カスニ済日《ママ》方策ナキヤ」ト意見ヲ開陳セル程ニシテ大使ノ権限ヲ主張スル外務側ノ実相ヲ把握セスシテ実情ニ立却［脚］セサル議論ハ国家ノ方途ヲ誤ルモノト謂ヒ得ヘシ現地軍カ作戦シ易ク処理スルコトカ先決的重大条件ニシテ名実共ニ立国ノ栄誉ヲ与フル如ク措置スルハ次等ノ問題ナリ

二、曩ニ紛糾ヲ重ネタル船舶徴傭問題ハ五五、〇〇〇屯ヲ徴用スルコトニ省部間意見一致シ企画院総裁モ同意セシ由
緬甸独立問題ト言ヒ船舶問題ト言ヒ当面ノ重大問題カ本日一挙ニ解決セシハ国家ノ為同慶ノ至リナリ

三、南方総軍ノ鹿児［子］島［隆］参謀ヨリ堅部隊［第十九軍］ノ作戦地域ハ海軍ノ軍政担任地域ナルヲ以テ飛行場等ノ施設、其ノ他万般ニ亘リテ不便多ク作戦行動ニ制約ヲ受ケアルヲ以テ改善方策ヲ考慮セラレタキ旨意見具申アリ「ニユーギニヤ」方面モ分断ナルモノノ如ク中央トシテモ機ヲ見テ施政部面ヲ研究ノ上修正スル要アリ

三月五日　金曜

一、大西［一］中佐ヨリ通報ニ依レハ緬甸独立ニ関スル件ニ就テ「海軍ハ陸軍最高指揮官ト改訂セント意図シ大東亜省亦異議アリ」ト

斯クテハ昨日ノ局部長会議ノ権威ヲ疑フ次第ナリ「俺モ俺モ」テ一言居士カ緬甸ニ乗リ込ンテ来テハ対緬施策カ支離滅裂トナリ嬰児緬甸ハ目カ眩ミ、育ツヘキ緬甸カ育タサルニ至ラン官吏ハ統制ヲ叫ヒ不必要ナル部門迄統制ヲ強化シナカラ官吏自体ハ逆行シテ統合ヨリモ寧ロ分裂ヘ中心運動ヨリ寧ロ遠心運動ヘノ傾向アルハ国家ヲ毒スルモノニアラスシテ何ソ

二、桑港四日十四時「連合航空部隊ハ「ニユーギニヤ」島北岸ニ向ツテ航行中日本艦船二十隻ヲ撃沈或ハ沈没ニ瀕セシメ今次大戦ニ於ケル連合国一大勝利ヲ博セリ」トノ「マツクアーサー」司令部ノ公表ヲ放送セリ

第二課ハ昨日以来課員全員作戦室ニ閉チ籠リアリ何ヲ研究中ナリヤ、厳秘ニ附サレアルヲ以テ当課ハ之ヲ正式ニ知ラスト雖モ第五十一師団ヲ「ラエ」方面ニ船舶輸送中殲滅的打撃ヲ蒙リタルハ事実ナルモノ「ノ」如シ斯ル戦場ノ波乱ハ敵ノ制空権内ニ於ケル作戦行動ナルカ故ニ今後益々生起ノ公算増加スヘキモ慎重ニ対策ヲ考究シ万遺憾ナキヲ期スヘキナリ

三、従来ノ連絡懇談会ニ加フルニ国内生産情況ニ関スル情報交換ヲ行フコトニ決定シ毎週月曜日ニ実施セラルル由課長ヨリ承知ス海軍側ハ軍令部第二部長モ参席シ度キ強キ希望ヲ有スル旨桧野［武良］少佐ヨリ通報ニ接シタルヲ以テ当方モ第一部長出席セラルルヲ可トスル意見纏マル（田中［敬二］中佐支那出張ノ為六日ヨリ野尻［徳雄］少佐記録ヲ担任ス）

四、船舶課ヨリ海洋補給体系ノ確立ニ関シ呈［提］議アリ船舶ノ運命カ将ニ国家ノ運命ヲ左右セントスル今日カカル呈［提］案ノ実現コソ焦眉ノ急ナリ寧ロ遅キニ失シタリト謂ハンカ

三月六日　土曜

一、緬甸独立指導要綱別冊申合セ事項交捗［渉］ノ結果大東亜省官制ニ政務ニ関スル事項アルヲ以テ大臣ノ補弼責任上明示セラレ度旨大東亜省側ノ希望アリシ点其他ヲ若干修文シ且別冊本文ニ遡リ統轄ノ字句ヲ削除セシモカクテハ画竜点睛［睛］ヲ欠ク虞アルヲ以テ実質的ニ統轄ノ意義ヲ復活セシムル為「業務実施ニ方リテハ相互関連事項ニ付屢々協議ス」ル件統帥部側ヨリ強調シアルヲ免レサリシモ大東亜省側ニハ尚難色挿入スル事トナリタリ

［三月七日　欠］

三月八日　月曜

一、六日ノ主任者間ノ案ニ対シ更ニ統帥部ニ於テ研究ノ結果統轄ノ字句ヲ入ルヘキ事及政務ニ関スル交捗［渉］ナル字句ハ稍誤解ノ虞アリ本文中ニ其ノ意義明示スルヲ要スヘシトナシ陸軍省ヲ通シ大東亜省ト交捗［渉］ノ結果申合セ事項中ノ政務ニ関スル交捗［渉］ハ削除シ其ノ代リニ冒頭ニ「ビルマ」政府トノ交捗［渉］ハ勉メテ大使ヲ通シ行フトノ意ヲ書類ノ上只表明スル事トシ実質的ニ軍ノ自由意志ニ基キ随時必要ニ応シ大使ヲ利用スル事ニ関シ主務者間ノ意見一致ヲ見タリ即大東亜省ニ名ヲ与ヘ軍実ヲ採ルノ含ミナリ

二、先般来統帥部特ニ戦争指導ノ要請上ヨリ第十五課カ私物ニ有力ナル民間調査機関ヲ活用セントスル希望ニ及鮎川［義介］自身ノ希望ニ基キ竹村少尉ヲ通ヲ《［ママ］》通シ鮎川義介ニ金ヲ出サセ調査研究事項ハ軍ヨリ与ヘ利用セル件ニ関シ話ヲ如何ニ進ムヘキヤヲ研究ス
鮎川側ハ陸海協同ノモノタル事及人選ハ自ラノ選択ニヨラントスル点ヲ述ヘアルモ其ノ政治的野心ニ対スル信頼問題及私物的ノモノトシテ最後迄頬冠［被］リナシ得ルヤ等尚疑念多ク更ニ折衝ヲ進メ彼カ陸軍ノミノ研究機関トシテモ応スルヤ、人選ハ軍ニヨル事個人ヘノ寄付ノ形式トスル事等ニ就キ打診スル事トセリ

三月九日　火曜

「ヒ［ビ］ルマ」問題ニ関シ朝大蔵省ヨリ財政部門ニ関シ修正意見アリタリト急拠［遽］主務者会議ヲ開催ス
大蔵省側ノ意見トシテノ
1、経済ハ大東亜経済建設計画ニ従ヒ其一環トシテ云々
2、発券銀行ノ問題ニテ金融全般ニ関スル方針云々
3、「ビルマ」ノ他地域トノ物資交流ノ将来ニ関シ大東亜省ヲ通スル一般ノ計画ニ従ヒ云々
等ノ挿入ニ就テ専問［門］的立場ヨリノ強調アリ入ルルコトトセシモ「ビルマ」国ノ財政負担ニ就テハ少シ欲カ深カスキルトテ全員反対大蔵省主務者不満ナリシモ削除トモカク最後ノ主務者会議ヲ了ル

三月十日　水曜

一、陸軍記念日ヲ感慨ノ裡ニ迎フ

年ニ何ト感シノ異ル事カ
午後「ビルマ」独立指導要綱ニ関シ連絡会議ノ決定ヲ見ル（連絡会議ニ関スル綴巻三参照［『杉山メモ』下、参照］尚当日商工省ヨリ石炭ニ関スル情報連絡アリ統帥部モ昔ト異リコンナ話モ詳シク聞キ置クヲ可トスル情勢ナリ
二、陸軍次官木村兵太郎中将軍事参議官ニ親補兵器行政本部長ニ後任ハ富［冨］永恭次中将閣下ナリ
三、当課長櫛田［正夫］大佐南方総軍第一課長ニ補任発令サル名課長モトヨリ御栄転ナルモ惜別ニ堪ヘス
午後大イニ送別宴ヲ張ル

三月十一日　木曜

午前十時ノ連絡会議決定ニ関シ上奏御裁可ヲ仰ク
モミニ揉ンタル本問題モ始メテ息［㲯《ケリ》］ツケリ当課主務者ハ直ニ内容ノ大綱ハ電報ニテ現地ニ通達シ重野［誠雄］中佐ノ労大ナリキ
本文ハ内報トシテ櫛田大佐赴任ニ際シ現地ニ携行スルコトトナレリ
「ビルマ」ニ方面軍ヲ設クル議進ミツツアリ

三月十二日　金曜

午後石油委員会アリ
九〇〇万屯増産案ノ研究ノ結果ハ各種ノ条件ヲ必要トスル事明瞭トナリ
特ニ之カ為必要ナル資材ハ約二〇万屯ヲ要シ目下鉄需給ノ逼迫セル折柄極メテ怪シキ点ナルモ速カニ企画院ニ折衝成立ニ向ヒ努力スル事トス
丈《ママ》大鋼管ノ製造能力不足ナルモ何トカ方法モアルヘシト引続キ研究ヲ進ムル事トス
其他人ノ問題等各種アリシモ、コレモ何トカ努力シテ可能ナラシメントテ前述ノ点ノミカ一応研究焦点トシテ残レリ
来週具体的研究結果ニ判決ヲ与ヘ速ニ委員会ヲ以テ正式ニ企画院ヘ交渉スル事トナル

三月十三日　土曜

一、前課長櫛田大佐一三、〇五東京駅発列車ニテ勇躍昭南［シンガポール］ニ向ヒ出発セラル
二、其ノ他特記事項ナシ

三月十四日　日曜

特記事項ナシ

三月十五日　月曜

一、総理兼陸軍大臣東条英機ハ去ル十二日東京ヲ出発シ南京、上海ニ出張中ナリシカ本十五日空路大阪ニ帰着セリ　首相訪問ノ目的ハ「昨年ノ主席ノ訪日ニ対スル答礼ノ意ヲ含メ更ニ支那ノ参戦断行ニ対スル謝意ヲ表スルト共ニ之ニ関連スル両国ノ協力ニ関シ懇談ス」ルニ在リシモノ、如シ

欧米ノ夫ニ比シ極メテ尻重キ帝国ノ政治責任者カ外国ニ自ラ飛ヒテ会談シタルハ近来ニ無キ一大壮挙ニシテ今後ハ之ヲ例トシ機会アル毎ニ手軽ニ所要ノ方面ニ進出シテ陣頭指揮ヲ為スヘキナリ

三月十六日　火曜

一五、〇〇ヨリ陸海軍集会所ニ於テ陸、参、海、軍、大東亜、外務、大蔵各省連絡会議主務者参集近ク来京スル「バーモ」博士一行ニ対スル総理ノ示達事項ニ関シ打合セス

先ツ総理ヨリ示達スル範囲書類ニ依リ併セテ開示スル範囲ヲ定メ示スヘキ点ハ明確ニ示スノ一般構想ヲ統一シ大東亜省ノ顔ヲ極力立テルノ主旨ニ基キ大東亜省案ニ拠リ審議ヲ進ム

陸軍省ハ既ニ一案ヲ作製〔成〕シアリシ為内容ニ関シ若干不満ノ色アリタルモ一般ノ考ヘ方ハ概ネ同意ナリシヲ以テ精神問題ヲ強調スルコト、現地軍司令官カ爾後ノ指導ニ容易ナル如ク明示スルヲ可トスルモノハ明確ニ表言〔現〕スルコト、大東亜共栄圏ノ一環タル上ニ就テノ責任（大綱）ヲ明記スルコト及戦争遂行上帝国ノ要請事項ヲ明示スルコト等ヲ意見交換シ御苦労乍ラ大東亜省ニ於テ再作業明十七日成ル可ク早ク再会同研究スルコトトシ解散ス

尚「バーモ」一行ニ勲章授与ノ問題、来京後ノ報道ノ問題ヲ研究ス　勲章ハ全員「過早」ノ意見ニ一致セシモ総理ノ決裁ニ依リ授与スルニ決ス

又報道ハ暫ク禁止シ議会発表後正式ニ公表スルコトトシ細部ハ明十七日打合セスルコトトス

三月十七日　水曜

一、松谷〔誠〕新課長着任ス

総理ヨリ「参謀本部ハ統帥部タル本質ニ鑑ミ国内問題、軍政問題ニ頭ヲ突込マサル様補佐スヘシ」ト要望アリシ由新課長ヨリ承知ス

職域ヲ尊重シ責任ノ分界ヲ明瞭ナラシムルハ総力戦体制ニ於テ特ニ重要視スヘキハ勿論ナリト雖モ戦争乃至ハ作戦指導ノ見地ヨリ政略部門ヲ等閑ニ附スルコト能ハサルハ亦近代戦ノ要請ナリ　要ハ之ヲ指導シ推進スル方途カ問題タルヘク統帥部トシテ注意スヘキ点トス

兎ニ角新鋭卓抜ナル新課長ヲ迎ヘ当課ノ威力頓ニ増加シタルヲ覚ヘ事毎ニ対スル課員対外折衝ニ方リテモ威大ナル後拠ヲ得タル感アリ

二、昭和十八年度重要物資ノ配分ニ関シ陸海関係局長間ニ協議ヲ進メタルモ遂ニ妥結点ニ到達シ得サリキ、陸軍ハ取得量九〇万屯並ニ一一〇万屯ノ両案ヲ作製［成］シ海軍亦所要量ノ内訳表ヲ準備シ互ニ提示ノ上審議シ至当ナル配分ヲ決定セント企図シ陸軍提唱ニヨリ本日ノ会議トナリシモノナリシカ会場ノ空気ハ双方共腹ヲ断チ割ツテ談合スル域ニ達セス　従ツテ陸軍モ具体案ヲ提示スルニ至ラサリシモノヽ如シ

三月十八日　木曜

一、緬甸ノ「バーモ」行政府長官一行（内務長官モンミヤ、財務長官モーモン、緬甸防衛軍司令官オンサン少将）ハ帝国政府ノ招キニ応シ本十八日午後一時五十三分羽田飛行場ニ到著［着］ス

一八二二年ヨリ三回ニ亘ル英緬戦争ニ依リ遂ニ一八八六年併合サレテヨリ約半世紀ニ亘リ英国ノ圧政下ニ呻吟ヲ続ケタル緬甸カ今ヤ其ノ地位ヲ脱シテ大東亜共栄圏ノ重要ナル一環トシテ我カ大東亜戦争完遂ニ完全ニ協力セントシ新緬甸国ハ将ニ誕生セントス、戦争並作戦指導上又対印謀略上新生緬甸ノ成長ノ速カナルヲ冀念シテ止マス

二、「バーモ」ニ対シ「緬甸独立ニ関スル総理ノ示達」ハ本日ノ連絡会議ニ上提［程］スル予定ナリシカ、大東亜省、海軍省ヨリ決定案ニ対スル修正意見強行［硬］ニ呈出セ［サ］レシ為ニ本日再ヒ関係各省部主任者会合シ再審議スルコトトナレリ、斯クノ如ク連絡会議直前ニ至リテ揉メタルハ軍務課ニテ独断修文シタルニ因ルモノニシテ正当ナル道ヲ踏マサレハ事務的蹉跌ヲ来シ事極メテ些細ナリト雖モ国務ノ進捗ヲ害スルコト斯

クノ如ク甚シキハ誠ニ申訳ナキトコロナリ

三、昭和十八年度重要物資配分ニ関シ陸軍側ハ軍事課長、整備課長海軍側ハ之カ対蹠課長会合協議セシモ又結論ニ到達セサリシモノノ如シ

三月十九日　金曜

一、新ニ編制セラレタル緬甸方面軍軍司令官川［河］辺［正三］中将昨日帰京シ本日省部ヨリ緬甸問題ニ関シ詳細ニ連絡ス　緬甸独立ノ目的、緬甸方面軍ノ大東亜戦争完遂上ノ地位ヲヨリ了得セラレタルモノノ如シ桧舞台ノ軍司令官トシテ職務ヲ完遂セラレンコトヲ祈リ且亦武門ノ誉トシテ御喜ヒ申上クル次第ナリ

二、緬甸軍政ニ関スル指示案ニ対シ陸軍省ハ「大陸指ハ不必要ニシテ大臣ノ政務区処権ノ発動ニ依ルヘキ問題ナリ」ト主張シ一旬ノ論争ヲ統帥部ト続ケアリ寧ロ至誠ヲ離レタル醜キ権限争ヒノ観アリ

三月二十日　土曜

一、本日ノ課長会報ニ於テ第二課長ヨリ左ノ説明アリ

(イ)　剛部隊［第八方面軍］参謀長及同方面艦隊参謀長ヲ東京ニ招致シ「ニユーギニア」新作戦ニ関シ中央ノ意図ヲ陸海軍夫々伝達スル為二十二日ヨリ二十六日迄会議ヲ開催シ特ニ左記点ニ関シ明瞭ニ指示アル筈

1、陸海共ニ堅確ナル決意、強固ナル意志ヲ以テ一体トナリ作戦ヲ遂行シ本年度上半期迄ニ不敗ノ戦略態勢ヲ確立ス

2、航空勢力二〇〇機ヲ増加ス

3、防空ヲ強化ス

4、海上補給ヲ区分輸送体系タラシム

5、輸送ノ緊急対策ヲ海軍担任ニテ講ス

(ロ)　尚海軍ハ海上交通破壊戦ニ将来力ヲ注クヘキコトヲ陸海軍ニテ申合セ決定セリ

(ハ)　過日　陛下ヨリ北方問題ニ関シ御下問アリ

総長、大臣共ニ昭和十六年八月六日連絡会議決定事項ニ基キ奉答ス　即チ

総長……手段トシテ機先ヲ制スルコトアリ

大臣……静謐保持ヲ主義トシアリ但シ開戦必至トナラハ機先ヲ制セサルヘカラス

二、対「ソ」問題ハ帝国戦争指導上ノ重大因子トシテ之カ対策ハ夢寐ノ間モ忘却ヲ許ササルモノナリ

宸襟ヲ安ンシ奉ル様全智全能ヲ傾倒スルヲ要ス

三月二十一日　日曜

一、「チモール」ノ「デリー」領事館ヲ総領事館ニ又西班牙［スペイン］公使館ヲ大使館ニ昇格致度件ニ付外務省ヨリ申込ミアリ、綜合国防力発揮上希望スヘキ事項ナルヲ以テ本件異存ナシ
但シ「チモール」ハ次期ニ於テハ敵反攻ノ焦点トナル公算多分ニ在リ、外務当局ハ斯ル将来ノ情勢ヲ判断シ且悲壮ナル決心ト覚悟トヲ以テ戦争ニ協力アリ度旨意見ヲ述ヘテ同意ス

三月二十二日　月曜

一、戦況報道ノ件
本日ノ毎日新聞ニ漢口特電トシテ「宜昌全面ノ江上テ敵大汽船十三隻屠ル、反撃企図我カ巨砲ノ餌食」ト題シテ大戦果発表セラル、内外ニ及ホス宣伝効果ニ鑑ミ斯ル特種ヲ大本営発表ノ型［形］式ニ何故ニセサリシヤト報導［道］部ヲ難詰スルト共ニ将来戦況発表ハ大本営ニテ取上ケ活発ニ報道スヘキヲ要望スルト共ニ関係課ニ積極的協力ヲ要請ス

二、昭和十五年九月三国条約第四条ノ規定ニ基キ日独伊混合委員会ハ十六時ヨリ外相官邸ニ於テ開催セラル
各代表ノ発言時間ハ五分乃至十分ナリシヲ以テ単ナル形式的会合ニ過キサリシカ政治的宣伝効果ハ相当大ナルモノアルヘシト推察ス

三、船舶損耗逓増ノ傾向ニアルニ鑑ミ其ノ損害判断ノ正鵠ヲ得テ速カニ対策ヲ講スルハ戦争指導上目下ノ重［要］問題ナリ
「ニユーギニア」作戦ハ海軍ニ引キ摺ラレ陸軍ハ不本意ナカラ決行セシ経緯アリ、今問題ノ俎上ニアル「ニユーギニア」新作戦ニ依リテ国力ヲ消耗シ帝国ノ運命ヲ賭クルハ帝国ノ真意ニアラサルヘシ
国力ニ相応ノ作戦規模作戦方式ヲ考察スヘキナリ

三月二十三日　火曜

一、海軍ヨリノ通報ニ依レハ敵潜水艦ハ対日気象観測搭乗者救助ノ配置ニ就キシモノノ如ク恰モ昨年四月十八日頃ト同配置ニ在ルノミナラス南洋方面航［空］母ハ全部何レカヘ引キ揚ケタリト云フ

支那方面米空軍ノ東漸傾向ニモ鑑ミ米国ノ日本本土空
襲企図ハ稍々濃厚トナレリ

三月二十四日　水曜

一、対「ソ」情報会議アリ
二、独逸ノ通商破壊戦ハ熾烈ヲ極メ其ノ戦果見ルヘキモノ
アリ、其ノ理由ヲ左ノ如ク西郷［従吾］中佐ハ視察シ
アリ、参考ニ資シ得ヘシ
　1、潜水艦ノ大量製［生］産
　2、航続力、持久力ノ増大並補給（油等）用潜水艦
　　ノ利用
　3、基地ノ強化
　4、集団攻撃ノ採用

三月二十五日　木曜

一、日「ソ」漁業暫定協定ハ妥結シ二十六日一〇〇〇（日
本時間）調印スル運ヒトナレリ、日「ソ」両主張ノ中
間数字ヲ採リタル妥協案ナリ以テ「ソ」ノ対日態度ヲ
判断スルヲ得ヘシ
二、独伊対米英間ノ和平工作ニ対シ帝国今後ノ戦争終末指
導方策トシテノ施策ヲ課トシテ研究スルコトヲ発意シ
其ノ内容ヲ概ネ左ノ如クスル様課長、種村中佐間ニ決
定ス
　1、独「ソ」和平工作トノ関係
　2、和平工作ニ関スル英米ヘノ路線ノ設置
　3、欧州局部和平ト東亜問題切離シ防止策
　4、対重慶和平工作
　5、和平条件（世界和平構想ニ基ク帝国ノ和平条件）
　6、和平工作実施要領
三、(1)剛部隊参謀長上京ニ伴フ行事予定追加
　二十六日　於宮中両総長ト現地軍、艦隊参謀長ト懇
　　談
　二十七日　陸軍大臣（次官）ト懇談　第二部長連絡
(2)剛部隊参謀長一行ハ昨日ノ作戦課トノ会談ニ於テ
(イ)飛行機ヲ倍数ニ増加シ輸送路ヲ確保スルコト
　敵ハ「ソロモン」方面三六〇機、「ニューギニ
　ア」方面三五〇機ヲ有スルニ対シ我カ方ハ海軍機
　二〇〇、陸軍機一〇〇機ナリ
(ロ)後方連絡線確保ノ為船舶ニ特別ノ考慮ヲ加ヘ輸送
　潜水艦等ノ配慮アリ度

(ハ)海軍ノ積極的協力ヲ望ム
旨ヲ申述ヘシ由、而シテ剛部隊一行ハ参本カラ現地ノ意見ヲ聴取スルコトナク命令ヲ下達サレシハ斯ク多数参謀ヲ招致セシ意義ヲ没却スルモノナリトテ不満ノ意アルモノノ如シ

三月二十六日　金曜

一、今後ニ於ケル武力戦ノ鍵ハ空軍兵力ニアリ、統帥部ト政府間ノ問題ハ船舶ニ在リトノ結論ノ下ニ「戦争指導上ノ見地ヨリ南太平洋方面今後ノ作戦指導ト物的国力トノ調整ニ関スル意見」ヲ種村中佐起案シ上司ニ呈出ス
即チ「今後ノ作戦指導上船舶損耗予想並要補填ニ関シ陸海軍現地中央ノ完全ナル意見一致ヲ求ムルヲ要シ若シ既定方針（四月一日以降要補填量七万五千屯）ヲ超過スルニ於テハ国力維持ニ及ホス影響極メテ大ナルモノアルニ鑑ミ速カニ政戦略ノ一致ヲ図ルニアラサレハ作戦ノ推移ニ伴ヒ帝国戦争遂行上一大蹉跌ヲ来ス虞アリ」ト云フニ在リ
至極至当ノ意見ニシテ国力ニ立脚セサル作戦計画ハ遂ニ国家ヲ急速ニ滅亡セシムル危険アリ、船舶課ノ判断ニ依レハ「ニユーギニヤ」方面A四万屯其ノ他方面A二万屯、海軍ハ総計六万屯、C関係ハ四万屯見当ノ船舶月宛損耗ヲ最小限見積ルヲ要スト判断シアリ「ニユーギニヤ」方面作戦ハ遭遇戦的指導ニシテ航空機ノ掩護下ニ逐次展開ヲセントスルモノナルヲ以テ船舶ノ損害ハ甚大ナルヘク従ツテ第二ノ「ガ」島ノ運命ヲ辿ラサル如ク十分ナル準備ト堅確ナル意志ヲ以テ遂行スル固キ決意ト必勝ノ信念アルニアラサレハ「ニユーギニヤ」作戦ハ再検討ヲ要スル問題ナリ

三月二十七日　土曜

一、普通鋼々材配分折衝ニ関スル折衝
前回ニ於テ海軍兵備局長ハ陸軍整備局長ニ対シ「課長級ノ折衝ニ於テ海軍ハ一〇五万屯カ或ハ一〇三万屯取得セハ可ナラント言ヘル由ナルモ海軍ノ要求量ハ一一〇万屯ヲ絶対必要トス」ト更メテ言明セリ、陸軍ハ絶対需要量ヲ主張スト雖モ供給量ハ　遙カニ僅少ニシテ陸海ノ要求ニ応スルコト能ハサルヲ以テ陸海折半ヲ妥当トスル旨ヲ主張シ仮令配分決定セスシテ決裂シ政治

問題ニ迄発展ストモ其ノ責任ハ海軍ニ帰スル如ク周到ニ用意シツツ敢然トシテ主張ヲ堅持スル態度ニテ本日ノ局長会議ニ望［臨］ミシカ会議ノ模様ハ何等ノ進展ヲ見サリシモノノ如シ

二、参謀総長ロケツト弾研究ノ為関西ニ出張ス

三、日「ソ」及独「ソ」国交調整問題ヲ解決センカ為ニ対「ソ」問題ニ関連スル日独間ノ三国同盟締結以来ノ交渉事項ヲ慎重ニ検討シ之ヲ参考トシテ種村中佐起案ノ「帝国ヲ中心トスル世界戦争終末方策ニ就テ」ヲ研究ス

研究ノ結果ヲ田中中佐整理ヲ担任シ若干ノ修文ノ他1、戦争終末ノ様相ニ関スル観察、2、世界新秩序ノ構想ヲ添加スルコトトナレリ

［三月二十八日　欠］

三月二十九日　月曜

一、参謀総長ハ二十七日ロケツト弾試験視察ヲ主目的トシ関西ニ出張中ナリシカ本日午後帰京ス、ロケツト弾ハ既ニ実用ノ域ニ達シ迫撃砲ニ比シ二倍公算大ニシテ対戦火器ニ適スル由、鉄量ノ貧弱ナル帝国ハ兵器ニ於テモ創意工夫スル余地頗ル大ナルモノアリ、総長ノ新兵器視察ノ心中忖度シ斯界ハ正ニ奮起スヘキ要アラン

二、北太平洋方面ハ敵ノ戦備ハ逐次ニ完整セラレツツアルニ反シ帝国軍ノ食糧、弾薬等ノ補給ハ意ノ如クナラサル由、近次海洋決戦態制［勢］ノ声ヲ聞クモ要ハ敵ノ制空権、制海権下ニ於テ小型船、潜水補給船等ヲ配シ補給線ヲ確保セントスルニ在リ、何モ卓抜案ニアラス先ニ「ガダルカナル」島ノ例アリ　速カニ小型優秀船ヲ優先的ニ急造スヘシ、此ノ問題ノ解決ハ物的国力ノ維持培養ニ関係スルトコロ極メテ大ナルモノアリ

武力戦ニ於ケル飛行機、戦争遂行ニ於ケル船舶問題両者ヲ速カニ解決シ得ルヤ否ヤハ直ニ帝国ノ戦敗ヲ意味スルモノナルニ鑑ミ関心ヲ深ウスルモノナリ

三月三十日　火曜

一、帝国ヲ中心トスル世界戦争終末方策ニ就テ

昨日当課ニ於テ研究セル原案ヲ基礎トシ、軍務局長、第一部長、軍事、軍務、第二、第十五課長集イテ意見ノ交換アリ、本日ノ研究ノ結論左ノ如シ

1、速カニ世界戦争終末方策ニ関スル準備ヲナス、之カ為ニ情報網ノ拡充強化、政治工作ノ準備陣ノ構成ヲ図ルモノトス

2、次回研究会迄ニ研究準備シ置クヘキ事項

イ、日支和平ノ具体的研究

ロ、独「ソ」和平ノ利害方法、条件、時機ノ研究

ハ、世界和平ノ構想

ニ、武力戦ヲ主体トスル戦争指導要綱ニ準シ物的方面ヨリ数年間ヲ見透シ政略的戦争指導計画ヲ作成スルコト

二、「スペルマン」ノ訪伊、「チアノ」ノ「バチカン」使節任命、「リッペン」ノ訪伊等「バチカン」ヲ中心トスル欧州内幕ノ動キ機徴［微］ナルアルトキ帝国独リ拱手傍観シアルノミニシテ為ストコロナカランカ　欧州局部和平カ大東亜戦争ト別個ニ成立シ帝国ノ運命絶望ノ深淵ニ放チ込マルル危険ナシトセサルヘシ　茲ニ於テ「セ」[*1]号機試験飛行ノ成功ヲ冀念シテ止マス、欧亜連絡飛行実現セハ戦争指導上益スルトコロ極メテ絶大ナルモノアラン

三、昨日第一四〇会連絡会議アリ、蘇淮[*2]特別区ニ関スル調整実施要領（了解）ハ問題ナク決定ス、日支合弁会社措置要領ハ総長ノ決裁未済ノ為本会議ニ於テハ単ニ説明スルニ止メ次回ニ於テ決定スル如ク申合セ持越シタリ［『杉山メモ』下、参照］

右ニ関シ本日ノ部長会報ニ於テ「日支合弁会社指導要領ニ関シ次回ノ連絡会議迄ニ大東亜省ト協議ノ上戦争遂行間作戦上ノ要求ニ応シ軍ノ管理（監理及運営ヲ含ム）カ十分透徹シ得ル如ク一冊取極メヲ作為決定スルコト」ヲ総長、第一部長ヨリ発言アリ、依而之ニ関スル交捗［渉］案ノ研究ニ着手ス

＊1　超長距離実験機（A-26）を「セ」号機と称し、日独軍事連絡に派遣しようとした。

＊2　江蘇省北部の徐海道地区と安徽省北部の淮北地区。

三月三十一日　水曜

一、東条総理ハ本日離京満州国ヲ訪問ス

又四月十六日ヨリ青木大臣ハ南洋方面ニ約一ヶ月ノ予定ヲ以テ出張スル予定ナリ

国家ノ責任者カ身軽ニ飛ヒ廻リ意志ノ疎通ヲ図ルハ共栄圏ノ結束上稗益スルトコロ多カルヘク大臣ノ海外出

張ニ関スル国内法規ヲ簡易ニシ将来頻繁ニ往来膝ヲ交ヘテ論談スヘシ

二、独大臣ヨリ文書ヲ以テ外務省ニ「極東蘇連商船ノ監視ヲ強化シ為シ得レハ米蘇通商ヲ防遏アリ度」旨ヲ申入レ来ル

即チ極東蘇連船ハ廻送又ハ他国ヨリノ譲渡ニ依リテ其ノ数量増加シ戦争必需物資ヲ輸入シアルハ日独双方ニトリテ不利益ナリ、国際法ヲ適用シ強力ニ取締ル要アリトシ縷々トシテ現況ヲ説明シ国際法規ノ解釈ヲモ附シ詳細ヲ極メアリ

本申入レハ独ノ神経衰弱的ノ取越苦労ノ部分多ク、帝国ヲ対「ソ」攻撃ノ為ニ蹶起セシメントスル独中央部ノ一個ノ現レナルヲ以テ帝国ハ既定方針ニ基キ応酬スルヲ然ルヘシト思料ス

三、塩沢［清宣］北京公使ヨリ「朱委員長ハ就任挨拶ト諸般ノ報告ヲ兼ネ日本ヲ訪問シ度強キ希望ヲ有シアル旨」電報アリ

帝国ノ新政策ニ鑑ミルトキ本件ノ如キ汪主席ニ連絡ノ上帝国ニ申込ムヘキヲ至当トス斯ル過誤ヲ塩沢公使ノ無意義ニ犯シアル原因ハ大東亜大臣カ北支、蒙疆ノ公使ニ対シ直接指揮シ得ル官制ニ源ヲ発シアルヲ以テ支那ハ重光大使ニ一元的ニ委スヘキニアラスヤ、官制ノ変更ナクシテ南京政府ノ育成強化特ニ地方政府ノ特種［殊］性ノ調整ノ如キハ実施ニ方リ徒ラニ摩擦ヲ生シ円滑ニ運ハサルヘシ

四月一日　木曜

一、日支合弁会社ニ対スル軍ノ管理権確保ニ関シ去ル三十日部長会報ニ於ケル決定事項ニ関シ二案ヲ作為準備シ軍務当局ト交渉ス

二、野尻少佐研究担任ノ

1、人的資源ノ状況

2、重要国防資源ニ就テ

3、財政、金融部門ヨリ見タル経済抗戦力ノ判断ニ就テ

4、武力戦ニ関係アル重要生産力ノ情況及其ノ推移ニ関スル観察

5、戦争遂行上ノ我カ弱点並ニ之カ対策

ヲ脱稿ス、其ノ要旨左ノ如シ

1、島国ノ動脈タル海上輸送力ハ頓ニ低下シ我物的国

力ハ既ニ現状程度ノ作戦遂行並ニ兵備維持ニ必要ナル最低限度ヲモ割ラントスル情勢ニ立至リアリ従テ戦争遂行上最大ノ国力的弱点ハ主トシテ輸送力ノ弱体ニ依ル物的面ニアルヲ以テ速カニ之ヲ増強シ自彊不敗ノ態勢ヲ確立スルヲ要ス而シテ之カ為ニハ一刻ノ猶予ヲ争フ時期的制約アリ

2、船舶損耗数量カ一ヶ月七万五千屯ヨリ著シク超過スルトキハ我カ物的国力ハ急速ニ低減シ最悪ノ場合ハ両三年ニシテ戦争遂行不能ニ陥ルヘシ

3、故ニ将来国力向上ノ方向ヲ辿ル場合ニアリテモ積極作戦ハ国力ト勘案シツツ指導スルヲ要シ武力戦ハ直接間接ニ国力建設的意ヲ有スヘキコト、敵ノ戦意喪失ニ効果的ナルコトヲ基礎的要素トシテ方向ヲ決定セラルルヲ要ス

三、皇国ハ天佑神助アリ海洋決戦体制ハ必スヤ成就シ未曽有ノ難局ヲ突破シ得ルモノト信シテ疑ハス

四月二日　金曜

一、部長会報ノ決定ニ基キ「日支合弁会社ノ調整ニ伴フ作戦上ノ要求ニ関スル諒解」ヲ作為シ大東亜省、陸軍省間ニ協議決定ス

要ハ「会社ノ調整之ニ伴フ国民政府トノ新取極等ニ方リ、作戦上ノ要求ニ基ク既往取極等ハ其ノ実効ヲ存続セシムル」ニ在リ

二、第二部長各班長ヨリ作戦課ニ対シ「数年ニ亘ル情勢判断ノ範囲ヲ遠ク出テアラサリシヲ以テ貴重ナル時間ヲ徒費セシ感アリ

対米戦争解決ノ鍵ハ敵ノ船舶ノ撃沈量ヲ増加セシメ造船量ヲ凌駕セシムルニ在リ〔二〕ト主張セシモ果シテ帝国海軍ニ之ヲ実行スル能力アリヤ、独逸カ百万屯撃沈ヲ発表セシ其ノ日ニ帝国海軍ハ敵商船一隻ヲ撃沈セリト大活字ヲ以テ一面ニ発表サレアリシ当日ノ所感ヲ回想シ、通商破壊戦ニ従事スルニ恰適ナル艦艇ノ尠キヲ嘆クト共ニ之カ整備ニ邁進スル要ヲ痛感ス

四月三日　土曜

一、「日支合弁会社ノ調整ニ伴フ作戦ノ要求ニ関スル件諒解」ニ対シ総長ノ決裁ヲ受ク

之ニテ合弁会社調整ニ統帥部ノ要求ハ悉ク貫徹セラレ連絡会議ノ準備ハ完了シ総理ノ満州カラノ帰国ヲ待ツ

ノミトナル

四月四日　日曜

一、特記事項ナシ

課長ヨリ昭和十八年度第十五課業務処理大綱並ニ課長ノ抱負ヲ説明アリシモ余（田中中佐）ハ他用ノ為ニ欠席セシヲ以テ種村中佐ヨリ伝達ヲ受ケ之ヲ明日誌スコトトセリ

四月五日　月曜

一、昭和十八年度第十五課業務処理大綱ノ腹案ヲ課長ヨリ提示アリ且執務ニ関シ左ノ趣旨ノ注意アリ

（種村中佐ノ手記其ノ儘トス蓋シ単［端］的ニ課長ノ意図分明スレハナリ）

1、情勢ノ変転ニ一喜一憂スルコトナク「ドッシリ」構ヘテヤレ

2、権限争ヒヲスルナ

3、先ヲ見ヨ、明ルク見ヨ

4、数的基礎ヲ把握セヨ

5、組織ヲ活用セヨ

6、親父教育ヲセヨ

7、物的戦力増強カ当課ノ最大任務タ、省部連絡ヲ密ニシ政府施策ノ推進力タレ

二、神戸ニ収容中ノ独逸巡洋艦「ミッヘル」号ハ北緯二十度以北東経一四〇度以東ノ海域ニ於テ米国ノ通商破壊戦ヲ実施スル為「ハワイ」諸島北方ヲ通過シテ侵入致度海軍側ニ申込ミアリシ由桧野少佐ヨリ連絡アリ、独逸ノ敢為性ニハ驚嘆ノ他ナシ、仮装巡洋艦ヲ以テ単艦敵地ニ入ル、帝国海軍顔色アリヤ

「ハワイ」ヲ迂回スルコトハ、敵ノ制空権下ヲ回避スル為ト米「ソ」通商路ヲ途中ニ於テ破壊セント企図シアルモノノ如ク、帝国トノ関連性ハ蘇連船ノ撃沈ニ因リ日蘇国交ヲ刺戟スル点ニ在リ、海軍モ慎重ニ研究中ナルモ独海軍ノ行動ヲ拘束セサル如クスルヲ可トセン

三、連絡使ハ本日「アンカラ」ニ到着ノ予定

四月六日　火曜

一、軍司令官、師団長会議開催セラル

恒例的ノモノニシテ中央当局ノ抱懐スルトコロヲ説明セシ程度ノ会議ナリ

種村中佐起案ノ「今後ニ於ケル戦争指導ノ大綱ニ就テ」（口述）ハ(1)欧州局部和平ノ防遏　(2)「ソ」連及重慶ヲシテ米英陣営ニ留リテ其ノ頤使ニ甘ンスルノ愚ヲ敢テスルノ態度ヲ改メシメントスル帝国最高国策ニ触ルルトコロアリシヲ以テ会同者ニ相当ノ旋風ヲ巻キ起シタルモノノ如ク　賀陽宮［恒憲］師団長ハ印刷配布ヲ希望スル旨申込ミアリシモ之ヲ謝絶セリ

次長ハ懇談席上ニ於テ「和平工作ニ関シテハ当部ハ全然考慮シアラス」ト念ヲ押サレシ由、以テ投セシ波紋ノ大ナリシヲ想フニ足ルヘシ

二、(1)課長室ニ於テ

稲田［正純］参謀副長ノ現地軍ノ報告アリ　松谷大佐トノ間ニ「今後ノ情勢ノ推移ニ鑑ミ威令下各地域ヲ作戦基地ノ推進、対日供給ノ増強、民衆経済生活ノ安定ノ目的ヲ以テ活用スル如ク統治、経済、金融、交通、交易等ノ各部門ニ亘リ政策転換ノ要アリ」トノ趣旨ニ意見ノ一致ヲ見ル

(2)東支那海ノ遮断ニ因リ現地軍ハ現地ニ依存シテ作戦ヲ遂行シ且将来ノ作戦ヲ準備スル要アリ、現地生産促進ハ刻下ノ急務ナルヘク、態々内地ニ原料ヲ運ヒテ精製シ再ヒ南方ニ送ルノ迂遠ナル機構ヲ改ムル要アリト思考ス

(3)右ハ既ニ決定シアル

軍政三大原則中ニ含マレアルモ唯其ノ実行分野ニ於テ遅々タルモノアルノミ、内地産業ノ徹底的整理ト再編成ヲ行ヒ、機械施設ト技術トヲ南方ニ運フヲ可トス

四月七日　水曜

一、昭和十八年度普通鋼々材配分折衝ノ経緯ニ就テ軍事課ヨリ第二、第十五課ニ対シ説明アリ、曩ニ連絡会議決定ノ三八〇万屯案カ配分折衝ニ原因シ遂ニ五〇六万屯ニ大幅水増シセラレ陸海軍取得量二一〇万屯トシテ陸海軍ノ配分ニ関シ既ニ五回ニ亘リ協議セシモ纏マラサル由、海軍ハ百十万屯案ヲ携ケテ譲ラス　陸軍ハ折半案ヲ堅持シテ譲ラス、互ニ鎬ヲ削リテ論争シアリ、一例ヲ挙クレハ海軍カ「海軍ハ全部鋼鉄ニ包マレアリ多量ノ鋼ヲ要スルハ当然ナリ」ト主張スレハ　陸軍ハ「兵一人一人カ鋼ヲ所持シアリ必要絶対数量ハ海軍ニ劣ルモノニアラス」ト応酬シアリテ事毎ニ頑張リ合ヒ

勝敗ナキモノノ如シ
整備局ノ企図スルトコロハ、此ノ際鋼材ニ関シテモ陸海折半ノ原則ヲ樹立スルニ在リ之カ為海軍ノ偏屈根性ヲ叩キ直サントスル政治的意味ヲ含ミ此ノ目的達成ニ重点ヲ指向シアルアルモノノ如シ
「蓋シ五〇六案万屯［万屯案］ノ如キ水増物動ハ将来必ス改訂ヲ要スヘク従ツテ陸海折半原則ヲ樹立セサレハ、物動ノ改訂毎ニ無益ノ論争ヲ惹起スルハ必定ナレハナリ」ト説明アリ

二、右説明ニ対シ種村中佐ハ
「五〇六万屯案ノ如キ蜃気楼案ハ国政ニ任スル者カ補弼ノ責任ヲ果ササル結果ニシテ若シ物動計画トシテ本案ヲ上奏スルコトアランカ上ヲ欺ク不忠ノ極ニシテ言語同［道］断ナリ　三八〇万屯案ニ於テスラ幾多ノ不確実陸海軍徴傭船ノ解傭、船舶損耗ニ対スル補填量ノ制限等戦争ノ推移ニ鑑ミ当然望ムヘカラサル因子ノ上ニ立チテ立案サレアリ、故ニ陸軍ニ於テ蜃気楼案ヲ承認センカ、本案実行不可能ノ責任ハ陸海両総長ノ双肩ニ負フコトトナルヘシ、斯ル政府ノ狡猾ナル責任転嫁ノ謀略ハ統帥部トシテ断シテ承服スルコト能ハス　又陸海軍ノ取得分ノミ増加圧迫スルコトハ民需即チ間接的軍需ナル点ニ鑑ミ戦争指導上一考ヲ要スヘシ
蜃気楼案ニ対シ其ノ基礎要件ヲ責任当局［以下、欠落］

［四月八日〜五月十八日　欠］

五月十九日　水曜

一、船舶徴傭ニ関シ作戦課ノ計画ハ八万屯（最小限五万屯）ヲ徴用シ対満支一・〇（〇・二）対岡［南方軍］一貫輸送〇・五（〇・二）対西南太平洋四・〇（三・〇）対堅［第十九軍］輸送一・五（一・〇）ニ充当セントスルニ在リ
熱田［アッツ］島事件ニ専念スルコト無ク他方面ノ要度ヲ考慮シタルコトハ可ナルモ連絡会議ノ決定ニ基キ四月末二二万屯ノ船舶ヲ解傭シタル矢先テモアリ余リニ便乗主義ノ如キ感ヲ与フルカ如キ措置ハ避ケサルヘカラス　蓋シ統帥部ニ対スル不信頼ノ素因トナル虞アレバナリ

二、佐藤［尚武］大使ヨリ「蘇連ノ対米軍事基地不提供ノ

件」返電アリ「ロゾフスキー」ハ明確ニ而モ即座ニ米国ノ申込ヲ否定セシ由ナルモ本件ノ如キ有ヲ〔リ〕得ヘキ可能性アルコトナレハ厳ニ監視ヲ要ス

五月二十日　木曜

一、緬甸独立指導要綱ニ基ク細部指導要領ヲ関係官庁主務者集リテ昨日協議中ノトコロ意見概ネ一致シ現地軍ニ対スル通牒案ヲ作為ス
問題トナリシ点ハ「緬甸ノ主権侵害ノ虞アル点」ヲ修正シ「敵産処理、産業及顧問制度」ニ関シテハ中央ノ意図ヲ示シテ現地ノ実情ニ即スル如ク研究ヲ望ミ「交通、通信等総テ企業ニ関シ戦後ニ於ケル形体ノ具体的記述」ヲ削除保留セシ点ニ在リ

二、「日本ノ作戦カ今後何処ニ指向セラル、カハ大本営ノミ知ルコトテアルカ其ノ範囲、豪州、印度、重慶或ハ極東「ソ」領テアラウ」ト情報局ハ印度西亜向ケ十七日放送シ総理ヨリ「不適当ナリ」トノ注意アリシ由軍務課ヨリ通報ニ接シ調査セシトコロ第八課起案シ情報局ニ送付セシモノナルコト判明セリ
米国ノ「コマンドル」諸島「カムチヤツカ半島の東側の島々」借用申込説ニ対シ帝国ハ十六日駐「ソ」大使ニ打電シ「ソ」連ニ日「ソ」中立条約ノ確守方注意ヲ喚起セシ最中ニシテ且引致「ソ」連船ノ措置モアリテ「ソ」連ヲ刺戟スルカ如キ処置ハ国策ニモ時期的ニモ極メテ拙劣不都合ナルハ明カナリ
総理モ総長モ本件ハ相当重視セラレタルハ当然ナリ

五月二十一日　金曜

一、山本〔五十六〕連合艦隊司令長官戦死ノ情報アリ　大東亜戦争ノ起〔超〕人的赫々タル戦績ノ裡ニ厳然トシテ国民信望ヲ一身ニ集メ盤石ノ如キ遥〔揺〕キ無キ安全感、必勝感ヲ国民ニ与ヘアリシニ惜シイ哉恐ラク爆死ナランカ

二、本日午後三時山本大将戦死ノ件公表セラル全般作戦指導上飛行機上ニ於テ戦死セラレシ趣ナリ
此ノ報一度国民ノ間ニ伝ハルヤ異常ノ感激ニ打タレ慟哭セサル者ナリ〔シ〕
敵慨心、奮起心ヲ昂揚シ国民的畏敬ノ念ハ深マリ山本死シテ山本死セスノ観アリ
恐ラク東郷〔平八郎〕元帥ト共ニ或ハ夫レ以上ニ国民

ノ導〔尊〕崇ヲ受ケ霊魂ハ永久ニ国ヲ護ルヘシ

〔五月二十二～二十四日　欠〕

五月二十五日　火曜

一、「ソ」連航空基地ヲ米国ニ供与セサル件ニ関シ佐藤大使ハ二十一日「ロゾフスキー」ト会見正式ニハアラサルモ書類ヲ以テ「……日本カ対「ソ」関係ニ於テ中立条約ヲ厳守セラル、ニ於テハ蘇連政府ハ今後共ニ対日関係ニ於テ一九四一年四月十三日ノ中立条約ヲ厳守スルヲ自己ノ義務ト認ムルコトナルコトヲ言明スルモノナリ」トノ回答アリ　「コマンドル」諸鳥〔島〕ヲ米国カ使用方要請セリトノ情報ヲ得テ外交交捗〔渉〕ニ移リシカ茲ニ中立条約ノ再確認ヲ得タルハ当然ナル事トハ言ヘ外交上成功ナリ　蘇ノ斯ル態度ハ大島大使ニモ有効ナル参考資料タルヲ以テ駐独大使館ニ打電ス

二、本日ノ閣議ニ於テ鉄鋼四一二万屯生産確保ヲ決定セル由新規五万屯徴用問題ノ俎上ニ乗ラントスル矢先ニテモアリ斯ル閣議ヲ容認セル軍務局ノ態度ハ極メテ不可解ニシテ寧ロ悪竦ナルモノアリトシ種村中佐ハ軍務当局ヲ難詰ス

五月二十六日　水曜

一、陸軍新規五万屯船舶徴傭問題ニ関シ企画院主任者ヨリ船舶徴傭ノ国力ニ及ホス影響ニ就テ説明ヲ聴取シ陸海軍主任者間ニ於テ徴傭問題ヲ解決スヘク合同研究ヲ行フ　戦機ハ緊迫シアルニ拘ラス陸軍省ノ事務的取扱ヒ振リ悪ク今日ニ至リテ研究会ヲ開催スルトハ事務カ作戦ヲ妨碍スル幣〔弊〕害ノ甚タシキ例ナリ陸軍側ハ理由ヲ説明シ五万屯案ヲ兎ニ角納得セシムルヲ主眼トシ鋼ノ生産減負担ノ分配ニ就キテハ論議セザルコト、シ会議ニ臨メルモ海軍側ハ陸軍側ノ説明終了後突然海軍側モ新規ニ十一万五千屯ヲ徴傭致度旨要請ス　過般軍令部ヨリ一万二千屯ノ増徴案呈出セラレシ際海軍省ハ之ヲ却下シ軍令部亦再要求ノ意志ナカリシニ拘ラス斯ノ如キ爆弾案ヲ提出セシ理由ハ陸軍案ニ対スル妨碍策カ将タ此ノ機会ニ便乗シテ増徴権ヲ獲得セントスルニ在ルヤ明確ナラスト雖モ海軍ノ卑劣極マル魂胆ニ対シテ奮慨セサルヲ得ス

船舶徴傭問題ノ根基ハ作戦計画ニ存ス　去ル大本営会

議ニ於テ熱田島事件生起ニ伴フ作戦計画決定セラレシ筈ナリ、計画遂行ノ手段トシテノ船舶徴傭問題ニ陸海正面衝突スルカ如キ醜態ヲ解決センカ為ニハ陸海作戦当局ニ於テ作戦計画ヲ再検討シ陸海ノ腹ヲ合一セシムルコト絶対緊要ナルヲ以テ当課ハ早速其ノ旨作戦課ニ要求ス

二、大東亜政略指導大綱ニ関シ連絡会議アリ

本施策ノ根本ハ対支施策ト対泰施策並ニ大東亜会議開催ニ関スル件ニ在ルモ之等ニ関シ海軍並ニ大東亜省側ハ実行ノ時機尚早論ノ他ニ本施策ニ依リテ「……戦争指導ノ主働〔導〕性ヲ堅持シ……」得ルヤ否ヤニ関シ異論アリ連絡会議ニ於テハ対華問題カ議論ノ焦点ナリシモノノ如ク二時間ニ亘ル論争モ結論ニ到達スルヲ得サリシヲ以テ次回連絡会議迄ニ更ニ夫々当局ニ於テ研究ヲ続行スルコト、ナレリ〔『杉山メモ』下、参照〕

三、緬甸独立指導要領ニ関シ敵産処理ト経済産業部問〔門〕ノ運営形体〔態〕ノ研究ヲ関係官庁主任者間ニ行ヒ一案ヲ得タリ

〔五月二十七日　欠〕

五月二十八日　金曜

一、臨時議会決定ス

十五日ヨリ十八日迄ノ予定トス

二、関係官庁主任者集リテ大東亜政略大綱ニ関スル総理説明案ノ第一次審査研究会ヲ開ク

五月二十九日　土曜

一、総軍ノ井戸垣〔湲〕大佐ヨリ中支経済事情ヲ聴取ス

新対支方策ノ徹底具現ハ極メテ困難ナル由「物価ハ一年間ニ二倍ノ暴騰ヲ示シ帝国ハ適正価格ニテ物資ヲ収集スルト雖モ予算ニハ制限アリ予算ヲ増加ストモ見返物資アラサレバ物資ノ収集ハ困難ニシテ国民政府ハ二重価格制度ヲ採用セントシアリ」ト元来二重価格制度ハ総軍ニ於テ採用シアリシカ支那側大東亜省側現地官民悉ク其ノ悪影響ヲ喧伝シ遂ニ今回対支新方策決定ノ有力ナル原因タリシ経緯アリ　又軍ノ第一線カ経済封鎖線ヲ成形スルコトニ関シ「国内ノ物資交流ヲ阻害スルコトナシ」新対支方策中ニ政府ハ業々文句ヲ挿入シタルニ拘ラス大東亜省ハ情勢ノ必要ニ迫ラレ物資搬出入制限ヲ強化セントシアリト言フ本件モ又過去ニ於ケ

ル軍ノ物資統制ヲ罪悪ノ如ク悪口シ来レル事項タリ
軍務課主任者
曰ク「重光ノ理想主義ハ遂ニ変転ノ已ムナキニ至レリ」ト
二、新対支方策ハ経済部門ニ於テハ果シテ失敗ナリシヤ今判決スルハ時機尚早ニシテ新方策カ目下軽［辛］ウシテ具体的ニ運転ノ段階ニ入リタルモノト解シ軍務課主任者ノ軽卒［率］ナル言ヲ戒メ置キタリ
三、大東亜政略大綱ニ関シ連絡会議アリ決定ス
対華方策中末項ニ「右方策決定ノ時期――」ヲ挿入ノ件ハ昨日ノ参謀本部々長会議ノ決議ニ基キ案文中ニ挿入セシモノナリシモ陛下ノ御下問ニ対シ総理ノ答解カ「右前項決定ノ……」ノ意ナリシ趣披露アルニ及ンテ一同已ムナシトテ総理ノ奉答通リ同意セルモノ、如シ之レニテ同盟条約ノ時期ハ政府ノ勝手事項トナリシモノト解釈セサルヲ得サルヘシ［『杉山メモ』下、参照］

五月三十日　日曜

一、大本営発表
熱田島守備部隊ハ昨二十九日夜敵主力部隊ニ対シ最後ノ鉄槌［槌］ヲ下シ皇軍ノ神髄ヲ発揮セント決意シ隊長以下残存百数十名全力ヲ挙ケテ壮烈ナル攻撃ヲ敢行セリ　爾後通信全ク杜絶セルヲ以テ全員玉砕セルモノト認ム傷病兵ニシテ攻撃ニ参加シ得サルモノハ之ニ先立チ悉ク自決セリ
二、山崎［保代］大佐ハ「兵馬倥偬ノ間過誤ナキヲ保セサルモ無電ノ杜絶図リ難ク取敢ヘス」ト冒頭シテ死ニ直面シナガラ敵ノ編制装備戦法教訓等ヲ報告シ又「他ニ策無キニアラサルモ武人ノ最後ヲ汚サンコトヲ虞ル英魂ト共ニ突撃セン」ト打電シ無電ヲ破壊シテ従容トシテ死ニツク佐久間［勉］艇長ヲ髣髴タルト共ニ楠公ノ湊川ニモ比スヘキ武人ノ亀鑑タリト万感交々迫リテ痛魂［恨］極リナシ
三、熱田島軍神部隊玉砕ノ報ハ新聞ニ「ラジオ」ニ大々的ニ素直ニ報導［道］セラレ国民ニ大ナル衝動ヲ与ヘ感激感謝冥福ヲ祈リ二千数百ノ雄魂ヲ我カ心トシアノ無念ヲ我カ心トシテ奮起セサルモノ無シ
四、大東亜政略指導大綱ノ総理説明案ヲ修正審議ス小官ノ切ナル意見ニ依リテ対重慶動向判断ヲ更ニ新ニ挿入シ

対重慶政治工作ノ困難性ト害毒性トヲ明瞭ニナシ置キタク的確ナル情勢判断ニ基礎ヲ置カサレハ施策カ浮調子ニ流レ危険此ノ上ナキヲ虞レ、濤々ニ時間ノ議論ノ後小官ノ意見採用サル　大東亜省海軍省ハ小官ノ意見ヲ支持シ呉レタルモ陸軍省ハ情勢判断ニ九〇％ノ希望ヲ入レ、理想的施策ニ現実性ヲ主観的ニ附与セント企図セシナリ、右議論中看取サレシコトハ対重慶政治工作ノ難易ト之カ開如［始］時期並ニ同盟条約ノ内容ト形式トニ関スル見解カ各人ニ依リ悉ク相違シアリト言フ恐ルヘキ点ナリ、斯クノ如ク関係官庁主任者ノ了解カ完全ニ一致セサル案ヲ軽卒［率］ニ決定スルハ国家ニ忠ナル所以ニアラズト信スルモ本案ハ上司ノ意図ニ依リ既ニ連絡会議ニテ決定セラレ明日亦御前会議ニ上提［程］サレントシアリ更ニ一日ノ余祐［裕］ヲ得テ十分論議ヲ尽シ決定スルモ時機ヲ逸スル虞絶体［対］ニ無キモノヲト憤慨セサルヲ得ス明日ノ御前会議ニ於テ総理ノミ説明ノ任ニ当リ外務大臣大東亜大臣揃ツテ説明ヲ回避セシ理由ハ那辺ニ存スルヤ将来本誌ヲ読ム者賢察セラレヨ

五月三十一日　月曜

一、午後二時ヨリ「大東亜政略指導大綱」ヲ議題トシテ御前会議アリ［『杉山メモ』下、参照］

二、船舶徴傭問題ニ関シ高山［信武］中佐ヨリ左ノ連絡アリ

軍令部ハ五万屯徴傭ニ決定シ海軍省ニ呈出セシカ海軍省ハ三万屯ヲ添加シテ八万屯案ヲ作製［成］シ当路ニ手続セシ由

三、僅々ノ屯数ヲ徴傭スルニモ廟議決定セサル程度ニ帝国ハ船舶問題ニ窺［窮］迫シアルニ拘ラス海軍側ハ純作戦的ニ最大限三万屯アラバ其ノ場ヲ凌キ得ル状況ニアリナカラ陸軍ノ向フヲ張リ無理ヲ押ストハ非国民的態度ナリ　海軍ノ対日観念ヲ除去セサレハ国ヲ滅スヘシ熱田島ノ軍神部隊ノ救援不可能ナリシハ海軍カ作戦ニ自信ヲ有セサリシコト政府カ船舶ノ損耗ヲ極度ニ避ケントセシコトニ原因シ壮烈無比鬼神ヲ泣カシムル亀鑑的行動ヲ感嘆スル前ニ戦争指導ノ当路ニ在ル者ハ自ラ省ミテ責任ヲ痛感セサルヘカラス

何故ニ戦備ヲ厳ニシ要塞化セサリシヤ一年間ヲ空費セシ責任ハ大ナリト言ハサルヘカラス

四、松谷課長ヨリ日華基本条約ノ内容ニ就テ意見ノ開陳アリ

第一案　支那ハ中立トシ、支那ヲ戦場トシテ帝国ハ英米ト戦闘ヲ続行ス　帝国ハ支那ノ治安維持ニハ協力ス

第二案　支那ハ不可侵厳正中立トス　帝国並ニ英米共ニ撤兵ス

第三案　純軍事同盟ヲ締結ス

即チ蔣介石ト取極メヲ行フ場合アルヲ顧慮シ内容ハ極メテ大巾ノモノタラシメ情勢ヲモ顧慮シ余祐［裕］アル決定ヲナスヘキナリ

四、[ママ]課長ノ意見ハ至極尤モニシテ単ニ内容ノミナラス形式ニ於テモ相当余祐［裕］ノアルモノタルヲ要スルハ小官ノ持論ナリ

大本営陸軍部戦争指導班《だいほんえいりくぐんぶせんそうしどうはん》

〔新装版〕機密戦争日誌《きみつせんそうにっし》　上

平成十年十月二十六日　第一刷発行
平成二十年五月二十日　新装版　第一刷
平成二十九年二月二十日　新装版　第二刷

全二巻〔分売不可〕

編者　軍《ぐん》事《じ》史《し》学《がっ》会《かい》

代表者　高橋久志
発行所　㈱錦正社
〒一六二―〇〇四一
東京都新宿区早稲田鶴巻町五四四―六
電話　〇三（五二六一）二八九一
FAX　〇三（五二六一）二八九二

印刷所　㈱平河工業社
製本所　㈱ブロケード

（上）ISBN978-4-7646-0324-0
（セット）ISBN978-4-7646-0323-3